Renée Rosen

COSMOPOLITAN
Die Zeit der Frauen

Roman

Aus dem Englischen von
Anita Nirschl

Rowohlt Polaris

Die Originalausgabe erschien 2019 unter dem Titel «Park Avenue Summer»
bei Berkley, einem Imprint von Penguin Random House, New York.

Deutsche Erstausgabe
Veröffentlicht im Rowohlt Taschenbuch Verlag,
Hamburg, Februar 2023
Copyright © 2023 by Rowohlt Verlag GmbH, Hamburg
«Park Avenue Summer» Copyright © 2019 by Renée Rosen
Redaktion Kathinka Engel
Covergestaltung bürosüd, München,
nach dem Original von Penguin Random House
Coverabbildung Keystone-France/Gamma-Keystone/
Getty Images; Shutterstock
Satz aus der Foundry Wilson bei Dörlemann Satz, Lemförde
Druck und Bindung GGP Media GmbH, Pößneck
ISBN 978-3-499-01049-1

Die Rowohlt Verlage haben sich zu einer nachhaltigen Buchproduktion
verpflichtet. Gemeinsam mit unseren Partnern und Lieferanten setzen
wir uns für eine klimaneutrale Buchproduktion ein, die den Erwerb von
Klimazertifikaten zur Kompensation des CO_2-Ausstoßes einschließt.
www.klimaneutralerverlag.de

Für meine Girls:
Sara Gruen, Brenda Klem,
Mindy Mailman und Pam Rosen.
Ich liebe euch alle!

PROLOG

2012

Die Vorhänge bauschen sich langsam und träge im Wind, der durch die offenen Fenster hereinweht. Es ist August und schon frühmorgens angenehm warm. Ich sitze am Küchentisch, ein Streifen Sonnenlicht fällt auf die Zeitung und wärmt meine Handrücken, während mein Kaffee kalt wird. Doch dann fällt mein Blick auf eine Überschrift in der *New York Times*, und ich bin von einem Moment auf den anderen wie erstarrt. Ich kann mich nicht einmal mehr rühren, um mir eine frische Tasse Kaffee vom anderen Ende des Raums zu holen. Ich kann nur noch auf die Schlagzeile starren, während etwas in meiner Brust immer wieder stockt: *Legendäre Cosmopolitan-Chefredakteurin Helen Gurley Brown stirbt mit 90.*

Die Worte des Nachrufs versuchen, ihr Porträt zu zeichnen, der Frau Tribut zu zollen, durch die sich ledige junge Frauen auf der ganzen Welt der sexuellen Revolution anschlossen, die ein Magazin vor dem Aus rettete und der Welt ein neues Phänomen präsentierte, das *Cosmo*-Girl. Ein paar Absätze weiter unten wird ihre kontroverse Rolle in der Frauenbewegung anderen Feministinnen wie Betty Friedan und Gloria Steinem gegenübergestellt. Es ist die *Times,* und ich bin sicher,

Margalit Fox hat die Fakten richtig wiedergegeben, trotzdem steckt mehr hinter Helens Geschichte. Doch abgesehen von einer kleinen Gruppe Auserwählter wird das niemals jemand erfahren.

Erneut werfe ich einen Blick auf den Nachruf, und eine Zeile springt mir ins Auge: «Helen Gurley Brown war neunzig, auch wenn Teile von ihr bedeutend jünger waren.» Ich kann mir ein Lächeln nicht verkneifen, während ich mit den Fingern über das dazugehörige Bild streiche. Es ist ein Schwarz-Weiß-Foto, aufgenommen im Jahr 1965 in ihrem Büro, kurz nachdem sie bei der *Cosmopolitan* angefangen hatte. Helen sitzt in einem Kleid mit Leopardenmuster an ihrem Schreibtisch, einen Bleistift in der Hand, Papiere vor sich ausgebreitet. Neben ihr, beinahe am Seitenrand verschwindend, sehe ich eine junge Frau. Eine Hälfte von ihr wurde aus dem Bild geschnitten und auf dem Redaktionsfußboden zurückgelassen. Trotzdem erkenne ich das geometrische Muster ihres Kleids und die Andeutung ihres Gesichts: das Auge, die Nase und ihren Mundwinkel, die zarten Haarsträhnen, die ihren Kragen streifen. Ich kenne das Kleid gut, und die Frau noch besser.

Sie ist ich, vor ungefähr siebenundvierzig Jahren.

KAPITEL 1

New York City 1965

Ich hatte meinen U-Bahn-Fahrplan in den letzten paar Tagen so oft geknickt und gefaltet, dass er kurz davor war, entzweizureißen. Irgendwie war ich in den falschen Zug gestiegen. Schon wieder. Ich war am Times Square gelandet statt in der 57th Street. *Was jetzt?*

Ich stieg aus dem Zug, machte ein paar zögerliche Schritte, blieb dann jedoch einfach auf dem Bahnsteig stehen, während Menschen um mich herumströmten und dabei gegen mein Portfolio stießen, sodass die Fotos im Innern herumrutschten. Eine junge Frau in einem pink- und goldfarbenen Sari rief einem kleinen Jungen nach, der ihr voraus und an einem Bongospieler vorbeilief. Die U-Bahn-Station am Times Square war ein Labyrinth aus gefliesten Gängen, Tunneln, Treppen, die von einer hektischen Ebene zur nächsten führten. Ein Durcheinander aus Schildern wies mich in alle Richtungen: *Uptown, Downtown, Bronx, Brooklyn, 8th Avenue, 40th Street ...*

Ich konnte es mir nicht leisten, noch mal den falschen Zug zu nehmen, also faltete ich meinen zerfledderten Plan zusammen, steckte ihn in meine Handtasche und machte mich auf den Weg zum Ausgang an der 42nd Street, wo mir lautes Hupen und eine Wolke von Abgasen entgegenschlugen. Ich stand am Bordstein und fühlte mich ebenso verunsichert wie im Innern des Bahnhofs. Dennoch war es berauschend. Ich war vor etwa einer Woche in New York angekommen, und genau wie die Stadt war auch ich lebendig, erfüllt von Möglichkeiten, vom Abenteuer. Alles konnte passieren. Mein Leben fing gerade erst an.

Ich hatte noch nie zuvor ein Taxi gerufen. Wie gelähmt beobachtete ich die anderen Leute. Den Geschäftsmann, der kaum merklich seine Hand hob und die Aufgabe mit nur zwei Fingern meisterte. Ein anderer Mann mit Tränensäcken unter den Augen, so groß und prall wie seine Wangen, rief ein gebieterisches «Taxi», woraufhin ein Fahrer seinen Wagen über zwei Spuren herüberlenkte und mit quietschenden Reifen zum Stillstand brachte. Erledigt. Die Frau neben mir winkte mit ihrer Hand wie mit einem Zauberstab, und ein Taxi erschien. Mit amateurhaft wedelnden Fingern ahmte ich ihre Herangehensweise nach. Zwei Taxis sausten an mir vorbei, als wäre ich unsichtbar, bevor eines neben mir hielt. Ich gab dem Fahrer die Adresse, und er drückte auf die Hupe, um dann im Schneckentempo vorwärtszukriechen. Zwischen seine Stoßstange und die des Taxis vor uns passte kaum ein Haar. Wir waren ein Glied einer Kette aus gelben Taxis, die nicht vom Fleck kamen.

Ich sah auf die Uhr auf dem Armaturenbrett. «Ich habe in zwanzig Minuten einen Termin», sagte ich durch die trübe Plexiglasscheibe, die den Fahrer und mich trennte. «Denken Sie, das schaffen wir noch rechtzeitig?»

Er warf mir durch den Rückspiegel einen ungeduldigen Blick zu. «Da hätten Sie zu Fuß hinlaufen können, Lady», antwortete er in breitem Brooklyn-Akzent.

Ich lehnte mich zurück und versuchte, mich zu entspannen, dabei umklammerte ich mein Portfolio: eine selbst gemachte Mappe aus zwei Pappdeckeln, zusammengebunden mit schwarzem Band, die meine auf Bastelpapier aufgeklebten Fotos schützte.

Es war ein strahlender, ungewöhnlich warmer Tag, und der Fahrer hatte alle Fenster heruntergekurbelt. Ich holte tief Luft, konnte den Geruch jedoch nicht zuordnen, bis mir bewusst wurde, dass es vielmehr darum ging, was ich nicht roch: Gras, Bäume und diese leichte Brise der Weite. Zwischen den Gebäuden wirkte der Luftstrom unbeweglich, beinahe abgestanden, dennoch war die Stadt in ständiger Bewegung, eine Mischung aus Kraft und Energie.

An der Ecke 47th und Eighth Avenue entdeckte ich einen Mann und eine Frau, die darauf warteten, dass eine Ampel auf Grün sprang. Sie erinnerten mich an Paare, die ich in Filmen gesehen hatte. Er trug einen dunklen Anzug, den Filzhut schief wie Sinatra. Sie war makellos gekleidet mit einer in der Taille gegürteten Jacke, die zu ihrem Rock passte. Er nahm eine Zigarette aus seiner Brusttasche, um ihr ebenfalls eine anzubieten, bevor er beide weltmännisch entzündete. Während sich Rauchwolken über ihren Köpfen vereinten, schaltete die Ampel um, und sie gingen los. Ich sah ihnen nach, bis sie im Getümmel aus New Yorkern verschwanden, und wünschte mir, ich hätte meine Kamera dabei. Solche Leute bekam man zu Hause in Ohio nicht zu sehen.

Mein Taxi passierte die Kreuzung, und bei dem Gedanken, dass ich bald selbst meinen Platz unter den Einheimischen einnehmen würde, wurde mir schwindelig. Jeder Schritt würde mich zielstrebig den Dingen näherbringen, deretwegen ich hergekommen war. Ich musste an meine Mutter denken, die bei meinem Start in New York an meiner Seite hätte sein sollen. Und ich war niemand, der sich durch ein *Sie ist immer noch bei dir und wacht über dich* trösten ließ.

Als wir weiterfuhren, reckte ich den Hals. Ich wollte nichts von alledem verpassen. Auf zwei Blocks gab es hier mehr zu sehen als in ganz Youngstown. Ich lehnte mich vor, um einen besseren Blick auf das riesige Camel-Plakat zu bekommen, auf dem ein Mann eine Zigarette rauchte und Rauchringe blies. Der ganze Times Square blinkte vor Leuchtreklamen für Canadian Club, Coca-Cola, Chevrolet und einem Schild für Admiral-Fernsehgeräte. Sogar mitten am Tag waren die Anzeigetafeln der Kinos erleuchtet und blinkten – manche waren züchtig, während andere für Peepshows mit *splitternackten Frauen* warben. Wieder sehnte ich mich nach meiner Kamera. Auch wenn ich sie nicht bei mir hatte, so machte ich trotzdem Fotos im Geiste.

Ich war nach New York gezogen, um Fotografin zu werden. Obwohl mir mein Vater und alle anderen – einschließlich des Herausgebers des Youngstown *Vindicator* – gesagt hatten, eine Frau könne so einer Art von Arbeit nicht nachgehen. Private Schnappschüsse zu machen wie meine Mutter, war eine Sache. Aber professionelle Fotografien für Zeitungen und Magazine? Niemals. Vielleicht stimmte das in Bezug auf eine Kleinstadt, aber New York City war bestimmt anders. Und allein die Tatsache, dass sie es mir nicht zutrauten, machte mich nur umso entschlossener, ihnen das Gegenteil zu beweisen. Die Sturheit war etwas, das ich von meiner Mutter geerbt hatte.

Mein Vater und seine neue Frau Faye hatten gesagt, sie würden mein *Luftschloss* nicht finanzieren, aber ich hatte meine Ausbildung zur Sekretärin abgeschlossen, anschließend drei Monate lang als Schreibkraft in einer Stahlgießerei gearbeitet und ganze dreihundertfünfundsiebzig Dollar gespart. Ich wusste, dass ich damit nicht weit kommen würde, da das Taxameter schon bei neunzig Cents stand. Was ich am dringendsten brauchte, war ein Job – *irgendein Job*. Ich hatte bereits Vorstellungsgespräche bei einem Buchhaltungsbüro, einer Gerüstbaufirma und einer Versicherungsagentur gehabt. Jobs, die ich allesamt nicht gewollt und zum Glück nicht bekommen hatte.

Deshalb hatte ich letztlich die Telefonnummer hervorgekramt, die ich schon seit meiner Ankunft mit mir herumtrug. Ich war bisher nur zu schüchtern oder vielleicht auch zu stolz gewesen, um sie zu benutzen. Doch schließlich rief ich Elaine Sloan an. Elaine und meine Mutter waren in New York Mitbewohnerinnen gewesen und hatten als angehende Models im Barbizon Hotel gewohnt. Meine Mutter, so schön sie auch gewesen war, hatte ihren Traum nicht verwirklicht und war eine Hausfrau im Mittleren Westen geworden. Elaine war als Lektorin bei Bernard Geis Associates gelandet. Ein einziges Mal hatte ich Elaine getroffen – bei der Beerdigung meiner Mutter. Seither hatten wir ein paar Karten und Briefe ausgetauscht. Sie hatte gesagt, ich solle mich bei ihr melden, falls ich je irgendetwas brauche. Und ich hoffte, sie könnte mir vielleicht helfen, einen Job als Fotografin oder zumindest eine Stelle im Verlagswesen an Land zu ziehen.

Bernard Geis Associates in der East 56th Street befand sich

im zweiundvierzigsten Stock. Im bunten Empfangsraum hing Pop-Art an der Wand, und die eiförmigen Eero-Aarnio-Sessel schienen besser zur Mondlandung als in ein Büro zu passen. In der Mitte des Raums befand sich eine Stange, wie man sie in einer Feuerwehrwache erwarten würde. Sie reichte durch ein rundes Loch in der Decke in das nächste Stockwerk. Während ich der Empfangsdame meinen Namen nannte, rutschte eine Frau an dieser Stange herunter, dabei bauschte sich ihr Rock so, dass ihr blauer Strumpfhalter zu sehen war, bevor sie mit einem ansehnlichen Absprung landete.

Augenblicke später legte Elaine Sloan einen würdevolleren Auftritt durch eine Seitentür hin. Das Erste, was ich – oder vermutlich jeder – an Elaine bemerkte, war ihr Haar. Sie war vorzeitig ergraut, jede Strähne in einem leuchtend silbrigen Weiß, das das Licht einfing und ihre blauen Augen betonte. Augen, die aussahen, als hätten sie weit mehr gesehen als die meisten Frauen ihres Alters. Ich redete mir ein, dass sie meiner Mutter glich, obwohl sie einander überhaupt nicht ähnelten. Mein Verstand spielte mir Streiche, und ich wusste auch warum. Ja, ich war eine erwachsene Frau von einundzwanzig Jahren, aber ich brauchte meine Mutter immer noch. Durch Elaine Sloan – ihre treueste und liebste Freundin – fühlte ich mich ihr nahe.

Sie begrüßte mich mit einem herzlichen Lächeln und führte mich in ihr Büro, das einen spektakulären Ausblick auf die Skyline von Manhattan bot. «Wie kann ich dir helfen?», fragte sie, während sie mir bedeutete, in dem Sessel gegenüber ihrem Schreibtisch Platz zu nehmen.

Nachdem ich ein wenig von meiner entmutigenden Arbeitssuche erzählt hatte, legte ich mein Portfolio auf ihren Schreibtisch. «Aber eigentlich suche ich eine Stelle als Fotografin.»

«Ich verstehe.» Sie lehnte sich vor, um nach meiner Mappe zu greifen. «Darf ich?»

«Bitte ...» Ich löste die Schleife und saß dann schweigend da, während sie durch meine Fotografien blätterte, hier und da innehielt, jedoch nichts sagte. Sie schloss die Mappe, noch bevor sie das Ende erreicht hatte.

Das war ein schmerzhafter Schlag, aber ich wollte nicht undankbar sein und mir meine Enttäuschung anmerken lassen.

Lächelnd lehnte sie sich zurück und schob mir das Portfolio mit den Fingerspitzen wieder zu. «Du hast ein gutes Auge», sagte sie, um höflich zu sein.

«Danke.» Ich schnürte die Mappe wieder zu und legte sie auf meinen Schoß. Wie viel umkämpfter hier doch alles war! Zu Hause hatten die Leute meine Fotografien geschätzt, sie für die Schulzeitschrift und das Jahrbuch ausgewählt. Aber in New York reichten meine Fotos kaum, um jemandes Aufmerksamkeit zu bekommen.

«Nun, es ist zwar nicht Fotografie», sagte sie, «aber ich habe da etwas im Sinn.» Elaine drückte auf die Sprechanlage auf ihrem Schreibtisch und sagte: «Holen Sie mir bitte David Brown in die Leitung.» Sie ließ den Knopf wieder los und griff hinter sich nach einem Buch auf ihrem Sideboard. «Sagt dir das was?» Sie hielt eine Ausgabe von *Sex und ledige Mädchen* hoch.

Das blaue Cover versetzte mich sofort zurück in mein letztes Highschooljahr, zu einer Pyjamaparty in Esther Feinbergs

Keller. Zu viert waren wir die halbe Nacht wach geblieben, um uns abwechselnd laut aus Helen Gurley Browns Buch *Sex und ledige Mädchen* vorzulesen. Ich erinnerte mich, dass wir bei gewissen Passagen quietschend herumgerollt waren, Kissen vors Gesicht gedrückt, um unser schockiertes Kichern zu dämpfen. Damals hatte ich nicht gedacht, dass ich mich je in diesem Buch wiederfinden würde. Schließlich hatte ich Michael Segal, meine Zukunft war festgelegt. Zumindest bis er gesagt hatte, er sei nicht bereit, mich zu heiraten, woraufhin ich ihm den Ring seiner Großmutter zurückgegeben hatte. Am nächsten Tag war ich losgezogen, hatte mir meine eigene Ausgabe von *Sex und ledige Mädchen* gekauft und in einem Rutsch durchgelesen. Mehr als einmal.

Einen Moment später quäkte die Stimme der Sekretärin durch die Sprechanlage. «Ich habe Mr. Brown auf Leitung eins für Sie.»

«An Helen kommt man am besten über ihren Ehemann heran», sagte Elaine, als sie das Telefon abhob und sich mit ihrem Sessel zum Fenster herumdrehte. «Hallo, David.» Sie lehnte sich zurück und lachte über etwas, das er sagte.

Ich betrachtete ihr Spiegelbild in der Scheibe, als sie ihre Füße aufs Fensterbrett legte und an den Knöcheln übereinanderschlug. Sie trug ein Paar Gucci-Slipper, wie ich an den verschränkten Gs erkannte.

«Sucht Helen immer noch eine Sekretärin?», fragte sie. «Oh, gut. Ich habe da eine Kandidatin, die sie kennenlernen sollte.» Sie sah wieder zu mir und zwinkerte mir zu. «Ihr Name ist Alice Weiss. Soll ich sie rüberschicken? Okay, lass es mich wissen. Danke, David.»

Sie legte auf, nahm die Füße wieder herunter und drehte

sich mit einem Lächeln zu mir herum. «Ich weiß, es ist ein Sekretärinnenposten. Es ist nicht Fotografie, aber du hast morgen ein Vorstellungsgespräch bei ihr.»

«Bei wem? Helen Gurley Brown?» Ich konnte es nicht fassen. Helen Gurley Brown war eine Berühmtheit. Eine bekannte Autorin, die regelmäßig in Radio- und Fernsehsendungen zu Gast war, obwohl Moderatoren wie Merv Griffin und Jack Paar den Titel ihres Buchs in der Sendung nicht aussprechen durften.

«David meldet sich noch mal mit der genauen Uhrzeit. Ich gebe dir Bescheid, sobald ich von ihm höre. In der Zwischenzeit ...» Sie kritzelte eine Adresse auf einen mit Monogramm versehenen Notizblock, riss das Blatt heraus und schob es mir über den Schreibtisch hin.

«Schreibt sie ein weiteres Buch?»

«Ehrlich gesagt, nein. Die Hearst Corporation hat sie gerade als neue Chefredakteurin des *Cosmopolitan*-Magazins eingestellt.» Elaine schüttelte verwundert den Kopf. «Eigentlich wollte Hearst die *Cosmopolitan* einstampfen. Aber dann haben sie urplötzlich Helen mit ins Boot geholt. Muss eine Art letzter Versuch sein, das Magazin zu retten. Normalerweise stellt man bei Hearst keine Frauen für solche Positionen ein, und offen gesagt wundern wir uns alle, wie sie diesen Job an Land gezogen hat. Ich bin sicher, David hatte etwas damit zu tun. Schließlich hat Helen noch nie eine Zeitschrift herausgegeben. Meine Güte, sie hat noch nicht einmal bei einer Zeitschrift gearbeitet.» Elaine lachte über die Absurdität des Ganzen. «Aber *ich* habe mit Helen gearbeitet. Ich war eine ihrer Lektorinnen.» Sie tippte auf *Sex und ledige Mädchen*, das auf ihrem Schreibtisch lag. «Und auch wenn ich nicht mit allem übereinstimme, was sie hier drin sagt, weiß ich doch, dass sie klug ist. Und Gott weiß, sie hat Chuzpe.»

◎

Am folgenden Morgen kam ich an der 224 West 57th Street an. Ich wartete gerade in der Lobby auf den Aufzug, als zwei junge Frauen neben mich traten. Sie waren ungefähr in meinem Alter, und die eine, deren weißblonde Haare zu einem gewaltigen Bouffant auftoupiert und zurückgekämmt waren, drückte ein zweites Mal auf den Rufknopf, als würde das die Dinge beschleunigen. Die mit dem Bouffant hatte ein hellgrünes A-Linien-Kleid mit Dreiecksmuster an. Die andere, eine Brünette mit einem Pixie-Kurzhaarschnitt und Chandelier-Ohrringen, die ihre Schultern berührten, trug einen kurzen rot-weiß karierten Rock zu kniehohen Stiefeln. Verglichen mit den beiden sah man mir *Ohio* drei Meilen gegen den Wind an, trotz meines besten Hahnentritt-Etuikleids.

Der Aufzug öffnete sich mit einem *Kling*, und wir traten ein. Die beiden Frauen plauderten auf dem Weg nach oben und nahmen nicht einmal Notiz davon, dass ich ebenfalls im vierten Stock ausstieg und ihnen ins *Cosmopolitan*-Foyer folgte. Schließlich bemerkte die mit dem Pixie mich doch noch und blickte mich mit neutraler Miene an, bevor sie sich wieder umdrehte, um in einem der Flure zu verschwinden. Am Schreibtisch der Empfangsdame war niemand, also wartete ich.

Ich hatte mir das Büro anders vorgestellt. Es wirkte vernachlässigt. Der Teppich war abgenutzt bis hinunter auf das fadenscheinige Rückengewebe. Die Polster der Ledersessel hatten Risse, aus denen die weiße Füllung herauslugte. Die Blätter der Plastikpflanzen im Eingangsbereich waren staubig. Kurzum, alle, die durch diese Türen kamen, sahen auf den ersten Blick, dass die Leserschaft ihr Vertrauen in die Zeitschrift verloren hatte.

Immer noch keine Spur von der Empfangsdame. Um mir die Zeit zu vertreiben, studierte ich die Cover vergangener Ausgaben, die in schiefen Rahmen an der Wand hingen. Was ich sah, überraschte mich. Das *Cosmopolitan*-Magazin, das ich kannte, war voller Auflauf-Rezepte und Haushaltstipps, doch die Wände des Empfangsbereichs erzählten eine andere Geschichte. Es gab eine Tafel mit einer Liste von Autorinnen und Autoren, die seit dem neunzehnten Jahrhundert für das Magazin geschrieben hatten, einschließlich Mark Twain, Edith Wharton, Kipling und anderen. Unter den Titelseiten an der Wand war die Ausgabe vom April 1939, mit Somerset Maughams *The Facts of Life*. Pearl S. Buck hatte im März 1935 eine Kurzgeschichte veröffentlicht. O. Henrys *The Gift of the Magi* war ebenfalls in der *Cosmopolitan* erschienen.

Ich studierte gerade eine Titelseite von 1906 mit einem Stammeshäuptling auf einem Pferd, als eine Frau um die Ecke kam, einen Aktenkarton auf der Hüfte, aus dem ein Rolodex und ein Bilderrahmen herausragten. Ihre Handtasche baumelte an ihrem Handgelenk.

«Entschuldigen Sie», sagte ich. «Ich suche nach Mrs. Brown. Ich habe einen Termin bei ihr.»

«Gleich dahinten. Eckbüro.» Sie deutete mit dem Kinn in die Richtung, während sie rückwärts mit dem Hintern die Tür des Foyers aufstieß.

Ich wagte mich einen langen Korridor entlang, der in einen größeren Raum mit mehreren Schreibtischen in der Nähe der Einzelbüros mündete. Als ich mich dem Büro der neuen Chefredakteurin näherte, bemerkte ich, dass der Schreibtisch davor verlassen war. Kein Bleistift oder auch nur eine Büroklammer lagen darauf. Der Aschenbecher war blitzsauber, und die Schreibmaschine war mit einer Plastikhaube zugedeckt.

Die Bürotür stand offen, und das war der Moment, in dem ich meinen ersten Blick auf Helen Gurley Brown erhaschte. Sie saß auf der Kante eines Mahagonischreibtischs, der für ihre zierliche Gestalt deutlich zu groß wirkte. Sie war gerade am Telefon, und einer ihrer goldenen Ohrclips – ein, wie ich später erfahren sollte, original David Webb und über eintausend Dollar wert – lag im Aschenbecher. Vermutlich war er dort gelandet, weil sie ihn beim Abheben auf den Tisch geworfen hatte. Sie trug ein rosa Chiffonkleid mit tiefem, rundem Ausschnitt. In natura war sie viel attraktiver als auf ihrem Autorenfoto. In *Sex und ledige Mädchen* hatte sie sich selbstironisch als graue Maus bezeichnet, aber die Frau vor mir war keine trutschige Frau aus den Ozarks. Ein voller Schopf dunkelbrauner Haare betonte ihre zierlichen Züge, einschließlich der Nase, die laut ihrem Buch das Werk eines guten Schönheitschirurgen war. Ihr Make-up, wenn auch schwer und dramatisch, war makellos. Ich hatte noch nie jemanden mit so perfekt geschwungenen Augenbrauen gesehen, und auch wenn sie aufgemalt waren, lenkten sie doch die Aufmerksamkeit auf ihre Augen, dunkel und geheimnisvoll und ein wenig traurig. Ein Strauß roter Rosen stand neben ihr, deren sanfter Duft sich mit ihrem Parfüm vermischte.

Ich vermutete, dass die Inneneinrichtung – die orange und

braun gestreiften Vorhänge, die schweren hölzernen Stühle, die Kommode und der zottige Hochflorteppich – den Geschmack ihres Vorgängers widerspiegelten. Abgesehen von den massigen Möbeln war das Zimmer leer. Sogar die Reißzwecken an der Pinnwand warteten darauf, wieder benutzt zu werden.

Mrs. Brown war immer noch am Telefon, das Kabel um ihr schlankes Handgelenk windend. «Aber, David, die Frau hat mir nicht mal eine Chance gegeben. Ich bin erst seit zwei Tagen hier – wie schlimm kann ich in dieser Zeit als Chefin schon gewesen sein? Ich habe ihr an meinem ersten Tag angeboten, sie zum Mittagessen einzuladen – wie du vorgeschlagen hast, ins *Delmonico's* –, aber sie sagte, sie sei zu beschäftigt. Offenbar war sie zu beschäftigt damit, sich nach einer anderen Stelle umzusehen.»

Da ich nicht lauschen wollte, zog ich mich wieder von ihrer Tür zurück, aber ich hörte trotzdem noch ein paar Fetzen. Obwohl sie leise sprach, trug Helen Gurley Browns unverkennbare Stimme. Niemand klang wie sie. Samtig und lebhaft, kokett und hauchig wie Marilyn Monroe. Sie öffnete ihren Mund nur ganz leicht, und trotzdem hörte sie jeder, wenn sie sprach. Überall. Im ganzen Land und auf der ganzen Welt.

Immer noch telefonierend, ging sie um den Schreibtisch herum, und ich sah, dass sie an ihrer Wade eine kleine Laufmasche hatte. Sie ließ sich auf ihren Sessel fallen und stützte sich auf die Ellbogen, als laste eine gewaltige Bürde auf ihr. Mit zusammengebissenen Zähnen sagte sie: «Was soll ich ohne eine leitende Redakteurin machen, David? Wer soll den Job übernehmen? Ich habe schon zwei andere Redakteure verloren. Die fallen hier um wie die Fliegen.»

Nachdem sie ihren Anruf beendet hatte, griff sie, ohne meine Anwesenheit zu bemerken, nach ihrem Terminkalender. Im selben Rhythmus, in dem ihr Fuß auf eine Plastikmatte tippte, trommelte sie mit einem Bleistift auf den Schreibtisch. Als ich an den Türrahmen klopfte, blickte sie erschrocken auf, und ich sah, dass sie weinte.

Sie presste sich die flache Hand mit gespreizten Fingern auf ihre Brust und fragte: «Oje, Sie werden doch nicht etwa auch kündigen?»

Ich hatte meine ersten Sätze im Geiste geübt, angefangen mit *Es ist eine solche Ehre, Sie kennenzulernen*, aber ihre Tränen hatten mich aus dem Konzept gebracht.

«Eigentlich bin ich hier, um mich für eine Stelle zu bewerben. Als Ihre Sekretärin. Elaine Sloan hat mich geschickt. Ich bin Alice. Alice Weiss.»

«Oh, Gott sei Dank.» Sie blinzelte, was eine weitere Träne zum Vorschein brachte, und stand von ihrem Schreibtisch auf. «Alice Weiss, was bin ich froh, Sie zu sehen.» Sie wog kaum mehr als fünfundvierzig Kilo, doch als sie mich am Arm nahm und mich in ihr Büro zog, spürte ich die Kraft einer doppelt so großen Frau. Sie hielt mich immer noch fest und sah mich mit ihren großen braunen Augen an. «Meine Güte, Sie sind so ... *jung*. Ich hatte jemand Älteren erwartet.» Vom Weinen klang sie ganz nasal.

Ich griff in meine Handtasche und reichte ihr ein Taschentuch, zusammen mit meinem Lebenslauf.

Sie dankte mir, tupfte sich die Augen, und in dem Moment, da sie mir bedeutete, mich zu setzen, erlangte sie ihre Fassung wieder. «Sie sind aber ein reizendes Mädchen», sagte sie merklich munterer. «Wunderschöne Haare. Meine sind so dünn, dass man an manchen Stellen die Kopfhaut sehen kann. Das hier ist eine Perücke, wissen Sie.» Wie um es zu beweisen, zog sie an einer Strähne, sodass ihre Mähne verrutschte.

Ich wusste nicht, was ich darauf sagen sollte, also saß ich stumm da und wartete, während sie einen Blick auf meine Referenzen warf und hier und da eine Bemerkung dazu machte. «Ohio, hm? Ich bin ursprünglich aus Arkansas.»

«Ich weiß. Ich habe Ihr Buch gelesen.»

Sie lächelte, die Augen immer noch auf dem Lebenslauf. «Ich sehe, Sie sind eine schnelle Schreibkraft. Fünfundsiebzig Wörter in der Minute. Das ist gut. Ich war früher auch Sekretärin. Aber ich war furchtbar», sagte sie mit einem koboldhaften Kichern, während sie ihren Ohrring aus dem Aschenbecher nahm, die Asche fortpustete und ihn wieder an ihr Ohrläppchen klipste. «Ich konnte beim besten Willen keinen Job behalten. Ich hatte siebzehn Stellen als Sekretärin in fünf Jahren. Siebzehn – stellen Sie sich das mal vor!»

Sie drehte meinen Lebenslauf um, als erwarte sie noch mehr auf der Rückseite. «Ach herrje.» Sie sah auf und runzelte die Stirn. «Sie haben keine Erfahrung in der Zeitschriftenbranche, nicht wahr?» Sie neigte den Kopf und schob die Unterlippe vor. *Armes kleines Lämmchen.*

«Aber ich bin schlau», gab ich zurück. «Und ich bin fleißig.»

«Oh, daran habe ich keinen Zweifel, Liebes.» Sie legte die Hände flach aneinander wie zum Gebet, und ihre vielen Armreife läuteten zur Kommunion. «Aber sehen Sie, als Elaine David von Ihnen erzählt hat, haben wir jemanden mit mehr Referenzen erwartet. Ich brauche eine Sekretärin, die dieses Business *kennt.* Es tut mir leid, dass Sie den ganzen Weg umsonst gekommen sind.» Sie stand auf und streckte mir die Hand hin. «Aber es war reizend, Sie kennenzulernen.»

Wir schüttelten uns die Hände, und ich dankte ihr, doch als ich gerade gehen wollte, hielt irgendetwas mich auf. Das hier war eine einmalige Gelegenheit, persönlich mit Helen Gurley Brown zu sprechen. Mein Vorstellungsgespräch war vorbei, und ich hatte nichts zu verlieren. «Mrs. Brown?»

Sie schaute von ihrem Schreibtisch hoch. «Ja?»

«In Ihrem Buch ermutigen Sie ledige junge Frauen, sich einen Job zu suchen, der – und ich umschreibe das vielleicht mit anderen Worten, aber – ‹deine Liebe, deine Glückspille, dein Mittel sein könnte, herauszufinden, wer du bist und was du kannst›.»

Ich sah zu, wie ihre Mundwinkel sich hoben. «Ich würde sagen, das ist ein ziemlich genaues Zitat.»

«Ich hatte einfach gehofft, für Sie zu arbeiten, könnte meine Glückspille werden.»

Sie legte ihren Bleistift nieder und sah mir fest in die Augen. Ich spürte, dass sie in mich hineinblickte, meine Geheimnisse, meine Ängste erkannte. Sie war die Wahrsagerin, und ich ihre Kristallkugel. Nach einem Moment sah ich eine Veränderung in ihrer Haltung, ihre Schultern erschlafften und ihr Gesicht wurde weicher. «Kommen Sie wieder herein, Kittycat. Setzen Sie sich.»

Ich tat, wie mir geheißen, die Knie fest zusammengepresst, die Hände um meine Handtasche geklammert.

«Dieser Job verlangt mehr, als zu tippen und ans Telefon zu gehen. Ich brauche jemanden, der eine Einheit mit mir bildet. Sie müssen mit der Öffentlichkeit umgehen können. Und manchmal bedeutet das, sie auf Abstand zu halten und einfach ‹Auf Wiedersehen› zu sagen.» Sie öffnete und schloss die Hand in einer kokett winkenden Geste. «Ich brauche Hilfe bei allem.» Sie begann, an ihren Fingern abzuzählen. «Da wären mein Terminplan, die Organisation von Reisen, Meetings, bei denen Sie anwesend sein und Protokoll führen müssen. Meine Fanpost und meine persönlichen Angelegenheiten. Ich brauche jemanden, der spontan eine Gala planen kann.»

Ich nickte, um ihr zu zeigen, dass sie mich nicht abgeschreckt hatte, obwohl es in der Tat überwältigend klang.

«Ich habe hier wirklich ein ziemliches Chaos geerbt», fuhr sie fort. «Es sind jede Menge harte Arbeit und lange Überstunden nötig, um das Ruder herumzureißen. Man erwartet von mir, die *Cosmopolitan* zu verändern, und ich habe das Gefühl, die Hearst Corporation wird nicht besonders glücklich über meine Pläne sein. Es wird ein Kampf auf Schritt und Tritt. Sind Sie so einer Herausforderung gewachsen?»

«Das bin ich», sagte ich, ohne genau zu wissen, warum ich mich so um diesen Job bemühte. Ja, ich brauchte das Geld, über das wir noch nicht mal gesprochen hatten. Und ja, ich hatte ein paar grauenhafte Vorstellungsgespräche hinter mir, aber mehr als alles andere hatte sie mich mitgerissen – eine Frau im Eckbüro, die sagte, wo es langging. Ich entschied in diesem Augenblick, dass ich, sollte ich die Chance dazu bekommen, alles in meiner Macht Stehende tun würde, um ihr zu helfen. Ich würde dafür sorgen, dass es Helen Gurley Brown an nichts fehlte, sei es eine Tasse Kaffee, ein gespitzter Bleistift oder eine Dinner-Reservierung, die unmöglich zu bekommen war. Ich wäre hier, um ihr zu Diensten sein.

«Nun», sagte sie, «Ihnen ist bewusst, dass wir dieses Geschäft gemeinsam lernen würden.»

«Heißt das, ich habe den Job?»

Eine elektronische Stimme platzte über die Sprechanlage auf ihrem Schreibtisch dazwischen. «Mrs. Brown? Ich habe Mr. Deems für Sie am Telefon.»

Helen hob einen Finger und beförderte mein Schicksal in die Warteschleife. Sie runzelte die Stirn, und zum ersten Mal sah sie tatsächlich aus wie die Frau von dreiundvierzig Jahren, die sie war. War sie wenige Augenblicke zuvor für mich weicher geworden, sah ich nun, wie sich ihre Schultern strafften, ihr Kinn sich hob, während sie erneut ihren Ohrclip abnahm und ihn in der hohlen Hand schüttelte wie einen Würfel.

«Hallo, Dick», sagte sie mit einem gezwungenen Lächeln in der Stimme. «Ja, ich weiß, dass Betty gekündigt hat. Sie hat mir ihre schriftliche Kündigung heute Morgen überreicht.» Sie klemmte den Hörer zwischen Ohr und Schulter, ließ den Ohrring fallen und griff nach einem Bleistift, um ihn an beiden Enden mit den Händen zu umfassen. «Ja, ich weiß. Das Timing könnte nicht schlechter sein.»

Ich konnte Deems' gedämpfte Stimme durchs Telefon hören. Er musste zu Hearst gehören, so wie sie ihre Haltung auf dem Stuhl verlagerte und den Bleistift so fest umklammerte, dass die Farbe aus ihren Fingerspitzen wich.

«Aber, Dick», gurrte sie, «es hat doch keinen Sinn, sich aufzuregen. Wir haben Zeit. Die April-Ausgabe ist gerade erst rausgekommen und ...» Sie holte tief Luft, der Bleistift bog sich, doch ihre Stimme blieb vollkommen ruhig. «Wir kriegen das schon hin, Dick. Wirklich. Um genau zu sein, habe ich schon jemanden als leitenden Redakteur im Sinn.» Ich hörte ihn erneut sprechen, ein wenig lauter diesmal. «Nun», sie lachte sanft, hell, dann brach sie den Bleistift entzwei. «Natürlich werde ich heute den Seitenaufriss durchgehen. Das steht ganz oben auf meiner Liste.»

Mrs. Brown nahm sich einen anderen Bleistift. Ich dachte schon, sie würde ihn ebenfalls zerbrechen, aber stattdessen kritzelte sie etwas auf einen Schreibblock und drehte ihn in meine Richtung: *Können Sie morgen anfangen?*

Sobald sie das Gespräch mit Dick Deems beendet hatte, wandte sie sich zu mir, die Hand immer noch auf dem Hörer. «Haben Sie irgendeine Ahnung, was ein Seitenaufriss ist?»

KAPITEL 2

Niemand hätte mich wohl je als vom Leben begünstigt bezeichnet, aber gerade schien es tatsächlich der Fall zu sein. Ich war erst seit einer Woche in New York City, und schon hatte ich Arbeit – noch dazu bei Helen Gurley Brown – mit einem Anfangsgehalt von fünfundfünfzig Dollar die Woche. Und ich hatte eine Wohnung.

Ich schwang meine Handtasche, sodass die Schlüssel zu meinen neuen vier Wänden klimperten. Ich war ungeheuer stolz darauf, dass ich es zurück zur 75th und Second Avenue geschafft hatte, ohne mich zu verlaufen. Nachdem ich tagelang orientierungslos von einem falschen Zug zum nächsten gehastet war, um mich irgendwie von der East Side zur West Side durchzumogeln, betrachtete ich das als einen kleinen Sieg. Denn manchmal kam es mir so vor, als würde die Stadt, mit der Dauer, die ich hier war, einfach mitwachsen.

Aber ich hatte es zurück zu meiner Wohnung geschafft. Im Erdgeschoss des dreistöckigen Gebäudes ohne Fahrstuhl befand sich eine Metzgerei. Schilder im Schaufenster warben für *Schweinekoteletts 55 ¢, Rinderhack 39 ¢, Roast Beef 65 ¢*. Eine schwarze, schmiedeeiserne Feuertreppe führte im Zickzack an der Ziegelfassade herunter.

Ich hatte das Apartment am zweiten Tag nach meiner Ankunft als Aushang am Schwarzen Brett eines Cafés entdeckt. *Teilweise möbliert. $110 im Monat.* Der Vermieter erklärte mir, dass Rhonda, meine Vormieterin, unerwartet die Stadt verlassen und ihr Bett und andere Möbelstücke zusammen mit etwas Kleidung zurückgelassen hatte. Ich fand ein paar Kleider, ein Paar Schuhe und eine Denimjeans im Schrank. In eine der Schubladen ihrer zurückgelassenen Kommode waren außerdem Pullover und andere Gegenstände gestopft.

Als ich den ersten Stock erreichte, traf ich meine Nachbarin von gegenüber in 2R. Trudy Lewis war eine zuckersüße Person, zierlich mit erdbeerblonden Haaren und einem Gesicht voller Sommersprossen. Sie hatte sogar welche auf ihren blassen Lippen.

«Wie läuft's mit der Jobsuche?», fragte sie, während sie ihre Wohnung aufschloss.

Als ich sagte, dass ich gerade einen Job als Helen Gurley Browns Sekretärin an Land gezogen hatte, hielt Trudys Hand auf dem Türknauf inne. «Das ist ja fantastisch! Das müssen wir feiern. Bleib, wo du bist. Rühr dich nicht vom Fleck.»

Ich blieb im Korridor stehen, während sie durch ihre Tür flitzte und mit einer Flasche Great-Western-Sekt wieder herauskam. «Den habe ich für eine besondere Gelegenheit aufgehoben», sagte sie, während wir meine Wohnung betraten.

Meine winzige Wohnung, 2F, war ein Studioapartment, was deutlich glamouröser klang, als es war. Die Eingangstür war verzogen, die Fenster undicht und der Fußboden schief, weswegen Dinge gelegentlich einfach vom Tisch oder dem Nachttisch herunterrollten. Die Fliesen im Bad waren locker, und ein paar von ihnen hatten sich an diesem Morgen in die Wanne verabschiedet, während ich gebadet hatte.

«Jetzt erzähl mir alles», sagte sie und ließ den Korken mit einem Knall durchs Zimmer fliegen. «Wie ist sie so? Ist sie schön? Was hatte sie an? Wie groß ist sie?»

Ich beantwortete Trudys Fragen, während sie unsere Gläser füllte und mit mir auf meinen neuen Job anstieß. Ich war dankbar für ihre Begeisterung. Ohne Trudy, die an dem Tag, an dem ich eingezogen war, an meine Tür geklopft und sich vorgestellt hatte, wäre ich völlig allein in der Stadt gewesen. Genau wie ich war Trudy aus dem Mittleren Westen, einem Vorort von St. Louis, aber anders als ich wirkte sie so alteingesessen wie eine knorrige Eiche, die schon seit hundert Jahren in New York verwurzelt war. Das machte mich neidisch. Ich sehnte mich nach einer Routine, etwas Stabilität. Ich war ungeduldig, wollte Manhattan endlich mein Zuhause nennen.

«Gibt es viele gut aussehende Männer in dem Büro?», fragte sie, während sie sich neben mich auf das durchgesessene Sofa fallen ließ und ihren Sekt schlürfte.

«Ich habe nicht allzu viele Männer im heiratsfähigen Alter gesehen, aber die Frauen waren todschick gekleidet. Sie sahen aus, als würden sie für die *Vogue* oder *Mademoiselle* arbeiten.» Ich machte eine kurze Pause, während Trudy nachschenkte. «Für diesen Job brauche ich eine völlig neue Garderobe.» Ich trank einen Schluck, und die Bläschen prickelten über meine Zunge. «Für das Vorstellungsgespräch hatte ich schon mein bestes Kleid an», sagte ich und deutete auf mein Etuikleid. «Ich habe keine Ahnung, was ich morgen anziehen soll.»

«Oh, das können wir ändern.» Trudy sprang vom Sofa auf und lief zum Schrank, um quietschend Kleiderbügel auf der

Metallstange hin und her zu schieben. «Wie wär's damit?» Mit einer Pirouette wirbelte sie herum und hielt ein blaues A-Linien-Kleid mit einer weißen Schleife unter ihr Kinn.

«Das war Rhondas Kleid», sagte ich.

«Nun, jetzt gehört es dir.»

Ich ging ins Badezimmer und schlüpfte hinein. «Wie findest du es?» Ich öffnete die Tür und stand mit hängenden Armen da.

«Es ist ein bisschen lang», antwortete sie und griff nach dem Saum. «Aber das können wir mit Klebeband und Sicherheitsnadeln hochstecken. Oh, und ich habe eine Handtasche, die ich dir leihen kann. Die würde perfekt dazu passen. Was für eine Schuhgröße trägst du?» Sie griff nach einer Schachtel hinten im Schrank.

«Sieben. Manchmal siebeneinhalb.»

«Bingo!» Sie reichte mir ein Paar modischer T-Spangenpumps. «Probier die mal an.»

Den Zeigefinger als Schuhlöffel benutzend, schlüpfte ich in Rhondas Schuhe mit den acht Zentimeter hohen Absätzen.

Als Trudy mein Glas zum dritten Mal nachschenken wollte, legte ich eine Hand über den Rand. «Lieber nicht.»

«Ja, schätze, du hast recht. Wir wollen doch nicht, dass du an deinem ersten Arbeitstag verkatert bist, oder? Na, dann», sie schenkte sich ihr Glas bis zum Rand ein, «bleibt mehr für mich.»

Als Trudy ging, war es kurz vor zehn Uhr. Und da war ich nun, allein an einem fremden Ort, in einer Stadt, von der ich mein ganzes Leben lang gehört und geträumt hatte. Allerdings war nichts so glamourös, wie ich es mir vorgestellt hatte. Ich lebte nicht in einer schönen Wohnung in der Park

Avenue mit einer Dachterrasse, die einen Blick auf die Stadt bot. Und nein, ich hatte keinen hoch bezahlten Job als Fotografin an Land gezogen. Aber trotz der Abstriche war ich hier in New York und machte etwas aus meinem Leben. Die Faszination für den Zauber und die Kultiviertheit der Stadt hatte ich mit der Muttermilch aufgesogen, sodass ich meine ungeschliffenen Ohio-Wurzeln als minderwertig betrachtete. Sie waren ein Makel, den es zu überwinden galt, und jetzt war es an der Zeit, meine Kleinstadt-Gepflogenheiten und mein naives Staunen abzulegen. Allerdings stellte ich zu meiner eigenen Verwunderung fest, dass das Abstreifen und Zurücklassen meines alten Ichs mich seltsam traurig machte. Ich fühlte mich hohl und überraschend sentimental.

Ich spielte mit dem Gedanken, meinen Vater anzurufen, doch dann fiel mir ein, dass er wahrscheinlich schon schlief. Unter keinen Umständen wollte ich, dass seine Frau ans Telefon ging. Mein Vater dachte, sie wäre der Grund, warum ich von Zuhause fortgegangen war, aber Faye hatte nichts damit zu tun. Michael hatte bei meiner Entscheidung zwar definitiv eine Rolle gespielt, aber eigentlich war ich wegen meiner Mutter gegangen.

Vor acht Jahren, unmittelbar bevor sie gestorben war, hatte meine Mutter meinen Vater überredet, dass es Zeit war, in New York neu anzufangen. Man hatte ihm einen Job angeboten, bei dem er doppelt so viel verdient hätte wie in der Stahlgießerei. Ein Mietvertrag für ein klassisches Vier-Zimmer-Vorkriegsapartment an der Upper West Side war unterschrieben und ein *Zu-Verkaufen*-Schild in unserem Vorgarten aufgestellt worden. Es war Juni. Die Sommerferien hatten begonnen, und ich plante, im Herbst die Junior High in

Manhattan zu besuchen. Ich saß gerade auf der Veranda und knüpfte ein Freundschaftsarmband, ein Abschiedsgeschenk für meine beste Freundin Esther, als das Telefon klingelte. Das war der Anruf, der alles veränderte. Für immer.

Es hatte einen Unfall gegeben. Ein Auto hatte an der Kreuzung McGuffey und Jacobs eine rote Ampel überfahren. Der DeSoto meiner Mutter hatte sich überschlagen und war völlig zerstört. Mein Vater musste die Leiche identifizieren.

Der Umzug nach New York, der der Traum meiner Mutter gewesen war, wurde abgesagt. Das Vier-Zimmer-Apartment wurde an eine andere Familie untervermietet, das Haus in Youngstown vom Markt genommen, der Brief meines Vaters mit der Ablehnung des Jobangebots befand sich in der Post, und Esthers Freundschaftsarmband, das ich auf der Veranda zurückgelassen hatte, war weg – entweder vom Wind davongeweht oder geistesabwesend ins Blumenbeet geworfen.

Mein Vater hatte von vornherein nicht in New York leben wollen, aber ich hatte am Traum meiner Mutter festgehalten. Ich hatte immer gewusst, dass ich eines Tages in Manhattan landen würde. Es war angeboren, wie die Tatsache, dass man Linkshänderin ist. Ich war vernarrt in die Stadt, und wie bei den meisten Vernarrtheiten war meine Zuneigung das Produkt meiner Fantasie. Alles, was ich über New York wusste, bevor ich herkam, stammte aus Büchern, Filmen und den endlosen Geschichten, die meine Mutter mir erzählt hatte. Ich erinnerte mich, wie sie auf meiner Bettkante saß oder vor dem Spiegel hinter mir stand, um mir die Haare zu bürsten, und mir von Coney Island und dem Moment erzählte, in dem sie sich dort in meinen Vater verliebt hatte. Sie erzählte von den luxuriösen Wohnungen, von ihrer Nachbarin im Barbizon, die eine Absolventin des Katie-Gibbs-College war und Ecke Park Avenue und 59th Street aufgewachsen war. Meine Mutter war in ihr Elternhaus eingeladen worden und fasziniert von allem gewesen: von dem Portier mit weißen Handschuhen, der sie *Miss* genannt hatte, bis zum goldverzierten Aufzug und den Marmorböden. Sie hatte sich geschworen, dass sie eines Tages auch in der Park Avenue wohnen würde. Sie hatte mir von himmelhohen Wolkenkratzern erzählt, von Kutschfahrten durch den Park, Museen und Geschäften, die alles verkauften, was man sich nur vorstellen konnte. Das beste Essen, die besten Shows, das Beste von allem. Sie war gleich außerhalb von New York City geboren und aufgewachsen, in Stamford, Connecticut, aber sie war bei jeder Gelegenheit, die sich ihr bot, nach Manhattan gefahren. Mit neunzehn zog sie schließlich sehr zum Missfallen ihrer Eltern in die Stadt. Meine Mutter hatte New York abgöttisch geliebt und bis zu ihrem Todestag versucht, dorthin zurückzukehren.

Ich war für sie nach New York gezogen. Und für mich. Was hätte in Youngstown aus mir werden sollen? Esther und ich hatten uns auseinandergelebt, und mir wurde zu spät bewusst, dass ich daran schuld war. Ich hatte sie nicht mehr so oft angerufen, keine Pläne mehr mit ihr gemacht wie früher. Michael, meine Hoffnung, mein Held, war der Mittelpunkt meines Lebens geworden. Und dann war er plötzlich fort. Keiner von den anderen jüdischen Kerlen kam auch nur annähernd an ihn heran. Ich wollte mich nicht mit weniger begnügen. Weder in der Liebe, noch bei irgendetwas.

Es war zwar schon spät, und ich hatte morgen einen großen Tag, aber ich konnte ohnehin nicht schlafen. Ich war immer noch nicht dazu gekommen, Vorhänge oder Jalousien für die

Fenster zu kaufen, deshalb strömte das Licht der Straßenlaternen herein, zusammen mit dem Dröhnen des Verkehrs und gelegentlichen Sirenen, die auf der Second Avenue vorbeifuhren.

Ich entschied, mir an der winzigen Küchenzeile eine Tasse Tee zu machen. Meine Mutter hatte sich immer Tee gekocht, wenn sie nicht schlafen konnte, und es schien mir passend. Ich füllte den Wasserkessel mit Leitungswasser und strich ein Streichholz an, um den Gasherd anzuzünden. Mir war bewusst gewesen, dass ich meine Mutter in New York, in ihrer Stadt, nur noch mehr vermissen würde, aber ich hatte nicht mit dieser Intensität gerechnet. Und in jener Nacht war ich voller Nostalgie und Sehnsucht nach ihr.

Außer meinem Portfolio hatte ich nur zwei Dinge von Wert von zu Hause mitgenommen. Eines war meine Kamera, die meiner Mutter gehört hatte, eine Leica IIIc MOOLY. Sie ruhte auf dem Bücherregal in einem braunen Lederetui, abgegriffen und an den Kanten abgewetzt. Der Name Leica war an der Ausbuchtung für das Objektiv eingeprägt. Ich nahm die Kamera, um sie einen Moment lang auf dem Schoß zu wiegen, bevor ich sie wieder auf das Bücherregal zurückstellte und nach dem zweiten Wertgegenstand griff, den ich mitgebracht hatte: mein zerfleddertes Fotoalbum. Es hatte auf meiner Reise von Youngstown etwas gelitten und ein paar der Fotos hatten sich aus den eingeklebten Fotoecken gelöst. Es war alt, und die zerknitterten Seiten begannen, an den Rändern zu vergilben.

Meine Mutter hatte das Album für mich begonnen, als ich noch ein Baby war. Sie war eine Amateurin mit der Kamera gewesen, aber sie hatte sehr viel davon gehalten, jeden Meilenstein zu dokumentieren. Und das hatte sie auch getan, bis zu dem Jahr, in dem ich dreizehn wurde und sie mich verließ. Nach ihrem Tod hatte ich die Kamera gefunden und dort weitergemacht, wo sie aufgehört hatte, indem ich Fotos schoss, wo auch immer ich war.

Der Teekessel pfiff, und ich stand auf, machte mir eine Tasse und trug sie zurück zum Sofa, wo ich anfing, durch das Album zu blättern. Auf der ersten Seite war ein Schwarz-Weiß-Foto von mir auf einer Decke mit einer Bildunterschrift: *Alice' erster Tag zu Hause, 2. Feb. 1944.* Es war immer ein Schock, die Handschrift meiner Mutter zu sehen. Als sähe man einen Geist. Das nächste Foto zeigte mich im Waschbecken, meine eingeseiften dunklen Haare nach oben gezwirbelt wie die eines Trolls. *Alis erstes Bad, 3. Feb. 1944.* Dann *Alis erste Schritte, erster Geburtstag, erster Haarschnitt, erster Schultag* und so weiter und so fort. Ich war so versunken in die Fotografien, dass mein Tee kalt wurde, bevor ich überhaupt einen Schluck getrunken hatte.

Als ich die letzte Seite umblätterte und das Album zuklappte, strich ich mit den Fingern über die Buchstaben, die meine Mutter auf den Umschlag gestickt hatte. *Alice.* Dabei war sie keine Frau gewesen, die zu Hause saß und stickte. Ganz und gar nicht. Nichts an ihr war konventionell gewesen. Sie hatte sich immer besser mit den Ehemännern als mit den Ehefrauen verstanden. Sie war sportlich gewesen, hatte Tennis gespielt, war geschwommen. Sie hatte gegolft und war darin besser geworden als mein Vater, der mit dem Sport nur angefangen hatte, damit er sich mit Kunden auf dem Golfplatz treffen konnte. Am Ende nahm sie den Platz meines Vaters in seinem Viererteam ein, worüber die eine oder andere

Vorstadthausfrau die Stirn runzelte. Meine Mutter spielte Billard und liebte Poker – was sie beides mit geradezu gaunerhaftem Geschick beherrschte. Sie war eine grauenhafte Sängerin, nicht dass sie das je davon abgehalten hätte. Sie konnte nicht widerstehen, Radiolieder mitzusingen. Besonders im Auto, die Fenster heruntergekurbelt, das dunkle Haar im Wind wehend. Ob sie den Text kannte oder die Töne traf, war völlig egal, sie sang ungeniert aus vollem Hals. Ich hatte mich immer gefragt, welches Lied zum Zeitpunkt ihres Unfalls im Radio gespielt worden war. Hatte sie genau in diesem Moment mitgesungen, ohne das Auto zu bemerken, das die rote Ampel missachtete?

Ich hatte Heimweh nach ihr und nach Dingen, die nicht mehr existierten. Als meine Mutter gestorben war, hatte sie so viel mit sich genommen, so viel, das ich niemals zurückbekommen würde. Ich wusste, ich würde diese Teile von mir nie wiederfinden, und doch war ich hier in New York, um nach ihnen zu suchen.

KAPITEL 3

Für Helen Gurley Brown zu arbeiten, war, wie in den Gegenverkehr zu laufen. Am nächsten Morgen, als ich den Flur entlangkam und um die Ecke bog, sah ich die Telefonleitungen auf meinem Schreibtisch blinken. Mrs. Brown war bereits in ihrem Büro. Sie saß auf der Kante ihres Schreibtischs, und Streifen von Sonnenlicht fielen durch das Fenster hinter ihr. Obwohl von zierlicher Statur, war sie dennoch eine beeindruckende Gestalt. Mein Blick wurde von den Netzstrümpfen an ihren schlanken Beinen und dem kurzen Rock mit Leopardenmuster angezogen. Er war hochgerutscht und zeigte gut fünfzehn Zentimeter Oberschenkel.

Erst dachte ich, sie wäre allein, bis ich bemerkte, dass ein Fotograf bei ihr war. Sie lächelte, während er eine Reihe von Fotos knipste. Mit einer Kamera auf einem Stativ und einer zweiten in der Hand bewegte er sich anmutig und fließend wie ein Tänzer. Für eine Aufnahme duckte er sich in die Hocke, dann stand er wieder aufrecht für die nächste.

Die angehende Fotografin in mir war fasziniert, aber die Telefonleitungen klingelten und verlangten meine Aufmerksamkeit. Mein erster Tag hatte begonnen.

Ich beantwortete zwei Anrufe, bevor ich mich überhaupt

hingesetzt hatte. Ich hatte immer noch den Hörer in der einen Hand, meine Handtasche in der anderen, als ein dritter Anruf hereinkam. Es war ein Reporter der *Newsweek*, der ein Interview mit der neuen Chefredakteurin wollte. Ich erklärte ihm, dass Mrs. Brown gerade nicht zu sprechen war, und notierte mir seine Nachricht, als eine weitere Leitung aufblinkte. Norman Mailers Literaturagent erkundigte sich nach dem Stand eines Artikels, den Helens Vorgänger angefordert hatte. Danach nahm ich eine weitere Anfrage von jemandem entgegen, der im Auftrag von Lauren ‹Betty› Bacall anrief. Alles passierte so schnell, dass ich gar keine Zeit hatte, nervös oder fasziniert wegen all dieser Berühmtheiten zu sein, aber meine Güte, es war aufregend. Ich würde mich kneifen müssen, wenn ich an diesem Tag nach Hause ging. Aber erst einmal legte ich den Hörer auf. Einen Moment zögerte ich, die Hand wegzunehmen. Ich stand auf, wartete, rechnete damit, dass eine weitere Leitung blinkte. Zehn, fünfzehn, zwanzig Sekunden verstrichen. Nichts. Eine Atempause. Ich stopfte meine Handtasche in die leere unterste Schublade und machte mich auf die Suche nach Kaffee.

Ich wagte mich den Flur entlang in Richtung dreier junger Frauen, vermutlich ebenfalls Sekretärinnen. Sie standen dicht gedrängt in eine Unterhaltung vertieft zusammen, bis ein junger Mann vorbeikam und ihre Aufmerksamkeit auf sich zog. Sofort hörten sie auf zu reden, lächelten ihn an, nahmen die Schultern zurück und streckten die Brust heraus.

«Guten Morgen, Mr. Masterson», sagten sie einstimmig.

Mr. Masterson antwortete mit einem «Guten Tag, die Damen», während er seinen Filzhut lüpfte und dabei einen vollen Schopf dunkler Haare enthüllte. Er war genau die Sorte

Mann – jung, dynamisch –, die man in einem betriebsamen Büro in Manhattan erwarten würde: dunkler Anzug und Krawatte, Einstecktuch, lederne Aktentasche in der Hand und den Trenchcoat, wahrscheinlich ein Burberry, über den Unterarm gelegt. Ich war an diesem Tag auf meinem Weg zur Arbeit an hundert Männern wie ihm vorbeigekommen. Doch anhand der Reaktion, die er hervorrief, war man beinahe geneigt zu denken, er wäre etwas Besonderes. Die Frauen nahmen ihre Unterhaltung erst wieder auf, als er um die Ecke verschwunden war. Später an diesem Tag sah ich im Firmenverzeichnis nach und fand heraus, dass Mr. Mastersons Vorname Erik war.

Weiter den Flur entlang hörte ich hinter geschlossenen Türen das Summen und Klappern von IBM-Selectrics-Schreibmaschinen, zusammen mit dem regelmäßigen Klingeln der Aufzüge, die weitere Angestellte ausspuckten. Die Luft roch nach Zigaretten- und Pfeifenrauch, vermischt mit dem Duft von aufgebrühtem Kaffee. Wie ein Bluthund folgte ich der Spur, bis ich zu einer Gruppe Frauen kam, die sich in der kleinen Büroküche versammelt hatte. Die zwei jungen Frauen vom Vortag waren dort – die mit dem Pixie und die mit dem Bouffant, das Haar hoch aufgetoupiert und festgetaftet –, zusammen mit zwei Brünetten, die identische Bobs trugen. Eine weitere hatte zur Außenwelle geföhnte rabenschwarze Haare. Ihr Teint war so blass, dass ihre Haut beinahe bläulich wirkte.

Die mit dem Pixie las aus der aktuellen Ausgabe des *Time*-Magazins dieser Woche vor. «Oh *Gott*», stöhnte sie. «Hört euch das an: ‹Das Magazin schäumt über vor Begeisterung für seine neue Chefredakteurin, obwohl sie keinerlei Redaktionserfahrung besitzt.›»

«‹Schäumt über vor Begeisterung›», sagte eine der Brünetten. «Was für ein Haufen Mist. Und seht euch nur das Foto von ihr an.»

«Ich wette, ihr platzt der Kragen, wenn sie das sieht», sagte die mit dem Pixie. «Oder die Perücke.» Sie und die mit dem Bouffant lachten, als wäre es das Lustigste, was sie je gehört hatten.

Die mit dem Pixie stellte sich als Margot Henley heraus, und die mit dem Bouffant war Bridget Grayson. Später an diesem Tag nahmen sie und ein paar andere Kolleginnen mich zum Mittagessen mit. Wir gingen zu einem Imbiss in der 56th Street zwischen Broadway und Eighth Avenue mit einer zerrissenen grün-weiß gestreiften Markise. Ein Kaugummiautomat und der Geruch nach Fett und Zwiebeln begrüßten uns. In dem Laden war es voll und laut. Wir setzten uns hinten an einen wackeligen Tisch, den wir mit den Ellbogen ruhig zu halten versuchten. Ich bestellte ein Club-Sandwich, in Dreiecke auseinandergeschnitten und von schicken Zahnstochern mit roten Zellophanfransen zusammengehalten.

«Also», sagte Margot und wandte sich mir zu, «hat sie schon irgendwas darüber gesagt, wen sie für den Job des leitenden Redakteurs einstellen will? Sie hat echt Probleme, diese Stelle zu besetzen.» Sie sprach mit breitem Bronx-Akzent.

«Ich weiß, dass Harriet La Barre schon abgesagt hat», sagte Bridget mit einem Stirnrunzeln. «Genau wie Bill Guy.»

«Was hat sie sich auch dabei gedacht, die beiden überhaupt zu fragen?», sagte Margot, während sie mit dem Strohhalm in ihrer Diät-Cola herumstocherte. «Bill Guys Ressort ist Literatur, und Harriet ist Moderedakteurin.»

«Ihr gehen die Optionen aus», sagte Penny, eine der Brünetten mit Bobhaarschnitt und frostig schimmerndem Lippenstift. «Sie hat den Posten praktisch schon jedem außer dem Hausmeister angeboten.»

Ich tupfte mir den Mund mit der Serviette und sagte: «Ich verstehe nicht, warum beide den Job abgelehnt haben. Man sollte meinen, so eine Beförderung wäre etwas Gutes.»

«Ach komm», sagte Margot und schlürfte den Rest ihrer Cola mit einem gurgelnden Geräusch durch ihren Strohhalm. «Warum sollten sie *ihr* leitender Redakteur sein wollen? Sie unterstützen eben ihre Vorstellung einer modernen Frau nicht.»

«Zur Hölle, ich würde den Job nehmen», sagte Bridget. «Stellt euch nur vor, was man da verdient.»

Margot ignorierte Bridget und fuhr fort. «Helen Gurley Brown versteht überhaupt nicht, worum es eigentlich geht. Sie spricht nie über gleichen Lohn für Frauen. Oder Diskriminierung am Arbeitsplatz.»

«Wenn ihr mich fragt», sagte Leslie, die mit den rabenschwarzen Haaren, «war *Sex und ledige Mädchen* erniedrigend. Ein Leitfaden dafür, sich einen Mann zu angeln.»

«Genau», antwortete Penny.

«Moment mal. Was ist denn falsch daran, sich einen Mann zu angeln?», fragte Bridget. «Ich fand ihr Buch nicht erniedrigend.»

«Oh, bitte.» Margot warf Bridget einen missbilligenden Blick zu. «Im ganzen Buch ging es nur darum, wie man einen Mann zufriedenstellt. Wie wär's zur Abwechslung mal damit, dass ein Mann eine Frau zufriedenstellt? Wenn es nach ihr geht, sollen wir uns alle wie ein Haufen Betthäschen zurechtmachen, damit die Männer uns wollen.»

Damit hatte Margot nicht ganz unrecht, aber sie hatte auch nicht ganz recht. Ich wollte etwas sagen, aber ich war die Neue, also biss ich mir auf die Zunge, obwohl ich wusste, dass mehr in Helens Botschaft steckte, als dass Frauen zu Betthäschen wurden.

«Und wisst ihr», sagte Leslie, «genau das wird sie tun. Sie wird das Magazin in ihr Buch verwandeln.»

«Ich habe gehört, sie hat vor, alle zu feuern und ihre eigenen Leute reinzuholen», sagte Penny.

«Das habe ich auch gehört», erwiderte Leslie. «Deswegen kündigen alle.»

«Ach kommt», sagte Bridget, «Ich finde, man sollte ihr wenigstens eine Chance geben.»

«Warum?», fragte Margot. «Kein Journalist, der etwas auf sich hält, will etwas mit Helen Gurley Browns *Cosmopolitan* zu tun haben. Sie hat Liz Smith erzählt, dass sie falsche Wimpern trägt. Welcher Mensch erzählt so was?»

Penny verdrehte die Augen. «Mich würde es jedenfalls überraschen, wenn die *Cosmopolitan* in sechs Monaten noch erscheint.»

◐

An meinem ersten Tag lernte ich, dass die Zeitschriftenwelt drei Kalendermonate im Voraus arbeitete. Obwohl wir also erst März hatten, war die Mai-Ausgabe schon in den Druck gegangen. Es war Nachmittag und ich war gerade in Helens Büro, als George Walsh, der Literaturredakteur, ein großer, schlaksiger Mann mit Hosenträgern und Fliege, den Korrekturabzug brachte. Auf der Titelseite prangte ein Bild von Barbra Streisand in kecker Pose. Sie hatte die Hände in die Hüften gestemmt und einen Fuß auf einen Polsterhocker gestellt. Seitlich entlang ihres Bilds befanden sich die sogenannten ‹Teaser›-Texte: *Wenn Zahnärzte schwer zu finden* sind und *Hosen für Meerjungfrauen.*

Helen saß an ihrem Schreibtisch, die Ferragamo-Schuhe abgestreift, einen nackten Fuß unter sich gezogen, und blätterte durch die Abzüge. Ihr Stirnrunzeln vertiefte sich mit jeder neuen Seite.

«Es wird eindeutig eine ziemlich magere Ausgabe», sagte George und zog sich einen Stuhl heran, als richte er sich auf eine längere Diskussion ein. «Für die Zukunft sollten wir den Literaturteil ausweiten.»

Gerade als George sich setzte und die Beine übereinanderschlug, schleuderte Helen den Korrekturabzug auf den Fußboden. Er landete auf einer Seite mit einem Inserat für eine Versicherung gegenüber von einem Artikel über Orthopädie.

«Also gut», sagte George und stand auf. «Dann besprechen wir den Literaturteil ein anderes Mal.» Er nickte, stellte den Stuhl an seinen Platz zurück und strich sich eine Strähne schütter werdenden und pomadisierten Haars über die Kopfhaut, bevor er zur Tür hinausschlüpfte.

Helen stellte beide Füße wieder auf den Boden, sackte nach vorne und stöhnte in ihre Hände. «Alice, tun Sie mir einen Gefallen. Holen Sie mir David in die Leitung.»

Augenblicke später, während ich an meinem Schreibtisch war und versuchte, ihren Mann aufzutreiben, blickte ich auf und sah jemanden den Flur entlangkommen. Dieser Jemand veranlasste die Sekretärinnen dazu, zu ihren Schreibtischen zu hasten, um emsig zu wirken. Wer auch immer dieser

Mann war, er sah aus wie ein Politiker mit dunklem Anzug und Krawatte. Das ergrauende Haar hatte er glatt nach hinten gekämmt. Ich konnte sein Rasierwasser riechen – Brut – und bemerkte die Reflexionen der Deckenlampen auf seinen polierten Schuhen. Erst als ich hörte, wie einer der Redakteure ihn mit Namen begrüßte, verstand ich, dass es sich um Richard Berlin handelte. Der Oberboss. Der Geschäftsführer von Hearst. Er hatte sich entschieden, sein schickes Büro in der ein paar Blocks entfernten Hearst-Zentrale zu verlassen und die niederen Flure der *Cosmopolitan* zu betreten.

«Helen ...», rief er aus zwei Metern Entfernung.

«Oh, Richard, sind Sie das? Kommen Sie doch rein», sagte sie. «Alice, Liebes, führen Sie Mr. Berlin herein.»

«Sie und ich müssen uns unterhalten, Helen.» Er stand bereits in ihrer Tür, als ich in einer sinnlosen Geste hinter ihn eilte.

«Wie nett, dass Sie vorbeischauen.» Sie lächelte, als gäbe sie einen Empfang im Country Club. Gerade wollte sie von ihrem Schreibtisch aufstehen, da gebot er ihr mit einem Handbefehl, der ebenso gut einem Hund gelten konnte, Einhalt. Überraschenderweise gehorchte sie und ließ sich wieder auf ihren Stuhl fallen, was ihm einen extremen Größenvorteil verschaffte.

«Die Werbeeinnahmen sind stark gesunken. Wir hatten einundzwanzig Anzeigenseiten für Mai. Das ist alles. Ich mache mir Sorgen bezüglich der Juni-Ausgabe.»

Helen presste demütig eine Hand auf ihr Herz. «Juni? Ach, vergessen Sie den Juni. *Darüber* sollten wir uns Sorgen machen.» Sie nahm den Korrekturabzug für Mai, als hebe sie einen Welpen am Nackenfell hoch. «Wir müssen ein paar drastische Änderungen vornehmen, sonst wird die Juni-Ausgabe auch nicht besser.»

«Und welche Änderungen schlagen Sie vor?»

«Zuallererst müssen wir dieses Gore-Vidal-Essay streichen.»

«Gore Vidal streichen?»

«Er ist öde, öde, öde. Und wenn wir schon dabei sind, ich weiß, Sie haben Rex Reed versprochen, dass er der neue Filmkritiker wird, aber seine letzte Besprechung ist einfach nur grauenhaft. Ich fürchte, Rex und sein Pippi-puh-Text müssen raus.»

«Pippi-puh?» Ich war überrascht, dass er es wiederholte. Aus Helens Mund war es beinahe charmant gewesen, aber nun klang es absolut lächerlich. «Also wollen Sie das Vidal-Essay rauskürzen *und* Rex Reed feuern?»

«Für den Anfang.»

«Das ist Unsinn. Dieses Magazin hat Standards, die wir aufrechterhalten müssen. Ich werde nicht seine Integrität gefährden und –»

Ihr munteres Lachen schnitt ihm das Wort ab. «Ach, Richard.» Sie sah ihn spöttisch an, stand auf und schwebte hinter ihrem Schreibtisch hervor. «Vertrauen Sie mir. Ich habe eine wunderbare Vision für dieses Magazin.»

«Das ist es, was ich befürchte.»

Sie lächelte und legte den Kopf schief, wie um zu sagen: *du dummer kleiner Junge*. «Ich finde es ziemlich witzig, dass es Sie nervös macht, wenn eine Frau ein Magazin *für Frauen* herausgibt.» Obwohl Berlin nicht erfreut aussah, sprach sie weiter, während sie ihn nonchalant aus ihrem Büro geleitete. Ich bewunderte, wie kühl und gelassen sie ihn abwies, indem sie ihn zum Foyer führte. Ihre Stimme schwebte hinter ihr her.

«Ist das nicht einfach zu lustig, Richard? Sich darüber Sorgen zu machen, dass eine Frau ein Magazin für Frauen herausgibt ...»

Augenblicke später kam sie wieder in den Flur zurück. Verschwunden waren ihre Schlagfertigkeit und das leichtherzige Verhalten. Stattdessen hingen Kopf und Schultern herab. Ohne ein Wort ging sie niedergeschlagen in ihr Büro und schloss die Tür. Ich bemerkte, dass ihre Leitung auf meinem Telefon aufleuchtete und dann wieder erlosch. Wen auch immer sie zu erreichen versucht hatte, war nicht verfügbar gewesen. Einen Moment später hörte ich sie schluchzen.

◯

Am Abend stand ich in meiner winzigen Küche und lehnte neben dem Telefon, das an die Wand montiert war. Ich aß eine Packung Salzcracker und eine Dose Sardinen aus dem kleinen Lebensmittelladen um die Ecke und beobachtete die Uhr über dem Herd. Denn um acht Uhr sanken die Ferngesprächstarife und ich konnte ein R-Gespräch zu meinem Vater anmelden.

Faye ging ran, und ich musste gegen den Impuls ankämpfen, aufzulegen. Ich wusste nie, was ich zu ihr sagen sollte. Alles war immer so unbehaglich und gezwungen. Ich wusste, sie machte meinen Vater glücklich, und ich wollte nicht, dass er allein war – und dennoch ... Vor eineinhalb Jahren, als er uns einander vorgestellt hatte, war Faye zu höflich gewesen und ich zu unhöflich. Ich hatte ihre übereifrigen Fragen mit einer Reihe gleichgültiger *Jas, Neins* und *Mir egals* beantwortet. Später schämte ich mich für mein Verhalten. Ich war zu alt dafür, aber ich konnte nicht anders. Um die Wahrheit zu sagen, war Faye absolut reizend. Ihr einziger Fehler war, nicht meine Mutter zu sein. Und dagegen konnte niemand von uns etwas tun.

«R-Gespräch von Ali», hörte ich das Fräulein von der Vermittlung sagen. «Übernehmen Sie die Kosten?»

Ich spießte eine Sardine mit der Gabel auf, während ich auf ihr Urteil wartete.

«Ja, das tue ich.» Faye hielt die Sprechmuschel zu, und ihre Stimme klang verzerrt, als sie meinen Vater rief. «Herb? Herbert? Komm ans Telefon. Es ist Ali.»

Es ärgerte mich, dass sie sich die Freiheit herausnahm, meinen Kosenamen zu benutzen. Für sie war ich Alice, nicht Ali. Ich lauschte dem Gemurmel der beiden am anderen Ende der Leitung. Vor meinem inneren Auge sah ich, wie sie in der Küche standen, das Telefon auf der Arbeitsplatte, neben dem neuen avocadofarbenen Herd, den sie unbedingt hatte haben müssen, weil der blaue Herd meiner Mutter nicht zu den anderen Geräten passte.

Endlich ertönte die Stimme meines Vaters. «Ali? Ali, Schatz, wie geht es dir?»

«Hi, Dad. Wollte dir sagen, dass ich einen Job habe. Bei einer Zeitschrift. Hab schon angefangen.» Mir wurde bewusst, dass ich in abgehackten Sätzen sprach, als wollte ich so knapp wie möglich so viele Informationen wie möglich übermitteln. Tat ich es, um Minuten zu sparen – das Äquivalent zu einem Telegramm, wo pro Wort abgerechnet wurde? Oder war ich inzwischen einfach so steif und verlegen, wenn ich mit meinem Vater sprach?

«Gut. Gut für dich. Also bedeutet das, du bleibst in New York, hm?»

«Ja.» *Natürlich bleibe ich. Deswegen bin ich hergezogen.*

Die Leitung blieb stumm. Der Vater, der er gewesen war, bevor Faye aufgetaucht war, hätte eine Million Fragen an mich gehabt: Welche Zeitschrift? Was bezahlen Sie dir? Wo ist dein Büro? Magst du die Leute dort? Aber andererseits hätte die Tochter, die ich gewesen war, bevor er Faye geheiratet hatte, auch nie so lange damit gewartet, ihm von ihrem neuen Job zu erzählen.

«Dad? Bist du noch da?»

«Ja, ja, ich bin da.»

«Elaine Sloan – Moms Freundin – erinnerst du dich an sie? Sie hat mir dabei geholfen, die Stelle zu bekommen.»

«Oh.» Er klang überrascht. «Also, äh, stehst du in Verbindung mit ihr.»

«Sie ist sehr nett.»

«Mm-hmm.»

Ich steckte mir einen Salzcracker in den Mund, um ihn auf meiner Zunge zergehen zu lassen, bevor ich ihn aß. Mein Vater ließ eine weitere Fünfzig-Cent-pro-Minute-Pause verstreichen, bevor er das Thema wechselte. Er räusperte sich, dann murmelte er leise: «Wie sieht es finanziell bei dir aus?» Vermutlich wollte er Faye nicht hören lassen, dass er mich danach fragte.

«Gut. Ich werde bald bezahlt.» Langsam rutschte ich mit dem Rücken an der Wand hinunter, dankbar, dass das Telefonkabel bis zum Fußboden reichte. Die Leitung war wieder stumm. Diesmal dachte ich, es könnte an der Verbindung liegen. «Dad?»

Ich hörte Faye im Hintergrund reden, konnte die Worte jedoch nicht verstehen.

«Warte mal eine Sekunde, Ali. Was –» Er hielt den Hörer zu und sagte etwas zu seiner Frau. Ich klopfte mit den Zehen und trommelte mit den Fingerspitzen auf den Holzfußboden. «Nun», sagte er, als er wieder in die Leitung kam, «wir unterhalten uns am Sonntag weiter, ja? Wenn die Tarife billiger sind.»

Nachdem er aufgelegt hatte, blieb ich auf dem Fußboden sitzen, den Rücken an die Wand gelehnt, den Hörer immer noch in meiner Hand, während der Wählton mein Apartment mit seinem gleichmäßigen Summen füllte.

KAPITEL 4

Am Ende meiner ersten Woche hatten Helen und ich angefangen, ihr Büro umzugestalten. Sie glaubte an einen Zusammenhang zwischen der Arbeitsumgebung und ihrer Produktivität. Um das Foyer, sagte sie, würden wir uns später kümmern, aber in der Zwischenzeit wäre sie nicht in der Lage, sich zu konzentrieren, bis sie die letzten Spuren ihres Vorgängers verbannt und das Büro zu ihrem gemacht hatte.

Der orange Hochflorteppich, die schweren Möbel und gestreiften Vorhänge flogen raus. An ihre Stelle traten eine blassrosa Tapete, geblümte Vorhänge und ein flauschiger Teppich in der Farbe von rosa Zuckerwatte. Obwohl es nicht ganz zu ihrem rosafarbenen Motto passte, konnte sie ein paar Akzenten mit Leopardenmuster in Form von Schreibtisch-Accessoires und Zierkissen für ihr Sofa, das im selben Blumenmuster bezogen war wie die Vorhänge, nicht widerstehen. Trotz ihres neuen schicken Schreibtischs führte Helen den Großteil ihrer Geschäfte von einem kleinen Sessel aus, der eher an eine Puppenstube denn an das Büro einer Führungskraft erinnerte.

Als ich sie darauf ansprach, sagte sie: «Es ist essenziell, dass ich den Menschen, die ich hier treffe, das Gefühl gebe, größer zu sein als ich.» Ich musste lachen, weil praktisch jeder größer als Helen war. «Sie dürfen sich nicht eingeschüchtert fühlen. Wenn sie mein Büro wieder verlassen, müssen sie denken, dass alles, worauf wir uns geeinigt haben, von Anfang an ihre Idee war», sagte sie mit einem gewitzten Lächeln.

Nachdem ich viel Zeit damit verbracht hatte, ihr Büro einzurichten, stellte ich fest, dass ich mit dem Rest meiner Arbeit in Rückstand geraten war. Bernard Geis Associates hatte begonnen, Helens Post ins Büro weiterzuleiten, sodass Tausende Briefe in schmutzig grauen Leinensäcken mit seilartigen Zugbändern und Metallösen ankamen.

Ihre Fanpost beantwortete Helen selbst. Ebenso schrieb sie Dankeskarten für Dinnerpartys, Einladungen zum Mittagessen, für jeden Blumenstrauß, jede Aufmerksamkeit in Form von Keksen oder Pralinen, die sie natürlich nicht aß. Es war wichtig, dass keine freundliche Geste ohne Dankeskarte blieb. Ich wusste nicht, wann sie die Zeit fand, aber jeden Morgen wartete ein frischer Stapel handgeschriebener Karten und Briefe auf ihrem rosa Briefpapier darauf, von mir hinunter zur Poststelle gebracht zu werden, jeder adressiert und mit *HGB* in ihrem rosa Siegelwachs gestempelt.

Doch es gab auch andere Post. Hass- und Drohbriefe, mit denen Helen mich verfahren ließ, wie ich es für angemessen hielt. Sie wollte nichts mit irgendwelchen ‹pedantischen Besserwissern› zu tun haben. Um ehrlich zu sein, überraschte mich die Menge wütender Briefe, die sie bekam. Es war schwer vorstellbar, wie viele Leute sich die Zeit nahmen, sie auf Papier zu beschimpfen und ihr vorzuwerfen, unmoralisch zu sein und unschuldige Mädchen zu verderben. Ich hatte gerade den Brief einer Mutter gelesen, die eine Ausgabe von *Sex und ledige Mädchen* ganz unten in der Schublade ihrer Tochter gefunden hatte. *Sie ist fünfzehn Jahre alt, und Sie haben sie dazu gebracht, Make-up zu tragen und sich den Büstenhalter mit Taschentüchern auszustopfen.*

Ich wusste nicht, was ich darauf antworten sollte, also legte ich den Brief beiseite und begann stattdessen mit einem Arbeitsvertrag für Helens erste redaktionelle Neueinstellung. Walter Meade würde als Redakteur an Bord kommen. Als ehemaliger Leiter der Werbetextabteilung für BBDO war er aus der Werbebranche, und genau wie Helen wusste er nichts über Zeitschriften. Wie nahezu jeder andere Texter auf der Madison Avenue hatte Meade allerdings einen Roman in seiner Schreibtischschublade, an dem er schrieb.

Im Lauf der Jahre hatte er ein paar Kurzgeschichten an Bill Guy verkauft, was Helen überhaupt erst auf den Gedanken gebracht hatte, ihn einzustellen.

Walter Meade war, in einem Wort, umwerfend. Groß, attraktiv, dunkle Haare, dunkle Augen, Grübchen und ein Lächeln, mit dem er Werbung für Zahnpasta hätte machen können. Nachdem er ihr Büro verlassen hatte, flüsterte Helen mit einem Blick in mein Gesicht: «Vergessen Sie's, meine Liebe. Er ist ein Dandy.»

Ich legte ein Blatt Papier in meine Schreibmaschine ein und drehte es in Position, bevor meine Finger über die Tasten flogen. Nachdem ich den Meade-Vertrag fertiggestellt hatte, blickte ich von meinem Schreibtisch auf und sah, dass fast alle für heute schon gegangen waren. Schreibtischlampen waren ausgeschaltet, Schreibmaschinen zugedeckt, Pullover hingen nicht mehr über Rückenlehnen. Es war Freitagabend, und alle brannten darauf, ihr Wochenende zu beginnen. Sogar Helen machte sich bereit zu gehen.

«Tschüss», sagte sie, während sie den Verschluss ihrer gelben Korbhandtasche schloss. «Ich treffe mich mit David im *Trader Vic's*. Bleiben Sie nicht mehr zu lange. Übrigens, das wollte ich Ihnen schon vorhin sagen – ich finde Ihren Nagellack einfach toll. Den bewundere ich schon den ganzen Tag.»

«Danke», sagte ich ein wenig verblüfft und blickte hinunter auf meinen schlichten rosa Nagellack.

Helen lächelte und rauschte in ihrem orangefarbenen Kleid von Rudi Gernreich davon. Die Enden des geblümten Schals, den sie als Stirnband umgebunden hatte, fielen ihr den Rücken hinunter. Als sie das Ende des Flurs erreichte, drehte sie sich noch einmal um und rief: «Ich wünsche Ihnen ein wunderbares Wochenende, Kittycat.»

Da ich neu in der Stadt war und noch nicht wirklich jemanden kannte, beschränkten sich meine Pläne darauf, am Sonntag mit Trudy eine Sightseeing-Tour zu machen. Deswegen machte es mir nichts aus, länger zu bleiben und zu arbeiten.

Ich beschloss, schon mal mit einem Memo von Helen an Ira Lansing anzufangen, den Leiter der Abteilung für Werbung und Vertrieb: *Ich würde gern mehr Werbung für weibliche Produkte sehen. Wo stehen wir bei Maybelline, Revlon, Max Factor, Midol und Kotex?* Sie sei besorgt wegen einiger Anzeigen der Proctor & Gamble-Kunden. *Ich muss wohl kaum sagen, Ira, dass Crisco, Oxydol und Charmin keine sexy Produkte sind. Meine Güte, Bratfett, Waschmittel und Toilettenpapier ...*

Als ich gerade fertig wurde, hörte ich Stimmen im Flur und blickte auf. Erik Masterson stand in der Tür zu Bill Guys Büro. Ich hatte ihn diese Woche mehrmals hier auf dieser Etage mit

Dick Deems gesehen. Von ein paar der Sekretärinnen hatte ich gehört, dass Erik der jüngste leitende Angestellte war, den Hearst je eingestellt hatte.

Ich widmete mich wieder meinem Memo, um es Korrektur zu lesen, damit es gleich Montagmorgen fertig war. Immer wenn ich den Flur entlangblickte, war Erik noch da, die Hände flach an die Wand außerhalb von Bill Guys Büro gestützt. Er trug keinen Ehering. Nachdem ich das Memo fertig hatte, beschloss ich, den wachsenden Berg von Helens Drohbriefen in Angriff zu nehmen. Ich blätterte bis zu dem Brief einer gewissen Gretchen Hills aus Indianapolis, die Helens Rat befolgt hatte, sich die Nase operieren zu lassen, und nun durch eine Seite nicht mehr richtig atmen konnte.

«Ist sie da?»

Als ich aufblickte, stand Erik Masterson weniger als einen Meter von mir entfernt. Es war das erste Mal, dass ich ihn aus der Nähe sah, und ich verstand nun, warum meine Kolleginnen schamlos mit ihm flirteten. Jede Frau hätte für seine langen Wimpern getötet. Seine Augen waren so dunkel, seine Zähne so makellos, die Nase gerade und das Haar so voll, dass man zweimal hinsehen musste. Und das wusste er. Mit Sicherheit gefiel ihm, was er im Spiegel sah.

«Nun?» Er schaute über meine Schulter in die Richtung von Helens Büro. «Ist sie da?»

«Nein, tut mir leid. Ich fürchte, sie ist schon gegangen. Sie haben sie gerade verpasst.»

Er verschränkte die Arme und spitzte die Lippen, als wolle er pfeifen. Eine Putzfrau, die einen großen Mülleimer vor sich herschob, kam um die Ecke und hielt an, um Aschenbecher und Papierkörbe auszuleeren. In Bill Guys Büro war das Licht inzwischen erloschen, und einen Moment später klingelte die Glocke des Aufzugs. Vermutlich Bill, der nach Hause ging. Die Putzfrau war kurz darauf den Flur entlang verschwunden, und mir wurde bewusst, dass Erik und ich nun allein waren.

Er drehte sich um und sah mich an, sodass ich mich gezwungen fühlte, das Schweigen zu durchbrechen. «Ich sage ihr, dass Sie vorbeigeschaut haben.»

«Eigentlich, Alice ... Sie heißen doch Alice, nicht wahr?»

Ich nickte, überrascht, dass er meinen Namen kannte.

Er rückte einige Papiere beiseite, um auf meiner Schreibtischkante Platz für sich zu machen. «Ich wollte mit Ihnen sprechen. Ich habe mir Ihre Akte angesehen.»

«Ach?»

«Ich habe Ihren Lebenslauf gelesen.»

«Das muss eine kurze Lektüre gewesen sein.»

Er lächelte, als habe er statt in meine Akte unter mein Kleid gesehen. «Es war ein ziemlicher Coup, hier eine Stelle als Sekretärin an Land zu ziehen, ohne jede Zeitschriftenerfahrung. Was ist Ihr Geheimnis?»

«Ich tippe mit olympischer Geschwindigkeit», antwortete ich und wackelte zur Verdeutlichung mit den Fingern. «Oh, und jemand hat ein gutes Wort für mich eingelegt.»

Er lachte leise und sah auf seine Armbanduhr. Ich wusste, dass es keine einfache Timex war, noch bevor ich das Patek Philippe auf dem Zifferblatt sah. «Es ist schon spät», sagte er, während er sich mit der Hand übers Kinn rieb. «Sie müssen am Verhungern sein. Ich bin es jedenfalls. Was halten Sie davon, wenn wir einen Happen essen gehen? Der *Tea Room* ist gleich die Straße runter.»

Verblüfft über die Einladung zögerte ich.

«Ach, kommen Sie, ich esse ungern allein.» Als hätte es ihm je an Begleitung zum Abendessen gemangelt. Er stand auf und deutete zum Foyer. «Wollen wir?»

◯

Ein Mann in voller Kosakenmontur hielt uns die Tür unter der roten Markise auf, um uns im *Russian Tea Room* willkommen zu heißen. «Sehr schön, Sie wiederzusehen, Mr. Masterson», sagte er und tippte an seine Papacha-Mütze.

Sobald wir eingetreten waren und unsere Mäntel abgegeben hatten, fühlte ich mich zu schlicht gekleidet. Nicht dass die Frauen Abendkleider und Diademe trugen, aber sie besaßen eine gewisse Eleganz, die ich mir erst noch aneignen musste. Auf den ersten Blick unterschied mich von ihnen lediglich eine Perlenkette hier, ein Cocktailring oder ein Hermès-Schal dort. Doch auf den zweiten Blick war es vor allem das Gefühl, hierherzugehören, während ich ein Eindringling war. Die Männer waren ebenfalls schick und stilvoll gekleidet. Stattliche Anzüge, Seidenkrawatten, Edelsteine in Manschettenknöpfen. Diese eleganten Menschen von Welt drängten sich in zwei Reihen um die Bar, während sich eine Mischung aus Parfüm und sich kringelndem Zigarettenrauch über ihren Köpfen sammelte. Das Restaurant war ebenso voll, und weitere Kellner in Kosakenmontur kümmerten sich um die Gäste in den roten Sitznischen.

Ich war mir sicher, wir würden eine Stunde oder länger auf einen Tisch warten, aber dann kam der Empfangschef auf Erik zu. «Mr. Masterson? Wenn Sie und die junge Dame mir bitte folgen wollen, Sir?» Und schon navigierte er anmutig durch die Menge wie ein tropischer Fisch durch ein Aquarium. Ich dagegen kam mir eher vor wie ein flussaufwärts schwimmender Lachs, der versehentlich Leute anrempelte und dabei fast ihre Drinks verschüttete.

Wir wurden eine Treppe hinauf in den ersten Stock geführt, wo ein dreieinhalb Meter großer russischer Bär aus Glas, der aussah wie eine riesige Eisskulptur, den vorderen Teil des Raumes bewachte. Ich war noch nie in einem so überladen dekorierten Restaurant gewesen: eine Decke aus Buntglasfenstern, ein goldener Baum, der aus dem roten Teppich herauswuchs und von dessen Ästen bunte Glaskugeln hingen, dekorative Spiegel, die die Wände mit den rot gepolsterten Sitzbänken säumten. Und inmitten all des Prunks tummelten sich Menschen, als wären sie auf einer Cocktailparty.

Auf dem Weg zu unserem Tisch blieb Erik alle paar Schritte stehen, um Hände zu schütteln oder die Wange einer Frau zu küssen.

«Sie sind sehr beliebt», sagte ich.

«Das Büro ist gleich um die Ecke. Viele der Hearst-Leute kommen nach der Arbeit hierher», erklärte er sachlich, während wir unsere Plätze auf einer der Polsterbänke einnahmen, neben der ein goldener Samowar postiert war.

Ich sah mich im Raum um und beobachtete die Frauen in ihren schönen Kleidern, wie sie anmutig Zigaretten in einer Hand, Cocktails in der anderen hielten. Ihre stylishen Clutches baumelten von ihren Handgelenken oder waren unter den Arm geklemmt. Ich war zu gebannt von der Atmosphäre, um mich daran zu erinnern, dass Erik mir einen Wodka-Martini bestellt hatte. Ich war keine große Trinkerin, aber

Martinis waren sehr mondän, sehr großstadtmäßig, und vor mir war gerade dieses hübsche Glas aufgetaucht, mit schimmernden Eiswürfeln, die an der Oberfläche trieben, und zwei aufgespießten Oliven.

«Auf Sie», sagte er. «Willkommen an Bord.»

«Leinen los», antwortete ich, während ich mit meinem Glas ein wenig zu hart an seines stieß. Der Spruch und die Geste fühlten sich ein wenig daneben an, wie ein geworfener Filzhut, der den Hutständer verfehlt. Ich versuchte, so zu tun, als wäre ein Besuch in diesem Restaurant für mich nichts Ungewöhnliches, noch dazu mit einem Mann, der wahrscheinlich in der Rudermannschaft von Harvard oder Yale gewesen war. Zweifellos hatte er Saisonkarten für die Met und ein Sommerhaus in den Hamptons.

«Also, wie gefällt Ihnen der *Tea Room?*», fragte er und stellte sein Glas ab.

«Ganz okay.» Ich verdrehte gespielt blasiert die Augen. «Aber um ehrlich zu sein, kann er dem Imbiss Ecke 74th und Third nicht das Wasser reichen.»

Er lachte zum ersten Mal richtig. Es zeigte den Hauch einer anderen, entspannteren Seite von ihm, aber schnell hatte er sich wieder im Griff. «Also, wie läuft es mit dem neuen Job?»

«Es läuft sehr gut», antwortete ich. «Könnte nicht besser sein.»

«Wirklich?» Er legte den Kopf schief, sodass ihm eine Locke in die Stirn fiel. «Also arbeiten Sie *gern* für die neue Chefin?»

«Ich bin noch nicht lange da, aber ja», sagte ich. «Sie ist wunderbar. Und wenn man bedenkt, für *wen* ich da arbeite …»

Er schenkte mir ein kryptisches Lächeln und strich sich das Haar wieder zurück.

Der Kellner kam, um unsere Bestellung aufzunehmen, doch Erik schickte ihn weg. Ich hatte noch nicht in die Speisekarte gesehen, und als ich es tat, schüchterte mich die Auswahl aus Lamm-Carpaccio aus der Lende mit Feldsalat, Dutzenden Kaviarsorten, Wachteln, Wildschwein ein.

«Mögen Sie Lachs?», fragte Erik, der meine Verwirrung spürte.

«Ja.»

«Na bitte.» Er klappte seine Speisekarte zu und winkte dem Kellner. «Wir nehmen zweimal den Kulebjak mit Lachs.»

Erik entschuldigte sich für einen Moment, und ich sah ihm dabei zu, wie er sich durch den Raum arbeitete und dabei immer wieder stehen blieb, um ein paar Männern rasch Hallo zu sagen und den einen oder anderen Kuss auf die Wange einer Frau zu hauchen. Ich verspürte einen Stich – nicht vor Eifersucht, eher aus einem Gefühl von Konkurrenz. Und dabei ging es ganz gewiss nicht um Eriks Aufmerksamkeit, sondern allein darum, meinen eigenen Wert einzuschätzen. Ich wusste, dass ich eine attraktive Frau war. Die Leute sagten mir, ich sähe aus wie meine Mutter, und ich konnte die Ähnlichkeit auf alten Fotos von ihr erkennen. Ich hatte ihre blauen Augen und dunklen Haare geerbt, dasselbe schmal zulaufende Kinn, die hohen Wangenknochen und die gute, reine Haut. Aber trotz der Gene meiner Mutter war ich nicht annähernd so weltgewandt und kultiviert wie die Frauen in diesem Raum. Ich fragte mich, was ich hier tat – noch dazu an einem Freitagabend – mit Erik Masterson.

Der letzte Mann, der mich zum Abendessen eingeladen hatte, war Michael. Es war mein einundzwanzigster Geburtstag gewesen, und er hatte mich zu einem italienischen Buffet ausgeführt. Mit Tellern in der Hand hatten wir vor Metallbehältern mit Spaghetti bolognese, überbackenen Auberginen und unter goldbrauner gallertartiger Bratensoße begrabenem Hühnchen Schlange gestanden. Die Kellner sangen, während ich die Kerze auf meinem Spumoni auspustete und mir etwas wünschte. Da wusste ich noch nicht, dass es das letzte Mal war, dass ich Michael gegenübersitzen würde. Er brauchte nur noch eine weitere Woche, um den Mut aufzubringen, mir zu sagen, dass er mich nicht heiraten wollte.

Unser Essen kam – zwei Kulebjak mit Lachs, die sich als Blätterteigpasteten auf glühend heißen Tellern herausstellten –, und wir aßen schweigend. Bei jedem Bissen hörte ich, wie seine Schneidezähne über die Zinken seiner Gabel kratzten. Der erste Widerspruch zu der Makellosigkeit, die ich ihm attestiert hatte. Es brachte ihn der Erde ein paar Zentimeter näher, was mich ein wenig beruhigte.

Der Lachs war köstlich, und ich aß immer noch, als Erik seinen Teller beiseiteschob und vorwärtsrutschte. Die Ellbogen auf den Tisch gestützt, verschränkte er seine perfekt maniküren Finger und sagte: «Darf ich schonungslos ehrlich zu Ihnen sein?»

«Klingt unangenehm. Sagen Sie mir jetzt, dass Ihnen nicht gefällt, wie ich mein Haar trage?»

«Eigentlich nicht.» Er warf mir einen zweideutigen Blick zu. «Mir gefällt Ihr Haar. Sehr sogar.»

«Na, dann nur zu», sagte ich mit einem trockenen Lächeln, «erschlagen Sie mich mit Ihrer schonungslosen Ehrlichkeit.»

Er lehnte sich noch näher, bis sein Ellbogen beinahe meinen Arm berührte. «Also, ich bin sicher, Sie haben das alles schon gehört», hob er an, «aber die *Cosmopolitan* war mal eine der angesehensten Zeitschriften weit und breit. Der Liebling von William Randolph Hearst. Sein Baby, wenn man so will. Bis jemand die glorreiche Idee hatte, sie in eine Zeitschrift für Vorstadthausfrauen zu verwandeln. Das war ihr Niedergang. Seitdem liegt sie im Sterben. Und wenn die *Cosmopolitan* sterben muss, sollte sie dann nicht wenigstens würdevoll zur Ruhe gebettet werden?»

«Wovon reden Sie?» Ich trank einen Schluck von meinem Martini. «Sie ermöglichen der Zeitschrift einen Neuanfang und verpassen ihr einen frischen Look. Deshalb haben Sie Mrs. Brown eingestellt.» Bei meinen Worten hoben sich seine Augenbrauen, als würden sie von einer Schnur gezogen. «Stimmt das nicht?»

«Sehen Sie, es ist kein Geheimnis, dass die *Cosmopolitan* Probleme hat. Jeder weiß das. Die Auflage ist auf unter achthunderttausend gesunken, und Mr. Berlin und der Vorstand waren bereit, das Magazin gänzlich einzustellen. Ich sollte Ihnen das vermutlich nicht erzählen, aber» – er blickte nach links und rechts, um die Vertraulichkeit zu betonen – «wir haben bewusst nur sehr wenig Mittel in eine weitere Abonnentenakquise investiert. Wir machen kaum Werbung für das Magazin. Wir haben sogar die Mitarbeiter reduziert. Die *Cosmopolitan* wird auf absoluter Sparflamme am Laufen gehalten.»

«Dann sagen Sie also, Sie wollten, dass das Magazin untergeht?»

Er lächelte, als wäre er erfreut darüber, dass ich das Rätsel gelöst hatte. «Das war die ganze Zeit der Plan.»

«Aber warum?»

«Eine sehr zweckmäßige Geschäftsentscheidung. Das Magazin erfüllt unsere Erwartungen nicht, es drückt den Gewinn für die gesamte Hearst Corporation, und der Vorstand wollte es loswerden – aber wie ich schon sagte ...» Er hob einen Finger. «Wir wollten einen würdevollen Abschied.»

«Warum haben Sie dann Mrs. Brown ins Boot geholt?»

«Sagen wir einfach, ihr Mann hat beim Vorstand verdammt gute Überzeugungsarbeit geleistet. Er hat dafür gesorgt, dass sie eingestellt wurde. David Brown ist ein großer Hollywoodfilmproduzent. Ein echter Charmeur. Der Mann könnte Eis an Eskimos verkaufen.» Einen Moment lang spielte er an seinen Manschettenknöpfen herum. «Sie sind eindeutig ein kluges Mädchen. Wenn Sie Ihre Karten richtig ausspielen, findet sich für Sie sicher eine bessere Gelegenheit bei Hearst.»

Bei dieser Bemerkung trank ich meinen Martini aus. Dieser Abend hatte eine scharfe Wendung genommen. Trotz seiner flirtenden Blicke und dem schlauen Geplänkel war das hier keine Dinner-Verabredung. Ich war ein wenig enttäuscht – aber so, wie ein Kind enttäuscht ist, wenn sich seine Sea-Monkeys als schnöde Urzeitkrebse herausstellen. Von meinen romantischen Erwartungen einmal abgesehen war ich nun doch neugierig auf diese *bessere Gelegenheit*.

«Wollen Sie damit sagen, Sie wollen mich zu einem anderen Hearst-Magazin versetzen?»

Er lehnte sich näher zu mir und senkte seine Stimme. «Ich werde schonungslos ehrlich zu Ihnen sein.»

«Oje, noch mehr schonungslose Ehrlichkeit? Ich bin mir nicht sicher, ob ich dafür bereit bin.»

«Alice», sagte er und ignorierte meinen kleinen Witz, «jeder weiß, dass die Sache Helen – Mrs. Brown – über den Kopf wächst. Die Firma geht ein großes Risiko mit ihr ein, und offen gesagt sind wir alles andere als überzeugt, dass sie der Herausforderung gewachsen ist.»

Mir schwamm der Kopf vor Wodka und Verwirrung. «Warum erzählen Sie mir das?»

«Weil ich Ihre Hilfe brauche. Ich brauche Sie als meine Augen und Ohren.»

«Was soll *das* bedeuten?»

«Ich hätte gern, dass Sie alles für mich beobachten. Mir erzählen, mit welchen Autoren sie spricht, welche Fotografen und Illustratoren sie in Betracht zieht. Ich würde gern wissen, mit wem sie zu Mittag isst, wer sie anruft. Solche Dinge.»

«Sie bitten mich, sie auszuspionieren?»

«Nein, nein, nein, nichts dergleichen. Das würde ich *niemals*.» Er lehnte sich zurück und zupfte an seiner Krawatte. «Ich möchte nur sichergehen, dass das Magazin am Ende nicht aussieht und klingt wie ihr Buch.»

Nun hörte er sich an wie die Frauen im Büro. Es war offensichtlich, dass Hearst Helen Gurley Brown im Zaum halten wollte, aber dabei würde ich ihnen nicht helfen. Vielleicht hatte ich ein paar Bedenken bezüglich einiger ihrer Ideen gehabt, ja. Aber hatte ich ihr vorher einfach nur die Daumen gedrückt, wollte ich nun sehen, wie sie die Leute von Hearst fertigmachte, sie bei ihrem eigenen Spiel schlug.

«Sie würden mir und dem Vorstand einen großen Gefallen tun», sagte er. «Und ein solcher Gefallen wird nicht unbemerkt bleiben. Oder unbelohnt.»

«Es tut mir leid, aber Sie haben die Falsche für diesen Job.»

«Habe ich das?» Er sah mich mit diesen Augen an, und ich war sicher, sein Charisma hatte schon bei vielen jungen Frauen gewirkt und selbst die kleinste Öffnung in ihren

Herzen genutzt. Er war wahrscheinlich überzeugt davon, er könne mir weismachen, dass der Himmel grün und das Gras blau war, und dass es meine Pflicht war, meine Chefin auszuspionieren. Unvermittelt wollte ich nicht mehr in diesem schicken Restaurant sein.

«Wenn Sie mich entschuldigen würden», sagte ich und griff nach meiner Handtasche. «Es wird schon spät, und ich muss nach Hause.»

Er hielt meinen Blick ein, zwei Sekunden lang fest, bevor er sagte: «Ich verstehe, Alice. Vielleicht unterhalten wir uns ein andermal darüber.»

«Vielleicht auch nicht.» Ich warf meine Serviette auf den Tisch. «Danke für das Abendessen und dafür, dass Sie mich in eine unmögliche Position gebracht haben.»

Ich stand auf und ging nach unten. Erst als ich schon fast bei der Garderobe war, wurde mir bewusst, dass ich gerade einen leitenden Angestellten von Hearst sitzengelassen und wahrscheinlich dafür gesorgt hatte, dass ich gefeuert wurde. Einen Moment lang überlegte ich, wieder nach oben zu gehen, um mich zu entschuldigen, aber ich konnte es nicht.

Ich stand draußen unter der roten Markise des *Tea Room* und versuchte, meine Gedanken zu sammeln. Ein Windstoß kam wie aus dem Nichts und trug zerknülltes Zeitungspapier und Abfall die Straße entlang. Ich knöpfte meinen Mantel zu und stellte den Kragen auf. Es war schon fast zehn Uhr, aber ich brauchte den Spaziergang nach Hause, um meinen Kopf freizubekommen.

Als ich die 57th Street entlangging, fiel mein Blick zufällig auf das Gebäude mit der Hausnummer 224, und ich bemerkte, dass in Helens Büro Licht brannte. Sie musste nach ihrem Abendessen mit David wieder zurück ins Büro gegangen sein, denn ich erkannte ihre winzige Gestalt durch das Fenster im dritten Stock, wie sie an ihrem Schreibtisch saß und wild in einem fort tippte.

KAPITEL 5

In jener Nacht schienen die Straßenlaternen durch mein Fenster, sodass ich die Schatten anstarrte, die über meine von spinnwebenartigen Rissen durchzogene Decke huschten. Ein Krankenwagen, oder vielleicht war es ein Feuerwehrauto, raste die Second Avenue entlang, und seine Sirene zerriss die Dunkelheit und übertönte das Lachen der – wahrscheinlich betrunkenen – Leute unten auf dem Bürgersteig. Meine Augen brannten, und mein Körper war so erschöpft, als wären meine Knochen mit Sand gefüllt. Doch mein Verstand wollte nicht zur Ruhe kommen.

Jedes Mal, wenn ich anfing, wegzudämmern, ließ mich die Angst wieder hochschrecken. Ich rollte mich herum und drehte mein Kissen auf die kühle Seite, während meine Gedanken abwechselnd zwischen Sorge um meinen Job und Wut auf Erik Masterson hin- und herschwankten. Die Situation gärte in mir. Um zwei Uhr morgens, nachdem eine weitere Sirene vorbeigerast war, begann ich im Geiste mein Telefonat mit Elaine Sloan zu proben, in dem ich ihr erklärte, warum ich den Job, zu dem sie mir verholfen hatte, schon wieder verloren hatte. Ich sah, wie ich die Koffer packte, an Bord eines Greyhound-Busses stieg und zurück nach Hause fuhr, weil ich darin versagt hatte, den Traum meiner Mutter zu verwirklichen. Und meinen.

Als ich das letzte Mal auf die Uhr sah, war es halb fünf, und als ich am Morgen aufwachte, war ich immer noch in einem Zustand nebelhafter Panik. Ich machte mir eine Tasse Instantkaffee und rief Elaine an, um sie um Rat zu fragen.

«Ich fahre in ein paar Minuten ins Büro», sagte sie. «An den Wochenenden ist es dort ruhig, und ich kann einiges erledigen.» Ich hörte klassische Musik im Hintergrund. «Warum treffen wir uns nicht dort? Läute einfach an der Eingangstür, dann lasse ich dich rein.»

Aber als ich an jenem Samstagvormittag bei Bernard Geis Associates ankam, war die Eingangstür offen und alle Lichter in der Lobby leuchteten. Leute kamen und gingen, den Flur entlang klingelten Telefone und Schreibmaschinen klapperten. Es wirkte so geschäftig wie immer.

Ein Mann in goldfarbener Kordhose rutschte die Feuerwehrstange herunter und landete mit einem dumpfen Laut.

«Entschuldigen Sie», sagte ich. «Ich suche Miss Sloan.»

Er ging sie holen, und Augenblicke später erschien Elaine um die Ecke. In ihren khakifarbenen Stoffhosen und Reitstiefeln sah sie aus, als käme sie gerade aus einem Pferdestall. Ihr silbernes Haar war offen und lag lässig auf ihren zarten Schultern.

«Danke, dass Sie mich so kurzfristig empfangen, Miss Sloan.»

«Bitte.» Sie machte eine wegwerfende Handbewegung. «Was habe ich dir gesagt? Du sollst mich doch Elaine nennen.» Sie bedeutete mir, ihr zu folgen. «So viel zu einem ruhigen Samstag hier, was?», fragte sie, während sie den Flur entlangging, in dem fast jedes Büro besetzt war. «Bald erscheint ein wichtiges Buch, und die Autorin hält uns ganz schön auf Trab.»

Sie führte mich in ihr Büro, das mich wieder genauso beeindruckte wie an jenem ersten Tag. Irgendwie war mir die Reihe von Fotos auf ihrer Kommode damals nicht aufgefallen, doch jetzt stachen mir all die berühmten Autorinnen und Autoren ins Auge, mit denen sie zusammengearbeitet hatte. Elaine an der Seite von Groucho Marx, wie sie beide dicke Zigarren pafften. Auf einem anderen Foto schüttelte sie die Hand von Harry Truman. Und ja, eines zeigte sie Wange an Wange mit Helen, die Arme umeinander gelegt.

Als ich mich gerade setzen wollte, kam eine junge Frau mit unnatürlich rosigen Wangen hereingeeilt. «Berney möchte, dass Sie sich das neue Jackie-Susann-Cover sofort ansehen.» Sie hielt einen Bogen Papier im A4-Format hoch, auf dem in fetten schwarzen Lettern *Das Tal der Puppen* stand.

Elaine, die an ihrem Schreibtisch lehnte, nahm den Abzug und begutachtete ihn. «Es passt immer noch nicht.» Sie reichte der Frau das Cover zurück. «Sagen Sie ihm, da müssen noch mehr Pillen drauf.»

«Noch mehr?»

«Ja. Mehr Pillen. Mehr Puppen.»

Die Frau nickte und verschwand.

Elaine schloss ihre Bürotür und drehte sich zu mir um. «Also, was kann ich heute für dich tun?»

«Es tut mir leid, dass ich Sie an einem Samstag störe.»

«Sei nicht albern.» Mit einem Lächeln wies sie meine Besorgnis zurück. «Ich habe dir doch gesagt, meine Tür steht dir immer offen. Du klangst aufgebracht am Telefon. Möchtest du etwas Kaffee?» Sie deutete auf die chromfarbene Kanne und die zarten Porzellantassen auf einem Tablett.

Ich schüttelte den Kopf, während ich meine Handtasche auf die Ecke ihres Schreibtischs stellte und meine Finger an die pochenden Schläfen presste. «Ich glaube, ich habe in meinem Job alles vermasselt.»

«Nun, in diesem Fall ...» Sie griff nach einem Kristalldekanter auf ihrer Kommode. «Aber ehrlich gesagt» – sie schenkte etwas Brandy in zwei Tassen ein – «glaube ich nicht, dass du schon lange genug dort bist, um alles vermasselt zu haben.»

Ich hörte, wie jemand den Flur entlangrannte. Elaine schenkte Kaffee in zwei Tassen und schob mir eine davon über den Schreibtisch hinweg zu. Mit einer Geste ermutigte sie mich, auszutrinken, während ich erklärte, was sich am Abend zuvor mit Erik ereignet hatte.

«Ah», sagte sie und stellte ihre Tasse ab. «Lasset die Spiele beginnen.»

«Was soll ich tun?»

Sie dachte einen Augenblick lang nach, dann schenkte sie mir ein listiges Lächeln. «Du tust nichts. Rein gar nichts.»

«Sie finden nicht, ich sollte Helen warnen?» Ich spürte, wie mir der Brandy zu Kopf stieg.

«Nein.» Sie lehnte sich vor und faltete die Hände. «Helen wusste, worauf sie sich einließ.»

«Aber niemand dort scheint sie zu mögen», sagte ich und dachte an mein Mittagessen mit Margot und den anderen. «Nicht mal die Frauen.»

«Das ist wenig überraschend. Die Leute fühlen sich unwohl, wenn Frauen das Sagen haben. Sogar andere Frauen, die sie eigentlich am lautesten anfeuern und ermutigen sollten. Ich hatte bei Random House dasselbe Problem als eine der wenigen weiblichen Lektorinnen, die direkt hintereinander zwei große Titel betreuten. Beide schafften es auf die *Times*-Bestsellerliste, und das ging einigen gegen den Strich. Glaub mir, ich bin nicht wegen des *ausgezeichneten* literarischen Rufs zu Geis gegangen.» Sie verdrehte die Augen. «Ich wusste eben, dass Berney keine Angst davor hat, mit starken Frauen zusammenzuarbeiten. Er behandelt mich mit Respekt, kommt mir nicht in die Quere und zahlt mir obendrein auch noch ein hübsches Sümmchen.» Sie trank einen weiteren Schluck Kaffee. «Es tut mir leid, dass das passiert ist, aber es überrascht mich nicht. Mach dir keine Sorgen. Alles wird gut.»

«Also denken Sie nicht, dass ich gefeuert werde?»

«Du lieber Himmel, nein.» Sie lachte. «Dieser Erik kann dich gar nicht feuern lassen. Nicht ohne einen Grund. Und der Grund, den er hervorbringen kann, würde nicht gut ankommen – nicht einmal bei den Jungs von Hearst. Wenn überhaupt, sollte er beunruhigt sein, dass *du* für *seine* Entlassung sorgst.»

Daran hatte ich gar nicht gedacht, aber Elaine hatte recht. Dieses flaue Gefühl in meinem Magen begann, sich zu legen. Ich trank einen weiteren Schluck von meinem Kaffee mit Schuss.

«Du hast mehr Macht in dieser Situation als er», sagte sie. «Es sei denn, Hearst hat ihn darauf angesetzt. Aber das bezweifle ich. Nicht einmal Richard Berlin und Dick Deems würden so tief sinken. Ein einziges Wort zu Helen – aber davon rate ich ab –, und sie würde Erik hochkant rauswerfen lassen. Aber ich habe das Gefühl, Erik schaufelt sich ohnehin sein eigenes Grab, auch ohne dein – oder jemand anderes – Zutun.» Lächelnd hob sie ihre Kaffeetasse, wie um mir zuzuprosten. «Fühlst du dich jetzt besser?»

«Sie machen sich keine Vorstellung.» Ich legte eine Hand auf meine Brust. «Ich habe die ganze Nacht nicht geschlafen, solche Sorgen habe ich mir gemacht. Danke.»

Mit einem sanften, kaum merklichen Lächeln nahm Elaine eine Zigarette aus einem goldenen Etui mit Monogramm und zündete sie mit dem dazu passenden Feuerzeug an. Nachdem sie den Rauch zur Decke geblasen hatte, musterte sie mich einen so langen Moment, dass ich dachte, ich hätte etwas im Gesicht.

«Was?» Suchend hob ich die Finger zu meinem Mund.

«Nichts. Nichts.» Elaine lehnte sich vor, um die Ellbogen auf den Schreibtisch zu stützen. «Ich dachte nur gerade, wie sehr du mich an deine Mutter erinnerst. Du siehst genauso aus wie sie. Aber ich schätze, das hörst du ständig.» Elaine legte ihre Zigarette in den Aschenbecher und nahm zwei schöne Silberringe ab, von denen keiner an ihrem Ringfinger gesteckt hatte. Dann griff sie nach einem eleganten Le-Bain-Handcremespender an der Schreibtischecke. «Irgendwo habe ich noch ein paar alte Fotos von deiner Mutter. Die muss ich dir unbedingt zeigen.»

«Ich würde sie sehr gern sehen.»

Sie pumpte einen Klecks nach Blumen duftender Handlotion in ihre Handfläche. «Das wollte ich schon beim letzten Mal fragen – wie geht es deinem Vater?»

«Ganz gut, schätze ich. Er hat wieder geheiratet.»

«Faye?»

«Sie kennen Faye?» Das war eine große Überraschung.

«Nun ja, sagen wir einfach, ich weiß von ihr.»

Ich fragte mich, ob sie kürzlich mit meinem Vater in Kontakt gestanden hatte, aber aus irgendeinem Grund konnte ich das nicht als Frage formulieren.

Elaine massierte die Handlotion auf ihre langen, schmalen Finger und die schönen lackierten Nägel. «Deine Mutter wäre stolz darauf, dass du hierhergezogen bist. Sie wollte immer, dass du in der Stadt aufwächst.» Sie steckte ihre Ringe wieder an und griff nach ihrer Zigarette. «Vivian gehörte nicht nach Ohio. Aber was hätte sie tun sollen? Dein Vater wollte seine Heimat nicht verlassen, und sie konnte sonst nirgendwohin.»

«Was meinen Sie damit, ‹sie konnte sonst nirgendwohin›?»

Elaine sah den verwirrten Ausdruck auf meinem Gesicht, und ihre eigene Miene sank. «Es tut mir leid.» Sie schüttelte den Kopf und nahm einen Zug von ihrer Zigarette. «Ich sollte nicht darüber sprechen. Verzeih mir.»

«Nein, bitte. Es macht mir nichts aus.» Ich sehnte mich danach, über meine Mutter zu reden. Ich wollte *erzählen Sie mir alles* sagen, aber ich konnte die Worte nicht an dem Kloß in meinem Hals vorbeizwängen.

Elaine machte Anstalten, noch etwas zu sagen, doch dann schweifte ihr Blick über meine Schulter, und ihre Miene hellte sich auf. «Oh, Christopher», sagte sie. «Es tut mir leid, dass wir dich heute an einem Samstag herschleifen mussten. Komm rein. Ich möchte dir jemanden vorstellen.»

Ein großer Mann stand in der Tür. Er war vermutlich Mitte zwanzig und hatte lange, dunkle Haare, die seinen Kragen streiften. Ich bemerkte, dass eine Kamera an seiner Seite baumelte.

«Ich wollte nicht stören», sagte er.

«Nein, nein, ist schon gut. Das hier ist Alice Weiss. Die Tochter einer alten Freundin von mir. Alice, das hier ist Christopher Mack.»

Wir begrüßten uns, und ich starrte auf seine Kamera, ein neues Nikon-F-Modell, das die alte Leica meiner Mutter in den Schatten stellte.

«Ich komme gerade von dem Meeting mit Letty», sagte er. «Wir machen die neuen Porträt- und Promo-Fotos am Montagnachmittag unten in meinem Studio.»

«Du bist ein Lebensretter», sagte Elaine. «Jackie fand alle bisherigen Aufnahmen schrecklich.»

«Du hättest mich von Anfang an engagieren sollen.» Er ließ ein Lächeln aufblitzen, das seine Züge zur Geltung brachte: dunkle, eindringliche Augen unter dichten Ponyfransen, Nase und Kinn scharf geschnitten und definiert.

Er berichtete ihr von den Einzelheiten seines Meetings, und nach ein paar Abschiedsfloskeln zwischen uns entschuldigte sich Elaine und begleitete ihn hinaus in die Lobby, ihren Arm bei ihm untergehakt. Ich trank meinen Kaffee aus, dabei spürte ich, wie der Brandy zu wirken begann.

«Bitte entschuldige», sagte Elaine, als sie wenige Minuten später zurückkam und wieder hinter ihren Schreibtisch glitt.

«Er wirkt nett», sagte ich.

«Er ist äußerst talentiert. Jung, manchmal temperamentvoll, aber talentiert. Ich wünschte nur, er würde sich die Haare schneiden lassen. Ob du's glaubst oder nicht, da steckt ein sehr gut aussehender junger Mann unter diesem Mopp.»

«Oh, das glaube ich gern.» Ich lächelte. Er war attraktiv, eher sexy als gut aussehend. Ich wollte gerade nach seinen Fotos fragen, als ich bemerkte, dass Elaine nach einem Stapel

Papiere auf ihrem Schreibtisch gegriffen hatte. Ich spürte, dass sie kribbelig wurde, weil sie sich wieder an die Arbeit machen wollte. «Noch etwas Kaffee? Brandy?», fragte sie.

«Nein. Nein, danke. Ich habe schon zu viel von Ihrer Zeit in Anspruch genommen. Aber ich fühle mich wirklich besser.»

«Vergiss nur nicht, kein Wort darüber zu Helen. Sie ist ein großes Mädchen. Sie weiß, wie sie mit denen da drüben umgehen muss. Lass dich nicht täuschen. Helen Gurley Brown mag zwar aussehen, als könnte der kleinste Windhauch sie umwerfen, aber sie ist knallhart. Eine eiserne Faust in einem Samthandschuh.»

Ich dachte daran, wie sie diesen Bleistift entzweigebrochen hatte.

«Mit Gegenspielern kennt Helen sich aus. Sie hat genug einstecken müssen. Ich erinnere mich, als wir an ihrem Buch gearbeitet haben, habe ich sie angefleht, es abzuschwächen. Und versteh mich nicht falsch – ich bin voll und ganz für die Emanzipation der Frau, aber Helen denkt immer noch, Sexappeal ist die größte Stärke einer Frau. Ich habe immer gesagt, ‹Aber Helen, was ist mit ihrem Verstand?›» Elaine schüttelte den Kopf und lachte. «Helen behauptet zwar, ein einfaches Mädchen aus den Ozarks zu sein, aber sie ist durch und durch Pucci, und das weiß sie. Sie ist so clever, wie man nur sein kann. Wann immer sie spricht, hat sie ein bestimmtes Ziel im Sinn. Diese Frau ist allen anderen stets einen Schritt voraus. Helen hat ihre Kleines-Mädchen-aus-der-Provinz-Masche perfekt drauf. Sie hat eine Art, dich *glauben* zu lassen, sie sei genau wie du. Das ist Teil ihrer Genialität, weißt du. Die meisten Leute durchschauen ihren Trick erst, nachdem sie das

Tischtuch weggezogen hat.» Sie lachte. «Oh, und sie liebt es, Komplimente zu verteilen.»

Das konnte ich bestätigen. Helen versäumte keine Gelegenheit, mir oder anderen zu sagen, dass ihr unsere Schuhe gefielen, unsere Halstücher, wie wir unser Haar frisierten. Sie hatte Bridget gesagt, sie besäße eine gute Haltung, und Margot gefragt, wie ihre Zähne so weiß blieben. Sie fand immer etwas zu sagen, das man den ganzen Tag nicht mehr vergaß.

«Und sie ist die Erste, die auf ihre eigenen Makel hinweist», fuhr Elaine fort. «Ich glaube, das ist ihre Art, ein Gleichgewicht herzustellen. Ihre Kontrahenten in Sicherheit zu wiegen. Beobachte sie mal, Alice, dann wirst du sehen, wovon ich spreche. Sie liebt es, zuzugeben, dass sie falsche Wimpern oder einen ausgestopften Büstenhalter trägt.»

Das stimmte. Ich hatte Helen in Aktion gesehen. Sie machte auf kalkulierende Art und Weise keinen Hehl aus ihren Verschönerungen. Sie war auf sie angewiesen wie ein Künstler auf Pinsel und Farbe. Sie waren unverzichtbar für ihr ultimatives schöpferisches Werk: sie selbst, Helen Gurley Brown. Millionen lediger Frauen waren zu ihren Jüngerinnen geworden, aber es gab nur eine einzige Helen.

◯

«Nimm Schal und Handschuhe mit», sagte Trudy am nächsten Morgen, als sie in meiner Tür stand und sich den Mantel bis unters Kinn zuknöpfte. «Die Sonne scheint zwar, aber es ist immer noch eiskalt.»

Trudy hatte angeboten, mir die Stadt zu zeigen, wofür ich dankbar war, da ich von New York – mit Ausnahme von

Midtown und der U-Bahn zwischen den Haltestellen der 59th Street und der 77th Street – noch nicht viel gesehen hatte. Ich schlang mir einen Wollschal, der nach Shalimar roch, um den Hals und schnappte mir meine Kamera. Dann gingen wir hinaus.

Unser erster Stopp war der Lexington Candy Shop an der Ecke 83rd und ‹Lex›, wie Trudy die Lexington Avenue nannte. Abgesehen von den Ständern mit Bonbons, Schokoladentalern, Kaugummizigaretten und Lakritzschlangen neben der Kasse war es eher ein Diner als ein Süßwarenladen, und Trudy verriet mir, dass es dort das beste Frühstück an der Upper East Side gab.

Wir setzten uns an den schäbigen, von Messerschnitten, Kaffeeringen und Brandflecken vernarbten Resopal-Tresen. Unsere roten Barhocker ließen sich komplett im Kreis drehen. Wir bestellten Spiegeleier für 35 Cents, die mit Hash Browns, Roggentoast und einem Speckstreifen serviert wurden, dazu Kaffee für fünf Cents die Tasse, der unbegrenzt nachgeschenkt wurde. Ein pastellblaues Radio auf dem hinteren Tresen spielte ‹Do Wah Diddy Diddy›, während die Kellnerin unseren Kaffee einschenkte und dabei mit kaum hörbarer Stimme ihre Lippen zum Text bewegte. Das Mitsingen zum Radio erinnerte mich an meine Mutter. Und an ihren Unfall.

Erst ein Kind, das quengelnd nach Schokolade schrie, riss mich aus diesen dunklen Gedanken. Das Kind quietschte erneut, diesmal lauter, bis seine Mutter nachgab, eine Schachtel Milk Duds aus dem Ständer nahm und sie ihm gab. *Oh, vorbei waren für mich die Zeiten, in denen eine Schachtel Süßigkeiten alles wiedergutmachen konnte.*

Nachdem Mutter und Sohn gegangen waren, erzählte ich

Trudy vom Abendessen mit Erik und von meinem gestrigen Besuch bei Elaine. «Du hättest sie sehen sollen. Sie wusste *ganz genau*, was zu tun war. Ich fühlte mich, als wäre mir die Last der Welt von den Schultern genommen worden, als ich ihr Büro wieder verließ.» Während ich an meinem Toast knabberte, fragte ich mich: *Zweifelte Elaine Sloan je an sich? Oder Helen?* Helen war einer der entscheidungsfreudigsten Menschen, die ich je kennengelernt hatte. Sie sah einen Artikel oder ein Foto an und sagte *Ja* oder *Nein*. Niemals *Ich weiß nicht*. Elaine war genauso gewesen, als sie sich dieses Buchcover angesehen hatte. Vielleicht kam Sicherheit mit der Erfahrung, mit dem Alter? «Ich bewundere Elaine. Sie ist so selbstsicher. Weise und –»

«Und hast du nicht gesagt, sie ist unverheiratet?», fragte Trudy, die nicht begriff, worauf ich hinauswollte.

«Stimmt.»

«*War* sie je verheiratet?» Trudy klang, als beunruhige sie diese Möglichkeit.

«Ich glaube nicht. Aber ich bin ziemlich sicher, das ist freiwillig. Sie ist schön und erfolgreich. Elegant und klug ...»

Trudy bedachte mich mit einem komischen Blick, und ich verstummte, weil es selbst für mich übertrieben klang. Nach Heldenverehrung oder Vernarrtheit. Aber um die Wahrheit zu sagen, war ich tatsächlich ein bisschen verliebt in Elaine Sloan. Und auch in Helen. Und man musste kein Genie sein, um zu verstehen, warum. Es war wegen meiner Mutter. «Ich finde einfach, Elaine Sloan ist eine wirklich beeindruckende Frau», sagte ich. «Ich bin sicher, sie hatte nie Schwierigkeiten, Männer zu bekommen. Sie ist wahrscheinlich deshalb nicht verheiratet, weil sie keinen Ehemann braucht.»

«Keinen Ehemann *braucht?*» Trudy sackte vorwärts, als hätte ich irgendeine tragende Glaubenssäule unter ihr weggestoßen. Sie stützte die Ellbogen auf den Tresen und sagte: «Das kann ich mir gar nicht vorstellen. Du etwa?»

Im Radio kam ‹The Girl from Ipanema›.

«Du *willst* dich doch verlieben und heiraten», fragte sie. «Oder nicht?»

«Nicht, wenn ich es verhindern kann.»

Sie lachte, bis ihr bewusst wurde, dass ich es ernst meinte. Oder zumindest hatte ich sie glauben lassen, dass ich es ernst meinte.

«Ich war schon mal verliebt», sagte ich ihr, dabei sah ich Michael mit seinem hellbraunen Haar und dem gleichen jungenhaften Lächeln vor mir wie damals, als ich ihn kennengelernt hatte, bevor seine Stimme sich verändert hatte und er größer als sein Vater geworden war. Er war nicht der Junge von nebenan gewesen, sondern der Junge von gegenüber. Als er zehn und ich acht war, hatte er einmal geglaubt, ich hätte Läuse, und war auf dem Spielplatz vor mir davongelaufen. Im darauffolgenden Jahr, als er es für sicher befunden hatte, mit mir befreundet zu sein, spielten wir zusammen und bastelten ein Schnurtelefon aus Blechdosen von seinem Vorgarten zu meinem. Jahre später hieß das Spiel Flaschendrehen in Esthers Keller. Michael war der erste Junge, den ich je geküsst hatte, und zwei Jahre später, als ich mit seinem Freund Marvin ausging, wurde Michael eifersüchtig und bat mich um ein Date. Wir gingen während der gesamten Highschool miteinander, und als er an der Ohio State angenommen wurde, schenkte er mir zuerst die Anstecknadel seiner Studentenverbindung und später den Ring seiner Großmutter.

Ich hatte so viele Erinnerungen an Michael, aber die, an der ich festhielt, war der Tag, an dem er mir sagte, dass es vorbei war. Dieser schuldbewusste, beschämte Ausdruck in seinen Augen, die Hände tief in den Hosentaschen vergraben, die Schultern nach vorne gezogen, den Geruch von Bourbon in seinem Atem. «Liebe wird überbewertet», sagte ich.

«Dazu kann ich nichts sagen.»

«Glaub mir, so ist es. Du trägst diese andere Person ständig im Herzen, jeden Tag, und manchmal ist es wunderbar, aber manchmal ist es auch ... ist es einfach nur schwer. Aufreibend. Er hatte vielleicht einen Streit mit seinem Chef oder seinem Bruder, aber das weißt du nicht, deshalb denkst du, du hast etwas falsch gemacht. Dass es deine Schuld ist, warum er so still ist und nicht darüber reden will. Ein anderes Mal kommt er zu spät – er hätte dich schon vor einer Stunde abholen sollen. Aber er ist vorher noch ein paar Bier trinken gegangen und hat vergessen anzurufen. Für ihn ist es keine große Sache. Aber diese Liebe, die du im Herzen trägst, lässt dich die Fassung verlieren, und weil deine Mutter auch nie heimgekommen ist, bist du überzeugt, dass er einen Unfall hatte. Und in diesen Momenten – wenn du krank vor Sorge bist, weil du ihn verlieren könntest – wird dir bewusst, wie sehr du von ihm abhängig geworden bist. Es sind die kleinen Dinge. Dass er dir die Einkäufe trägt. Dass er die Glühbirnen im Schrank wechselt. Oder dass er diese eine Stelle zwischen deinen Schulterblättern kratzt, an die du nicht rankommst. Und gerade, wenn du dir ein Leben ohne ihn nicht mehr vorstellen kannst, sagt er dir, dass er nicht bereit ist zu heiraten. Dass er dich nicht mehr liebt. Und ein Jahr später, wenn du denkst, es besteht immer noch eine Chance, dass er zu dir zurückkommt, verlobt er sich mit einer anderen. Nein, danke, ich will mich nie wieder verlieben.»

«Das ist dir passiert?» Entsetzt sah sie mich an.

Ich nickte und war selbst überrascht, dass ich gerade mit alldem herausgeplatzt war. Außerdem hatte ich Angst, ich könnte die Fassung verlieren, wenn ich noch mehr sagte. Es schmerzte immer noch, und sosehr ich auch beteuerte, dass ich keine Beziehung wollte, wusste ich doch, dass ich mich selbst belog. Zynisch, wie ich war, wollte ich immer noch lieben und geliebt werden. Wie jede andere junge Frau, die ich kannte, wollte ich den Märchenprinzen, aber ich wollte auch eine Garantie, dass es für immer war. Ich war nicht bereit, erneut ein gebrochenes Herz zu riskieren. Ich legte meine Serviette auf meinen Teller und schob ihn von mir. Die Registrierkasse klingelte, als die Schublade aufsprang, und ich überlegte gerade, wie ich das Thema wechseln sollte, da tat Trudy es für mich.

«Ich frage mich, ob Elaine Sloan bei Bergdorf einkauft», sinnierte sie. Trudy arbeitete dort in der Schuhabteilung, seit sie vor zwei Jahren aus St. Louis hergezogen war.

Elaines Gucci-Schuhe kamen mir in den Sinn. «Das würde mich nicht überraschen.»

«Ich hatte gerade einen deprimierenden Gedanken», sagte sie und hob ihre Kaffeetasse. «Ich fasse den ganzen Tag Frauenfüße an.»

«Aber», erwiderte ich, «du fasst immerhin die reichsten, verwöhntesten Füße von ganz Manhattan an. Die riechen wahrscheinlich nach französischem Parfum.»

Sie lachte und schlürfte ihren Kaffee.

Nach dem Frühstück verließen wir den Candy Shop, nahmen die U-Bahn nach Midtown und spazierten die Fifth Avenue entlang. Gerade als wir über die Lüftungsgitter der U-Bahn gingen, schoss mit tosendem Donnern ein heftiger Luftstoß empor. Wir bogen nach links in die 42nd Street, wo ein Polizist mitten auf der Kreuzung stand und mit trillernder Pfeife den Verkehr dirigierte.

Trudy zeigte geradeaus. «Da ist es. Sieh dir das an.»

Ich drehte mich um, und mein Blick landete auf einem Art-déco-Gebäude, das sich majestätisch und funkelnd vom klaren blauen Himmel abhob.

«Das Chrysler Building», seufzte sie bewundernd. «Ist es nicht toll?»

«Es ist wunderschön.» Meine Kamera war bereits gezückt und knipste los.

«Das Empire State Building mag zwar ein paar Stockwerke höher sein, aber für mich ist das hier das Juwel von Manhattan.»

Ich schoss immer noch Fotos, während Trudy mir mit der Expertise eines Dozenten von seinem Bau erzählte. «Es wurde 1928 erbaut und schnell hochgezogen. Der rostfreie Stahl kam den ganzen Weg aus Deutschland. Du siehst hier fast vier Millionen Ziegelsteine und vierhunderttausend Nieten vor dir.»

Ich ließ die Kamera sinken und drehte mich zu ihr, erstaunt darüber, dass solche Fakten aus diesem kleinen sommersprossigen Rotschopf kamen, der aussah, als sollte er sich mehr für TV-Shows wie *American Bandstand* als für Bauhandwerk und rostfreie Stahlverkleidung interessieren.

«Woher weißt du so viel darüber?», fragte ich, während ich sie durch die Linse meiner Kamera musterte. Trotz der kühlen

Temperatur hatten sich in der kurzen Zeit, die wir draußen in der Sonne waren, neue Sommersprossen auf ihrem Gesicht gebildet. «Ernsthaft», fragte ich, während ich ein Foto von ihr machte. «Woher weißt du das alles?»

«Ach, ich war schon immer fasziniert von Architektur», sagte sie und posierte, sodass ich ein weiteres Foto schoss. Sie stand vor einem Schusterladen, und der Neon-Umriss eines Stiefels im Schaufenster rahmte ihr Profil perfekt ein. «Ich meine, jemand hat das da» – sie zeigte auf das Gebäude – «aus nichts als reiner Vorstellungskraft heraus geschaffen. Er hat es in seinem Kopf gesehen, und jetzt ist es da. Für immer. Das ist großartig. Hast du *Der ewige Quell* gelesen?»

Ich schüttelte den Kopf.

«Das solltest du. Ich habe dieses Buch schon drei Mal gelesen. Komm», sie setzte sich in Bewegung, «ich zeige dir das Empire State Building.»

Wir gingen die Fifth Avenue zwischen der 33rd und 34th Street hinunter. Macy's lag nur ein kurzes Stück entfernt. Ein Baugerüst war hochgezogen worden, und hinter einer mit Brettern verschlagenen Fassade hörte man es hämmern und bohren.

In der kalten Frühlingsluft zeigte Trudy geradeaus. «Der Architekt, der das Empire State Building entworfen hat, hieß William Lamb. Rate, wie lange er für den Entwurf gebraucht hat. Zwei Wochen. Nur zwei Wochen!»

«Beeindruckend.» Ich hob meine Kamera und machte ein paar Aufnahmen, während das rauchige Aroma von Hot Dogs aus einem Imbisswagen in der Nähe zu uns herüberwehte. Der Verkäufer saß in einem zerrissenen grünen Mantel auf einer Milchkiste, auf Nase und Wangen breiteten sich geplatzte Äderchen aus. Er rauchte eine filterlose Zigarette und beobachtete die vorbeigehenden Passanten. Ich fand diesen Verkäufer interessanter als das Empire State Building. Während Trudy weitere Fakten herunterratterte, machte ich einen Schnappschuss von ihm, in der Hoffnung, seinen traurigen, wachsamen Blick einzufangen. Ich spulte den Film weiter, stellte das Objektiv ein und machte noch ein paar Aufnahmen von ihm, bevor wir weitergingen, in eine andere U-Bahn-Linie stiegen und zum Village fuhren.

Ich war noch nie unterhalb der 14th Street gewesen. Es war eine andere Welt hier unten, ein verschlungenes Durcheinander enger Straßen ohne erkennbares Muster, wo sie begannen oder endeten. Die Leute waren genauso anders wie die Umgebung. All die maßgeschneiderten Anzüge und Aktentaschen wichen Denimjeans und Gitarren. Hier unten hatte man das Gefühl, alles war möglich. Ich war fasziniert von dem Dampf, der aus den Gullydeckeln aufstieg und vom Wind davongeweht wurde. Müllsäcke türmten sich meterhoch an den Bordsteinkanten, neben Stapeln flach gedrückter Pappkartons. Ich blieb stehen und richtete meine Kamera darauf.

«Davon machst du ein Foto?», fragte Trudy.

«Es erzählt eine Geschichte.» Ich drückte auf den Auslöser. Wie schon bei dem Hot-Dog-Verkäufer wurde meine Kamera immer öfter von unerwarteten Menschen und Dingen angezogen.

«Spar dir deinen Film», sagte sie mit den Händen in den Taschen. «Wir haben noch hübschere Orte vor uns.»

Der Wind frischte auf, und die Temperatur fiel. Meine Zehen wurden allmählich taub. Trudy brachte mich zu einem

Café, damit wir uns aufwärmen und unsere Füße ausruhen konnten. Das *Caffè Dell'Artista* war alt und malerisch, mit dunkel vertäfelten Wänden im Innern. Es roch schwach nach Zedernholz und Zigaretten. Wir bestellten unsere Kaffees an der Bar und gingen über eine knarzende Treppe hinauf in den ersten Stock. Oben begrüßte uns ein Sammelsurium unterschiedlicher Polstersessel um viele kleine abgenutzte Beistelltische und Schreibtische gruppiert, manche mit antiken Hängegriffen, andere mit angelaufenen Messingknöpfen. Alte, vergilbte Landkarten hingen an den Wänden. Wir entschieden uns für zwei alternde Lederclubsessel am Fenster mit Blick auf die Greenwich Avenue. Im Hintergrund spielte leise französische Musik.

Trudy nahm eine Schachtel Zigaretten heraus und bot mir eine an. Ich war kein großer Freund vom Rauchen, aber andererseits war ich auch kein großer Freund vom Trinken gewesen, bevor ich nach New York gezogen war. Also nahm ich eine aus ihrer Schachtel und nahm mir vor, nicht zu inhalieren.

«Ich möchte dir etwas wirklich Tolles an diesem Ort zeigen. Mach die Schublade auf.» Sie zeigte auf das kleine Schreibtischchen neben mir.

Es quietschte, als ich es öffnete. Darin befanden sich alle möglichen vollgekritzelten Servietten und Zettel, Streichholzbriefchen und Postkarten. Sie öffnete die Schublade eines anderen Tisches neben ihr, und da waren noch mehr.

«Jeder hier schreibt etwas auf und steckt es in eine Schublade.»

«Was denn?»

«Was immer man will. Hör dir das an ...» Sie las von einer

Serviette: «‹Fünf von vier Leuten haben Probleme mit Mathematik.›»

«Hier ist auch einer», sagte ich lachend und hielt einen Zettel hoch. «‹Das Leben ist nicht eine Sache nach der anderen. Es ist dieselbe verdammte Sache immer und immer wieder.›» Ich durchsuchte die Schublade und pflückte einen weiteren Zettel heraus. «Das hier ist ein Zitat von Winston Churchill: ‹Ich bin vielleicht betrunken, Miss, aber morgen früh werde ich wieder nüchtern sein, und Sie immer noch hässlich.›»

Trudy prustete lachend los.

«Oh, der hier ist gut», sagte ich. «‹Jeder große Traum beginnt mit einem großen Träumer. Vergiss nie, du hast die Kraft, die Geduld und die Leidenschaft in dir, nach den Sternen zu greifen, um die Welt zu verändern.›»

«Wer hat das gesagt?»

«Harriet Tubman.» Ich betrachtete die Handschrift, mit Bleistift hingekritzelt, jedes Wort an den Rändern leicht verwischt. «Wovon träumst du?», fragte ich und stieß eine Rauchwolke aus.

«Hmmm.» Trudy dachte einen Augenblick lang nach und zuckte mit den Schultern. «Ich kann mich an meine Träume nie erinnern.»

«Nein, ich meine, welche großen Träume hast du, wenn du hellwach bist? Deine Leidenschaften und Ziele. Solche Träume.»

Sie sah verwirrt aus. «Ich weiß nicht. Darüber habe ich noch nie wirklich nachgedacht.»

«Noch nie?» Ich konnte es nicht glauben. Praktisch mein ganzes Leben war Tagträumen gewidmet. Das Hier und Jetzt war mir nicht genug. Ich wollte größer, besser, mehr.

Sie atmete aus, dann legte sie ihre Zigarette in den Aschenbecher und wedelte den Rauch fort. Ihr fiel nicht das Geringste ein, und ich sah, dass sie wirklich noch nie darüber nachgedacht hatte. «Warum? Was ist deiner?»

Ich hielt meine Kamera hoch. «Genau das hier.»

«Fotografin werden?» Sie lachte nicht, aber sie glaubte mir auch nicht. «Wie willst du das machen?» Ihr Tonfall sagte *unmöglich.*

«Das weiß ich noch nicht.» Denn während ich zu Hause die Einzige mit einer Kamera gewesen war, wimmelte es in New York nur so vor Fotografen. Meine Konkurrenz war überall, mit ihren Nikons und Canons, ihren Kodaks, die an ihrer Seite hingen, während sie durch die Straßen der Stadt gingen. Ich schnippte meine Asche ab und dachte an die Kurse, die ich mich nicht zu belegen traute, unter dem Vorwand, sie mir nicht leisten zu können. Für ein neues Paar Schuhe war allerdings Geld da gewesen. Ich trank einen Schluck Kaffee. «Aber ich sag dir was. Ich weiß, was dein Traum ist. Oder zumindest, was er sein sollte.»

Trudy sah mich in neugieriger Erwartung an.

«Architektur.» Ich hob meine Tasse, um die Aussage zu unterstreichen. «Du solltest Architektin werden.»

«Ich?» Trudy lachte. «Frauen können keine Architekten werden.»

«Sagt wer?»

«Ich kenne jedenfalls keine weiblichen Architektinnen.» An der Art, wie sie die Augen verdrehte, merkte ich, dass sie die Idee bereits verwarf.

«Ich bin sicher, die gibt es. Du musst sie nur suchen. Geh in die Bibliothek. Das hab ich auch gemacht. Ich habe stundenlang über Fotografiebüchern gebrütet. So habe ich Diane Arbus entdeckt, Ruth Orkin, Helen Levitt ...» Ich hörte auf zu reden. Ich sah, dass Trudy nicht zuhörte.

Sie zog einen weiteren Papierfetzen heraus. «Hör dir das an», sagte sie. «‹Da ist Licht am Ende des Tunnels. Und es ist eine Lokomotive.›»

«Komm schon, Trudy, du bist doch nicht den ganzen Weg von St. Louis hierhergekommen, um reichen Frauen Schuhe zu verkaufen, oder?»

«Nein.» Sie fing an zu lachen. «Aber ich bekomme Mitarbeiterrabatt.»

«Ich meine es ernst. Wenn eine Frau wie Elaine Sloan eine erfolgreiche Lektorin werden und Helen Gurley Brown ein Magazin leiten kann, warum solltest du dann nicht Architektin werden können? Warum sollte ich nicht Fotografin werden können?» Ich nahm meine Serviette und breitete sie flach auf dem Tisch aus. «Hast du einen Stift?»

«Warum?» Sie griff in ihre Handtasche und reichte mir einen. «Fühlst du dich inspiriert?»

«Um genau zu sein, ja. Ich habe gelesen, dass es wahrscheinlicher ist, seine Ziele zu erreichen, wenn man sie aufschreibt, also werden wir das jetzt tun.» Ich zog die Kappe ab, und während Trudy mir über die Schulter schaute, schrieb ich: *An diesem Tag, Sonntag, dem 28. März 1965, erklären Trudy Lewis und Alice Weiss, dass sie ihre Träume verfolgen werden. Egal, was passiert. Miss Lewis wird eine Karriere als Architektin anstreben, und Miss Weiss wird eine weltbekannte Fotografin werden.*

«Weltbekannt, hm?» Sie lachte. «Du bist irre, weißt du das?»

Ich unterschrieb mit meinem Namen und reichte Trudy ihren Stift zurück. «Jetzt bist du dran.»

«Das ist doch verrückt», sagte sie, noch während sie unterschrieb.

«Ich bin sicher, die Leute haben auch über Elaine Sloan und Helen Gurley Brown gesagt, sie wären verrückt.»

Trudy lächelte und kramte in ihrer Handtasche nach einem Streifen Kaugummi. Das Thema Träume war damit wohl erledigt. Für sie mochte es Feenstaub sein, aber sie hatte keine Ahnung, wie ernst es mir war. Während ich meine Erklärung zusammenfaltete und in eine der Schubladen legte, dachte ich darüber nach, wie sehr ich etwas aus mir machen wollte. Vielleicht könnte eines Tages ich das Vorbild irgendeines Mädchens sein, das mit einem Koffer voller Träume in New York ankam.

Während Trudy und ich unseren Kaffee austranken und noch ein paar Zigaretten rauchten, lasen wir uns durch die Schubladen und fanden Gedichte und Liebesbriefe, zufällige Telefonnummern und alberne Sprüche. Bei manchen davon mussten wir so heftig lachen, dass man glauben könnte, wir hätten den ganzen Nachmittag Gin statt Kaffee getrunken.

KAPITEL 6

Nach meiner ersten Woche hatten Helen und ich eine tägliche Routine entwickelt. Sie begann damit, dass ich ihr Kaffee und manchmal ein Glas Carnation Instant Breakfast brachte, zusammen mit den Morgenausgaben des *Wall Street Journal*, der *New York Times* und der *Washington Post*. Ich legte ihr die Zeitungen auf den Schreibtisch und stellte den Kaffee daneben – für gewöhnlich ihre zweite oder dritte Tasse, da sie immer schon vor mir im Büro war, egal, wie früh ich ankam.

Manchmal fand ich zerbrochene Bleistifte auf ihrem Schreibtisch oder auf dem Fußboden – ein sicheres Zeichen dafür, dass sie innerlich die Beherrschung verloren hatte, ohne es sich äußerlich anmerken zu lassen. Während sie die Zeitungen überflog und Artikel ausschnitt, die ich für sie in ihrer Ideen-Mappe abheften sollte, gingen wir ihren Terminplan für den Tag durch. Ich gab ihr eine Zusammenfassung der Meetings, Telefonate und Deadlines, bevor wir die persönlichen Angelegenheiten durchgingen, die erledigt werden mussten, zum Beispiel in letzter Minute aus den Pröbchen und Mustern, die sie erhielt, etwas als Mitbringsel oder Geschenk auszuwählen und hübsch zu verpacken. Das war oft nicht so leicht, wie es den Anschein hatte. Passte die Brieftasche von Hermès überhaupt zu Rona Jaffe? Und waren die Badeölperlen von Givenchy zu persönlich für Barbara Walters? Diese Entscheidungen bereiteten mir einiges an Kopfzerbrechen. Eine weitere Aufgabe, die schwieriger war, als auf den ersten Blick angenommen, bestand darin, Helens Tür zu bewachen und alle Anrufe zurückzustellen, während sie ihrer täglichen Leibesertüchtigung nachging: isometrische Übungen, Beinheben, Rumpfbeugen und Kinnheben.

An diesem Montagmorgen befolgte ich Elaines Rat und verlor vor Helen kein Wort über Eriks Wunsch, sie auszuspionieren. Stattdessen gingen wir ihren Tagesplan durch, und ich gab ihr das Werbe-Memo zur Ansicht, bevor es an Ira Lansing ging.

Aber natürlich war es nur eine Frage der Zeit, bis ich Erik über den Weg laufen würde. Mir graute davor, weil ich mich fragte, wie wir miteinander umgehen würden. Doch wie sich herausstellte, brauchte ich nicht lange zu warten, denn gegen zehn Uhr blieb er an meinem Schreibtisch stehen.

Er senkte die Stimme und beugte sich vor. «Hören Sie», sagte er, «ich habe über Freitagabend nachgedacht, und, nun, es tut mir leid. Mein Verhalten war unangebracht.»

«Ja, das war es.» Ich war immer noch verärgert und begann, blind draufloszutippen, dabei schlugen meine Finger so hart auf die Tasten, dass der Kaffee in meiner Tasse schwappte.

Er spielte mit einem Manschettenknopf. «Alice, wir hatten einen schlechten Start. Können wir noch mal von vorn anfangen? So tun, als wäre es nicht passiert?»

«Sicher, kein Problem.» Ich riss eine Seite aus der Schreibmaschine und zog eine neue ein, um sofort wieder mit flinken Fingern loszulegen. Er stand weiter da, ohne ein Wort zu sagen. Sein Aftershave war schwach, aber unmöglich zu ignorieren. Schließlich sah ich ihn an. «Brauchen Sie sonst noch etwas?»

Er sah quer durch den Raum, und ich folgte seinem Blick. Bridget beobachtete uns neugierig.

«Nun?»

«Nein», antwortete er, die Hände in den Taschen vergraben. «Nein, ich schätze, nicht.»

Sobald er außer Sicht- und Hörweite war, kam Bridget herübergeschossen, sodass ihre Perlohrringe hin und her schaukelten. «Worum ging's denn da gerade eben?»

«Was?» Ich stellte mich dumm und machte mich wieder ans Tippen.

«Erik Masterson. Worüber hat er mit dir gesprochen?» Als ich nicht antwortete, legte sie ihre Hand auf meine, um meine Finger auf den Schreibmaschinentasten zum Stillstand zu bringen. «Geht es dir gut?» Sie sah mir in die Augen. «Oh nein. Es geht dir nicht gut, oder?»

Ich kniff fest die Lippen zusammen, um mich vom Sprechen abzuhalten.

«Was ist los?»

Sie ließ nicht locker, also schüttelte ich den Kopf. «Nicht hier», sagte ich.

Gemeinsam gingen wir auf die Damentoilette. Dort lehnte ich mich an die Waschbeckenreihe, während sie alle Kabinen überprüfte. Die letzte Tür schwang immer noch auf und zu, als sie sich zu mir umdrehte. «Also gut, raus damit.»

«Er hat einfach –» Ich schüttelte den Kopf und presste die Finger an die Schläfen. «Er geht mir einfach auf die Nerven.»

«Also bei mir trifft er eher den Nerv», erwiderte sie und zog eine Schachtel Zigaretten aus der Tasche. «Er ist umwerfend, findest du nicht?»

«Er mag vielleicht umwerfend sein, aber er ist eine Schlange.»

«Wovon redest du?»

«Er hat mich letztens zum Abendessen eingeladen.»

Ihre Augen blitzten hinter der Flamme ihres Feuerzeugs auf. Ich erkannte eine Mischung aus Ehrfurcht und Eifersucht. «Und?»

Ich zögerte. Ich wollte nichts weiter sagen.

«Ach, komm schon. Erzähl's mir.» Sie sah mich an wie ein Kind, dem man einen Schokoriegel gerade außerhalb seiner Reichweite hinhielt. «Bitte?»

«Okay», sagte ich schließlich. «Aber versprich mir, dass das zwischen uns bleibt.»

«Natürlich. Du kannst mir vertrauen. Ich werde kein Wort sagen.»

Immer noch zögerte ich. Wenn Leute sagten, man könne ihnen vertrauen, bedeutete es üblicherweise das Gegenteil.

«Pfadfinderehrenwort.» Sie machte ein Kreuz über ihrem Herzen.

Sie wirkte beinahe ebenso besorgt wie neugierig, und außerdem hatte ich es vor allem Bridget zu verdanken, dass ich mich hier willkommen fühlte. «Also», setzte ich trotz meiner Bedenken an, «er möchte, dass ich für ihn ein Auge auf die Dinge hier habe.»

«Du machst Witze. Was denn für Dinge?»

«Alle Veränderungen, die Mrs. Brown am Magazin vornimmt.»

«Aber *soll* sie denn nicht Veränderungen vornehmen?»

«Das dachte ich auch. Aber er kann sie nicht leiden. Ich glaube, er möchte, dass sie gefeuert wird.»

«Gütiger Gott. Das ist ja schrecklich. Ich fasse es nicht, dass er dich darum gebeten hat.»

«Ich auch nicht. Ich habe ihm gesagt, dass er es vergessen kann. Das würde ich meiner Chefin nicht antun.»

Sie schnippte ihre Asche ins Waschbecken. Es zischte, als sie auf einen Wassertropfen traf.

Ich betrachtete Bridgets Bild im Spiegel. «Du musst versprechen, zu niemandem ein Wort darüber zu sagen. Besonders nicht zu Mrs. Brown.»

«Um Himmels willen.» Bridgets Augen wurden groß. «Ich sage kein Sterbenswort.» Sie zupfte einen Tabakkrümel von ihrer Zunge und blickte ebenfalls in den Spiegel. «Und was will er jetzt von dir?», lenkte sie die Sprache wieder zurück auf Erik. «Er hat sich gerade jedenfalls ziemlich auffällig an deinem Schreibtisch herumgedrückt.»

«Jetzt möchte er, dass wir Freunde sind. Er hat sich vielmals entschuldigt.» Fast war ich versucht, ihr zu erzählen, was Elaine gesagt hatte, aber Bridget wechselte das Thema.

«Ich habe selbst ein kleines Geheimnis.»

«Was?»

«Du darfst es niemandem verraten. Versprochen? Besonders nicht Margot. Die ist ein Klatschmaul. Sie kann einfach nichts für sich behalten.»

«Was ist es denn?»

«Also», Bridget verschränkte die Hände, «ich habe ein Vorstellungsgespräch bei *Redbook*.»

«Was? Du gehst weg? Warum?»

«Es ist nur ein Vorstellungsgespräch, aber sie haben eine freie Assistenzstelle in der Redaktion. Und das Einstiegsgehalt beträgt achtzig Dollar die Woche.»

«Aber du bist seit zwei Jahren hier.»

«Zwei Jahre zu lang.»

«Du hast doch gesagt, du magst Bill Guy. Ich dachte, du bist gern seine Sekretärin.»

«Niemand ist *gern* eine Sekretärin. Das ist meine Chance, Redaktionsassistentin zu werden. Das ist ein großes Sprungbrett, und die Bezahlung ist auch gut.» Sie klemmte sich die Zigarette in den Mund und kniff die Augen zusammen, während sie mit den Händen ihr Haar in Form brachte. «Weißt du, was ich mit achtzig Dollar die Woche anstellen könnte? Im Moment bleibt nach der Miete kaum noch etwas übrig.»

Das konnte ich nachfühlen. Manchmal musste ich mich zwischen einem Topf Dippity-do-Haargel und einer Rolle Film entscheiden. Wollte ich meine Fotos entwickeln lassen oder mit Trudy ins Kino und einen Burger essen gehen?

Bridget jammerte immer noch darüber, dass sie ihre Telefonrechnung nicht bezahlen konnte, als Margot in den Waschraum kam.

«Also dann», sagte Bridget und hielt ihre Zigarettenglut unter den Wasserhahn, «danke, dass du mir beim Produktionsplan geholfen hast. Ich mache jetzt besser den Bericht für Mr. Guy fertig.» Sie zwinkerte mir zu, schnippte ihre nasse Zigarette in den Abfalleimer und stieß die Tür mit der Hüfte auf.

Als ich zurück an meinen Schreibtisch kam, wartete dort Ira Lansing auf mich, der Leiter der Abteilung Werbung und Vertrieb. Er war ein breitschultriger Mann mittleren Alters, der aussah, als habe er auf der Highschool Football gespielt. Er war der Typ Mann, der immer noch seinen Collegering trug und seine besten Jahre hinter sich hatte. Er steckte den Kopf in Helens Büro und wedelte mit dem Memo, das ich ihm vorhin gebracht hatte.

«Wo ist sie? Ich muss sie sofort sprechen.»

«Es tut mir leid, aber sie ist nicht im Haus.»

«Ich hoffe für sie, sie trifft sich nicht mit Revlon oder Max Factor.»

«Sie ist in einer Stunde zurück.» Ich versuchte, mir nichts anmerken zu lassen. Helen war gar nicht bei einem Meeting. Zumindest nicht bei einem geschäftlichen Meeting. Montagvormittags hatte sie ihren Termin bei Dr. Gerson, einem Psychoanalytiker. Nicht dass Helen sich dafür schämte oder es verheimlichte. Sie hatte in *Sex und ledige Mädchen* geschrieben, wir alle könnten von Psychoanalyse profitieren. Ich hatte immer gedacht, nur völlig verrückte Leute würden zum Seelenklempner gehen, und fragte mich tatsächlich, warum Helen, die doch alles hatte, einen Psychoanalytiker brauchte.

«Nun», sagte Ira, «dann richten Sie ihr von mir aus, dass ich dieses kleine Memo von ihr bekommen habe und ihren Rat nicht brauche. Ich bin hier verantwortlich für die Anzeigenvergabe.» Er stieß sich selbst den Zeigefinger in die Brust. «Ich bin verantwortlich für unsere Anzeigenkunden. Das geht sie nichts an. Sie soll sich nicht in meine Geschäfte einmischen, und ich würde es begrüßen, wenn sie mich meinen Job machen lassen würde.»

Bevor ich noch irgendetwas sagen konnte, stürmte er davon.

Als ich Helen später sagte, dass Ira sie gesucht hatte, tat sie

es mit einem *Pfft*-Laut ab. Ich folgte ihr in ihr Büro, um ihren Mantel hinter der Tür aufzuhängen und ihre Handtasche in einer Schublade zu verstauen. Bevor ich ihr überhaupt sagen konnte, worüber Ira sich aufgeregt hatte, fragte sie mich, ob er mir gegenüber einen Annäherungsversuch gemacht hatte.
«Nein. Warum?»

«Ira Lansing ist ein Schürzenjäger», antwortete sie und reichte mir eine kleine Tüte mit abgepackten Crackern, die sie wohl in einem Restaurant mitgenommen hatte. «Aber mich nennt man Flittchen und Luder. Und warum? Weil ich eine Frau bin. Ich liebe Sex. Schon immer. Ich glaube nicht, dass das falsch ist. Sex ist absolut fabelhaft und hat keine Kalorien. Oh, und übrigens» – sie griff nach einer Zigarette und zündete sie mit ihrem goldenen Tischfeuerzeug an – «glauben Sie nicht alles, was Sie über mich hören. Ich weiß, die Leute sagen, ich hätte mit einhundertfünfundsechzig Männern geschlafen, bevor ich David geheiratet habe. Aber das ist eine Lüge.» Sie atmete aus und lächelte. «Es waren einhundertsechsundsechzig.» Sie musterte den Ausdruck auf meinem Gesicht. «Was ist los? Missbilligen Sie das etwa?»

«Ich frage mich nur, wie Sie Zeit hatten, mit so vielen Männern auszugehen.»

«Ich bin nicht mit allen *ausgegangen*. Ich rede nicht von Beziehungen. Verstehen Sie mich nicht falsch, ich hatte auch viele feste Freunde, mit denen ich geschlafen habe. Aber die anderen – nun, mit manchen von ihnen hatte ich einfach nur Sex. Manchmal haben sie mir nicht mal vorher ein Abendessen oder einen Cocktail spendiert. Das war das Schöne daran. Keinerlei Verpflichtungen. Es ging nur um Sex, und es war großartig. Absolut köstlich.» Sie zog an ihrer Zigarette und zupfte an der Hinterseite ihrer Perücke, wie um sicherzugehen, dass sie nicht verrutscht war. «Männer machen das schon ewig. Es ist an der Zeit, dass Frauen sich ebenfalls ein bisschen Spaß gönnen. Ich sage Ihnen, ich habe mich gefühlt wie ein kleines Kind im Süßwarenladen. Ich habe mit berühmten Männern geschlafen, mit verheirateten Männern, reichen Männern, armen Männern. Manche waren absolute Hingucker, manche», sie machte eine wegwerfende Handbewegung, «dagegen weniger. Manche waren wunderbare Gentlemen, manche waren regelrechte Ratten. Ich vertraute ihnen kein Stück. Aber sie waren gut im Bett, und das», sie lachte, «war genug für mich. Vergessen Sie nicht, für großartigen Sex muss man sich nicht lieben oder auch nur mögen. Und jetzt machen Sie nicht so ein schockiertes Gesicht. Sie sind jung und ungebunden. Sie sollten ausgehen und Spaß haben. Ihre Mutter wird Ihnen das nicht sagen, aber es ist in Ordnung, ein bisschen unanständig zu sein.»

Am nächsten Morgen hielt Erik mich auf meinem Weg zum Postraum im Flur an. «Was machen Sie in der Mittagspause?», fragte er.

«Ich habe mir mein Mittagessen mitgebracht.»

«Wie sieht es morgen aus?»

«Da werde ich mir mein Mittagessen auch mitbringen.» Ich setzte mich wieder in Bewegung, doch er nahm meine Hand.

«Bitte?»

Margot und Leslie kamen den Flur entlang. Beide drehten sich um und sahen über ihren Schultern zu uns zurück.

«Bitte?», sagte er erneut.

Ich seufzte und schüttelte den Kopf.

«Ich werde weiter fragen. Ich bin sehr hartnäckig, wenn ich etwas will.»

Diese schönen dunklen Augen sahen mich so erwartungsvoll und flehend an, als könne ihn meine Antwort vernichten. Oder überglücklich machen. Ich hatte mich gegenüber einem Mann noch nie so mächtig gefühlt, aber ich ließ mir nichts anmerken. «Und warum genau wollen Sie mit mir mittagessen gehen?»

«Das habe ich Ihnen doch schon gesagt. Ich habe ein schlechtes Gewissen wegen unseres Dinners letzte Woche.»

«Ich dachte, das hätten wir geklärt.»

«Ich möchte es wiedergutmachen. Ich möchte noch mal neu anfangen. Als wäre es nie passiert.»

«Das ist nicht nötig.»

«Vielleicht nicht für Sie, aber für mich ist es das. Bitte?» Da war wieder dieser Blick.

Es ging noch eine Weile hin und her, doch dann gab ich schließlich nach und ging mit ihm zum Lunch.

Erik zeigte mir eine weitere Attraktion Manhattans, indem er mich ins *La Grenouille* in der East 52nd Street ausführte.

«Ich hoffe, Sie haben ein Spesenkonto», sagte ich, nachdem ich die Speisekarte aufgeschlagen hatte.

«Müssen Sie über alles Witze machen?»

«Nur wenn ich nervös bin.»

Er sah mich an und lächelte selbstzufrieden. «Also mache ich Sie nervös, hm?»

«Nicht aus den Gründen, die Sie denken.» Ich bedachte ihn

mit einem strengen Blick. Ich spielte nicht mit ihm. «Ich bin immer noch misstrauisch, was Ihre Motive betrifft.»

«Alice.» Er hob kapitulierend die Hände. «Ich komme in Frieden. Das schwöre ich.» Er lächelte noch breiter.

Ich riss mich von seinem Blick los und sah mich stattdessen in dem luxuriösen Raum um. Blumengestecke ragten aus meterhohen Kristallvasen. Jeder Tisch war vollbesetzt, hauptsächlich mit Geschäftsmännern in teuren Anzügen, die über ihren Chateaubriands Deals aushandelten. In diesem Restaurant war eine Menge Macht versammelt. Man spürte regelrecht, wie sie von den Tischen abstrahlte, wie Hitze vom Asphalt an einem heißen Sommertag.

Die Atmosphäre in diesem Raum schürte meinen Ärger und bestärkte mich in dem Wunsch, die Oberhand in dieser Situation zu haben, wie Elaine gesagt hatte. Ich beschloss, meine Muskeln spielen zu lassen und Erik ins Schwitzen zu bringen. «Ich glaube nicht, dass Mr. Berlin Ihre Moralvorstellungen gutheißen würde. Was denken Sie?»

Das wischte ihm das Schmunzeln vom Gesicht. «Werden Sie etwas zu ihm sagen?»

«Ich bin mir noch nicht sicher», antwortete ich, obwohl ich bereits entschieden hatte, Elaines Rat zu befolgen und den Mund zu halten.

Er schluckte schwer, und die Farbe wich kaum merklich aus seinem attraktiven Gesicht.

«Was genau machen Sie eigentlich für Hearst?», fragte ich, während ich meine Speisekarte zuklappte und sie beiseitelegte.

«Das frage ich mich auch jeden Tag.» Er schüttelte den Kopf. Sein Blick flog durch den Raum.

Doch mich würde er mit seiner selbstironischen Antwort nicht weichklopfen. «Das meine ich ernst, was machen Sie?»

«Wenn es Sie so sehr interessiert, ich bin im Wesentlichen Lakai und Prügelknabe für Berlin, Deems und Dupuy.»

«Was Sie nicht sagen.»

Er sah verlegen aus, geradezu erstaunt, als habe er nicht beabsichtigt, solch ein Geständnis zu machen.

Ich versuchte, standhaft zu bleiben, obwohl ich spürte, dass meine harten Kanten anfingen, weicher zu werden. Strafe zu verhängen, war nicht gerade meine Stärke. «Ich dachte, Sie wären ein aufgehender Stern bei Hearst», sagte ich trocken, um zu zeigen, dass ich nicht beeindruckt war.

«So fühlt es sich jedenfalls nicht an. Bislang mache ich eine Menge Routinearbeit. Ich muss mich jeden Tag aufs Neue beweisen.»

«Wollten Sie deshalb, dass ich Mrs. Brown ausspioniere?»

Er zuckte zusammen. «Ich wünschte, Sie würden es nicht so ausdrücken.» Er nahm eine Zigarette aus seinem Etui und zündete sie an, dann ließ er sein goldenes Feuerzeug mit einem satten Klicken wieder zuschnappen. «Ich bin nicht stolz auf das, was ich getan habe. Ich bin kein schlechter Mensch, das schwöre ich. Glauben Sie mir?»

«Warum interessiert es Sie, was ich über Sie denke?»

«Ich weiß nicht, aber es ist so.» Er zuckte mit den Schultern, obwohl wir beide wussten, was der wahre Grund war. Er wollte nicht, dass ich mit seinen Chefs redete. Er schenkte mir sein bestes Lächeln, das ihm mit Sicherheit schon in der Vergangenheit aus Schwierigkeiten herausgeholfen hatte.

Ich ließ mich von seinem Manöver nicht einwickeln, und wir schwiegen einen Moment lang.

Der Kellner kam und nahm unsere Bestellungen auf – etwas namens Les Quenelles de Brochet au Champagne für mich und Steak Tartare und Pommes Gaufrettes für Erik.

«Falls Sie die Wahrheit wissen wollen», hob er an, nachdem der Kellner gegangen war. «Ich war verzweifelt, als ich Sie über Helen ausgefragt habe.» Er lächelte nicht mehr, und offensichtlich verspürte er das Bedürfnis, sich noch weiter zu erklären. «Es ist in letzter Zeit nicht so toll für mich gelaufen, und ich kann es mir nicht leisten, gefeuert zu werden. Die Zeitschriftenwelt ist klein. Die Leute reden, und, na ja ...» Er hob die Hände und ließ diesen Gedanken davontreiben. «Ich wusste, dass Hearst nicht erfreut über die Einstellung von Brown war, und suchte nach einer Möglichkeit, mir ein paar Bonuspunkte zu verdienen. Ich lag mit meiner Einschätzung daneben, und das tut mir aufrichtig leid.»

Er schien es ehrlich zu meinen, und ich wollte nicht gemein sein, nicht einmal zu Erik Masterson. Ich hatte meinen Standpunkt klargemacht. Ich musste nicht unnötig darauf herumreiten.

Stattdessen machten wir Small Talk, redeten übers Wetter und verschiedene Ausstellungen, bis unser Essen kam: ein Haufen rohes Rinderhack und feine, überteuerte Kartoffelchips für ihn und Fischklößchen in einer sahnigen Champagnersauce für mich. Es war ziemlich gut, aber mir fiel auf, dass Erik nur in seinem Essen herumstocherte.

«Ich habe wirklich hart dafür gearbeitet, dort hinzukommen, wo ich jetzt bin.» Eindeutig beschäftigte ihn unsere vorherige Unterhaltung noch immer. «Es ist nicht so, als wäre mir diese Position auf dem Silbertablett serviert worden.»

«Das habe ich auch nicht gedacht.» Meiner Stimme hörte man immer noch eine entschiedene Schärfe an.

«Können wir Waffenstillstand schließen, Alice?» Seine Augen blickten fest in meine, und als er sich vorlehnte, schubste er mit dem Ellbogen seine Gabel vom Tisch. Er wollte sie aufheben und stieß dabei versehentlich auch sein Messer vom Teller. Zum ersten Mal rutschte diese einstudierte, überhebliche Maske von seinem attraktiven Gesicht, und mit einem entwaffnenden Schulterzucken und sich rötenden Wangen sagte er: «Warten Sie nur, bis Sie sehen, was ich mit dem Dessert anstelle.» Die Farbe auf seinem Gesicht vertiefte sich nur noch. Er war jetzt feuerrot angelaufen, und plötzlich zeigte sich der echte Erik Masterson – ohne das vornehme Getue, mit dem er mit dem Kellner Französisch gesprochen oder die neueste Ausstellung im Museum of Modern Art kommentiert hatte. Er war ein ganz normaler Kerl, einfach nur er selbst.

«Es tut mir wirklich leid, was passiert ist», sagte er wieder. «Waffenstillstand?»

Gegen meinen Willen lächelte ich und nickte.

Er nahm einen Zug von seiner Zigarette, und wir ließen die Unterhaltung mit dem Rauch dahintreiben. Er erzählte mir Geschichten über Helens Vorgänger Robert Atherton, und sogar über Richard Berlin.

«Einmal hat sich Truman Capote auf Berlins Krokodillederschuhe übergeben. Mitten in der Lobby von Hearst.» Lachend schlug er mit der flachen Hand auf den Tisch. «Das war das letzte Mal, dass er mit Truman zum Lunch gegangen ist.» Mit einer Geste imitierte er eine Trinkbewegung.

Erik redete weiter, und bald brachte er mich mit ein paar witzigen Tippfehlern zum Lachen, zum Beispiel einer Speisekarte, die *Spaghetti mit Kackbällchen* und *gegrillten Tittenfisch* anbot. Eriks Lieblingstippfehler war allerdings das *vom Jäger frisch geschissene Reh*.

Als ich aufhörte zu lachen, fing er meinen Blick auf und sah mich zu eindringlich und zu lang an, als dass es sich um einen Zufall hätte handeln können. Ich spürte mein Herz ein kleines bisschen schneller schlagen. Gut, dass er nicht ahnte, wie attraktiv ich ihn fand. Ich wollte mich abwenden, konnte es jedoch nicht. Es war, als hätte er mich in seinen Bann geschlagen. Ich wusste nicht, was ich davon halten sollte, aber mich beschlich das Gefühl, dass gerade etwas zwischen uns angefangen hatte. Ich wusste zwar nicht, was genau, doch ich wusste, was ich nicht wollte.

Ich suchte nicht nach Liebe – weder mit Erik Masterson noch mit sonst irgendjemandem. Jeder, dem ich mein Herz geschenkt hatte – meine Mutter, mein Vater und Michael –, hatte mich auf die eine oder andere Weise verlassen. Einen weiteren Verlust konnte ich nicht ertragen. Besonders jetzt nicht, wo ich endlich in New York war und bereit, die Vergangenheit hinter mir zu lassen.

Aber Erik saß mir gegenüber, und sein Lächeln ließ eine Hitzewelle durch mich hindurchrasen. Ich dachte zurück an das, was Helen am Tag zuvor gesagt hatte. Sex nur zum Spaß. Ich wusste, ich wollte Erik küssen, seinen Körper an meinem spüren, und fragte mich, ob ich wirklich so jemand sein konnte. Ich war mir sicher, dass er mich auch wollte, und es war so lange her, seit ich mich begehrt gefühlt hatte. Ich hatte bisher nur mit Michael geschlafen – weil wir verlobt gewesen waren und ich ihn geliebt hatte. Ich war also immer noch ein *braves Mädchen*.

Aber Erik faszinierte mich. Ich fühlte mich von ihm angezogen, und da war definitiv ein verführerisches Knistern zwischen uns. Ich wollte Manhattan erleben, und mit wem ginge das besser als mit Erik Masterson? Schon jetzt hatte er mich in zwei Restaurants ausgeführt, die ich mir nie hätte leisten können. Außerdem bestand gewiss keinerlei Gefahr, dass er nach etwas Ernstem suchte. Das hier war unterhaltsam, locker, ohne scharfe, missverständliche Kanten, an denen man sich schneiden konnte.

Inzwischen amüsierte ich mich, aber ich hatte nur eine Stunde Mittagspause und musste die Uhr im Auge behalten. Es wurde immer später, aber wenn ich zu Fuß ging, konnte ich es über die Fifth Avenue in fünfzehn Minuten zurück zum Büro schaffen.

Als wir uns der Fünfundvierzig-Minuten-Marke näherten, sagte ich: «Ich tue das nur ungern, aber ich muss zurück.» Ich vertraute ihm immer noch nicht und wollte ihm nicht sagen, dass Helen an diesem Tag eine Mitarbeiterbesprechung für dreizehn Uhr einberufen hatte.

«Dann lasse ich mir die Rechnung geben.»

«Nein, nein. Bleiben Sie, trinken Sie Ihren Kaffee aus.» Ich stand bereits von meinem Stuhl auf.

«Das ist jetzt schon das zweite Mal, Alice. Sie können mich nicht immer wieder in Restaurants sitzen lassen», rief er mir hinterher.

Ich blieb stehen und sah mich mit einem koketten Schulterzucken zu ihm um. «Nun, vielleicht sind aller guten Dinge drei.»

Um dreizehn Uhr war ich wieder im Büro und führte Helens übrige Belegschaft in den Konferenzraum. Walter Meade, die einzige andere Neuanstellung, würde erst in einer Woche anfangen. Die Redakteure und Texter nahmen ihre Plätze an dem langen Tisch ein, ihre Zigaretten, Kaffeetassen und Diät-Colas vor sich. Als die Leute von der Grafikabteilung ankamen, waren schon alle Plätze belegt, also setzten sie sich aufgereiht wie ein Schwarm Vögel auf den Fenstersims.

Helen schleppte einen großen schweren Karton herein, der von einer Schnur zusammengehalten wurde, während ich einen übergroßen Zeichenblock trug und auf der Staffelei vorne im Raum aufstellte. Helen stand neben mir in einem lavendelblauen Shiftkleid, das ihre zierlichen Knie und vielleicht ein bisschen mehr Oberschenkel entblößte, als eine Frau mittleren Alters zeigen sollte. Doch sie konnte es tragen, sogar mit der Laufmasche in ihrem Strumpf. Sie hatte eine unheimliche Begabung dafür, sich ihre Strümpfe und Netzstrumpfhosen an einem Fingernagel oder Stift oder am Rand ihres Schreibtischs während einer ihrer spontanen Leibesübungen zu zerreißen. Sie zerstörte sicher drei oder vier Paar in der Woche.

Geduldig wartete sie, dass die Leute sich auf ihren Plätzen niederließen. Dann ließ sie mit einem Räuspern die Unterhaltungen verstummen. Mit ihrer dünnen, seidigen Stimme dankte sie allen für ihr Kommen, als wäre es eine unverbindliche Einladung anstelle einer verpflichtenden Besprechung. «Und jetzt würde ich gerne verkünden, dass wir einen neuen leitenden Redakteur haben.» Sie drehte sich um und stellte ihn mit einer Handgeste vor.

Alle Augen richteten sich auf George Walsh. Eine hörbare

Reaktion ging durch den Raum, aber nicht unbedingt eine positive, gefolgt von ein paar wenig überzeugenden Glückwünschen. Jeder wusste, dass George die Stelle aus der Not heraus angeboten worden war. Er war gewiss nicht Helens erste Wahl gewesen. George war schon seit zwanzig Jahren beim Magazin und in den alten *Cosmopolitan*-Gebräuchen fest verwurzelt. Er hatte eine Bibel auf seinem ordentlich aufgeräumten Schreibtisch und hielt Helen offenkundig für eine Sünderin, die auf direktem Weg in die Hölle kommen würde. Niemand konnte sich vorstellen, wie es mit den beiden funktionieren sollte. Wann immer Berlin vorbeikam, stand Walsh auf, und es fehlte nicht viel und er hätte salutiert. Wie sollte Helen gegen Hearst in den Krieg ziehen, wenn ihr Stellvertreter als ergebener Soldat für den Feind kämpfte?

«Dann lassen Sie uns loslegen.» Helen zog die Kappe von einem dicken schwarzen Marker, der einen stechenden Geruch im Raum verströmte. Sie wandte sich zur Staffelei und schrieb in großen Buchstaben JULI, unterstrichen mit zwei Ausrufezeichen. Strahlend drehte sie sich wieder um.

«Juli?» In seiner neuen Rolle als leitender Redakteur erhob sich George Walsh. Das gleißende Licht der Deckenlampen wurde von seinem kahler werdenden Schädel zurückgeworfen. «Helen, bei allem nötigen Respekt», sagte er mit einem herablassenden Lachen. «In dieser Besprechung sollte es darum gehen, die Lücken in der Juni-Ausgabe zu schließen. Und offen gesagt muss dafür nicht jeder hier sein.»

«Oh, ich weiß, George.» Helen lächelte gnädig und passte den Tonfall ihres Lachens dem seinen an, während sie seine Bedenken mit einer wegwerfenden Handbewegung fortwischte, sodass ihre Armreife einen zarten, metallenen Laut von sich gaben. «Sie haben absolut recht. Das ist es, was wir tun *sollten*. Aber wir müssen der Wahrheit ins Gesicht sehen, die Juni-Ausgabe ist ein hoffnungsloser Fall. Sie stand im Großen und Ganzen schon fest, bevor ich überhaupt eingestellt wurde.» Helen wusste, dass der Juli ihre erste Chance war, dem Land die neue *Cosmo* vorzustellen. «Deswegen werden wir heute Artikel und Konzepte für die Juli-Ausgabe besprechen.»

«Aber wir haben schon mit dem Seitenaufriss für Juli angefangen», sagte ihre Redakteurin Bobbie Ashley.

Mit einem frischen Funken Leichtigkeit antwortete Helen: «Was halten Sie davon, wenn wir den Seitenaufriss vergessen und völlig neu loslegen? Alles ist möglich. Burt, fangen wir mit Ihnen an.» Sie klatschte freudig in die Hände, ihr Lächeln und ihre Erwartungen waren aufrichtig.

«Nun», sagte Burt Carlson und rückte seine Fliege zurecht, was sie nur noch schiefer werden ließ. «Der Dinnerparty-Ratgeber für Hausfrauen, den wir letzten Juli hatten, wurde gut angenommen. Den könnten wir wieder bringen.»

Alle nickten, während Helen eine Grimasse zog. «Oooh, wie öde.» Sie rümpfte die Nase und schüttelte den Kopf. «Dale, was ist mit Ihnen?»

Dale Donahue war ein Feuilletonist mit dicker Schildpattbrille und der wettergegerbten Gesichtsfarbe eines Fischers. Er betrachtete seine Handrücken, als wären es Teeblätter, in denen er die Zukunft lesen konnte, und sagte dann: «In letzter Zeit habe ich viel über Fluorid gehört, also wäre vielleicht etwas über Zahnverfall und –»

Helen fiel ihm ins Wort. «Zahnverfall? Hmmm, so öde, öde, öde.» Lächelnd blickte sie zu Bobbie Ashley. «Was haben Sie heute für uns, Kittycat?»

Bobbie war es eindeutig nicht gewohnt, dass ihre Chefin sie Kittycat nannte. Es brachte sie aus dem Konzept, und mich ebenfalls, weil ich bis zu diesem Moment gedacht hatte, das wäre Helens spezieller Kosename für mich. Auf gewisse Weise kränkte es mich.

Bobbie brauchte einen Moment, um sich zu fangen, während sie die gekritzelten Notizen auf ihrem Block durchging. Helen lächelte immer noch wartend. «Ich glaube, es versteht sich von selbst», setzte Bobbie an, «dass Frauen Sommerrezepte wollen.»

«Ach, wirklich? Das finden Sie, ja?» Helen runzelte die Stirn. «Ich fürchte, meine Mädchen finden das langweilig. Was ich wirklich suche, ist etwas Frisches und Unerwartetes. Ich will etwas Gewagtes für meine Mädchen.»

«Entschuldigen Sie», sagte Bobbie, «mir entgeht da etwas. Wer genau sind *Ihre Mädchen*?»

«Die *Mädchen*! Meine Mädchen. Ihre Mädchen. Die neue Cosmo-Leserin ist eine junge, dynamische ledige Frau. Sie ist karriereorientiert und ehrgeizig. Sie ist sexy, fröhlich und temperamentvoll. Sogar ein bisschen unartig. Und ich kenne sie besser als irgendjemand sonst, weil ich dieses Mädchen war.» Sie untermalte dies mit dramatischen Gesten, die jeder gebannt beobachtete, als wären ihre Fingernägel Wunderkerzen, die sprühende Funken regnen ließen wie am Vierten Juli.

«Bill», wandte sie sich an Bill Carrington Guy, ihren Belletristik-Redakteur. «Was haben Sie in petto?»

Bill Guy war ein attraktiver Mann mittleren Alters mit einem vollen Schopf hellbrauner Haare, die er ordentlich frisiert trug. Er schlug eine Mappe auf und blätterte durch ein paar Seiten, dann sagte er wie der wohlerzogene Südstaaten-

Gentleman, der er war: «Ich habe einen Auszug aus Micheners *Die Quelle* und eine neue Ray-Bradbury-Geschichte.»

«Ist das was Fröhliches?»

Er blinzelte, als habe er nicht richtig verstanden. «Wie bitte?»

«Handelt es sich um fröhliche Geschichten?»

«Äh, nicht besonders, nein.»

«Oje, das hatte ich befürchtet. Von jetzt an möchte ich, dass wir nur fröhliche, optimistische Fiktion veröffentlichen.»

Der Raum füllte sich mit stöhnenden Seufzern, die sie nicht zu hören schien oder nicht zur Kenntnis nehmen wollte. «Es geht darum», sagte Helen über die Unruhe hinweg, «dass die *Cosmopolitan* diese junge Frau in Kansas City ansprechen sollte, die sich Sorgen macht, ihr Freund könnte sie sitzenlassen, nachdem sie vor der Hochzeit mit ihm geschlafen hat. Dieses Magazin ist für das Mädchen in Upstate New York, das sich fragt, ob es während der Periode Sex haben kann. Unsere Leserin ist die Frau in Phoenix, die nicht weiß, was sie tun soll, wenn ihr Boss ihr Avancen macht. Sie interessiert sich nicht für Götterspeise und Aufläufe oder Gartenarbeit oder Fluorid. Diese junge Frau interessiert sich für Liebe. Für eine mögliche Beförderung auf der Arbeit. Dafür, begehrenswert zu sein und das Beste aus sich zu machen. Sie fragt sich, warum sie immer noch Pickel bekommt, obwohl sie schon einundzwanzig ist. Sie sorgt sich, dass ihr Freund ihren Busen zu klein findet. Sie muss wissen, dass Masturbation völlig normal ist und dass es sie zu einer besseren Liebhaberin machen kann.»

Ich hörte mich nach Luft schnappen, aber das tat der halbe Raum ebenfalls. Augen traten hervor, Münder standen offen. *Brave Mädchen fassten sich nicht an. Oder?*

Helen redete immer noch. «Niemand sonst spricht zu ihr. Sie ist ganz allein da draußen – vielleicht ist sie direkt hier in Manhattan. Direkt hier in diesem Raum.»

Mein Gesicht wurde heiß, als ich mir vorstellte, dass alle mich anstarrten, als wäre ich *dieses Mädchen*.

«Es ist unwichtig, wo sie ist», fuhr Helen fort. «Sie braucht uns. Was soll sie machen, wenn sie feststellt, dass sie sich zu einem verheirateten Mann hingezogen fühlt? Was, wenn sie mitten in der Nacht wach liegt und sich fragt, warum sie nicht jedes Mal einen Orgasmus hat? Ich versuche, das Mädchen zu erreichen, das Angst hat, unmoralisch zu sein, weil es Oralsex genießt. Wenn wir ihr nicht die Wahrheit sagen, wer dann? Wir sind hier, um ihr zu helfen, um sie wissen zu lassen, dass sie völlig normal ist, und noch wichtiger, dass sie nicht allein ist.»

Ich nahm die Reaktionen des Raumes in mich auf: ungläubig aufgerissene Augen, schockiert zugehaltene Münder, andere starrten unbehaglich auf ihre Notizblöcke, zu verlegen, um hochzublicken. Sie hielten Helen für verrückt, und obwohl ich die ganze Zeit über rot anlief, sah ich etwas anderes in ihr. Ich sah diese winzige Frau, die es mit der ganzen Gesellschaft aufnahm, angefangen bei ihrer Belegschaft. Angefangen bei mir. Ich wusste, Helen fand es nicht verwerflich, mit verheirateten Männern zu schlafen, aber ich schon. Und ich fragte mich, ob sie ihre Meinung ändern würde, hätte irgendein junges Mädchen es auf *ihren* Mann abgesehen. Auch bei anderen Dingen, die sie in ihrem Buch gepredigt hatte, fühlte ich mich unwohl. Zum Beispiel Sex zu benutzen, um beruflich vorwärtszukommen. Aber auch wenn ich nicht in allen Dingen mit ihr übereinstimmte, ich konnte nicht bestreiten, dass sie einen Nerv getroffen hatte. Sie sorgte sich wirklich um *ihre Mädchen*. Das hier war nicht einfach nur ein Job für Helen Gurley Brown. Das hier war eine Berufung. Eine persönliche Aufgabe. Und die Leute fragten sich, warum ihr Buch monatelang an der Spitze der *New-York-Times*-Bestsellerliste gestanden hatte. Was sie in diesem Konferenzzimmer sagte, brachte auf den Punkt, warum so viele junge Frauen *Sex und ledige Mädchen* immer und immer wieder gelesen hatten.

«Wenn meine Mädchen mitten in der Nacht von diesen Gedanken gequält aufwachen, möchte ich, dass sie nach ihrer *Cosmo*-Ausgabe greifen. Wenn unsere Mädchen die *Cosmo* lesen, möchte ich, dass sie sich bestärkt fühlen und optimistisch in die Zukunft blicken.»

Helen schnippte mit den Fingern, als wäre ihr gerade eine brillante Inspiration gekommen. «Ich möchte Ihnen allen etwas zeigen.» Sie griff nach dem Karton, den sie mitgebracht hatte, und löste die Schnur.

«Als mein Mann und ich anfingen, mit dem Gedanken zu spielen, ein Magazin zu gründen, haben wir uns das hier ausgedacht: *Femme*.» Sie hielt etwas hoch, das wie das Bastelprojekt eines Kindes aussah. Ihr selbst gemachter Entwurf für *Femme* war nichts weiter als eine zusammengeklebte Collage aus ausgeschnittenen Fotos und Schnipseln von Schlagzeilen anderer Zeitschriften.

Ich weiß nicht, ob die Leute kicherten, aber es wurde auf jeden Fall mit den Augen gerollt, auf Stühlen herumgerutscht und empört geseufzt. Sie begriffen überhaupt nicht, was Helen verdeutlichen wollte, und ich machte mir Sorgen, dass das bisschen Respekt, das sie für sie noch hatten, schneller verschwinden würde als Wasser durch einen Abfluss. Sie bestätigte ihre schlimmsten Befürchtungen über sie und ihre Pläne für das Magazin.

«Sehen Sie sich einfach mal unsere Artikel-Ideen an.» Sie reichte *Femme* auf dem Konferenztisch herum, und ich beobachtete den Ausdruck auf Liz Smiths Gesicht, als ihr Blick auf den Schlagzeilen landete, die lauteten: *Einfache, aber sinnliche Schlafzimmertipps, 10 todsichere Wege zu einem zweiten Date* und *Wie man eine Affäre mit seinem Boss hat.* Sie war entsetzt.

Doch Helen ließ sich nicht entmutigen. «Von nun an wird jeder Artikel, jede Filmkritik, jede Buchkritik, jede Illustration und jeder Cartoon unsere neuen jungen Leserinnen ansprechen. Ich spreche von Möglichkeiten, ihr Leben besser zu machen. Genussvoller und sexyer.»

Bei diesen Worten sammelte Burt Carlson seine Sachen zusammen und stand auf. «Wenn Sie mich alle entschuldigen würden.»

Als er den Raum verließ, spürte ich, dass andere wünschten, sie hätten den Mumm, dasselbe zu tun.

Helen ließ nicht locker. Sie machte weiter, als wäre nichts passiert. «Also, was haben wir?»

«Wir haben Ihnen gesagt, was wir haben», sagte Harriet La Barre unfreundlich. «Und George hat recht, wir haben Lücken in der Juni-Ausgabe, die wir füllen müssen. Das sollte jetzt unsere Priorität sein.»

Liz pflichtete ihr bei, ebenso wie Bobbie, und bald nickten alle und redeten gleichzeitig durcheinander. Ich stand abseits und beobachtete, wie die Besprechung Helen entglitt wie eine Katze, die zur Tür hinausschlüpft. Sie hatte keine Chance, sie wieder einzufangen, ohne die Stimme zu heben, mit dem Fuß aufzustampfen und aus ihrem sorgfältig gepflegten zurückhaltenden Image auszubrechen. Also ließ sie zu, dass die Besprechung sich auflöste. Ein paar Leute gingen allein, andere in Gruppen, und die ganze Zeit über mimte Helen die gute Gastgeberin und stand neben der Tür, um ihnen für ihr Kommen zu danken, ohne je ihr Lächeln vom Gesicht rutschen zu lassen. Wenn sie innerlich zerbrach, merkte es niemand. Nicht einmal ich.

Als sie zurück in ihr Büro kam, wartete bereits Burt Carlson auf sie.

«Ich werde nicht über Oralsex und Orgasmen schreiben», hörte ich ihn sagen. «Es tut mir leid, Helen, aber das kann ich nicht und das *werde* ich auch nicht. Ich kündige.»

Wieder einer weniger. Sobald er ihr Büro verlassen hatte, bat mich Helen den Tränen nahe, ihren Mann ans Telefon zu holen.

KAPITEL 7

Als ich an diesem Abend nach Hause kam, betrachtete ich die schmutzigen Spinnweben in den Ecken des Hausflurs und die mit Fußabdrücken übersäten Speisekarten von chinesischen Restaurants auf dem Boden. Am ersten Treppenabsatz flackerte eine Lampe, die kurz davor war, durchzubrennen. Sobald ich meine Wohnung betrat und die Tür hinter mir schloss, hatte ich das Gefühl, die Wände kämen auf mich zu. Ich ging zurück über den Flur und klopfte an Trudys Tür, aber es kam keine Antwort. Ich war zu ruhelos, um zu warten, also schnappte ich mir meine Kamera und meinen Mantel, zog meine Handschuhe aus den Taschen und ging wieder hinaus.

Als ich um die Ecke bog und die Lexington entlangging, traf mich ein frischer Windstoß. Wann immer ich mit meiner Kamera draußen war, verspürte ich dieses besondere Gefühl. Sie war eine Requisite, und ich eine Art Schauspielerin: *Ali Weiss, berühmte Straßenfotografin.* Diese Kamera war ein Statement. Die Menschen sahen mich an und vermuteten – ob nun zu Recht oder nicht –, dass ich kreativ, künstlerisch, talentiert war. Und das gefiel mir. Es gefiel mir, mehr zu sein als eine Sekretärin. Die Kamera war meine Visitenkarte, ein

Schuss Selbstvertrauen. *Mädchen mit einer Kamera* – mit ihr war ich jemand.

Als ich die 71st Street überquerte, sah ich eine edel gekleidete Frau, die ihren Pelzmantel falsch zugeknöpft hatte, sodass der Saum nicht auf der gleichen Höhe war. Etwas an diesem kleinen Stück Unvollkommenheit und Verletzlichkeit ließ mich nach meiner Kamera greifen. Ich zog mir die Handschuhe mit den Zähnen aus, damit ich sie in den Fokus nehmen konnte. Dieselbe menschliche Zerbrechlichkeit war mir wenige Tage zuvor aufgefallen, als ich ein Foto von einem Mann geschossen hatte, der seine Zigarette am falschen Ende angezündet hatte. Ich hatte seine geschockte Miene beim Anblick des rauchenden Filters perfekt eingefangen.

Ich war schon immer eine aufmerksame Beobachterin gewesen, aber in letzter Zeit hatte ich angefangen, die Welt in Standbildern zu sehen. Ich wollte diesen einen Moment einfangen, der die ganze Geschichte erzählte – was geschah, bevor und nachdem die Kamera klickte. Vielleicht fühlte ich mich von den Fremden auf den Straßen angezogen, weil ich in dieser großen Stadt ebenfalls exponiert und unsicher war. Und eigentlich wollte ich nicht unbedingt die unangenehmen, misslichen Momente einfangen, sondern die gewöhnlichen: ein Junge, dessen Hund verstohlen an seinem Lolli leckte, eine Frau, die ihren Kinderwagen die Straße entlangschob. Mein Auge wurde von so vielem angezogen, und ich verbrauchte meine Filme schneller, als ich sie kaufen konnte. Und auf jeden Fall schneller, als ich mir leisten konnte, sie entwickeln zu lassen.

Ich ging weiter die Lexington Avenue entlang, bis ich zur 63rd Street kam. Unvermittelt blieb ich stehen, dabei nahm ich nur schwach den Verkehr wahr, der hinter mir dröhnte, die Leute, die hin und her eilten, einen Hund, der weiter den Block runter bellte. Ein Atemhauch, weiß und geisterhaft, hing in der Luft vor mir, und ich starrte die lachsfarbenen Ziegelsteine an, die Bögen über den Fenstern und die grüne Markise mit goldener Schrift, die schlicht sagte: *The Barbizon*.

Als ich die Kamera ans Auge hob, verschmolz jeder Gedanke, jede Sehnsucht nach meiner Mutter in mir. *Ich bin hier, Mom. Ich habe es nach New York geschafft.* Ich musste das Foto machen, bevor meine Sicht verschwamm.

Gerade als ich auf den Auslöser drückte, hörte ich eine tiefe Stimme sagen: «Willkommen im Barbizon.»

Ich drängte meine Tränen zurück und blickte auf zu dem Portier, der sich lächelnd an den Hut tippte und mir die Tür aufhielt. Ich wollte die Zeit austricksen, durch diese Tür gehen und meine Mutter dort drinnen finden. Ich wollte ihr Parfüm riechen, die Geborgenheit ihrer Umarmung spüren und mein Kinn an ihr Schlüsselbein drücken. Ich wollte nur noch einen letzten Blick, nur noch eine letzte Gelegenheit, ihre Stimme zu hören.

Als ich über die Schwelle trat, konnte ich nur eines denken: *Das hier war ihr Zuhause. Hier hat sie gewohnt.* Meine Absätze hallten auf dem Marmorboden der glamourösen Eingangshalle mit ihrer großen Treppe und der Galerie, die rings um den ersten Stock verlief. Da war ein kleiner Sitzbereich mit Lehnsesseln, Topfpflanzen und einem schönen Orientteppich. Ich glitt in einen der Sessel und beobachtete die Bewohner, die kamen und gingen. Dabei versuchte ich mir vorzustellen, wie meine Mutter und Elaine durch diese Eingangshalle gehuscht waren.

Ich wünschte, ich hätte in diesem Moment die Anwesenheit meiner Mutter gespürt. Wünschte, dieser Ort hätte mir Trost gespendet. Schließlich hatte meine Mutter ihn genau so beschrieben, bis hin zu den schönen Frauen mit weißen Handschuhen, die bei den vorderen Fenstern darauf warteten, von ihren Verehrern abgeholt zu werden. Aber der Schmerz in meinem Herzen wurde nur noch tiefer. Ich konnte hier keine Fotos machen. Ich konnte kaum atmen. Zum zweiten Mal an diesem Abend war ich den Tränen nahe. «Kann ich Ihnen helfen, Miss?», fragte eine junge Frau.

Doch ich schüttelte den Kopf. «Ich wünschte, das könnten Sie.» Ich stand auf, strich die Vorderseite meines Mantels glatt und ging zurück durch die Eingangshalle.

Als ich hinaustrat, schlug mir die kalte Luft mitten ins Gesicht. Die Bürgersteige waren überfüllt, und ich fand mich in einer Stadt voller Menschen wieder, fühlte mich jedoch trotzdem ganz allein.

Am nächsten Morgen erwartete mich ein wunderschöner Frühlingstag. Völlig anders als der Abend zuvor. Nun wurde die Kälte, die mich die ganze Nacht lang nicht losgelassen hatte, von einer sanften Brise verdrängt. Es war kaum eine Wolke zu sehen. Die Dunkelheit war fort, die Einsamkeit weggepackt, und ich befand mich wieder auf meiner Reise.

Trotz Trudys Hilfe hatte ich immer noch Mühe, mich in der Stadt zurechtzufinden, und fühlte mich in der U-Bahn nicht besonders wohl. Die Schmierereien an den Wänden, die kalten Blicke anderer Passagiere, die Ratten und die Tatsache, dass ich immer noch häufig meine Haltestellen versäumte oder in den falschen Zug stieg, machten mich nervös. Zu Fuß fühlte ich mich wohler, also entschied ich, mich früher auf den Weg zu machen und zu laufen.

Helen hatte mich gebeten, sie an diesem Morgen in ihrer Wohnung zu treffen. Ich sollte ihr helfen, ein paar Dinge ins Büro zu bringen. Ich nahm die 74th Street und wandte mich nach links in die Park Avenue. Obwohl sie nur wenige Blocks von meiner Wohnung über der Metzgerei entfernt lag, war es eine andere Welt. Jetzt verstand ich, warum meine Mutter hier hatte leben wollen. Der Zauber dieser Straße passte zu ihr. Sie war breit, mit einem gepflegten Mittelstreifen aus Bäumen und Büschen, zwischen denen sich bereits die ersten Knospen von Krokussen und Tulpen zeigten. Blumenkästen auf den Fensterbrettern beherbergten leuchtend rote Geranien und weiße Hortensien. Ich machte mir im Geiste eine Notiz, mit meiner Kamera wiederzukommen und die vielen Pförtner zu fotografieren, die in ihren feschen Uniformen unter den Markisen standen. Ich fand sie ebenso faszinierend wie die wohlhabenden Bewohner, denen sie in und aus Taxis und Limousinen halfen.

Helen wohnte an der Ecke 59th Street und Park Avenue, in einem einundzwanzigstöckigen Gebäude direkt neben Sherry-Lehmann Wine & Spirits, wo eine Flasche mehr kostete, als ich pro Woche verdiente. An der Tür begrüßte sie mich zusammen mit ihren beiden siamesischen Katzen. Sie trug ein psychedelisches Pucci-Kleid und pinkfarbene Schuhe.

«Dieses niedliche kleine Kätzchen ist Samantha», sagte sie und presste sie liebevoll an ihre Wange. «Und das hier» – sie setzte Samantha ab und hob die andere Katze hoch, die ihr um die Knöchel gestrichen war –, «dieses hübsche Ding ist Gregory.»

Vom Eingangsbereich aus konnte ich eine Wand mit winzigen, galerieartig aufgehängten Spiegeln sehen, in denen sich der spektakuläre Anblick des Wohnzimmers spiegelte – verschiedenste Blau- und Rosétöne, ein Zweisitzer und ein Sofa, Vasen mit frischen Blumen, ein paar Leopardenmusterakzente hier und dort.

«Sie haben ein wunderschönes Zuhause», sagte ich, während ich die Hand ausstreckte, um Gregorys Ohr zu kraulen.

«Oh, diese Lorbeeren gebühren mir nicht. Das verdanke ich alles Michael Taylor. Seine Dienste haben uns ein kleines Vermögen gekostet, aber als Dekorateur war er jeden Penny wert.» Sanft ließ sie Gregory auf den flauschigen Teppich plumpsen. Auf dem Boden standen zwei Aktenkartons, die beinahe überquollen.

«Nehmen Sie diese Schachtel, ich trage den Rest.» Sie reichte mir einen Karton voller Krimskrams. Er war sperrig, aber nicht schwer, und bis oben hin gefüllt mit verzierten Schmuckkästchen, bestickten Kissen und einem Plüschtier. Sie hievte sich den zweiten Karton auf die Hüfte, dann hielt sie inne. «Ups.» Sie stellte den Karton wieder ab. «Fast hätte ich mein Mittagessen vergessen.» Sie eilte einen Flur entlang und kehrte Augenblicke später mit einer kleinen braunen Papiertüte zurück, die vom häufigen Gebrauch schon schlaff und zerknittert war, und warf sie oben auf den Karton. «Wollen wir?»

Unten hielt der Pförtner die vergoldete Tür für uns auf. «Ein Taxi, bitte», sagte ich zu ihm. Ich hatte beobachtet, dass Pförtner das für einen erledigten.

«Oh Alice, Liebes, nein. Ich nehme nie ein Taxi. Die sind viel zu teuer.»

Machte sie Witze?

«Nein», sagte sie nachdrücklich auf meine Nachfrage. «Ich nehme den Bus. Jeden Tag.»

Also spazierten wir mit Aktenkartons auf den Armen zur Lexington Avenue und warteten an der 59th Street gegenüber von Bloomingdale's auf den Bus. Als er ankam, öffnete sie ihre Gucci-Handtasche und reichte dem Fahrer zwei Wertmarken. Helen hätte sich ihren eigenen Fahrer leisten können. Es ergab keinen Sinn, ebenso wenig wie die kleine braune Lunchtüte.

Wir nahmen Platz, und Helen fragte mich, wie ich mich in der Stadt einlebte und ob mir die Unterkunft, in der ich wohnte, gefiel. Ich sagte ihr, dass ich mich in der Upper East Side sehr wohlfühlte. Und ja, ich hatte meine eigene Wohnung.

Helen lächelte anerkennend. *Mitbewohnerinnen waren nicht sexy.* «Und woher kennen Sie Elaine Sloan noch mal?»

«Sie und meine Mutter waren gute Freundinnen.» Ich verstummte kurz, da ich an meinen Besuch im Barbizon dachte. Ich wünschte, Helen würde mich nach meiner Mutter fragen. Mir war jeder Vorwand recht, über sie zu reden und ihre Erinnerung lebendig zu halten. Ich wollte anderen zeigen, wie wunderbar sie gewesen war.

Helen schirmte mit der Hand ihre Augen vor der Sonne ab und wandte sich mir zu. «Oh, bevor ich es vergesse, ich möchte Sie vor dem Burschen, auf den Sie ein Auge geworfen haben, warnen.»

«Welcher Bursche?», fragte ich, obwohl ich bereits wusste,

dass sie mich durchschaut hatte. Helen hatte eine beinahe hellseherische Fähigkeit, wenn es um die Gedanken anderer Frauen ging. Sie kannte meine tiefsten, dunkelsten Geheimnisse – und die jeder anderen Frau.

«Nun kommen Sie schon, Kittycat. Ich sehe doch, wie Sie ihn ansehen. Diesen Erik Masterson. Ich sehe, wie er sich an Ihrem Schreibtisch herumdrückt. Seien Sie vorsichtig, er ist ein Don Juan. Ich hatte auch mal einen Don Juan. Neun Jahre lang. Dieser Mann war herrlich, aber er hat mich abscheulich behandelt.» Eine besonders bittere Erinnerung ließ sie zusammenzucken. «Er hat mich mit Füßen getreten und mir Tausende Male das Herz gebrochen, denn das tun Don Juans nun mal. Und vergessen Sie nicht, egal, wie sehr Sie sich auch bemühen, ein Don Juan wird Sie nie heiraten.»

«Glauben Sie mir», erwiderte ich lachend, «ich habe kein Interesse daran, Erik Masterson zu heiraten.»

«Na, dem Himmel sei Dank. Sie sind klüger als ich in Ihrem Alter.»

«Woher wissen Sie, dass er ein Don Juan ist?»

«Oh, bitte», sagte Helen. «Er erfüllt alle klassischen Voraussetzungen. Er sieht verteufelt gut aus, und er ist erfolgreich. Diese Kombination macht ihn besonders gefährlich. Er ist aalglatt. Ich wette, er hat sich schon durch die Hälfte der Sekretärinnen der ganzen Hearst Corporation geschlafen.»

Bei ihren Worten war mir ein wenig mulmig, da ich mich seit unserem Lunch im *La Grenouille* ebenfalls beim Gedanken ertappt hatte, mit ihm zu schlafen. Aber da ich mir nicht sicher, war, ob ich wirklich einfach nur zum Spaß Sex haben konnte, wie Helen es vorgeschlagen hatte, fand es bislang rein in meiner Fantasie statt.

«Aber die Sache mit einem Don Juan ist die», sagte Helen. «Jedes Mädchen hat einen, also muss es Ihnen nicht peinlich sein. Don Juans sind unvermeidlich. Egal, wie klug, jede junge Frau hat diesen einen Mann, zu dem sie einfach nicht Nein sagen kann, obwohl sie weiß, dass er nicht gut für sie ist.»

Ich sah aus dem Fenster und betrachtete die Zweige der Baumkronen und die Klapptische mit gebrauchten Büchern und Räucherstäbchen. Ich wusste, dass Helen aus Erfahrung sprach. Ich wusste, dass sie recht hatte, aber ich wollte glauben, dass ich immun gegen den Charme meines Don Juans war.

«Im Ernst», sagte sie. «Bringen Sie es einfach hinter sich. Das ist das Beste, was Sie tun können. Gehen Sie mit ihm aus, schlafen Sie mit ihm, lassen Sie sich Ihr Herz in tausend Stücke brechen und leben Sie dann Ihr Leben weiter.»

⊙

Als wir an diesem Morgen zur Arbeit kamen, wartete bereits Dale Donahue auf Helen. Sein Gesicht war noch röter als sonst. Sie gingen in ihr Büro und schlossen die Tür.

«Ich glaube, er kündigt.» Bridget stellte ihre Kaffeetasse auf meinen Schreibtisch und fummelte an ihrem Ohrclip herum. «Dieser verdammte Clip.» Sie zog ihn vom Ohr. Der Verschluss war offensichtlich abgebrochen. «Na, großartig.» Frustriert nahm sie auch den anderen Ohrclip ab und warf sie beide in den Papierkorb.

«Ist nicht so schlimm», sagte ich. «Das sind doch nur Ohrringe.»

«Ja, aber das war mein Lieblingspaar, und ich kann mir keine neuen leisten.» Sie sah aus, als wäre sie den Tränen nahe.

«Irgendetwas sagt mir, dass es hier nicht nur um deine Ohrringe geht. Was ist los?»

«Nichts. Rein gar nichts.» Sie seufzte und schlug sich mit den flachen Händen auf die Oberschenkel. «Ich habe den *Redbook*-Job nicht bekommen.»

«Das tut mir leid.»

«Ja, mir auch, weil ich pleite bin und es satthabe, pleite zu sein.»

Wir saßen im selben Boot. Ich hatte auf dem Rand meiner Badewanne eine Flasche Shampoo auf dem Kopf stehen, um auch noch den letzten Tropfen aufzufangen, und ein klitzekleines Scheibchen Seife, das noch bis zum Zahltag reichen musste.

«Was ist denn da drin los?», fragte Margot, die sich zu uns gesellte. Sie lehnte sich an meinen Schreibtisch und schlürfte ihren Kaffee, wobei sie einen Halbmond aus rotem Lippenstift am Rand ihrer Tasse hinterließ. «Ich habe gehört, Dale wollte mit ihr sprechen. Denkt ihr, er kündigt auch?»

«Ich habe keine Ahnung.» Ich warf einen Blick auf Helens Terminkalender. Womöglich würde ich ihre Besprechung mit Dale wegen eines anstehenden Telefontermins unterbrechen müssen.

«Nun» – Margot fuhr sich mit den Fingern durch ihre kurzen Locken –, «sie scheint bei der Besprechung gestern ordentlich Staub aufgewirbelt zu haben.»

«Die Leute hier mögen keine Veränderungen», sagte Bridget.

«Das steht mal fest», pflichtete ich ihr bei, während ich durch einen Stapel rosafarbener Notizzettel blätterte, die sich über Nacht für Helen angehäuft hatten.

«Also raus mit der Sprache», sagte Margot. «Was geht deiner Meinung nach da drin *wirklich* vor sich?»

Ich zögerte. Seit Bridget mir gesagt hatte, dass Margot ein Klatschmaul war, war ich ihr gegenüber misstrauisch. Zum Glück hörten wir in diesem Moment Helen und Dale auf der anderen Seite der Tür, und sobald sich der Türknauf drehte, sprinteten Margot und Bridget zurück zu ihren Schreibtischen. Nachdem Dale Donahue gegangen war, reichte Helen mir seine schriftliche Kündigung.

«Bitte heften Sie die bei den anderen ab, wären Sie so nett, Liebes?» Sie hatte ein feuchtes, zusammengeknülltes Taschentuch in einer Hand und ein frisches in der anderen, mit dem sie sich die Augen tupfte und die Nase putzte. «Ich verstehe es nicht. Alle lassen mich im Stich. Sagen Sie mir, ist es wirklich so schrecklich, für mich zu arbeiten?» Sie lächelte, während sie ihre Angel in meinem Meer der Komplimente auswarf.

«Natürlich nicht.» Ich schluckte den Köder mit Vergnügen. «Wenn Sie mich fragen, sind diese Leute der Herausforderung einfach nicht gewachsen. Sie haben eine Vision für dieses Magazin, und diese steifen alten Männer wären ohnehin nicht richtig für die neue *Cosmopolitan*.»

Ihr Lächeln wurde breiter. Und die Tatsache, dass ich sie auf diese Weise ermutigen konnte, löste etwas in mir aus. In den kommenden Wochen und Monaten würden wir das öfter tun, diesen kleinen Tanz aufführen, bei dem ich all das bestätigte, was sie über sich glaubte oder glauben wollte. Manchmal konnte ich ehrlich antworten, manchmal musste ich die Wahrheit etwas weiter ausdehnen, um mich gerade noch so an einer Lüge vorbeizumogeln. Doch Helen glaubte mir auf die eine oder andere Weise. Ihr Ego aufzubauen, wenn sie niedergeschlagen war, wurde ein essenzieller Teil meiner Aufgaben.

«Na, wie gut, dass wir ihn los sind, nicht wahr?» Sie schob ihre Hüfte vor und spielte mit ihren Armreifen.

Ich erinnerte Helen an den anstehenden Anruf und ging ihr eine frische Tasse Kaffee holen. Als ich zurückkam, war George Walsh in ihrem Büro, zusammen mit Richard Berlin, Dick Deems und Erik Masterson. Helen saß in ihrem Puppensessel und sah täuschend fragil und verletzlich aus, während Berlin und Deems auf den beiden größeren Stühlen gegenüber von ihrem Schreibtisch Platz genommen hatten. Erik und George standen. Keiner von ihnen wagte sich auf das gerüschte Blümchensofa.

Ich war mir nicht sicher, ob Erik mich ansah, weil ich meine Augen auf die Kaffeetasse geheftet hielt, fest entschlossen, mich professionell zu verhalten und mein Privatleben vom Beruflichen zu trennen. Und andersherum würde ich Helens Vertrauen nie missbrauchen und Erik etwas verraten, das nicht für seine Ohren bestimmt war.

Als ich die Kaffeetasse auf Helens ebenso winzigem Beistelltisch abstellte, ergriff Berlin das Wort. «George hat uns von Ihrer Besprechung gestern erzählt. Sie wollen also den Seitenplan für Juli verwerfen und noch mal neu anfangen? Er hat uns außerdem mitgeteilt, welche Art von Artikeln Sie dafür im Sinn haben.»

George räusperte sich in die Faust und empfand offenbar

keinerlei Reue. Ich wandte mich zum Gehen, doch Helen bedeutete mir, zu bleiben und die Tür zu schließen. Wollte sie eine Zeugin haben, falls das hier hässlich wurde?

«Willkommen bei der neuen *Cosmo*, Jungs», sagte sie in ihrem seidigen Tonfall, während sie sich gemächlich auf dem Notizblock auf ihrem Schoß Notizen machte.

«Darüber haben wir doch schon gesprochen», sagte Deems. «Wir haben hier bei Hearst Standards.»

«Ach, Dick», schnurrte sie, «sagen Sie, wie war eigentlich die Beziehung zu Ihrer Mutter? Ich frage nur, weil Sie in Bezug auf Frauen und Sexualität so ungewöhnlich verklemmt sind.» Mit einem naiven Lächeln blickte sie zu ihm auf. «Um genau zu sein, sind Sie alle verklemmt in Sachen Sex. Also wirklich, Sie können das Wort *Sex* ja nicht mal aussprechen, ohne rot zu werden.»

Deems Gesicht wurde puterrot, aber nicht so rot wie das von Berlin. Ich war zu erschrocken, um zu Erik zu sehen, aber innerlich jubelte ich ihr zu. Das hier war die Helen aus Elaines Erzählungen.

«Sehr witzig», sagte Deems. «Ich meine das mit der Juli-Ausgabe ernst. Und außerdem sollten Sie sich darauf konzentrieren, die Lücken in der Juni-Ausgabe zu füllen.»

«Ja», sagte Berlin. «Diese Lücken müssen gefüllt werden.»

«Wenn ich auch nur noch ein einziges Mal etwas über diese verdammten *Lücken* höre ...» Ihre Stimme brach ab, und sie schüttelte verärgert den Kopf. Doch im nächsten Moment fuhr sie in ihrem Singsang fort: «Der Juni wird, wie er wird. Aber der Juli» – sie lächelte listig – «also, *der* könnte wirklich schick werden.»

«Und wie wollen Sie das anstellen?», fragte Erik. «Die Hälfte

Ihrer Belegschaft hat gekündigt. Und dann haben Sie auch noch Rex Reed gefeuert. Wer soll denn diese neuen Artikel für Sie schreiben?»

«Jetzt mal langsam, Erik», bellte Berlin. «Wir sind mit dem Juni noch nicht fertig.»

Erik steckte die Hände in die Hosentaschen und entwickelte eine Faszination für den Fußboden.

Ich bin ihr Lakai und Prügelknabe, hatte er beim Lunch gesagt. Jetzt sah ich, was er damit gemeint hatte.

«Helen», sagte Berlin. «Sie werden die Artikel, die bereits fertig sind, auf den Juni *und* den Juli aufteilen. Mehr gibt es dazu nicht zu sagen.»

«Oh.» Sie lachte, als wäre die Idee absurd. «Die gehen leider nicht.»

«Kein einziger?», fragte Deems. «Kommen Sie schon. Wollen Sie mir sagen, dass sich unter all den Manuskripten, die hier stapelweise herumliegen, keine veröffentlichungswürdigen Artikel finden?»

«Genau das will ich damit sagen. Mit Ausnahme dieses einen Texts über eine Östrogen-Pille vielleicht. Die anderen sind alle einfach langweilig, öde und ganz und gar nichts für meine Mädchen.»

«Nun, es tut mir leid, Helen», sagte Erik, der versuchte, sich von seiner vorherigen Zurechtweisung zu erholen. «Aber ich fürchte, Sie werden damit arbeiten müssen.»

«Ach, Unsinn.» Mit einer schnellen Bewegung aus dem Handgelenk und den Blick auf ihren Notizblock gerichtet, schrieb sie schnell eine weitere Idee auf. «Diese Stadt ist voller Autorinnen und Autoren, die ihre Arbeit liebend gern in der *Cosmopolitan* veröffentlichen würden.»

«Mag sein», sagte Deems. «Aber Sie haben nicht das Geld, um sie zu bezahlen.»

«Und warum ist das so?» Helen blickte auf und trommelte mit dem Stift auf ihren Notizblock.

«Wir haben ein paar Änderungen am Budget vorgenommen», antwortete Deems. «Wie Sie wissen, schreibt die *Cosmopolitan* seit mehreren Jahren rote Zahlen. Die Anzeigeneinnahmen sind stark zurückgegangen, und im Juni sieht es laut Ira nicht besser aus. Außerdem haben Sie Walter Meade zu einem Spitzengehalt eingestellt, und bei der Umgestaltung Ihres Büros haben Sie sich auch nicht gerade zurückgehalten.»

«Das stimmt», pflichtete Erik ihm bei. «Sie haben es ein bisschen übertrieben.»

«Unterm Strich», sagte Berlin, «hat der Vorstand entschieden, dass wir ein paar Kürzungen vornehmen müssen.»

«Kürzungen?» Ihr Stift hielt inne, und zum ersten Mal sah ich echte Besorgnis hinter ihren großen braunen Augen aufflackern. «Sie haben mir gesagt, dass Sie das Budget der *Cosmopolitan* seit über zwanzig Jahren nicht erhöht haben. Es ist ohnehin schon unglaublich knapp, und jetzt reden Sie davon, Kürzungen vorzunehmen?»

«Sie haben dreißigtausend Dollar pro Ausgabe zur Verfügung», sagte Berlin.

In meinen Ohren klang das nach viel Geld, und offenbar hielt Helen es ebenfalls für ausreichend. Sie lehnte sich in ihrem winzigen Sessel zurück und ließ entspannt die Schultern sinken. «Warum dann die langen Gesichter, Jungs? Ich bin sicher, dreißigtausend Dollar reichen für die Artikel.»

Die Männer sahen Berlin an.

«Ich glaube, Sie verstehen nicht, Helen. Es geht nicht um

dreißigtausend Dollar für die Texte, sondern um dreißigtausend Dollar insgesamt. Für die gesamte Ausgabe. Das beinhaltet Fotos, Models, Retusche, Illustration, Redaktion, Werbung, Vertrieb, Mitarbeitergehälter, Spesen – alles.» Ein triumphierendes Lächeln blitzte auf.

Wenn Helen dies aus der Fassung brachte, ließ sie es sich jedenfalls nicht anmerken. Nicht im Geringsten. George schlug sich allerdings die Hände vors Gesicht und seufzte genervt. Falls sie Helen tatsächlich getroffen hatten, gab sie ihnen nicht die Genugtuung.

«Sie vergessen die Druckkosten», sagte sie und legte ihren Notizblock beiseite.

«Die übernimmt Hearst.»

«Na, Gott sei Dank.» Sarkasmus war normalerweise nicht ihr Stil, aber als sie sich anmutig von ihrem Puppensessel erhob und ihr Kleid glatt strich, machte sie ihren Standpunkt mehr als deutlich. «Nun, Gentlemen, dreißigtausend Dollar sind dreißigtausend Dollar. Es ist, wie es ist. Also, wenn Sie sonst nichts mehr auf dem Herzen haben, sollte ich mich wirklich wieder an die Juli-Ausgabe machen. Denn offenbar habe ich alle Hände voll zu tun.»

⟲

George, Berlin, Deems und Erik waren kaum zu Helens Bürotür hinaus, als sie zusammenbrach. Sie rollte sich auf dem Sofa zusammen und schlang die dünnen Arme eng um ihre Taille, als wäre sie kurz davor, entzweizuspringen.

«Mrs. Brown?»

Sie zog sich sogar noch tiefer in sich selbst zurück und begann, sich vor und zurück zu wiegen. Mir fiel eine neue Laufmasche in ihrer Strumpfhose auf.

«Geht es Ihnen gut?»

Sie antwortete nicht. Ich ging zu ihr und wollte sie gerade noch einmal fragen, als sie zu weinen anfing. «Ich halte das nicht mehr aus», sagte sie.

Noch nie war mir eine Frau begegnet, die so oft oder mit solcher Begeisterung weinte wie Helen Gurley Brown. Jede Aufregung und Kränkung, jede Frustration und Enttäuschung wurde mit ihren Tränen und gelegentlich der einen oder anderen Wimper fortgewaschen. Wenn ihre Augen nach einem besonders heftigen Weinkrampf geschwollen waren, nahm sie ihre Perücke ab, tauchte das Gesicht in eine Schüssel Eiswasser und hielt so lange wie möglich den Atem an. Danach reichte ich ihr ein Handtuch und stand an ihrer Tür Wache, während sie ihr Make-up neu auftrug. Im nächsten Moment erschien sie wieder frisch und vollkommen gefasst.

Zuerst hatten mich ihre Tränen erschreckt, weil ich das genaue Gegenteil war. Ich hatte mir seit dem Tod meiner Mutter nicht mehr erlaubt zu weinen. Nachdem ich sie verloren hatte, schien nichts anderes mehr meine Tränen wert zu sein. Als schmälerte das Weinen aus einem anderen Grund die Tiefe meiner Trauer um sie. Und Gründe zu weinen hatte es genug gegeben. Als Michael mir gesagt hatte, dass es vorbei war … als ich hörte, dass er heiraten würde … als mein Vater entschied, wieder zu heiraten. Nicht einmal da hatte ich Tränen zugelassen.

Helen löste die Arme von ihrer Mitte und vergrub den Kopf in den Händen. Sie schluchzte jetzt hemmungslos, und es war ihr völlig egal, dass ihre Nase und ihre Wimperntusche liefen. Ich zog ein Taschentuch aus einem mit Decoupage verzierten Kästchen und reichte es ihr. Sie tupfte sich die Augen und schnäuzte sich, um den Weg für die nächste Runde Tränen frei zu machen. Nachdem sie das erste Taschentuch fest in der Faust zerknüllt hatte, reichte ich ihr ein zweites.

«Wie soll ich dieses Magazin herausgeben, wenn mir beide Hände gebunden sind?», presste sie erstickt hervor. «Sie verurteilen mich regelrecht zum Scheitern.» Sie schaute zu mir hoch, die Nase so rot wie die von W. C. Fields, die geschminkten Lippen zitternd.

Es war das einzige Mal, dass ich nicht versuchte, ihre Stimmung aufzuheitern, weil wir beide wussten, dass es die Wahrheit war.

Helen war verzweifelt. Mit letzter Kraft sagte sie: «Holen Sie mir David.»

Zwanzig Minuten später erschien er. Ein großer, älterer, distinguierter Mann, den sie oft Lämmchen nannte. Man sah ihm an, dass sie ihn jeden Morgen auf die Waage stellte, um zu entscheiden, ob er eine Extrascheibe Toast oder Speck haben durfte. Er sah mit seinem Schnurrbart zweifellos gut aus, auch wenn er bereits kahl wurde, und war genauso charmant, wie sie ihn in *Sex und ledige Mädchen* beschrieben hatte. In den kommenden Wochen und Monaten würde ich ihn noch öfter für sie aus Besprechungen holen und Lunch-Verabredungen und Flüge an die Westküste versäumen lassen. Er beschwerte sich jedoch nie. Er war seiner Frau treu ergeben. Vor seiner Arbeit in Hollywood war er selbst Redakteur bei der *Cosmopolitan* gewesen und kannte das Geschäft in- und auswendig. Er war die Stütze dieser siebenundvierzig Kilogramm leichten Frau, und ich begann, ihn als ihren stillen Geschäftspartner zu betrachten.

Aber an diesem Vormittag war David Brown streng mit ihr. Ich hörte, wie er ihr durch die geschlossene Bürotür sagte, sie solle sich zusammenreißen. «Hör auf zu weinen, Helen. Das löst nicht das Geringste.»

Ihre Stimme war gedämpft, nasal. Ich hörte Schluchzen, konnte aber kein einziges Wort verstehen.

«Nein, sie werden dich nicht feuern», sagte er als Antwort darauf. «Es würde sie ein Vermögen kosten, dich aus deinem Vertrag herauszukaufen. Und selbst wenn, na dann hast du eben einen schönen langen bezahlten Urlaub.» Sie murmelte noch etwas, bevor er sagte: «Ja, natürlich werde ich trotzdem noch die Cover-Teaser für den Juli schreiben. Aber das Wichtigste zuerst. Du musst die Juni-Ausgabe fertigstellen. Dann kannst du dich voll und ganz auf den Juli stürzen. Wir lassen uns etwas einfallen. Wir werden kreativ und finden einen Weg, mit dem Budget auszukommen. Wir zeigen es ihnen. Aber bring bis dahin einfach den Juni in trockene Tücher.»

Nach einer weiteren langen Phase gedämpften Murmelns zwischen den beiden öffnete sich Helens Bürotür. Obwohl sie ihr Make-up aufgefrischt hatte, war offensichtlich, dass sie sich die Augen ausgeheult hatte.

«Falls irgendjemand nach mir sucht, ich bin in zwei Stunden wieder zurück», sagte sie mit erzwungener Fröhlichkeit. «Sagen Sie einfach, David und ich gehen auf eine kurze Fünfzehn.»

KAPITEL 8

Nachdem Helen und David fort waren, holte ich mir eine Tasse Kaffee. Margot war zusammen mit Penny und Tony La Sala, dem Leiter der Grafikabteilung, in der Küche. Er hatte dunkles Haar, dunkle Augen und schon um neun Uhr vormittags einen Fünf-Uhr-Bartschatten. Er war modebewusst und trug Nehru-Jacken wie die Beatles, zusammen mit einer ordentlichen Portion Jovan Musk Oil und dicken Goldmedaillon-Ketten.

«Habt ihr das von Dale gehört?», fragte Penny, während sie zwei Süßstofftabletten in ihren Kaffee fallen ließ, die sprudelnd an die Oberfläche stiegen.

«Wir nehmen schon Wetten an, wer der Nächste ist», sagte Tony und griff nach einem Donut in einer Pappschachtel auf der Arbeitsplatte. «Ich setze mein Geld auf Bobbie. Noch ein *Kittycat*, und sie ist weg.»

Ich lächelte halbherzig und fühlte mich sofort schuldig, als wäre ich Helen gegenüber illoyal. In dem Moment, da ich mir meinen Kaffee einschenkte, hastete George in die Küche, sichtbare Schweißperlen auf der Stirn.

«Hat irgendjemand Helen gesehen?», fragte er keuchend. «Alice – da sind Sie ja! Wo ist Helen?»

«Sie ist mit Mr. Brown auf eine kurze Fünfzehn gegangen.» Kaum hatte ich das gesagt, liefen Georges Wangen rot an. Plötzlich waren alle Augen auf mich gerichtet, dann brachen sie in Gelächter aus. Ich hatte keine Ahnung, was ich da gesagt hatte. Es war doch das gewesen, was Helen mir aufgetragen hatte.

Georges Gesicht verzerrte sich, und er zischte: «Das ist abscheulich, junge Dame!»

Bevor ich irgendetwas sagen konnte, stürmte er aus der Küche, und inzwischen lachten die anderen nicht mehr nur, sie johlten.

«Ich kann nicht glauben, dass Sie das gerade zu Walsh gesagt haben.» Tony krümmte sich vor Lachen und hielt sich die Seiten. «Das war einfach zu gut.»

«Habt ihr sein Gesicht gesehen?» Margot liefen Lachtränen aus den Augen. «Das war großartig.»

Großartig? Zu gut? Was hatte ich getan? Was hatte ich gesagt?

«Ausgerechnet», japste Penny, die immer noch Mühe hatte, wieder zu Atem zu kommen.

Ich wusste nicht, ob es darum ging, dass ich es ausgerechnet zu *George* gesagt hatte, oder dass es – was immer es war – ausgerechnet aus *meinem* Mund gekommen war. So oder so schienen sie eine Art neu gefundenen Respekt für mich entwickelt zu haben, als hätten sie mich unterschätzt. Es war das erste Mal, seit ich bei der *Cosmopolitan* angefangen hatte, dass sie mir Anerkennung entgegenbrachten. Sie lachten noch immer, also stimmte ich mit ein, in der Hoffnung, unsere Verbindung zu festigen.

Bridget betrat die Küche, das Haar von einem grünen Haarreif zurückgehalten, der zu ihrem Oberteil passte. «Ist das wahr?» Ungläubig sah sie mich an. «Hast du wirklich gerade zu George gesagt, dass Helen auf eine kurze Fünfzehn gegangen ist?»

«Na ja», antwortete ich mit einer Kombination aus Schmunzeln und Schulterzucken, «das hat sie mir gesagt.»

Die anderen lachten immer noch, doch Bridget spürte die Verwirrung unter meiner unbekümmerten Miene.

«Alice.» Sie zog mich beiseite, lehnte sich zu mir und flüsterte: «Hat sie wirklich genau diese Worte zu dir gesagt?»

«Ja.»

«Du *weißt* doch, was eine *kurze Fünfzehn* ist, oder?»

Inzwischen wusste ich zumindest, dass es mir peinlich war, es nicht zu wissen. Ich war zu stolz, meine Naivität zuzugeben, also schenkte ich Bridget stattdessen eines dieser unverbindlichen Allerwelts-Lächeln, die niemanden täuschen konnten.

«Oh Alice, du hast George gerade gesagt, dass Helen das Büro verlassen hat, um ihren Mann zu vögeln.»

«Was?» Ich war mir nicht sicher, ob ich sie richtig verstanden hatte, aber bei ihrem Gesichtsausdruck wurde mir ganz flau im Magen. Mehr noch, mir wurde richtiggehend übel, und meine Wangen glühten. Wie hatte ich so dumm sein können? Unschuldig oder nicht, ich hatte Helen gerade verraten. Ja, ich wollte, dass die anderen mich mochten, aber nicht auf Helens Kosten. Und was noch schlimmer war, ich hatte den Respekt, den mir meine Worte eingebracht hatten, soeben wieder verloren. Denn ich hatte gerade bestätigt, dass ich nichts weiter war als eine Landpomeranze aus Youngstown, Ohio. Während die anderen immer noch nach Luft japsten, entschuldigte ich mich.

Zurück an meinem Schreibtisch, sah ich, dass die Morgenpost gekommen war, und ich war dankbar für die Ablenkung. Doch die Scham über das, was gerade passiert war, hielt sich hartnäckig, wie ein Lied, das man nicht aus dem Kopf bekommt.

◯

Es war fast dreizehn Uhr, als Helen von ihrer kurzen Fünfzehn zurückkam. Oder besser gesagt von dem, was Helen als kurze Fünfzehn bezeichnet hatte. Wie ich später erfuhr, bestanden solche Treffen für Helen und David Brown aus einer langen Taxifahrt, bei der Helen sich nicht um das Taxameter sorgte. Stattdessen fuhren sie so lange durch die Stadt, bis David sie beruhigt und die neueste Krise beim Magazin gelöst hatte. Aber noch hatte ich – ebenso wie alle anderen – keine Ahnung.

Diese ganze Kurze-Fünfzehn-Sache ging mir immer noch durch den Kopf, als Helen, die Hand in die Hüfte gestützt und etwas Festes und Unnachgiebiges in ihrer Haltung, neben meinem Schreibtisch stehen blieb. «Wenn die die Löcher in der Juni-Ausgabe geflickt haben wollen – schön. Ich flicke sie. Wenn die wollen, dass ich ein Magazin mit einem Minibudget produziere, tue ich das ebenfalls.»

David war fort, aber Helen war wieder da. Voll und ganz. Was auch immer ihr Mann gesagt hatte, was auch immer er mit ihr gemacht hatte, ihre kurze Fünfzehn hatte Erfolg gehabt. Sie war wieder Helen Gurley Brown.

«Alice, kommen Sie in mein Büro. Es ist Zeit, dass wir uns an die Arbeit machen.» Sie sagte, sie sei am Verhungern, und griff nach ihrer braunen Papiertüte. Sie zog zwei in Alufolie gewickelte Päckchen heraus und begann, an einer Karotte zu knabbern, während sie auf und ab marschierte. «Ich möchte ein Memo an die Belegschaft herausgeben. Wir werden den Gürtel enger schnallen. Mit sofortiger Wirkung gibt es keine Acht-Dollar-Mittagessen im *Lutèce* mehr. Wer einen Autor oder Kunden zum Lunch einladen möchte, kann für unter zwei Dollar pro Person zu *Longchamp* gehen. Und wenn jemand glaubt, einen Bewirtungsbeleg vom *Tea Room* einreichen zu müssen, möchte ich bitte wissen, für wen. Und warum.» Ich konnte die Energie, die von ihr ausging, spüren. Sie griff nach einer Selleriestange und marschierte weiter. «Es werden keine persönlichen Ferngespräche mehr aus dem Büro geführt, und wir vergüten den Leuten keine Nachttarife für spätabendliche Taxifahrten mehr. Jeder hier muss lernen, die Arbeit innerhalb der normalen Geschäftszeiten zu erledigen, oder den Heimweg aus eigener Tasche bezahlen.» Sie aß einen weiteren Karottenstick und sagte zwischen den Bissen: «Von nun an reicht jeder seine Spesenbelege bei Ihnen zur Genehmigung ein.»

Ich betrachtete die wenigen verbliebenen Karottensticks und das hart gekochte Ei, das in einem Nest aus Alufolie ruhte. «Soll ich Ihnen vielleicht ein Sandwich besorgen? Oder eine Suppe?»

«Oh, nein, nein.» Sie knabberte an ihrem letzten Karottenstick. «Das hier ist mehr als genug.»

Kein Wunder, dass sie so zierlich war. Die Frau aß nie. Schlemmen bedeutete für sie eine Extraportion Diät-Götterspeise.

Nachdem Helen ihr Memo fertig diktiert hatte, zog sie vor einem Spiegel auf ihrem Schreibtisch ihren Lippenstift nach und ratterte mit einem neuen Gefühl von Dringlichkeit eine Liste von Dingen herunter, die ich erledigen sollte.

Nachdem ich ihr Büro verlassen hatte, tippte ich das Memo, und während ich es unter den Angestellten verteilte, sammelte ich Artikel und Story-Ideen ein, die sie noch nicht gesehen hatte.

«Sie knallt wirklich mit der Peitsche, was?», sagte Margot, als sie das Memo las. «Als Nächstes berechnen sie uns auch noch die Bleistifte.»

Bridget stellte sich hinter sie, um über ihre Schulter hinweg mitzulesen.

Während die beiden das Memo analysierten, suchte ich nach verirrten Manuskripten und überbrachte der übrigen Belegschaft die schlechten Nachrichten über die Spesen. Doch als ich einen ordentlichen Stapel Artikel zusammengetragen hatte, um ihn in Helens Büro zu bringen, war George wieder dort. Und er war aufgebrachter, als ich ihn je gesehen hatte.

«Bitte», sagte er zu ihr, «ich flehe Sie an, für den Juli das zu verwenden, was wir im Haus haben. Sie brauchen Ihr gesamtes Budget auf, wenn Sie jemanden für Ihre Ideen engagieren. Wie die Dinge liegen, können Sie sich nicht mal ein oder zwei Artikel von jemandem wie Tom Wolfe oder Norman Mailer leisten, geschweige denn eine Kurzgeschichte von Capote.»

«Sie gehen davon aus, dass ich Texte eines Tom Wolfe oder eines Norman Mailer oder eines Truman Capote will», erwiderte Helen, während sie mir die Manuskripte abnahm. «Aber das tue ich nicht.»

«Na, also gut, dann vielleicht nicht gerade ausdrücklich diese Autoren. Aber Sie werden trotzdem irgendjemanden dafür bezahlen müssen, die Artikel zu schreiben. Wir hoffen einfach, dass Sie zur Vernunft kommen und nicht versuchen, irgendeine von diesen –» Er zeigte auf die Pinnwand, die mit Story-Ideen tapeziert war. *Schlafzimmerfantasien von Männern, Auch Sie können Minirock tragen, Wie Sie sich Ihren Traummann angeln.*

«Ich bin bereit, diese Artikel durchzusehen», sagte Helen, die flache Hand auf dem Stapel Manuskripte. «Aber ich werde nicht einfach irgendetwas veröffentlichen, nur weil es bereits bezahlt wurde.»

«Aber Sie müssen zweckmäßig denken. Sie –»

«George», schnitt sie ihm mit ruhiger und gemessener Stimme das Wort ab, «lassen Sie mich Ihnen etwas über Zweckmäßigkeit sagen. Damit kommt man nirgendwohin. Ich bin arm wie eine Kirchenmaus aufgewachsen. Ich habe Second-Hand-Kleidung getragen. Ich habe meine platten Reifen und mein Öl selbst gewechselt. Ich habe meine abgebrochenen Absätze mit Leim wieder zusammengeschustert. Ich habe Zeitungen vom Vortag gelesen, damit ich sie mir nicht selbst kaufen musste. Ich habe nie ein Restaurant verlassen, ohne mir die Reste einpacken zu lassen. Sie glauben ja gar nicht, wie viel ich aus einem Dollar herausholen kann. Es gibt kein Budget, mit dem ich nicht auskommen würde, und das schließt dieses hier mit ein.»

Es wurde spät. Die Reinigungskräfte waren bereits fertig, und alle anderen waren längst fort.

«Sie sollten nach Hause gehen», sagte ich zu Helen, als ich den Kopf in ihr Büro steckte. Ihre Schreibtischlampe warf einen goldenen Lichtkegel um sie herum. Ein zerbrochener Bleistift lag auf ihrer Schreibunterlage. «Vergessen Sie nicht, Sie haben morgen früh um acht Uhr ein Frühstücksmeeting. Soll ich Mr. Brown anrufen und ihm Bescheid geben, dass Sie sich auf den Weg machen?» Er hatte schon zweimal angerufen, um zu fragen, wann sie fertig wäre.

Sie schüttelte den Kopf und nahm einen letzten Zug von ihrer Zigarette, dann drückte sie sie in dem Marmoraschenbecher auf ihrem Schreibtisch aus. «Ich kann noch nicht nach Hause gehen. Ich muss herausfinden, wie ich dieses Magazin ohne Geld herausgeben kann.» Sie blickte auf und seufzte. «Ich bin zwei weitere Stapel Manuskripte durchgegangen, aber nichts ist auch nur annähernd veröffentlichbar.»

«Sind Sie sicher?»

«Hier.» Sie reichte mir einen Stapel. «Sehen Sie selbst.»

Während ich begann, einen Artikel über den Yosemite-Park zu lesen, stand Helen von ihrem Schreibtisch auf und lief mit einem neuen Stapel Blätter hinüber zu ihrem Sofa. «Richard und Dick wollen, dass ich im Juni einen Text von Isaac Bashevis Singer bringe, aber das wird der letzte von ihm sein. Er ist nicht richtig für meine Mädchen. Außerdem soll ich die Filmkritiken von Rex Reed reinnehmen, die er geschrieben hat, bevor er gefeuert wurde.»

Sie warf die Blätter beiseite und stand auf, die Arme mit verschränkten Fingern über ihren Kopf gestreckt, und lehnte sich nach links und dann nach rechts, bevor sie sich nach vorne beugte und mit den Handflächen den Boden berührte. Sie war ziemlich beweglich. Besonders für eine Frau in den Vierzigern. Sie jammerte immer noch über die Arbeit von Singer, während sie ihre Palizzio-Pumps abstreifte und anfing, auf der Stelle zu laufen. «Irgendwelche neuen Entwicklungen mit Ihrem Don Juan?»

«Entschuldigung, was?» Ihre Frage überraschte mich.

«Nun? Irgendetwas?» Sie rannte keuchend mit schwingenden Armen auf der Stelle.

«Eigentlich nicht.» Inzwischen glaubte ich, es war anmaßend von mir gewesen, zu denken, dass dieses Mittagessen mit ihm etwas zu bedeuten hatte. Manchmal blieb Erik zwar an meinem Schreibtisch stehen, um zu plaudern, doch dann wieder rauschte er ohne ein Wort, ohne einen Blick an mir vorbei. «Er verhält sich ein bisschen wechselhaft.»

«Weil er ein Don Juan ist. Wenn Sie ihn wollen, müssen Sie die Unnahbare spielen.»

«Na ja, ich will ihn eigentlich gar nicht.»

«Ach, kommen Sie schon. Mir können Sie nichts vormachen.»

«Warum wollen Sie mir helfen, ihn zu *kriegen*, wo Sie doch gesagt haben, ich sollte mich von ihm fernhalten?»

«Weil Sie, Kittycat, wie jede Frau, nicht aufhören können, an ihn zu denken. Je eher Sie ihn also rumkriegen und abhaken können, desto besser für mich.»

«Aber womöglich macht er mehr Ärger, als er wert ist.»

«Oh, das kann ich Ihnen garantieren.» Helen rannte weiter auf der Stelle und hob ihre Knie immer höher.

«Und ich bin sicher, er hat eine Million Mädchen.»

«Ich bin sicher, damit haben Sie ebenfalls recht.»

«Ich glaube, ich bin ohnehin nicht sein Typ.» Mir war schließlich aufgefallen, dass er auch an Bridgets Schreibtisch stehen blieb. «Er bevorzugt wahrscheinlich Blondinen.»

«Nun, in diesem Punkt irren Sie sich. Haben Sie denn *über-*

haupt nichts aus meinem Buch gelernt? Typ hat überhaupt nichts damit zu tun. Sogar eine graue Maus kann jeden Kerl kriegen, den sie will. Zumindest für eine Weile.» Helen hatte aufgehört zu laufen, lag nun rücklings auf dem Fußboden und machte anmutig wie eine Ballerina mit gestreckten Zehenspitzen Beinscheren. «Ich habe mir David geangelt, oder nicht? Und ich war die graueste Maus von allen. So viel kann ich Ihnen sagen – kein Mann hat sich auf den ersten Blick in mich verliebt. Ich war nicht das hübsche Mädchen, bei dem Dutzende Männer für einen Tanz Schlange standen. Aber sogar damals in der Highschool habe ich mir den beliebtesten Jungen meiner Klasse geschnappt. Und wollen Sie wissen, wie ich das gemacht habe? Ich habe meine *Mauerblümchen-Macht* genutzt. Mein Sex-Appeal hat sich an sie herangeschlichen, sobald sie sich mit mir unterhalten haben. Ich konnte praktisch jeden Mann dazu bringen, mich zu wollen.»

Sie rollte sich auf die Hüfte, um ihr oberes Bein zu heben, auf und ab, auf und ab. «Man darf einfach nicht vergessen, dass Männer ein Rätsel sind. Als Mädchen muss man es nur lösen und herausfinden, wie sie ticken. Finden Sie heraus, was diesem Erik Masterson Feuer unterm Hintern macht, und spielen Sie die Unnahbare – schon gehört er Ihnen.» Sie fuhr mit ihren Beinübungen fort, während sie sprach. «Männer sind wirklich sehr leicht herumzukriegen. Das weiß ich, weil ich David dazu gebracht habe, mich zu heiraten. Es hat mich zwar zwei Jahre und viele Tränen gekostet, aber er war es wert. Ich lebte in Los Angeles, als ich ihn kennenlernte. Das erste Mal sah ich ihn bei der Party einer Freundin. Ich bat die Gastgeberin, mich ihm vorzustellen, und sie sagte Nein.»

«Das war aber nicht sehr nett.»

«Sie hat mir damit einen großen Gefallen getan. Dafür stehe ich ewig in ihrer Schuld. Sehen Sie, David war gerade geschieden, und er war ein großer Hollywood-Produzent bei Twentieth Century. Er ging mit vielen Starlets aus, die eine Rolle in seinen Filmen haben wollten, und brauchte ein wenig Zeit, um das auszuleben. Also wartete ich und wartete. Und dann wartete ich noch etwas.» Sie brachte ihre letzten Beinübungen zu Ende und kehrte zu ihrer Position auf dem Sofa zurück, die Arme um ihre Knie geschlungen.

«In der Zwischenzeit ging ich mit mehreren Männern aus, aber die waren nur Lückenbüßer. Zwei Jahre später sah ich David dann auf einer anderen Party wieder. Ich wusste, dass er kein Interesse an einer Frau hatte, die auf sein Geld oder seine Position scharf war. Also entschied ich, ihm gleich von Anfang an zu zeigen, dass ich unabhängig und eigenständig war. Was stimmte. Ich arbeitete damals als eine der wenigen weiblichen Werbetexterinnen für eine Werbeagentur. Und ich war gut. Verflixt gut. Ich ließ David wissen, dass ich mein eigenes Geld und meine eigene Wohnung hatte. Tatsächlich weigerte ich mich bei unserer ersten Verabredung, mich von ihm abholen zu lassen. Ich bestand darauf, selbst zu fahren, weil er mich nach dem Essen zu meinem Wagen bringen würde. Ich wollte, dass er sah, dass ich einen Mercedes fuhr. Und glauben Sie mir, er *hat* es gesehen. Keines seiner Starlets hätte sich ein solches Auto leisten können. Ich choreografierte den ganzen Abend durch, und als er das Auto sah, hatte ich ihn am Haken.»

Ich war fasziniert, und gerade als ich dachte, sie würde mir mehr erzählen, griff sie nach einem Manuskript, las ein, zwei

Zeilen und sagte: «Sehen Sie? So etwas wie das hier passt einfach nicht.»

Ich warf einen Blick auf das Titelblatt. Es war ein Artikel von Tom Wolfe.

«Er ist wortreich und kompliziert um des Kompliziertseins willen», sagte sie. «Ich wünschte, diese Autoren würden aufhören, so angestrengt wie Intellektuelle klingen zu wollen. Sie sind so prätentiös. Ich möchte, dass jeder Artikel in diesem Magazin babyeinfach ist.»

Sie las noch ein paar Zeilen und legte das Manuskript dann beiseite. «Berlin denkt, er hat mich in der Zange, indem er mir das Budget kürzt, aber er hat keine Ahnung, mit wem er es zu tun hat. Wenn es sein muss, schreibe ich meine verdammten Artikel selbst. Und ich habe eine Kamera – ich mache auch meine verdammten Fotos selbst.» Sie griff nach einer Zigarette, und während sie sie anzündete, hatten die Rädchen in meinem Kopf bereits angefangen, sich zu drehen.

KAPITEL 9

Ein leichter Frühlingsregen, wie feiner Sprühnebel, hing in der Luft, als ich an diesem Abend die Arbeit verließ. Die Tage wurden allmählich länger – nicht, dass ich das bemerkt hätte. Ich konnte mich nicht erinnern, wann ich zum letzten Mal das Büro bei Tageslicht verlassen hatte. Der einzige Beweis für den Wechsel der Jahreszeiten waren die steigenden Temperaturen und die Tatsache, dass ich meinen Regenmantel offen gelassen hatte, als ich aus der U-Bahn stieg.

Ich überquerte die 72nd Street, und während ich die Second Avenue entlangging, zerbrach ich mir den Kopf darüber, wie ich Helen am besten auf meine Fotografie ansprechen konnte. Ich hatte am Tag zuvor gerade einen neuen Film entwickeln lassen – hauptsächlich zufällige Schnappschüsse, die ich in der U-Bahn oder auf meinen Streifzügen gemacht hatte, aber es waren die besten Fotos, die ich je gemacht hatte.

Die Stadt hatte meine Herangehensweise an ein Foto verändert. Früher hatte ich mir über jede Aufnahme den Kopf zerbrochen: Winkel, Bildschärfe und Belichtungszeit. Ich hatte darauf gewartet, dass alles perfekt war, bevor ich auf den Auslöser drückte. Aber New York war zu schnell. Es gab so viel zu sehen, und wenn man einen Moment nicht sofort einfing, verpasste man ihn. Ehrliche, ungestellte Aufnahmen faszinierten mich immer mehr. Für mich fingen sie den unerwarteten Zauber der Stadt ein, und nun dokumentierte ich New York, genau wie meine Mutter mein Heranwachsen dokumentiert hatte.

Als ich nach Hause kam, stellte ich meine Handtasche ab, schlüpfte aus meinem Mantel und warf ihn nachlässig über die Sofalehne. Ich war ohnehin bereits dabei, mein Portfolio neu zu gestalten, da ich jedes Mal zusammenzuckte, wenn ich an meine früheren Fotos dachte, und mich schämte, sie überhaupt je Elaine Sloan oder irgendjemandem gezeigt zu haben. Ich suchte alle Fotos zusammen und breitete sie auf dem Fußboden um mich herum aus, dabei sortierte ich Dutzende davon sofort aus. Dann nahm ich die anderen genau unter die Lupe und dachte über die Reihenfolge nach, in der ich sie anordnen wollte. Es war fast zwei Uhr morgens, als ich das letzte Foto auf das dicke schwarze Tonpapier klebte, das ich mir wenige Tage zuvor gegönnt hatte.

Am nächsten Morgen brachte ich mein Portfolio mit zur Arbeit und legte es zusammen mit meinem Mittagessen und meiner Handtasche vorsichtig in die untere Schublade meines Schreibtischs. Ich wollte es Helen sofort zeigen, aber als sie von ihrem Frühstücksmeeting kam und mich in ihr Büro rief, war ich doch zu schüchtern.

Ich hatte sie mit Kaffee und Zeitungen versorgt, wir waren ihren Terminkalender durchgegangen. Nun schwiegen wir. Es war die perfekte Gelegenheit, doch ich fand nicht die richtigen Worte, um das Thema anzusprechen. Der Tag drängte weiter, während das Portfolio an meiner Aufmerksamkeit zerrte wie ein Kind am Ärmel seiner Mutter.

Um halb acht hatte sich das Büro geleert. Nur noch Helen und ich waren da. Jetzt oder nie. Ich hielt mein Portfolio behutsam in Händen und klopfte an ihre Tür. «Hätten Sie eine Minute Zeit?»

«Kommen Sie rein.» Sie lächelte mit schweren Lidern. Im Licht ihrer Schreibtischlampe konnte ich die dunklen Ringe erkennen, die unter ihrem dicken Make-up lauerten. Sie hatte ihren roten Stift gezückt und überarbeitete ein Manuskript.

Doch wie sollte ich anfangen? Ich stand vor ihrem Schreibtisch und starrte auf die Mappe in meinen Händen, wagte es kaum aufzublicken.

«Ach herrje.» Sie legte den Stift nieder, die braunen Augen groß vor Sorge. «Ist etwas nicht in Ordnung?»

«Nein, nein.» Ich schenkte ihr ein schwaches Lächeln. «Wissen Sie noch, dass Sie gestern davon gesprochen haben, Ihre Fotos für das Magazin selbst zu machen?»

«Ach, das.» Sie lächelte erleichtert. Vermutlich hatte sie gedacht, ich würde kündigen.

«Nun, ich wollte Sie wissen lassen, dass ich Ihnen dabei helfen kann. Ich kann die Fotos für Sie machen.»

«Alice.» Sie neigte den Kopf zur Seite. «Das war doch nur ein Witz. Ich muss nur ein paar Autoren und Fotografen finden, die bereit sind, für einen Hungerlohn zu arbeiten.»

«Aber ich meine es ernst. Ich mache ständig Fotos. Und ich bin gut. Und Sie würden mich nicht mal dafür bezahlen müssen. Keinen Penny.» Ich wusste, dass ich zu schnell redete.

«Das ist sehr lieb von Ihnen.» Sie lachte, während sie ihren Stift wieder aufnahm und ihr Blick zum Manuskript zurückkehrte.

«Lassen Sie mich Ihnen wenigstens ein paar meiner Bilder

zeigen», sagte ich und hielt ihr mein Portfolio hin. «Das hier sind meine Fotos.» Ich legte meine Mappe auf den Schreibtisch. «Ich habe sie gemacht.»

Sie tat mir den Gefallen und schlug die Mappe auf, sah sich jedes Foto an. Dann klappte sie den Deckel wieder zu. «Ach, Kittycat, ich kann sehen, dass Sie mit sehr viel Leidenschaft dabei sind, aber ich kann Sie keine Fotos machen lassen. Sie sind als meine Sekretärin viel wertvoller für mich.» Sie griff nach dem Stapel Papiere und widmete sich wieder dem Lesen ihrer Manuskripte.

Damit war das Thema abgeschlossen. Die Möglichkeit, für die *Cosmopolitan* zu fotografieren, war ebenso schnell wieder erloschen, wie sie aufgeflackert war. Mit brennendem Gesicht nahm ich mein Portfolio wieder an mich. Ich kam mir töricht vor. Helen hatte aus Höflichkeit einen Blick auf meine Fotos geworfen. Doch sie waren eindeutig nicht so gut, wie ich gedacht hatte. Vielleicht machte ich mir selbst etwas vor, wenn ich glaubte, ich könnte das alles schaffen. Vielleicht würde die Fotografie nie mehr als ein Hobby für mich sein, wie bei meiner Mutter. Im Moment wusste ich nur, dass ich mich nicht noch einmal blamieren würde, indem ich diese Fotos irgendjemandem zeigte.

Das Portfolio an meine Brust gedrückt, fragte ich sie, ob sie noch irgendetwas brauchte.

«Nein, danke. Ich muss nur noch die letzten Manuskripte lesen.»

Ich hatte immer ein schlechtes Gewissen, wenn ich vor Helen ging, sogar nachdem sie meine Hoffnungen, für das Magazin zu fotografieren, zerschlagen hatte. Aber ich schämte mich und konnte es nicht erwarten, hier rauszukommen.

Rasch wünschte ich ihr einen guten Abend, bevor ich mir meine Handtasche schnappte und das Portfolio in den Papierkorb unter meinem Schreibtisch warf.

◯◯

Als ich in den Aufzug stieg, wusste ich, dass es richtig gewesen war, mein Portfolio wegzuwerfen. Ich durfte diese Fotos niemandem mehr zeigen. Aber ich würde nicht aufgeben. Ich musste einfach besser werden. Und wenn das bedeutete, einen Fotografiekurs zu belegen, dann würde ich es tun.

Die Aufzugstüren öffneten sich, und als ich hinaus in die Lobby trat, kam Erik Masterson durch die Drehtür. «Oh, gut, dass Sie noch hier sind», sagte er. «Ich wollte Sie gerade auf einen Drink und einen Happen zu essen abholen.»

Ich war lächerlich froh, ihn zu sehen. Nach diesem Tag klangen Dinner und Drinks mit Erik nach einer willkommenen Ablenkung. Allerdings gefiel es mir nicht, dass er einfach annahm, ich hätte Zeit. «Tut mir leid», sagte ich. «Heute Abend kann ich nicht. Ich bin ohnehin schon spät dran.»

«Wofür?»

Ich war keine gute Lügnerin und mir fiel spontan nichts ein, also antwortete ich nur: «Wir werden das auf ein andermal verschieben müssen.»

«Ach, kommen Sie schon, sagen Sie Ihre Pläne ab.» Die Lobby war um diese Zeit leer, und unsere Stimmen hallten von den Marmorwänden und der Decke wider.

«Und was, wenn ich keine Lust habe?» Ich erinnerte mich an Helens Rat, die Unnahbare zu geben, und lächelte.

«Alice.» Er setzte eine gespielt schmollende Miene auf und

strich mir eine Haarsträhne von der Wange. «Sie machen es mir wirklich schwer.»

Mein Gesicht war warm von seiner Berührung. «Vielleicht hätten Sie mit Ihrer Einladung nicht bis zur letzten Minute warten sollen.» Ich hob das Kinn und sah ihm direkt in die Augen. Sofort wusste ich, dass das ein Fehler war, denn jetzt hielt er mich mit seinem Blick fest. Mein Herzschlag beschleunigte sich. Ich konnte mich nicht abwenden.

In diesem Moment trat er vor. Er fasste mich an den Schultern, zog mich eng an sich und drückte mir einen langen, tiefen Kuss auf den Mund. Seine Lippen waren weich, geübt. Er wusste genau, was er mit mir machte, zog mich noch enger an sich, und ich ertappte mich dabei, dass ich seinen Kuss erwiderte. Es war so lange her – ich hatte vergessen, wie viel Spaß Küssen machte, und hier war ich in den Händen eines Meisters, eines wahren Champions.

«Es tut mir leid», sagte er, obwohl es ihm eindeutig überhaupt nicht leidtat. «Aber ich bin ungeduldig, und ich wollte das schon machen, seit ich Sie zum ersten Mal gesehen habe.» Ich war benommen und stolperte, als er seinen Arm um meine Taille legte und mich sanft zur Tür hinausdrängte.

Erik brachte mich zu einem überfüllten Restaurant ein paar Blocks entfernt. Es hatte nicht den Glanz oder Glamour des *La Grenouille* oder des *Russian Tea Room*, aber es war trotzdem sehr New-York-typisch, mit den Schwaden aus Zigarettenrauch und dem Duft teurer Parfüms.

Wir hatten unsere ersten Drinks halb ausgetrunken, bevor an der Bar ein Platz frei wurde. Erik behielt den Raum mit einem Auge im Blick, während wir uns unterhielten und Shrimps und schwedische Fleischbällchen naschten.

«Sie waren heute Abend lange im Büro», sagte er. «Woran haben Sie so spät noch gearbeitet?»

«Nichts da. Darauf falle ich nicht rein.»

«Worauf?»

«Sie wissen, worauf. Ich werde Ihnen nicht sagen, was Helen vorhat.»

«Ich schwöre, das war nicht meine Intention.»

«Sicher.» Ich griff nach meinem Martini und trank einen Schluck.

«Sagen Sie mir nur eins – stimmt es, dass Helen das Büro gestern für eine kurze Fünfzehn verlassen hat?»

«Mein Gott.» Ich stellte mein Glas so hart ab, dass der Gin hin und her schwappte. «Woher haben Sie das nun schon wieder? Rennt George Walsh sofort mit jeder Kleinigkeit zu Hearst? Was für ein Idiot.»

«Aber ist es wahr? Haben Sie das wirklich zu ihm gesagt?»

Ich stöhnte und nickte verlegen, während er in Gelächter ausbrach.

Es wurde schon spät, und ich hatte zwei Martinis auf leeren Magen getrunken, wenn man von der kleinen Portion Shrimps und Fleischklößchen absah. Erik machte Anstalten, eine weitere Runde zu bestellen.

«Nicht für mich», sagte ich und schob mein Glas beiseite, um nach meiner Jacke zu suchen.

«Sie wollen doch nicht etwa schon gehen?» Er wandte sich um, sodass ein Lichtstrahl im Spiegel hinter der Bar sein attraktives Gesicht einrahmte. Seine pure Schönheit brachte mich aus der Fassung, und dieser Kuss in der Lobby regte sich immer noch in mir. Ich konnte nur noch daran denken, ihn erneut zu küssen.

«Sie dürfen mich nicht ein drittes Mal sitzen lassen», sagte er.

«Dann sollten Sie vielleicht mitkommen.»

Er bezahlte die Rechnung, und zwanzig Minuten später hatte er mich gegen den Eingang der Metzgerei unter meiner Wohnung gedrückt.

«Lass mich mit hochkommen», sagte er an meinen Lippen.

Ich wollte Ja sagen, aber zum Glück besann ich mich eines Besseren. «Nicht heute Abend.»

«Warum nicht?»

«Morgen ist Schule», antwortete ich neckend.

Er war ziemlich forsch, und obwohl ich ihn ebenfalls wollte, hatte ich Angst. Was, wenn ich nicht modern genug war, um mit einem Mann zu schlafen, den ich nicht liebte? Außerdem wollte ich nicht so leicht zu haben sein. Wenn er mich rumkriegen wollte, sollte er sich wenigstens richtig ins Zeug legen. Wir küssten uns weitere fünfzehn Minuten. Meine Entschlossenheit wurde schwächer, ich war kurz davor, nachzugeben. Doch da zog er sich zurück und sagte Gute Nacht.

Meine Lippen kribbelten immer noch, mein Körper pulsierte. Ich sah ihm nach, wie er den Bürgersteig entlangging, die Hand lässig erhoben, um ein Taxi herbeizuwinken.

Als ich meine Wohnung aufschloss, fühlte ich mich benommen. So benommen, dass ich im Unterkleid ins Bett kroch. Während ich in den Schlaf dämmerte, dachte ich an Erik und seine Küsse. Meine Vernunft hatte die Verbindung zu meinem Verstand verloren. Vielleicht, nur vielleicht, konnte ich es wirklich tun. Vielleicht konnte ich zum puren Vergnügen mit ihm schlafen. Ohne Erwartungen. Ohne komplizierte Verwicklungen.

Ich fühlte mich himmelhochjauchzend, bis ich an meine Fotografie dachte und erkannte, dass der harte Boden der Realität und der Himmel kaum weiter voneinander entfernt sein konnten. Bis irgendjemand meine Arbeit ernst nahm, hatte ich noch ein ziemliches Stück zu klettern.

KAPITEL 10

Am nächsten Morgen schaffte ich es trotz Kater um Viertel vor acht zur Arbeit. Mein Schädel pochte, mir war flau im Magen und selbst meine Knochen fühlten sich ausgetrocknet an. Ich ließ meine Handtasche in die unterste Schublade fallen, und als ich mich auf den Weg den Flur hinunter machte, um mir Kaffee zu holen, bemerkte ich, dass Helen bereits da war. Das war nicht weiter überraschend. Egal, wie früh ich anfing, Helen war immer schon da. An diesem Morgen war sie zwar nicht in ihrem Büro, aber die Kaffeetasse auf ihrem Schreibtisch war frisch geküsst von ihrem Lippenstift, und ein halbes Dutzend ausgedrückte Zigarettenkippen lagen in ihrem Aschenbecher. Sie kam als Erstes und ging als Letztes. Sie arbeitete länger und härter als jeder andere, und ich fragte mich, wann oder ob sie überhaupt je schlief.

Nachdem Berlin und seine Jungs vor ein paar Tagen die Budget-Bombe hatten platzen lassen, hatte Helen entschieden, dass sie ihr eigenes Team an Textern und Fotografen finden musste. Während ich mit Erik geknutscht hatte, hatte Helen einen Plan geschmiedet. Auf meinem Schreibtisch fand ich einen Stapel Zeitungs- und Magazin-Ausschnitte, an die mit einer Büroklammer eine handgeschriebene Notiz geheftet war: *Liebe A – Seien Sie ein Schatz und versuchen Sie, diese Autoren ausfindig zu machen. Sagen Sie ihnen, ich würde mich gerne mit ihnen treffen.*

Ich blätterte die Ausschnitte durch und sah mir die Verfasserangaben an, die mit Helens blauem Stift eingekreist waren. Mir sagte keiner der Namen etwas, aber genau darum ging es. Das hier waren unbekannte Autoren, die billiger waren.

Später an diesem Tag wartete sie mit einem zweiten Stapel mit Fotos und Illustrationen und einer ähnlichen Notiz auf, in der sie mich bat, auch diese Leute ausfindig zu machen. Doch diesmal tat es weh. Diese Anrufe bei Fotografen fielen mir schwerer. Es fühlte sich an, als würden sie mir die Chance auf eine einmalige Gelegenheit nehmen. Bei jeder Nummer sagte ich mir, dass es nicht ihre Schuld war. Nicht einmal die von Helen. Ob es mir gefiel oder nicht, ich war keine Fotografin. Jedenfalls noch nicht. Ich war eine Sekretärin.

Um acht Uhr am folgenden Montagmorgen war die Lobby voller Freiberufler. Manche hatten Arbeitsproben in braunen Umschlägen dabei, andere hatten hübsche schwarze Mappen mitgebracht, die ringsherum mit einem Reißverschluss geschlossen wurden. Es führte mir vor Augen, wie schäbig meine kleine Mappe aus Pappkarton gewesen war. Wen wunderte es da, dass Helen mir keine Chance gegeben hatte. Ich würde für ein Leder-Portfolio sparen müssen.

Bridget trat aus dem Aufzug und bahnte sich ihren Weg durch die Lobby. «Was ist denn hier los?»

«Helen führt Bewerbungsgespräche mit Freiberuflern.»

«Aha.» Sie reckte ihren Kopf wie ein Schwan und ließ den

Blick durch den Raum schweifen. Dann hielt sie inne und griff nach meinem Arm. «Wer ist das?»

«Wer ist wer?», fragte ich, während ich die Liste mit Namen auf meinem Klemmbrett überflog.

Sie stupste mich an und deutete mit dem Kinn zu einem Mann, den ich nicht hatte hereinkommen sehen.

«Keine Ahnung.»

Er hatte mir den Rücken zugewandt. Ich konnte lediglich sehen, dass er groß war und seine dunklen, zerzausten Haare ihm bis auf den Kragen seines Hemds reichten. Er trug ein weißes Anzughemd zu Denimjeans und Stiefeln statt zu Anzug und Krawatte. Er stand etwas abseits, hielt ein großes, schwarzes Portfolio und hatte eine Nikon-Kamera an ihrem Riemen über seine Schulter geschlungen.

Als spürte er, dass er beobachtet wurde, drehte sich der Mann um, und tatsächlich kannte ich ihn doch. Die wohlgeformte Nase und das kantige Kinn, die dunklen Augen. Es war Christopher Mack. Sein Name war nicht auf der Liste von Fotografen gewesen, die ich hatte anrufen sollen. Er lächelte und legte leicht den Kopf zur Seite. Eine subtile Geste, doch Bridget entging sie nicht.

«*Und ob* du ihn kennst.» Sie zog ihre Jacke aus, und ein figurbetontes Etuikleid kam darunter zum Vorschein. «Wer ist das? Findest du auch, er sieht aus wie George?»

«George Walsh? Bist du verrückt?»

«Nein.» Sie lachte. «George Harrison. Der Beatle.»

«Oh. Das sind die Haare», sagte ich und wandte mich wieder meinem Klemmbrett zu.

«Jetzt steh doch nicht einfach nur so da. Stell mich ihm vor.»

Also ging ich mit Bridget hinüber, um die beiden miteinander bekannt zu machen. «Christopher, hi. Ich weiß nicht, ob Sie sich an mich erinnern, aber –»

«Alice. Natürlich. Ich hatte gehofft, dass ich Sie hier sehe.» Er schüttelte mir die Hand und warf leicht den Kopf zurück, um die Haare aus den Augen zu bekommen, die jedoch sofort wieder zurückfielen.

Bridget räusperte sich, als hätte ich sie vergessen. «Oh, und das hier ist Bridget.»

Sie lächelte, streckte die Hand aus, um seine zu schütteln und einen Augenblick zu lange festzuhalten.

«Elaine hat gestern mit David Brown gesprochen», erklärte er. Bridget hielt immer noch seine Hand fest. «Er hat Elaine erzählt, dass Helen Leute sucht.»

«Ich sehe, Sie sind Fotograf», sagte Bridget, die nun spielerisch am Riemen seiner Kamera zupfte.

Er lächelte, dann wandte er sich wieder mir zu. «Ich hoffe, es ist okay, dass ich einfach so hier auftauche. Elaine hat vorgeschlagen, Helen mein Portfolio zu zeigen.»

«Na ja», sagte ich mit einem Blick auf mein Klemmbrett. «Helens Terminplan ist ziemlich voll, aber ich kann versuchen, Sie reinzuquetschen.»

«Ich müsste ohnehin in einer halben Stunde uptown sein. Wenn es okay für Sie ist, kann ich mein Portfolio einfach hierlassen, und sie kann es sich ansehen, wann immer sie Gelegenheit dazu hat.»

«Das wäre wohl am besten, wenn Sie –»

«Wenn Sie erlauben.» Bridget nahm ihm die Mappe ab, mit mehr Körperkontakt, als notwendig gewesen wäre. «Ich bringe es ihr, Ali.» Sie machte ein paar Schritte, blieb stehen und warf einen kecken Blick über ihre Schulter zurück. «War nett, Sie kennenzulernen, Christopher.»

Er nickte ihr zu, als wäre er immun gegen ihr schamloses Flirten. Wahrscheinlich war er daran gewöhnt. «Für den Fall, dass Helen mich kontaktieren möchte», sagte er, «meine Telefonnummer steht hinten in meinem Portfolio.» Mit den Fingerknöcheln klopfte er auf mein Klemmbrett. «War schön, Sie wiederzusehen, Alice.» Er drehte sich um und ging zur Tür hinaus, während weitere Bewerber hereinkamen.

Ich machte mich wieder daran, die Leute aufzunehmen. Meine Aufgabe war es, Ankunftszeiten zu bestätigen und Namen und Telefonnummern zu notieren, bevor ich die Fotografen und Illustratoren in den Konferenzraum führte, wo sie zuerst Tony La Sala treffen würden. Helen hatte ihm die Aufgabe übertragen, die Portfolios durchzusehen und eine Vorauswahl zu treffen. Nur die Autoren empfing sie alle selbst. Ich glaube, sie vertraute nicht darauf, dass irgendjemand verstand, wonach sie suchte. Bisher hakte sie die Bewerber mit halsbrecherischer Geschwindigkeit ab. Autoren verließen ihr Büro ebenso schnell wieder, wie ich sie anmeldete.

Irgendwann bahnte ich mir meinen Weg hinüber zu einer jungen freiberuflichen Reporterin der *New York Post* namens Nora Ephron. Sie hatte dichtes dunkles Haar, so dick, dass ihre Frisur ebenso breit wie hoch wirkte.

«Wow», sagte sie mit einem strahlenden Zahnpastalächeln zu mir, «jetzt weiß ich, warum ich heute Morgen in der U-Bahn einen Sitzplatz bekommen habe. Hier ist ja ganz Manhattan versammelt. Gibt es hier etwas umsonst?»

Eine zierliche Blondine lehnte sich zu uns und sagte: «So ein Vorsprechen hat es nicht mehr gegeben, seit das Winter

Garden Theatre für *Funny Girl* gecastet hat.» Die kleine Blondine war Judith Krantz, in deren Mappe sich Ausschnitte aus dem *Ladies' Home Journal* und dem *McCall's* befanden.

Ein paar Stunden später, nachdem sich der Tumult in der Lobby gelegt hatte und die unerwünschten Bewerber fortgeschickt worden waren, saß Helen hinter geschlossenen Türen zusammen mit Nora, Judith und einer dritten Autorin namens Lyn Tornabene.

Ich war wieder an meinem Schreibtisch, als Bridget mit Christophers Portfolio herüberkam. «Ich glaube, er hat eine Freundin.» Mit finsterer Miene lehnte sie die Mappe an die Seite meines Schreibtischs.

«Und wie kommst du darauf?», fragte ich, während ich die Mappe hochhievte, den Reißverschluss öffnete und sie auf meinem Schreibtisch aufklappte.

«Hinten sind eine Menge Fotos – alle von demselben Model.»

«Hmmm.»

«Schade», sagte sie. «Er ist wirklich sexy.»

Nachdem Bridget zu ihrem Schreibtisch zurückgekehrt war, sah ich mir Christophers Portfolio an. Jedes übergroße Blatt steckte in einer durchsichtigen Plastikhülle, die die Fotos schützte und die Reflexionen der Deckenlampen einfing. Die ersten paar Seiten waren Produktaufnahmen und Printanzeigen gewidmet. Hauptsächlich hochwertige Luxusprodukte: ein Hermès-Schal, ein Gucci-Gürtel, zweifarbige City-Club-Schuhe und eine Sonnenbrille von Chanel. Es folgten ein paar Porträtaufnahmen von Autoren, allerdings erkannte ich niemanden.

Die Fotos waren klar und schön zusammengestellt, aber

erst die Bilder am Ende stellten sein Talent wirklich zur Schau. Seite um Seite zeigte eine schöne, sinnliche Frau, von der Brust aufwärts nackt, die Brüste strategisch mit den Händen verdeckt, Licht schimmernd auf ihren Schultern. Christopher hatte diesem einen Model mindestens die Hälfte seines Portfolios gewidmet.

Deswegen nahm Bridget also an, dass es seine Freundin war. Ich blätterte vorsichtig die Seiten um und studierte seine Fotografien. Alle Bilder waren schwarz-weiß, beeindruckend und kunstvoll. Er hatte das Licht auf eine Weise eingefangen, dass es den Anschein hatte, als bewege es sich auf Gesicht und Schultern des Models. Christopher Macks Fotos hatten Tiefe. Sie waren lebendig. Und ich wollte seine Geheimnisse kennen, seine Tricks. Ich hätte alles dafür gegeben, diese Art von Fotos zu machen.

Ich war sicher, Helen würde ebenso beeindruckt sein wie ich. Tony La Sala war es jedenfalls. Und vermutlich hätte ich recht behalten, hätte sie nicht die letzten vier Tage ununterbrochen Bewerbungsgespräche geführt. Doch als sie schließlich zu Christophers Portfolio kam, war ihr Blick glasig. Sie klappte seine Mappe zu und schob sie über den Schreibtisch zu mir.

«Nun?», fragte ich, während ich den Reißverschluss zuzog.

«Finden Sie nicht, dass wir erst einmal genug haben?», erwiderte sie. «Ich jedenfalls schon. Aber er hat etwas. Behalten Sie ihn bei den Akten. Für den Fall, dass sich etwas ergibt.»

An diesem Freitagnachmittag traf ich Christopher in der Lobby. Er kam, um sein Portfolio abzuholen, und trug eine dunkle Hose und einen Zopfmusterpullover. Sein Haar war vom Wind zerzaust, die Wangen rosig von der frischen Luft draußen.

«Es tut mir leid», sagte ich, als ich ihm seine Mappe reichte. «Sie meinte, falls sich etwas ergibt, wird sie Sie anrufen.»

«Das ist okay. Ich bin sowieso für die nächsten drei Wochen völlig ausgebucht.» Er lächelte, und ich bemerkte, dass einer seiner Eckzähne leicht vorstand. Es war das einzig Unperfekte, das ich an ihm finden konnte.

«Elaine hat mir erzählt, dass Sie auch eine Fotografin sind», sagte er.

«*Angehende* Fotografin», korrigierte ich ihn. Obwohl ich nichts lieber wollte, als mich mit ihm über Fotografie zu unterhalten, fühlte ich mich unsicher, über meine eigene Arbeit zu sprechen.

«Falls Sie Interesse haben», sagte er, «Elaine hat mich gebeten, Sie unter meine Fittiche zu nehmen, Ihnen eine Einführung zu geben.»

«Wirklich?»

«Hätten Sie Lust, dieses Wochenende zu einem meiner Shootings mitzukommen?»

«Ist das Ihr Ernst? Ja!», antwortete ich ein bisschen übereifrig.

«Es sind nur ein paar Porträtaufnahmen.» Er wollte offensichtlich meine Begeisterung bremsen. «Es ist nichts Besonderes, aber Sie sind herzlich willkommen. Wenn Sie wollen.»

«Ja», sagte ich erneut, diesmal mit ein bisschen mehr Selbstbeherrschung. «Liebend gern.»

«Na gut.» Er nickte. «Also, morgen Vormittag. Wir fangen

gegen zehn Uhr an. Es ist ein Außenshooting im Central Park bei der Bow Bridge.»

⓪

Nur fünf Minuten später kamen Nora, Judith, Lyn und ein paar andere zu einer Redaktionsbesprechung. Ich sollte Protokoll führen. Obwohl sie einen leeren Konferenzraum zur Verfügung hatte, wollte Helen die Besprechung in ihrem Büro abhalten.

Sie stand in der Tür, breitete die Arme aus und sagte: «Herzlich willkommen. Treten Sie in meinen Salon.» Und in der Tat fühlte es sich mehr wie ein Salon an als wie das Büro einer Führungskraft. Sie schien jeden Tag irgendeinen neuen dekorativen Schnickschnack mitzubringen. In dem Monat, seit sie hier war, hatte Helen den Raum mit einer Menagerie aus Plüschtieren, Duftkerzen und noch mehr Accessoires in Leopardenmuster vollgestopft. Sie setzte sich in ihren winzigen Sessel, streifte die Roger-Vivier-Pumps mit den kupferfarbenen Pilgerschnallen ab und zog die bestrumpften Füße unter sich. In den Armen hielt sie ein besticktes Kissen, auf dem stand: *Ich streite nicht, ich erkläre nur, warum ich recht habe.* Bill Guy, George Walsh und ihre Neueinstellung Walter Meade waren die einzigen Männer in dem Meeting. Es war Walters erster Tag, und jede Frau im Raum fühlte sich von seinen dichten, gewellten dunklen Haaren, seinen Grübchen und dem perfekten Lächeln angezogen. Sie würden alle mächtig enttäuscht sein, wenn sie herausfanden, dass er homosexuell war. Denn diesbezüglich war Walter weder verlegen noch zaghaft. Er war, wer er war.

Nachdem Helen allen ihre Neuentdeckungen Walter, Nora, Judith und Lyn vorgestellt hatte, kam sie zum Wesentlichen und begann, mit einem solchen Schnellfeuer an Story-Ideen um sich zu werfen, dass sogar ich mit meinen Stenografie-Kenntnissen Mühe hatte mitzuhalten.

«Wir brauchen ein paar wirklich packende Teaser für das Cover», sagte sie. «So etwas wie: *Wann es okay ist, mit dem Ex der Freundin zu schlafen.*»

Ich zuckte innerlich zusammen und sah mich im Raum um. Wenn Helen traf, dann mitten ins Schwarze, und wenn sie danebenlag, dann meilenweit.

«Wann ist es *je* okay, mit dem Ex der Freundin zu schlafen?», fragte Nora.

«Oh», erwiderte Helen mit einem augenzwinkernden Lächeln. «Ich bin sicher, da fallen uns ein paar mildernde Umstände ein. Oder wie wäre es mit *Zehn sichere Wege zu einem zweiten Date*?» Und bevor irgendjemand sie bat, das auszuführen, sagte sie: «Oder machen wir daraus *Zehn Wege, wie er verrückt nach Ihnen wird.* Sie sehen, was ich meine.»

«Ehrlich gesagt» – George klopfte seine Zigarette im Aschenbecher ab – «frage ich mich, warum die Autorinnen überhaupt anwesend sind. Die Redakteure lassen sich schließlich die Ideen für die Artikel einfallen, und Sie teilen sie dann zu. Nicht andersherum.»

«Aber so macht es viel mehr Spaß», wies Helen ihn ab wie eine lästige Mücke, während sie an ihrem Kaffee nippte. «Also, sagen Sie mir, was Sie alle denken! Ich brenne darauf, all Ihre Ideen zu hören.»

George blickte finster drein, und seine Wangen färbten sich dunkel.

«Ich für meinen Teil», sagte Nora, «würde gern einen spielerischen Seitenhieb gegen die Park-Avenue-Society schreiben. Sie wissen schon, die Ladys, die in ihren Hundert-Dollar-Chanel-Kostümen zum Lunch gehen. Wir Normalsterblichen sind fasziniert von ihnen.»

Oh, diese Idee gefiel Helen. «Alice, schreiben Sie das auch alles mit?»

Ich versicherte es ihr und kritzelte jedes kleinste Detail von Noras Plan nieder, die Vanderbilts und Rockefellers und den Rest des Manhattan-Adels satirisch darzustellen.

George saß abseits, rutschte unruhig auf seinem Stuhl herum und überkreuzte immer wieder die Arme und dann seine Beine. Er rauchte zwei Zigaretten unmittelbar hintereinander, und nachdem Helen *Wann man einen Orgasmus vortäuschen sollte* und *Wie man sein Betthäschen wird* in den Raum geworfen hatte, konnte er sich nicht länger zurückhalten.

«Dürfte ich etwas Substanzielleres vorschlagen?»

«Aber George, was könnte denn wohl substanzieller für meine Mädchen sein, als zu lernen, wie man einen Mann dahinschmelzen lässt? Sie können mir nicht erzählen, Ihrer Frau geht es da anders.»

Walter Meade, Nora, Judith und Lyn brachen in Gelächter aus. Endlich hatte Helen ein paar Leute auf ihrer Seite, und ich spürte, wie die alte Garde weich wurde. Sogar Liz Smith und Bobbie Ashley stimmten in das Gelächter mit ein.

«Also gut», versuchte George sie zu übertönen. «Wie wäre es mit etwas Würdevollerem?»

«Sie meinen, mit etwas Spießigem.» Helen lächelte kaum merklich mit zusammengebissenen Zähnen. «Seien Sie nicht so ein Langweiler, George.»

Bill Guy, der während des ganzen Meetings keine zwei Worte gesagt hatte, machte endlich den Mund auf. «Ich nehme an, Sie haben noch keinen Gedanken an die Bücherrubrik verschwendet, nicht wahr, Helen?» Da George der leitende Redakteur war, hatte Bill Georges alte Rolle als Buchkritiker übernommen. «Ich hatte gehofft, einen Artikel über die neue Biografie von Prinz Aly Khan zu schreiben, die demnächst herauskommt.»

«Ooh.» Helens Augen leuchteten auf. «Also das ist schick!»

«Gefällt mir», meinte Walter.

«Mir auch», sagte Helen. «Prinz Aly Khan hat mit halb Hollywood geschlafen. Und zwar vor, *während* und nach seiner Ehe mit Rita Hayworth. Oh, ich liebe es. Ja, das ist perfekt, Bill. Einfach perfekt. Sehen Sie, genau davon rede ich. Wir nennen es *Der größte Liebhaber der Welt*.»

«Äh, nein, Helen.» Bill schüttelte so vehement den Kopf, dass seine Wangen schlackerten. «Das war ganz und gar nicht, was ich vorschlagen wollte.»

«Ich weiß, aber es ist ein wirklich packender Aufmacher, meinen Sie nicht? Denken Sie daran, Bill, Aufmerksamkeit ist alles.»

KAPITEL 11

Es war zu Trudys und meiner Routine geworden, am Samstagmorgen im Lexington Candy Shop zu frühstücken. Danach ging Trudy zur Arbeit bei Bergdorf's und ich zum Waschsalon, zum Lebensmittelladen, oder andere Besorgungen erledigen. Aber an diesem Tag würde ich mich zu einem Fotoshooting mit Christopher Mack aufmachen. Bei reichlich Kaffee und zwei Frühstücks-Specials zeichnete Trudy eine Karte des Central Parks auf ihre Serviette, mit Pfeilen und Wegbeschreibungen zur Bow Bridge.

Nachdem wir uns getrennt hatten, folgte ich ihren Anweisungen und betrat den Park an der 74th Street. Es war sonnig, wenn auch windig. Die Zweige der Bäume raschelten, die zarten Knospen strebten danach, sich zu öffnen. Ich vergrub die Hände in den Taschen, um mich warm zu halten, und ging nach Westen am Bethesda Fountain vorbei, bis die Bow Bridge in Sicht kam. Es war eine kunstvoll verzierte Brücke aus Gusseisen, die sich zwanzig Meter breit über den See erstreckte. Ich wollte auf jeden Fall im Sommer wieder herkommen, wenn alle Bäume und Blumen ringsum blühten.

Am gegenüberliegenden Ende der Brücke entdeckte ich Christopher in einer verwaschenen Jeans und einer marineblauen Cabanjacke. Eine Sonnenbrille verdeckte seine dunklen Augen, und neben ihm stand eine Frau, in der Hand einen Pappbecher mit Kaffee. Als ich näher kam, sah er mich und winkte mich zu ihm. Und jetzt fiel mir auf, dass die Frau das Model aus seinem Portfolio war.

«Sie haben es geschafft», begrüßte mich Christopher. «Alice, das ist Daphne.»

«Hey.» Sie lächelte und winkte, trank einen Schluck Kaffee und reichte Christopher dann den Becher.

Sie teilen sich einen Becher Kaffee. Weniger als dreißig Sekunden, nachdem ich sie kennengelernt hatte, noch bevor er «Danke, Babe» sagte, wusste ich, dass Bridget recht hatte. Daphne war seine Freundin. Sie waren definitiv ein Paar. Und was für eins: beide groß, gut aussehend und sexy. Echte Hingucker.

Natürlich fand ich Christopher attraktiv, aber um ehrlich zu sein, war ich erleichtert, dass er vergeben war. Es bedeutete, dass er in dieselbe Kategorie gehörte wie verheiratete Männer und Homosexuelle – sie waren tabu. Andernfalls wäre ich nie in der Lage gewesen, mich zu konzentrieren, und ich wollte meine volle Aufmerksamkeit auf die Fotografie richten und alles von ihm lernen, was ich konnte.

«Ich bin froh, dass Sie entschieden haben, herzukommen», sagte Christopher, während er in die Hocke ging und einen Koffer öffnete, in dem drei verschiedene Kameraobjektive auf einem Bett aus grauem Schaumstoff ruhten.

«Das wollte ich mir nicht entgehen lassen.»

Er sah auf, und während seine Augen hinter der Sonnenbrille verborgen blieben, zupfte ein Lächeln an seinen Lippen. «Daphne hat gerade bei Eileen Ford unterschrieben», sagte er, während er das Stativ aufstellte und seine Kamera darauf montierte. «Sie brauchen ein paar natürliche Außenaufnahmen von ihr.»

Ich warf einen Blick hinüber zu Daphne, die in einem Trenchcoat auf der Brücke wartete, den Kragen aufgestellt, die Hände in den Taschen, während ihr langes braunes Haar im Wind wehte. «Sie ist sehr schön.»

Er lächelte breit, stolz, als schließe das Kompliment ihn mit ein, den Mann, der das Glück hatte, sie an seiner Seite zu haben.

Ich stand ein Stück abseits, während er Daphne in Position brachte, dabei strich er ihr mit den Fingerspitzen eine Haarsträhne aus dem Gesicht. Es war so eine kleine Bewegung, aber ich spürte sie sogar aus zwei Metern Entfernung. Er kehrte zurück zum Stativ, und nachdem er den Belichtungsmesser abgelesen hatte, schraubte er ein langes Objektiv auf. Dann begann er, ausschließlich mit dem Umgebungslicht zu schießen, dabei rief er Daphne Anweisungen zu wie «Körper mehr nach rechts ... leichtes Lächeln, ja, genau so ... Schau hierher ...». Er hob eine Hand, während er mit der anderen knipste.

Nach ein paar weiteren Aufnahmen hielt er inne und ging wieder zu ihr, um ihren Kragen zu richten, dabei ließ er seine Finger an ihrem Hals entlangstreifen. Als er die Rolle fertig geschossen hatte, nahm er einen Reflektor aus dem Koffer und bat mich um Hilfe. «Ich könnte ein zusätzliches Paar Hände gebrauchen, wenn es Ihnen nichts ausmacht.»

«Natürlich, sagen Sie mir einfach, was ich tun soll.»

Er reichte mir den Reflektor und sagte: «Ich möchte, dass Sie das Licht streuen. Halten Sie das einfach, so ...» Er zeigte es mir, indem er meine Hand in Position brachte. «Dadurch bekommen wir weichere Schatten.»

Ich hielt den Reflektor so ruhig, wie ich konnte, während er etwa ein Dutzend Fotos knipste.

«Alice», rief er mir zu. «Kommen Sie und sehen Sie es sich an.»

«Wirklich?»

Er nahm mir den Reflektor ab und trat zur Seite, um am Stativ für mich Platz zu machen. Ich blickte durch den Sucher, während er das Objektiv verstellte. «Sehen Sie das?», sagte er. «Und jetzt beobachten Sie, was passiert, wenn ich das hier mache.» Er bewegte den Reflektor, und alle Schatten wurden weicher, was die ganze Stimmung des Bildes veränderte.

«Das ist großartig», sagte ich, immer noch durch den Sucher blickend.

Der Wind hatte aufgefrischt, und ich hatte schon Sorge, das Shooting müsse abgebrochen werden, doch Christopher wollte die Wildheit von Daphnes Haaren einfangen, die ihr übers Gesicht wehten, sogar als sie Streifen ihres Lippenstifts über ihre blasse Haut zogen. Er nahm die Kamera vom Stativ und lehnte sich an die Brüstung. Ein Windstoß trug beißende Kälte mit sich, und ich knöpfte meinen Mantel zu und stampfte mit den Füßen, um mich warm zu halten. Daphne musste am Erfrieren sein, wie sie da auf der Brücke stand, aber sie drehte sich weiter hierhin und dorthin, neigte den Kopf und schmollte mit ihren vollen Lippen, während Christopher die Kamera bediente.

Irgendwann streifte er seine Cabanjacke ab. «Würden Sie die bitte für mich halten?» Er trug ein T-Shirt, und als er sich aufs Brückengeländer hievte, rutschte es hoch und entblößte einen Streifen blasser Haut direkt unter seinem Nabel. Er vollführte einen ziemlichen Balanceakt, um den Winkel zu bekommen, den er wollte. Ein einziger Fehltritt, und er würde abstürzen, aber das schien ihn nicht zu beunruhigen. Er war fest entschlossen, das Foto zu bekommen. Er verknipste auch diese Rolle Film, sprang herunter, und wir waren fertig.

Daphne kam herüber und schlang die Arme um seine Taille, lehnte sich zu ihm und küsste ihn auf die Lippen. «Danke, Babe.»

Ich fragte mich, wie lange die beiden schon zusammen waren und ob sie immer noch Schmetterlinge spürte, wenn er sie berührte, oder ob das alles inzwischen zu vertraut war. Ich konnte mich an diesen ersten Funken erinnern, der mich durchzuckt hatte, als Michael zum ersten Mal meine Finger gestreift und mich dann, endlich, geküsst hatte – *richtig geküsst* hatte. Es war alles so neu und aufregend gewesen, aber im Lauf der Zeit war dieser Funke verblasst, war etwas Intensiverem und Tieferem gewichen. Zumindest hatte ich das gedacht. Ich brauchte diesen Funken nicht, um ihn zu lieben, Michael jedoch schon. Ich hatte nichts falsch gemacht. Ich war einfach zu alltäglich für ihn geworden.

Daphne und ich machten Small Talk, während Christopher seine Ausrüstung einpackte. Er faltete den Reflektor zusammen und steckte ihn zusammen mit den Objektiven zurück in den Koffer. Dann hievte er den Koffer hoch, klemmte sich das Stativ unter den Arm und schaffte es trotzdem noch, nach Daphnes Hand zu greifen. Als wir den Park verließen, luden sie mich ein, mit ihnen einen Kaffee zu trinken. Ich wollte schon ablehnen, da ich mich wie das fünfte Rad am Wagen fühlte, aber Christopher bestand darauf.

Wir gingen zu einem malerischen Lokal Ecke West 72nd Street und Central Park West, das mit seinen Sprossenfenstern und einer Glasvitrine voller Pastetchen, Cannoli, Rugelach und anderem Gebäck wirkte wie ein europäisches Café. Drinnen war es warm und gemütlich. Der Duft von frisch gebrühtem Kaffee und hausgemachtem Brot erfüllte die Luft. Im Hintergrund spielte leise klassische Musik.

Wir setzten uns an einen Ecktisch, ich auf der einen, die beiden auf der anderen Seite. Er legte den Arm um sie und rieb ihre Schultern, um sie aufzuwärmen. Sie kramte in ihrer Handtasche nach etwas.

«Bestell mir bitte einen Espresso, ja?», sagte sie, während sie aufstand, ein Zehn-Cent-Stück in der Hand. «Ich muss kurz telefonieren.»

Wir bestellten unsere Kaffees und unterhielten uns über die technischen Aspekte des Fotoshootings. Sein Arm lag immer noch auf der Rückenlehne ihres Stuhls, tastete immer noch nach ihr wie ein Amputierter, der sich nach seiner verlorenen Gliedmaße sehnt.

«Warum interessieren Sie sich für Fotografie?», fragte er.

«Wegen meiner Mutter. Sie war kein Profi oder so, aber sie hat es geliebt, Fotos zu machen. Oder vielleicht eher, Fotos zu haben. Sie liebte es, ihre Erinnerungen für die Ewigkeit festzuhalten.»

«Ich kann mich nicht erinnern, wann ich zum letzten Mal private Fotos gemacht habe. Nur für mich», sagte er lächelnd, bevor sein Blick zum hinteren Teil des Cafés wanderte, wo Daphne, den Hörer am Ohr, nickend an der Wand lehnte, während ihre Finger in den Löchern der Wählscheibe ruhten.

«Was ist mit Ihnen?», fragte ich. «Wie haben Sie mit dem Fotografieren angefangen?»

«Es gab keine bestimmte Person, keinen bestimmten Auslöser. Mehr als alles ist es wahrscheinlich das Resultat aus Langeweile und Einsamkeit», antwortete er. «Ich war nicht sehr gesellig als Kind. Ziemlich unbeholfen, also war ich oft allein. Ich fühlte mich nie wirklich wohl in Gegenwart anderer Leute. Ich beobachtete sie lieber, als mit ihnen zu reden.» Er lachte. «Und mein Dad hatte diese Kamera. Eine alte Yashica. Eines Tages fand ich sie hinten in einem Schrank und brachte mir selbst bei, wie man sie benutzt. Als ich erst einmal den Dreh raushatte, füllte die Fotografie die Leere. Ich fühlte mich nicht mehr so allein. Das klingt wahrscheinlich seltsam, nicht wahr?»

«Nein. Eigentlich überhaupt nicht.»

«Wirklich?» Mit einem merkwürdigen Gesichtsausdruck sah er mich an.

Es widerstrebte mir, offen über den Tod meiner Mutter zu sprechen, also umschiffte ich das Thema. «In meiner Jugend ist etwas passiert, das mir bewusst gemacht hat, wie vergänglich und flüchtig alles ist. Die Kamera meiner Mutter verschaffte mir eine Möglichkeit, Momente festzuhalten. Menschen und Dinge zu bewahren, damit sie nicht verschwinden und vergessen werden.» Ich wollte noch mehr sagen, doch Daphne kam zurück.

«Das ist mir sehr unangenehm», sagte sie, «aber Gary möchte, dass ich mir ein Drehbuch ansehe. Ich muss gleich zu ihm.» Sie wandte sich mir zu. «War schön, Sie kennenzulernen.»

«Dann sehe ich dich zu Hause?», fragte er.

Zu Hause. Sie lebten zusammen.

«Daphne möchte Schauspielerin werden», erklärte er, nachdem sie gegangen war.

«Ach, wirklich?»

«Gary ist ihr Agent. Kein besonders guter. Er ist jung und fängt gerade erst an, aber er gibt sich Mühe, ihr einige Vorsprechen zu organisieren.» Er nickte und griff nach einer Zigarette. «Ich glaube, über die Ford-Agentur kriegt sie viele Jobs. Sie hat einen guten Look. Frisch. Anders.» Er zündete seine Zigarette an und legte sie in den Aschenbecher. Ein Rauchfaden stieg kräuselnd zwischen uns hoch. «Daphne ist einfach so …», er hob die Hand, als greife er nach dem richtigen Wort, «so natürlich vor der Kamera.»

«Wie lange sind Sie schon zusammen?»

«Zwei Jahre. Mit Unterbrechungen drei. Aber nein, eigentlich zwei Jahre jetzt. Wir haben uns kennengelernt, gleich nachdem sie in die Stadt gekommen war. Sie stammt aus Montreal. Ich habe eine Schwäche für Mädchen, die Französisch sprechen.» Er lächelte, und es bestand keinerlei Zweifel daran, dass er verliebt war. Es war die Art, wie er über sie sprach, wie er sie angesehen hatte, während sie telefonierte. Er würde sie nie verletzen, sie nie verlassen. Er war ihr treu ergeben. Und ich war fasziniert. Die beiden hatten etwas an sich. Als wären sie das perfekte Paar. Es erneuerte meinen Glauben daran, dass Beziehungen wie die ihre wirklich existierten.

Christopher und ich kehrten wieder zur Fotografie zurück, und ich erzählte ihm, wie inspirierend New York für mich war. «Ich weiß kaum, was ich zuerst fotografieren soll.»

«Das kenne ich», sagte er. «Hier gibt es fast schon zu viel. Alles ist Kamerafutter. Und das Tolle ist, wir beide könnten genau dasselbe betrachten und am Ende zwei völlig unterschiedliche Fotos machen, weil Ihr Auge sich auf eine andere Sache richten würde als meins. Anders als Schriftsteller oder Musiker oder Maler erschaffen Fotografen nicht aus dem Nichts. Unsere Kunst leitet sich von etwas ab, das schon existiert. Genau genommen *stehlen* wir etwas, das bereits da ist, und verwandeln es in unseren eigenen Ausdruck. Sie müssen also eigentlich nur herausfinden, was Sie sagen wollen, und sich darauf fokussieren. Es einrahmen und mit dem Objektiv beschneiden ...»

Wir unterhielten uns noch etwa eine halbe Stunde lang über Dinge wie Bildkomposition, Negativraum und Möglichkeiten, das Bild zu beeinflussen. Ich hatte noch nie zuvor eine Unterhaltung in der Sprache der Fotografie mit jemandem geführt, und ich konnte nicht genug davon bekommen.

«Wie würden Sie Ihren Stil beschreiben?», fragte er.

«Ich? Meinen Stil?» Noch nie hatte mir jemand diese Frage gestellt. Noch nie war ich als Fotografin betrachtet worden. Es fühlte sich wie Anerkennung und gleichzeitig fremdartig an. «Ich weiß nicht. In letzter Zeit, schätze ich, fotografiere ich skurrile Dinge wie Straßenverkäufer, Fremde in der U-Bahn, Müll am Straßenrand.»

«Klingt, als würden Sie anfangen, Ihren Blick zu entwickeln. Sie müssen mir Ihre Arbeit irgendwann mal zeigen.»

Ich schüttelte den Kopf. «Ich bin noch nicht gut genug, um sie irgendjemandem zu zeigen.»

«Diese Angst müssen Sie überwinden. Wissen Sie, Kritik kann etwas Gutes sein.»

«Ich bin einfach noch nicht bereit.»

«Okay, in Ordnung. Ich lasse Sie in Ruhe. Erst einmal.»

Wir unterhielten uns noch eine Weile, und nachdem wir unseren Kaffee ausgetrunken und das Café verlassen hatten, bedankte ich mich bei Christopher dafür, dass ich hatte mitkommen dürfen.

«Bringen Sie nächstes Mal Ihre Kamera mit», sagte er.

«Nächstes Mal?»

«Ja. Rufen Sie mich an. Dann probieren wir einfach ein bisschen herum, machen ein paar Fotos. Ich zeige Ihnen ein paar Dinge.»

Nachdem wir uns verabschiedet hatten, schwebte ich wie auf Wolken. In Christopher Mack hatte ich einen Mentor gefunden. Ich wollte mir zu Hause meine Kamera schnappen und rausgehen, um zu fotografieren, aber ich hatte keinen Film mehr und war bis zum Zahltag pleite.

Also stand ich ganz allein auf dem Bürgersteig, mit all dieser Energie, die nirgendwo hinkonnte. Ich hatte keine Ahnung, was ich mit dem Rest des Tages anstellen sollte. Da fiel mir Erik ein. Ich hatte meinen Don Juan diese Woche kaum gesehen, und er hatte nicht angerufen. Ich wusste nicht, ob er mich überhaupt treffen wollte, aber der Tag mit diesem perfekten Paar und die Erinnerung an Eriks intensive Küsse ließen es mich hoffen.

KAPITEL 12

Helen war gerade von einem Frühstücks-Meeting zurückgekommen und bat mich, zu ihr an den Seitenaufriss zu kommen. Der Seitenaufriss befand sich an einer Wand in der Grafikabteilung. Und inzwischen wussten wir beide genau, was es damit auf sich hatte: die redaktionelle Seitenplanung, durch die Werbeanzeigen bedingt, anhand der wir sehen konnten, was bereits seinen Platz hatte. Da war er, der Entwurf der Juli-Ausgabe, Seite für Seite, mit Anmerkungen wie *F. O. B.* oder Front-of-Book, was für den vorderen Teil des Magazins stand, und *B. O. B.*, Back-of-Book. Dazwischen eine Reihe von Seiten, manche noch leer, andere bereits vorgemerkt für eine Pyrex-Kochgeschirr-Anzeige, eine Meister-Proper-Anzeige, eine Gerber-Coupon-Anzeige, zwei Seiten für Buchbesprechungen, eineinhalb Seiten für Filmbesprechungen.

Der Seitenplan änderte sich täglich. Helen reservierte drei Seiten für einen Artikel mit dem Titel *Wie Sie Ihr Schlafzimmer sinnlicher gestalten*, und jemand von Hearst strich es wieder raus. An diesem Morgen bemerkte ich, dass ein paar neue Artikel hinzugefügt worden waren. Drei Seiten waren vorgemerkt für *Auch Sie können eine Hexe sein*, eine Seite für *Lip-*

penstiftbekenntnisse, und vier Doppelseiten für *Aly Khan, der größte Liebhaber der Welt*.

Ich ging neben Helen her, die jede Seite überprüfte. Sie strich das Fragezeichen durch, das jemand neben die Aly-Khan-Schlagzeile gemacht hatte. Das Cover war leer, mit einem großen TK – für *to come* – versehen. Cover innen: *Bell-System-Anzeige. Ganze Seite*.

Helen lehnte sich vor, um einen Artikel einzutragen, den sie als Gefallen von ihrer Freundin Doris Lilly eingefordert hatte: *Wie angelt man sich einen Millionär?* Eine weitere Freundin hatte sie gebeten, einen Text über Picassos Geliebte zu schreiben, und Jacqueline Susann hatte eingewilligt, ebenfalls etwas beizutragen.

«Ich kann mir nicht vorstellen, dass Jackie mich hängenlässt», sagte Helen. Sie waren beide Bernard-Geis-Autorinnen, und Susanns Buch über von Aufputschmitteln und Schlaftabletten abhängige Starlets, an dem Elaine Sloan gerade arbeitete, war noch nicht erschienen. «Das wäre eine wunderbare vorgezogene Publicity für sie.»

Helen machte noch ein paar weitere Anmerkungen über Artikel und Kolumnen, die sie eingefügt haben wollte. Dann traten wir zurück, um alles zu betrachten. Seite für Seite begann der Juli Gestalt anzunehmen wie ein geschickt zusammengestelltes Mosaik.

Wir waren eben erst wieder aus der Grafikabteilung zurück, als Ira Lansing den Flur entlanggerannt kam und in Helens Büro platzte, noch bevor ich ihn ankündigen konnte. Ich folgte ihm dicht auf den Fersen, mich bei Helen entschuldigend.

«Wir haben ein ernstes Problem, Helen.»

«Bitte», sagte sie und blickte von ihrem Platz auf dem Sofa auf, «kommen Sie doch herein, Ira. Sie auch, Alice. Kommen Sie rein und schließen Sie die Tür. Nicht nötig, alle anderen da draußen zu stören.»

Ich tat, wie geheißen, und lehnte mich dann an die geschlossene Tür, während Ira mit seiner Tirade loslegte. «Ich hoffe, Sie sind stolz auf sich. Sie haben gerade das gesamte Magazin gefährdet.»

Helen hatte ein Manuskript auf dem Schoß, ihren Stift in Position, um eine Änderung vorzunehmen. «Jetzt atmen Sie mal tief durch, Ira, und sagen Sie mir, was genau das Problem ist.» Sie klang, als rede sie mit einem Kind, das sich das Knie aufgeschlagen hatte.

«Ich werde Ihnen sagen, was das Problem ist. Pampers und Meister Proper ziehen ihre Anzeigen für die Juli-Ausgabe zurück. Procter & Gamble hat vom Inhalt für Juli Wind bekommen und ist ebenfalls raus.»

Ein verblüffter Ausdruck huschte über ihr Gesicht. «Wie um alles in der Welt haben sie vom Inhalt erfahren?»

Dasselbe fragte ich mich auch.

«Jemand da draußen» – er zeigte auf ihre Tür – «ist geschwätzig. Ich habe eben erst mit P&G telefoniert, und die sind nicht erfreut. Und ich ebenso wenig.»

«Wer würde so etwas tun?», fragte sie. Sie hatte sich kerzengerade aufgesetzt und zog sich die Armreife über ihren Ärmel.

«Woher zum Teufel soll ich das wissen, aber ich sage Ihnen eines: Sie müssen Ihre Leute in den Griff kriegen. Sorgen Sie dafür, dass sie den Mund halten. P&G ist ein anständiges Unternehmen. Die wollen nicht, dass dieser ganze Sex und

Klatsch mit ihren Produkten in Verbindung gebracht wird. Sie sollten beten, dass niemand da draußen mit Swanson's redet. Die sind für eine ganzseitige Anzeige eingeplant.»

«Entspannen Sie sich, Ira.» Sie war aufgestanden und tapste auf bestrumpften Füßen durchs Zimmer, um ihre Zigaretten zu holen. «Das sind nicht die einzigen Anzeigenkunden auf dem Planeten.»

«Für den Fall, dass Sie das nicht wissen», sagte er. «Die Anzeigen halten eine Zeitschrift über Wasser. Und Sie verlieren schon Geld für das Magazin, bevor Sie auch nur eine einzige Ausgabe herausgebracht haben.»

«Diese Anzeigenkunden waren ohnehin völlig falsch für die neue *Cosmo*», erwiderte sie, während sie sich mit ihrem Tischfeuerzeug klickend eine Zigarette anzündete und eine Rauchwolke zu den Fenstern blies. «Wir müssen bei unseren Anzeigenkunden ebenso wählerisch sein wie bei unseren Artikeln. Meine Mädchen interessieren sich nicht für Windeln und saubere Küchenfußböden. Und sie essen keine tiefgekühlten Fertiggerichte auf dem Sofa.» Sie nahm einen weiteren Zug. «Wirklich, Ira ...» Sie schüttelte den Kopf. «Pampers? Meister Proper? Swanson's? Nicht sexy.»

«Sexy ist mir scheißegal. Dieses Magazin braucht Anzeigekunden, und davon hatten wir ohnehin schon wenig. Dank Ihrer genialen Ideen haben Sie gerade ungefähr ein Drittel der Einnahmen verloren.»

«Die bekommen wir schon zurück.»

«Und wie sollen wir das anstellen?» Man sah die Panik in seinen Augen. «Ich hatte Beziehungen zu diesen Leuten. Sie sind sehr enttäuscht. Ich glaube nicht, dass es irgendeine Möglichkeit gibt, sie dazu zu bringen, ihre Meinung zu ändern.»

«Lassen Sie sie gehen, Ira. Wir können viel größere und bessere Anzeigenkunden kriegen.»

«Ich verstehe. Einfach so, ja?» Er schnaubte spöttisch, die Hände in die Hüften gestemmt. «Ich habe Jahre gebraucht, das Vertrauensverhältnis mit diesen Leuten aufzubauen. Es hat einen Grund, warum Redakteure sich nicht in solche Dinge einmischen. Die Uhr tickt, und dieses Magazin kann es sich nicht leisten, dass sich für den Juli noch ein weiterer Anzeigenkunde zurückzieht.»

Helen spazierte herüber und zupfte ihm ein imaginäres Stäubchen vom Revers. «Wenn Sie nicht die richtigen Anzeigenkunden für dieses Magazin finden, dann tue ich es eben.»

«Sie sind sehr überzeugt von sich, nicht wahr?»

«Eigentlich nicht, nein.» Sie strahlte, als habe sie nicht die geringste Sorge. «Das bin ich überhaupt nicht. Und Sie und Ihre Kollegen erinnern mich jeden Tag daran, dass ich das hier noch nie gemacht habe. Aber ich werde nicht einfach einknicken und aufgeben. Wenn Sie keine neuen Anzeigenkunden auftreiben, dann mache ich es eben selbst.»

«Na dann viel Glück damit, Helen. So leicht ist das nicht. Und wenn Sie mich jetzt entschuldigen würden, ich werde American Home Products anrufen und mich vergewissern, dass sie die *Preparation-H*-Anzeige nicht zurückziehen.»

«Hämorrhoiden?» Helen schüttelte den Kopf. «Ich habe kein Interesse daran, in der *Cosmo* für Hämorrhoidensalbe zu werben. Damit kann man höchstens Tränensäcke unter den Augen reduzieren.»

Ich trat rasch beiseite, bevor Ira die Tür aufriss und aus Helens Büro marschierte.

Fast erwartete ich, Helen würde sich in Tränen auflösen,

doch stattdessen drehten sich bereits die Rädchen in ihrem Kopf. Sie zog an ihrer Zigarette und sagte: «Holen Sie mir Walter Meade. Und meinen Rolodex. Oh, und tun Sie mir einen Gefallen, reservieren Sie mir für diesen Donnerstag ein Séparée. Um zwölf Uhr mittags in Jack & Charlie's *21*.»

◎

Trotz ihres Moratoriums bezüglich teurer Mittagessen lud Helen die Crème de la Crème der Madison Avenue zu einem aufwendigen Lunch im berühmten *Club 21* ein. Helen und Walter waren noch einmal ihre Werbebranchenkontakte durchgegangen und hatten die Entscheidungsträger von Max Factor, Palmolive, Chanel, Maybelline und Clairol eingeladen, sowie die wichtigsten Werbeetatbetreuer von Agenturen wie BBDO, DDB und McCann-Erickson. Dazu kam noch David Ogilvy von Ogilvy & Mather. Das hier war das erste der Treffen von Helens legendären wöchentlichen Werbe-Lunchmeetings im *21*.

Ich begleitete sie an jenem Tag, wie ich es bei den meisten Meetings tat, um Notizen zu machen und Unterstützung anzubieten, wo immer sie sie brauchte. Als Helen und ich das Restaurant betraten, wurden wir von einer Reihe von Jockey-Statuen begrüßt, die von ihrem Platz über dem schmiedeeisernen Tor auf uns herabschauten. David Brown war bereits auf Position und aß an diesem Tag bewusst im Barraum an einem Ecktisch mit rot-weiß karierter Tischdecke zu Mittag. Er war in Begleitung eines anderen Gentlemans. Über ihren Köpfen hing eine Menagerie aus Spielsachen von der Decke: Modellflugzeuge, Fußbälle, Footballhelme, Tennisschläger,

Eisenbahnen und Puppen. Falls irgendetwas schiefging, sollte ich David holen, damit er Helens Meeting retten konnte.

Der Platzanweiser führte uns nach unten, durch eine Tür mit Betonfront, wo sich der geheime Weinkeller aus seiner Zeit als Flüsterkneipe während der Prohibition befand. Es war ein schöner Raum mit hölzernen Weinregalen an den Wänden und einem langen lackierten Tisch, in dessen Mitte die Intarsie einer goldenen 21 prangte. Der Tisch war für zwanzig Personen gedeckt, mit einem Aufgebot an Silberbesteck, Rotwein- und Weißweingläsern und Wassergläsern aus Kristall. Aus meiner Tasche zog ich Blöcke und Stifte, die ich vor jeden Teller legte. Vier Kellner im Smoking standen in den Ecken bereit, um Cocktailbestellungen aufzunehmen und sich um jeden von Helens Wünschen zu kümmern.

Während die Gäste nach und nach eintrafen, stand Helen in einem cremefarbenen Kleid von Norman Norell in der Tür, einen passenden Pullover elegant über ihre Schultern drapiert. Wie von Zauberhand blieb der Pullover an Ort und Stelle, egal ob sie jemandem die Hand schüttelte, andere umarmte oder ihre Wange anbot. Sie kannte all diese Männer und hatte damals als Werbetexterin mit den meisten von ihnen zusammengearbeitet.

Ich hatte vor dem Lunch-Meeting alle Lebensläufe der Teilnehmer studiert, und der Gast, der mich am meisten faszinierte, war die einzige Frau auf der Liste: Mary Wells. Die attraktive Blondine war elegant in ein pastellrosa Kostüm gekleidet, wahrscheinlich von Chanel. Sie war eine preisgekrönte Werbetexterin von Jack Tinker and Partners, die in Youngstown, Ohio, aufgewachsen war. Ich hatte gelesen, dass sie ihre Karriere als Werbetexterin für McKelvey's begonnen hatte – genau das Kaufhaus, in das meine Mutter mich immer mitgenommen hatte. Doch die Qualität hatte nie ihren Standards entsprochen, weshalb sie bei jedem Besuch angekündigt hatte: «Wenn wir nach New York ziehen, gehe ich mit dir zu Saks und Bloomingdale's.» Aber auch abseits dieser Erinnerungen inspirierte es mich, dass jemand, der in Youngstown angefangen hatte, es so weit gebracht hatte wie Mary Wells. Das gab der angehenden Fotografin in mir Hoffnung.

Sobald alle ihre Cocktails hatten, trat Helen an den Kopf der Tafel. Sie hielt ein Glas Champagner in der Hand, das sie nicht trinken würde, aus Angst, ihr tägliches 1.200-Kalorienbudget zu überziehen. Aber das Glas in der Hand verlieh dem Ganzen eine feierliche Note. Während sie alle willkommen hieß, trugen die Kellner Sterlingsilberkübel herein, die randvoll mit Muscheln gefüllt waren.

«Wie Sie wissen», sagte Helen mit ihrer hauchenden Stimme, «habe ich ein neues Projekt in Angriff genommen, als Chefredakteurin des *Cosmopolitan*-Magazins. Das markiert einen wunderbaren Neuanfang für das Magazin und eine aufregende neue Gelegenheit für Sie. Ich weiß, Sie haben Gerüchte über die neue *Cosmo* gehört, also lassen Sie mich die Dinge richtigstellen. Sollen wir mit den Fakten beginnen? Was würden Sie sagen, wenn dieses Magazin Ihre Produkte siebenundzwanzig Millionen Frauen präsentieren könnte? Denn das ist die Anzahl an Leserinnen, die dieses Magazin erreichen wird. Fast die Hälfte von ihnen ist ledig, und der Rest ist entweder geschieden oder verwitwet. Eine Gesamtsumme von siebenundzwanzig Millionen Frauen könnten Ihre potenziellen Konsumentinnen sein, und ich bin hier, um Ihnen zu sagen, dass die neue *Cosmopolitan* Ihre Waren und Dienstleistungen in die Hände von jeder einzelnen davon bringen kann.»

Das war mein Stichwort, den speziellen Vorabentwurf der Juli-Ausgabe zu verteilen, den wir gegen den Widerstand von Ira Lansing und einigen Hearst-Männern vorbereitet hatten.

«Das ist ein gewaltiger Fehler», hatte Berlin gesagt, als er das mit dem Lunch-Meeting herausgefunden hatte. «Lassen Sie sich nicht in die Karten blicken. So machen wir das nicht.»

Aber Helen hatte es einfach doch gemacht. Sie hatte zwanzig Probeentwürfe der Juli-Ausgabe zusammengestellt: eine Vorschau auf die Schlagzeilen, Textauszüge und einige Fotos. Es war nur dazu gedacht, ihnen einen Vorgeschmack auf das neue Format der *Cosmo* zu geben. Nachdem ich die Entwürfe verteilt hatte, kehrte ich unauffällig an meinen Platz neben der Tür zurück.

«Nun werden Sie vielleicht fragen, wer sind diese siebenundzwanzig Millionen Frauen? Wer ist die Frau, die wir zu erreichen versuchen?» Helen lächelte mit funkelnden Augen. «Erlauben Sie mir, Ihnen das *Cosmo*-Girl vorzustellen.» Sie machte eine kurze Pause, und das war der Moment, in dem mir bewusst wurde, dass sie eine Geste in meine Richtung machte. «Alice?»

Als sie meinen Namen rief, geriet ich in Panik. Hatte ich etwas vergessen?

«Kommen Sie her, Liebes.» Mit den Fingerspitzen winkte sie mich an ihre Seite.

Rasch wurde mir klar, dass ich, wie das unberührte Glas Champagner in ihrer Hand, gleich zu einer Requisite für ihre Präsentation werden würde. Wie ich Helen kannte, war ihr die Idee eben erst gekommen.

«Alice ist meine Sekretärin, aber sie ist auch ein *Cosmo-Girl*. Sehen Sie sie an.»

Alle Augen waren auf mich gerichtet, und ich hatte das Gefühl, ihnen dafür etwas schuldig zu sein – einen kleinen Stepptanz oder einen Zaubertrick. Vielleicht wurde von mir erwartet, aufzuleuchten wie ein Weihnachtsbaum. Ich wusste es nicht. Ich konnte nichts tun, als zu lächeln.

«Sie ist klug, unabhängig, strebt stets nach mehr», sagte Helen. «Sie ist kühn und wagemutig. Sie liebt Männer, und sie *liebt* Sex.»

Ich konnte spüren, wie mir die Röte den Hals emporkroch und in meine Wangen stieg.

Helen fuhr fort. «Wie Alice ist das durchschnittliche *Cosmo-Girl* zwischen achtzehn und vierunddreißig und giert nach Ihren Produkten. Sie hat einen Job und ihr eigenes Geld, und sie möchte etwas aus ihrem Leben machen. Mehr aus ihrem Leben machen. Hier ist ein Mädchen, das darauf brennt, Lidschatten, Lippenstift und Nagellack in der neuesten Farbe zu kaufen. Sie achtet auf die richtige Shampoo-Marke. Sie wartet nicht darauf, dass ein Mann sie auf eine Reise nach Hawaii mitnimmt, und sie braucht ihn auch nicht dafür, ein neues Auto Probe zu fahren. Ja, sie möchte reisen, ein schönes Auto fahren, und das alles in einem modischen Paar Schuhe.»

Zum Glück entließ sie mich daraufhin wieder, und ich hastete zur Tür zurück, neben die Kellner, die in Habachtstellung mit hinter dem Rücken verschränkten Händen warteten.

Helen fuhr fort, das Porträt des *Cosmo*-Girls zu zeichnen, während ihre Gäste sich an gratinierter Zwiebelsuppe labten, deren Haube aus Gruyère-Käse Blasen schlug und über die Ränder der Tassen quoll. Sie selbst aß keine Suppe, aber sie pflückte gelegentlich ein Stück Kopfsalat aus ihrer Salatschale. Mit geziert abgespreizten Fingerspitzen, als trinke sie eine Tasse Tee, zupfte sie einen winzigsten Fetzen davon ab und steckte ihn mit einer verführerischen und doch anmutigen Geste in den Mund. Nur Helen Gurley Brown durfte in einem Restaurant wie dem *21* mit den Fingern essen. Und an einem einzigen Salatblatt konnte sie drei Minuten lang knabbern, manchmal sogar noch länger.

Als die Sirloin-Steaks aufgegessen waren und der Brandy eingeschenkt und Zigarren entzündet wurden, hatte Helen alle für das neue Magazin begeistert. Und sie hatte außerdem eine Rechnung über zweihundertachtundsiebzig Dollar zu bezahlen.

Als wir ins Büro zurückkehrten, wartete Ira Lansing bereits wie ein sprungbereiter Puma auf Helen.

«Wie können Sie es wagen?», fauchte er. «Wie konnten Sie ein solches Mittagessen veranstalten, ohne mich miteinzubeziehen?»

Helen ließ sich nicht aus der Ruhe bringen. Mit leicht zur Seite geneigtem Kopf sagte sie gelassen: «Was hätten Sie denn dort gemacht?»

Ich musste ihr recht geben. Was hätte Ira beitragen können? Ich war zwar nicht glücklich darüber, dass sie mich zum Teil ihrer Show gemacht hatte. Dennoch musste ich zugeben, dass Helen in Bestform gewesen war. Es war ihre Show gewesen, mit ihr in der Hauptrolle, und ihre Darbietung war brillant gewesen.

«Darum geht es nicht», versetzte Ira. «Wie sieht das denn aus? Ich bin Leiter der Abteilung für Werbung und Vertrieb.»

«Und Sie haben mir gesagt, dass Sie Kunden verlieren. Also

habe ich getan, was ich konnte, um ein paar neue Anzeigenkunden ins Boot zu holen.»

«Aber so wird das nicht gemacht, Helen.»

«Oh, ich weiß. Aber wir haben gerade Philip Morris, Helena Rubinstein, Kotex von Kimberly-Clark und CoverGirl an Land gezogen.» Lächelnd stolzierte sie in ihr Büro und ließ den sprachlosen Ira im Flur stehen.

KAPITEL 13

«Kittycat? Wo sind Sie denn?»

Helen war gerade von ihrem montäglichen Psychoanalysetermin zurückgekommen. Etwas in ihrer samtig weichen Stimme klang ein wenig ungewöhnlich.

«Ist alles in Ordnung?», fragte ich und lehnte mich an den Türrahmen ihres Büros.

Helen saß auf ihrem Lieblingsplatz auf dem Sofa, ihre Perücke ein wenig schief. Sie griff nach einer Zigarette und tippte mit dem Ende auf den Beistelltisch, bevor sie sie in ihren Halter steckte und anzündete. «Würden Sie bitte reinkommen und die Tür schließen.»

«Habe ich etwas falsch gemacht?», fragte ich, während ich ein paar zögerliche Schritte näher kam.

«Ganz und gar nicht.» Sie lächelte. «Ich habe einen besonderen Auftrag für Sie.»

«Ja?» *Einen besonderen Auftrag?* Ich wurde hellhörig. Sie hatte ihre Meinung geändert. Sie würde mir einen Fotografie-Auftrag erteilen. Ich wartete, während sie an ihrer Zigarette zog und den Rauch in einem Strahl zur Deckenlampe schickte.

«Sie müssen mir eine Ausgabe des *Playboy* besorgen.»

«Was?» Die freudige Aufregung fiel polternd in mir zusammen, als hätte jemand gerade einen Stapel Bücher von einem hohen Regal heruntergestoßen. Die Enttäuschung musste mir ins Gesicht geschrieben stehen.

«Oh, oh. Was ist das Problem?» Helen schnippte ihre Zigarettenasche ab.

«Es gibt kein Problem.»

Ein bisschen verärgert ging ich zurück zu meinem Schreibtisch. Ich hatte schon viele Dinge für Helen erledigt, einschließlich Socken für ihren Mann zu kaufen, ihre Perücken aus dem Schönheitssalon abzuholen, ihre Einkäufe zu erledigen und ihre Katzentoiletten zu säubern. Doch eine Ausgabe des *Playboy* zu kaufen, war definitiv die nervenaufreibendste. *Welches artige Mädchen sieht sich schon den* Playboy *an, geschweige denn kauft einen?*

Ich nahm einen Dollarschein aus der Portokasse und ging zu dem Zeitschriftenstand an der Ecke. Es war ein milder, sonniger Vormittag. Dutzende Zeitungen in Dutzenden Sprachen hingen von einem Ständer an der Seite. Ihre Seiten raschelten im Wind. Ein Mann mittleren Alters mit einem Turban auf dem Kopf stand hinter einem Schiebefenster im Innern des Kiosks, auf dem man die Fingerabdrücke seiner Kunden sehen konnte. Zigaretten, Schokoriegel und Kaugummi stapelten sich hoch zu beiden Seiten neben ihm. Sofort fiel mein Blick auf die aktuellen Ausgaben von *Esquire, National Geographic, Mad, Highlights* und der *Saturday Evening Post*. Mit Sicherheit hatte er auch den *Playboy*, aber offenbar befand er sich hinter dem Tresen, außer Reichweite der Hände und Augen neugieriger heranwachsender Jungen. Ich würde danach fragen müssen.

«Einen *Playboy* bitte», sagte ich und schob einen Dollar in die kleine Metallvertiefung unter seinem Fenster. «Und würden Sie ihn bitte in eine Tüte stecken?»

«Gibt keine Tüte.» Er ließ einen Vierteldollar in die Wechselgeldschale fallen.

Er reichte mir das Magazin, auf dessen Cover der nackte Rücken einer in ein durchsichtiges Bettlaken gehüllten Frau prangte, und ich rollte es zusammen, damit es niemand sehen konnte.

Ich schlüpfte zurück in Helens Büro, reichte ihr das Magazin und war schon fast wieder aus der Tür, als sie sagte: «Ach, und Alice?»

«Ja?»

«Einen weiteren klitzekleinen Gefallen noch?» Sie blätterte bereits durch die Seiten. «Wären Sie so lieb, so viele vergangene Ausgaben aufzutreiben, wie Sie finden können?»

«Vergangene Ausgaben *davon*?»

«Mm-hmm.» Sie langte in ihrer obersten Schublade nach einer Schere und begann, Fotos von halb nackten Frauen auszuschneiden. «Und ich brauche sie gleich. Allerspätestens morgen. David hebt alte Magazine aus Ordnungsgründen nicht auf.»

«Nun, ich nehme an, ich kann in der Leihbücherei nachsehen, ob —»

«Die Leihbücherei?» Sie ließ ein Lächeln aufblitzen und hob ihre Schere. «Kittycat, ich habe nicht vor, die Ausgaben zurückzugeben.»

«Oh. Ich verstehe.»

Ich verließ ihr Büro und ging zurück zu meinem Schreibtisch. Ich hatte das Gefühl, ich würde auf die Probe gestellt.

Ich erledigte die Aufgaben, die Helen mir gab, tagein, tagaus vorbildlich. Mehr als einmal hatte sie mir gesagt, dass ich sie verwöhne. Ich holte ihre Sachen von der Reinigung, ohne dass sie mich darum bitten musste, lief zu ihr nach Hause, um ihre Haushälterin zu bezahlen, weil sie es vergessen hatte. Ich holte ihr Mittagessen, das sie nie anrührte. Und manchmal auch Abendessen. Ich brachte ihr unzählige Tassen Kaffee und war im strömenden Regen rausgehuscht, um ihr Zigaretten zu kaufen. Wenn ich bemerkte, dass sie ihre Strümpfe wieder zerrissen hatte, flitzte ich rüber zu Bergdorf's, um ihr ein neues Paar zu besorgen. Ich legte ihr ihre Zeitungen jeden Morgen auf den Schreibtisch. Ich sorgte für zusätzliche Bleistifte, damit sie sie zerbrechen konnte, wann immer sie kurz davor war, die Beherrschung zu verlieren. Später räumte ich sie weg, damit sie nicht über den Bleistiftfriedhof stolperte. Ich schirmte sie vor Telefonaten und Besuchern ab, mit denen sie sich nicht auseinandersetzen wollte. Ich stellte sicher, dass sie ihren Zeitplan einhielt, Minute für Minute. Ich sorgte dafür, dass sie hundert Prozent ihrer Kapazität für die Leitung des Magazins zur Verfügung hatte.

Aber nun fürchtete ich, diese *Playboys* würden die eine Bitte sein, der ich nicht nachkommen konnte. Ich hasste den Gedanken, sie zu enttäuschen, aber wo sollte ich vergangene Ausgaben des *Playboy* herbekommen? Noch dazu sofort. Ich hatte nicht einmal Zeit, sie aus der Redaktion in Chicago anzufordern. In den Wartezimmern von Arztpraxen konnte man jede Menge alte Magazine finden – aber nicht solche Magazine. Ich wusste, dass ich nur eine Chance hatte.

«Liest du den *Playboy*?», fragte ich, noch bevor unsere Drinks kamen. Erik und ich saßen Seite an Seite an der Bar des *Russian Tea Room*.

«Das kann schon mal vorkommen. Ja.» Er warf mir einen fragenden Blick zu. «Warum willst du das wissen?»

«Ich brauche deine alten Ausgaben.»

«Ach ja? Die brauchst du?» Er fing an zu lachen.

Wir waren zum ersten Mal seit dem Abend, an dem er mich geküsst hatte, allein. Und das war über zwei Wochen her. Der Plan war gewesen, standhaft darauf zu warten, dass er den nächsten Schritt machte, aber nun brauchte ich diese Magazine, und um die Wahrheit zu sagen, war ich für den Vorwand dankbar. Mein Blick wanderte zu seinem Mund, der die Erinnerung an das Gefühl seiner Küsse weckte. Seine Lippen, die meine gestreift hatten, der süße Geschmack seiner Zunge und der Rausch, den ich dabei verspürt hatte.

Der Barkeeper stellte unsere Drinks ab, und Erik fischte geschickt seine Olive aus dem Glas. «Und warum brauchst du meine alten *Playboy*-Ausgaben?»

«Für Recherchezwecke.»

«Natürlich. Was für eine Art von Recherche?»

Ich schwieg und nahm einen Schluck von meinem Martini. Während der eiskalte Gin meine Kehle hinunterlief, überlegte ich mir eine passende Erklärung.

«Nun ja», sagte er, «wenn du Recherche nötig hast, gehe ich dir dabei selbstverständlich mit Vergnügen zur Hand.»

«Sehr witzig. Dann kann ich also deine alten Ausgaben haben?»

«Was springt denn für mich dabei raus?» Er zog eine Augenbraue hoch, und ich beschloss, mitzuspielen.

«Das wirst du schon sehen.»

«Ach ja?» Er lachte. «Sag schon. Ist das ein billiger Trick, um zu mir nach Hause eingeladen zu werden?»

Ich lächelte. Die zweideutigen Anspielungen gingen hin und her. Wir saßen einander nun zugewandt, sein Bein presste sich an meinen Oberschenkel, und mit der Hitze, die von dieser Berührung ausging, hätte man Wasser zum Kochen bringen können. Obwohl wir unsere Drinks kaum angerührt hatten, zog er ein paar Dollarscheine hervor und legte sie auf die Bar.

Ich schlüpfte neben ihm auf den Rücksitz eines Taxis, das uns vor einem Gebäude mit Portier in der Park Avenue absetzte.

«Guten Abend, Mr. Masterson.» Sein Portier nickte uns zu, als wir durch die Marmor-Eingangshalle gingen.

Eriks Apartment lag im achtzehnten Stock. In meinen Träumen malte ich mir aus, in einer solchen Wohnung zu leben. Sie war das absolute Gegenteil von meinem Ein-Zimmer-Apartment. Wenn ich schätzen müsste, würde ich sagen, seine Miete betrug mindestens dreihundertfünfzig Dollar im Monat. Der Stil war elegant und modern, mit schwarz-weißen, geometrisch gemusterten Orla-Kiely-Tapeten an den Wänden und dickem Hochflorteppich. Ein Sofa und mehrere Barcelona-Sessel vervollständigten den Look. Er hatte Kerzenständer, Zigarettenhalter und Tischfeuerzeuge aus Messing. Die Aschenbecher waren allesamt sauber, nirgendwo lag eine verirrte Zeitung herum, kein Glas war auf der Küchenzeile vergessen worden. Ich fragte mich, ob er eine Haushälterin hatte, die jeden Vormittag kam, seine Socken und Schuhe vom Boden aufhob, sich um sein Geschirr und die Wäsche kümmerte und die Wohnung aufräumte.

Er ging in die Küche und kehrte mit einem silbernen Eiskübel zurück. «Martini?», fragte er, während er das Aufgebot an Flaschen in seiner gut bestückten Bar durchsuchte.

«Warum nicht?» Ich setzte mich auf einen der schwarzen Drehstühle und stützte die Ellbogen auf die Bar.

Erst nach dem Martini erwähnte er die *Playboys*.

«Sie sind dahinten, im Schlafzimmer.» Er nickte in die Richtung, und ich folgte ihm.

Es hätte mich tatsächlich nicht überrascht, wenn er ein kreisrundes Bett mit Satinbettwäsche und einen Deckenspiegel gehabt hätte. Aber sein Schlafzimmer war vollkommen normal, sogar schlicht im Vergleich zum Rest seiner Junggesellenwohnung. In einer Ecke stand ein Magnavox-Fernsehgerät mit seinen zwei zu einem breiten V ausgestreckten Antennen. Ich nahm den einzigen verfügbaren Sitzplatz ein, auf seinem Bett, die Hände auf die Tagesdecke aus hellblauem Chenille gelegt. Der Raum roch schwach nach Talkumpuder.

Er verschwand in seinem begehbaren Kleiderschrank und kam mit einem Stapel Magazine wieder zurück. Sie waren definitiv mehr als einmal gelesen worden, denn die Seiten waren verknickt und hatten Eselsohren. Auf dem nackten Oberschenkel von Miss Januar prangte der gewellte Ring eines Trinkglases.

«Hast du schon mal einen Blick reingeworfen?», fragte er und nahm das oberste Heft vom Stapel.

Miss März war eine schmollende Blondine in einem durchsichtigen, tief ausgeschnittenen Negligé, aus dem ihre Brüste hervorquollen. Er öffnete das Magazin, sodass der ausklappbare Mittelteil herauspurzelte, mit allem, was Miss März zu bieten hatte. Ich betrachtete ihren Körper, den Schwung ihrer

Taille, ihre vollen Brüste, das dunkle Dreieck zwischen ihren Beinen. Als ich zu Erik blickte, sah ich, dass eine Ader an seinem Hals pulsierte. Dass ich nervös war, verwunderte mich nicht. Aber bei ihm Anzeichen von Aufregung wahrzunehmen, war überraschend. Keiner von uns beiden sagte ein Wort. Der Augenblick hing eine gefühlte Ewigkeit zwischen uns.

«Ich sollte wirklich gehen», sagte ich schließlich, obwohl ich nicht gehen wollte. Aber ich konnte ebenso wenig den ersten Schritt machen.

Er nickte und lächelte kaum merklich, wie um zu sagen, dass er verstand. Es verblüffte mich, dass er als geübter Casanova die Gelegenheit, mich ins Bett zu bekommen, so leicht verstreichen ließ. Er klappte den Mittelteil wieder ein, legte die Zeitschrift zurück und trug den Stapel hinaus ins Wohnzimmer.

«Also», sagte er lang gezogen und klammerte sich dabei an das einzelne Wort wie an ein Rettungsseil. Ich griff bereits nach meiner Handtasche, als er sagte: «Wie wär's mit einem kleinen Schlummertrunk, bevor du gehst?»

Wenige Augenblicke später saßen wir Seite an Seite auf seinem Sofa, Gimlets in den Händen, und genossen die Aussicht auf die Stadt mit all ihren beleuchteten Hochhäusern, die Fenster funkelnd wie kleine Rechtecke aus Licht. Es war surreal, hier zu sein, in der Park Avenue, in diesem glamourösen Apartment. Er öffnete ein Kästchen auf dem Beistelltisch, bot mir eine Zigarette an und nahm sich selbst eine. Dann gab er mir Feuer, mit einem wie ein Schnellboot geformten Feuerzeug, dessen Flamme blau-weiß leuchtete.

«Wo bist du aufgewachsen?», fragte ich, als ich den Rauch

ausatmete. Dabei stellte ich ihn mir als Jungen beim Wasserskifahren hinter einem Motorboot vor, das über den Atlantik pflügte.

«Hier und da», antwortete er.

«Na, das ist ja mal präzise.»

«Hauptsächlich hier», sagte er. «Aber ich rede einfach nicht gern über mich selbst. Es tut mir leid.»

«Das macht es schwierig, jemanden kennenzulernen», erwiderte ich. «Was ist mit deiner Familie? Geschwister?» Da ich nur noch meinen Vater hatte, interessierte ich mich für die Familien anderer. Aber ich bemerkte, dass er keine Fotos oder Porträts an den Wänden oder auf den Beistelltischen hatte.

«Ich habe ein paar Halbbrüder und Halbschwestern.»

«Verstehe.» Eindeutig wollte er nicht darüber reden, also ließ ich es gut sein. Allmählich war ich mir sicher, dass zwischen uns nichts passieren würde, und das verwirrte mich. Ich war enttäuscht und ein wenig beschämt. Hatte ich die Signale wirklich die ganze Zeit über falsch gedeutet? Ich zog noch einmal an meiner Zigarette, bevor ich sie ausdrückte und den letzten Schluck von meinem Gimlet trank. «Ich sollte dann wirklich gehen.»

Er nickte, und gerade als ich aufstehen wollte, streckte er die Hand aus und strich sanft mit dem Handrücken über meine Wange. Ich lehnte mich in seine Berührung wie eine Katze, die gestreichelt wurde. Er stand auf, zog mich auf die Füße. Mein Herzschlag beschleunigte sich, und dann... küsste er mich. Er schlang die Arme um meine Taille und dirigierte mich zurück in sein Schlafzimmer.

Er fing an, mich auszuziehen. Mit einem schnellen Schnippen hakte er meinen Büstenhalter auf und streifte die Träger über meine Schultern. Doch ich bedeckte meine Brüste mit den Händen.

«Sei nicht schüchtern», sagte er. «Du bist wunderschön.» Er nahm meine Hände und drückte sie sanft herunter, sodass ich entblößt war. «Lass mich dich ansehen.»

Als seine Augen über meine Haut wanderten, meine vollen Brüste, den Schwung meiner Taille in sich aufnahmen, fühlte ich mich besonders. Ich blickte an meinem Körper hinunter, um das zu sehen, was er sah. Die Lampe warf einen goldenen Schimmer um mich. Ich griff nach dem Reißverschluss meines Rocks und schob ihn über meine Hüften. Jetzt wollte ich ihm alles von mir zeigen. Er kniete sich vor mich, die Lippen auf meine Haut gepresst, während ich mit den Fingern durch sein Haar fuhr. Alles in mir erwachte zum Leben.

Hinterher lag ich in seinem Bett und ließ alles in meinen Gedanken noch einmal Revue passieren. Noch nie zuvor hatte ich etwas Ähnliches erlebt. Mit Michael war es für uns beide das erste Mal gewesen. Es war zärtlich, aber zaghaft gewesen. Süß und aufrichtig. Es war schön gewesen, ihm einfach nah zu sein. Mehr hatte ich nicht gewollt. Das hatte gereicht. Aber jetzt nicht mehr. Ich war gerade mit einem Mann zusammen gewesen, der sich mit dem Körper einer Frau auskannte. Anders als Michael war Erik geübt, beinahe kunstfertig in seinen Liebkosungen, seinen Küssen. Er hatte mich an die Grenzen des Deliriums gebracht, bevor ich in seinen Armen zerstoben war. Jetzt verstand ich es – ich war in das große Geheimnis eingeweiht worden. Endlich verstand ich, warum Sex so etwas Besonderes war und warum er die Leute zum Äußersten trieb.

Ich wollte Erik erneut, aber es wurde schon spät. Ein Blick

auf den Wecker auf seinem Nachttisch verriet mir, dass es schon fast zwei Uhr morgens war. Ich begann, mich unter den Laken hervorzuwinden, doch er streckte den Arm nach mir aus und zog mich erneut eng an sich. Das zweite Mal war sogar noch besser als das erste, was es noch schwerer machte, sein Bett zu verlassen.

Eine Stunde später sah er mir dabei zu, wie ich mich anzog. Sein Haar war zerzaust, und der dunkle Schatten von Bartstoppeln zeigte sich auf seinem Gesicht. «Bist du sicher, dass du nicht bleiben willst?»

Oh, ich wollte, aber ich konnte nicht. «Ich muss früh im Büro sein.»

«Warte – ich ziehe mich an und besorge dir ein Taxi.»

«Schon okay. Das schaffe ich selbst.»

«Dann lass es mich wenigstens bezahlen.»

Das akzeptierte ich, denn ansonsten hätte ich zu Fuß laufen müssen.

Als ich meine Schuhe anzog, sagte er: «Vergiss deine *Playboys* nicht.»

«Das werde ich nicht.»

«Erzählst du ihr, von wem du sie bekommen hast?»

«Wem?»

«Ach, komm schon, Alice. Ich weiß doch, dass die *Playboys* für Helen sind.»

◎

Inzwischen begriff ich, wofür die *Playboys* waren. Zwei Tage später wartete ich vor dem Aufzug auf Mr. Hugh Hefner.

Helen wusste, dass man den *Playboy* bei Hearst verabscheute und dass es deren größte Sorge war, die *Cosmopolitan* würde unter Helens Leitung zu einer billigen Kopie des *Playboy* für Frauen. Als sie mich gebeten hatte, das Treffen mit Mr. Hefner zu vereinbaren, hatte ich von meinem Stenoblock aufgeblickt und gesagt: «Sind Sie sicher, dass ich nicht lieber irgendwo eine Lunch-Reservierung machen soll?»

«Oh, bitte.» Sie zündete sich eine Zigarette an und lachte. «Berlin und seine Lakaien finden sowieso heraus, dass ich mich mit Hugh treffe. Dann kann ich es auch ebenso gut hier in meinem Büro tun und der Firma die Kosten für den Lunch ersparen. Besonders nach der Rechnung, die wir für das *21* bekommen haben. Herrje. Außerdem», sagte sie mit einem schelmischen Grinsen, «gefällt es mir, Hearst nervös zu machen. Das bringt sie aus dem Gleichgewicht und verleiht mir die Oberhand.»

Hugh Hefner war ein gut aussehender Mann mit kantigem Kinn, markanter Nase und einem vollen Schopf dunkler Haare, die ihm in die hohe Stirn fielen. Er war weltmännisch und charmant, eine schneidige Gestalt in Maßanzug und Krawatte. Die Pfeife in seinem Mundwinkel gab stoßweise aromatische Rauchwolken ab.

«Ich bringe Sie zu Mrs. Browns Büro», sagte ich. «Wenn Sie mir bitte folgen würden – hier entlang.»

Es waren schon viele berühmte Leute durch die Flure der *Cosmopolitan* spaziert, besonders seit Helen Gurley Brown übernommen hatte. Einmal war Lauren ‹Betty› Bacall vorbeigekommen, nur um Hallo zu sagen. Dasselbe galt für Henry Fonda und Tony Curtis und ein paar der anderen Stars, die in der Verfilmung von *Sex und ledige Mädchen* mitgespielt hatten. Aber Mr. Hefners Besuch erregte das meiste Aufsehen. Jeder im Büro wusste, wer er war, und sogar die konservativsten Mitarbeiter blieben stehen, um einen Blick auf ihn zu erhaschen. Dabei konnte ich die Fragezeichen in ihren Gesichtern regelrecht sehen.

Als ich ihn in Helens Büro führte, sprang sie von ihrem Sofa auf und umarmte ihn, als wären sie alte Freunde, und vielleicht waren sie das auch.

«Oh, Hugh», schnurrte sie. «Es ist so schön, Sie zu sehen.»

Ich brachte ihnen Kaffee, dann schloss ich die Tür hinter mir. Während der Stunden, in denen sie allein in Helens Büro waren, wurde das Geflüster auf den Fluren lauter.

Margot fing mich vor der Tür der Damentoilette ab. «Was macht er denn hier?», fragte sie.

«Ich weiß es nicht. Sie hat mir nur gesagt, dass ich das Treffen vereinbaren soll.» Ich machte Anstalten, zu gehen, doch Margot packte meinen Arm und zog mich beiseite.

«Nein, warte. Ist es wahr?»

«Ist was wahr?»

«Wird die *Cosmopolitan* zu einem *Playboy* für Frauen?»

«Wenn du fragst, ob sie vorhat, die Seiten mit Fotos von halb nackten Männern zu füllen, die ihren Hintern in die Luft recken, das bezweifle ich.»

«Ich meine es ernst.» Sie rang die Hände, sodass ihre Nervosität regelrecht greifbar war.

«Warum machst du dir solche Sorgen darum?»

«Es ist nur ...» Margot verstummte und sah sich um, bevor sie weitersprach. «Ich möchte einfach nur nicht, dass du deinen Job verlierst. Und wenn sie versucht, den *Playboy* zu kopieren, wird Hearst sie feuern, und du wirst mit ihr vor die Tür gesetzt.»

Ihre Sorge hätte mich gerührt, wäre sie aufrichtig gewesen. Aber ich vertraute Margot nicht, und ich würde ihr nicht erzählen, dass keine Gefahr bestand, weil es Hearst ein Vermögen kosten würde, sich aus ihrem Vertrag freizukaufen.

«Du machst dir zu viele Sorgen», sagte ich. «Es wird alles gut gehen. Helen weiß, was sie tut.»

Ich ließ sie allein und dachte daran, wie Helen es genoss, Hearst nervös zu machen. Es verschaffte mir eine enorme Genugtuung, dass genau in diesem Moment jemand, höchstwahrscheinlich George, bereits am Telefon hing, um Deems von Hugh Hefners Besuch zu berichten.

KAPITEL 14

Eines Samstagvormittags, nach dem Frühstück mit Trudy, betrat ich mein Apartmentgebäude und war überrascht, dass in meinem Briefkasten etwas anderes als Rechnungen auf mich wartete.

Ich erkannte die Handschrift sofort und öffnete den Umschlag, noch während ich die Treppe hochstieg. Ein neuer Zwanzig-Dollar-Schein fiel heraus und landete vor meinen Füßen auf dem Boden. Die Nachricht darin, auf ein einzelnes Blatt Papier geschrieben, lautete schlicht: *Ich glaube, der ist dir runtergefallen*. Er hatte nicht unterschrieben. Das brauchte er auch nicht. Das hier war etwas Persönliches zwischen meinem Vater und mir. Mit einem Lächeln auf dem Gesicht hob ich den Geldschein auf.

Seit ich ein kleines Mädchen war, hatte er mir oft einfach so einen Vierteldollar oder ein Fünfzig-Cent-Stück, manchmal einen Silberdollar mit den Worten in die Hand gedrückt: «Ich glaube, der ist dir runtergefallen.» Ich hatte es immer für unser Geheimnis gehalten, aber vermutlich hatte meine Mutter davon gewusst. Manchmal wanderten die Münzen in mein Sparschwein, manchmal direkt in meine Tasche, um sofort für Schokolade und Eiscreme ausgegeben zu werden.

Ich ging in meine Wohnung und griff nach dem Telefon, um mich bei ihm zu bedanken. «Das wäre doch nicht nötig gewesen, Dad», sagte ich, seine Nachricht immer noch in der Hand.

«Aber der ist dir doch runtergefallen.» Er lachte über das Gemurmel des Fernsehers hinweg, oder vielleicht war es auch das Radio im Hintergrund. Es klang nach einem Spiel der Cleveland Indians, und ich stellte mir vor, wie er in seinem Fernsehsessel mit der zurückklappbaren Lehne saß, die Pantoffeln von den Füßen baumelnd. Wie oft hatte ich auf seinem Schoß gesessen und in späteren Jahren auf die Ellbogen gestützt neben ihm auf dem Teppich gelegen, um das Spiel mit ihm zu schauen. Ich hatte es geliebt, obwohl ich Baseball hasste. Es war die Art von Zufriedenheit gewesen, die man erst im Nachhinein wertzuschätzen wusste.

«Ich dachte mir, du könntest ein bisschen Hilfe gebrauchen», sagte er. «Und ich wusste, du würdest nicht darum bitten.»

«Es geht mir gut, Dad, wirklich. Aber ich kann es nicht leugnen, die zusätzlichen zwanzig Dollar kommen mir gelegen.»

«Gut. Vergeude sie nur nicht für Taxis und all die schicken Restaurants.»

«Das werde ich nicht. Versprochen.» Ich lächelte gegen den Kloß in meiner Kehle an, während ich den Küchenschrank öffnete, in dem sich eine Dose Cracker und ein Glas Erdnussbutter befanden. Der Kühlschrank war nicht besser bestückt.

«Wie geht es Faye?», fragte ich, nur um ihn in der Leitung zu halten.

«Erholt sich gerade von einer Erkältung», antwortete er. «Das kommt von diesem meschuggen Wetter, das wir haben.

Einen Tag ist es heiß, den anderen schneit es. Und du weißt ja, Frühlingserkältungen sind die schlimmsten ...»

Wir unterhielten uns noch ein wenig länger, und ich schaffte es, meinen Vater ganze fünf Minuten am Telefon zu halten, bevor wir uns verabschiedeten.

Als ich aufgelegt hatte, ging ich mit meinem Zwanzig-Dollar-Schein zum Drugstore um die Ecke und kaufte acht Rollen Kodak Tri-X-Film mit jeweils sechsunddreißig Bildern für zehn Dollar.

Zurück in meiner Wohnung steckte ich das Wechselgeld in das Glas, in dem ich Geld für Lebensmittel bunkerte, holte mein Adressbuch heraus und wählte Christophers Nummer. Ich musste es gleich tun, bevor ich kneifen konnte.

«Ali. Das ist ja eine Überraschung. Schön, von Ihnen zu hören», sagte er.

«Wir hatten doch darüber gesprochen, zusammen ein paar Fotos zu machen, wissen Sie noch?» Sein Angebot anzunehmen, machte mich so nervös, dass ich den Hörer umklammerte. Und nun hatte ich Angst, dass er vielleicht nur hatte höflich sein wollen. Oder vielleicht hatte er völlig vergessen, dass er es überhaupt vorgeschlagen hatte.

«Sicher. Haben Sie heute Zeit?»

Heute! Ich starrte auf mein Spiegelbild im Teekessel auf dem Herd. «Heute?»

«Ja, heute ist perfekt. Das Wetter ist großartig. Warum treffen wir uns nicht unten im Village?»

Erstaunt darüber, wie einfach das gewesen war, legte ich auf.

Zwanzig Minuten später stieg ich in die U-Bahn, und als ich durch den gewaltigen Triumphbogen im Washington Square Park ging, wartete Christopher bereits neben einer Straßenlaterne. Sein Haar war vom Wind zerzaust, er trug ein schwarzes T-Shirt und Jeans, und seine Nikon hing an seiner Seite. In der Hand hielt er eine zusammengerollte Ausgabe der *Village Voice*.

«Sind Sie bereit für Ihre Fotografie-Lektion?»

«Das bin ich.» Lächelnd hielt ich die Kamera meiner Mutter hoch.

Wir liefen durch einen Schwarm Tauben und setzten uns auf eine Bank mit Blick auf den Springbrunnen. Eine Fontäne schoss in die Luft, während Tröpfchen auf der Wasseroberfläche hüpften und tanzten. Es war ein wunderschöner Tag, mit einer Temperatur an die zwanzig Grad. Blumen sprießten, an den Büschen und Sträuchern öffneten sich Knospen. Frühlingsgrüne Blätter erschienen fast wie schwache Schatten an den Bäumen in der Ferne. Leute fuhren Fahrrad, andere lagen ausgestreckt im Gras, die Köpfe auf ihre zusammengerollten Pullover und Jacken gebettet, während sie einer Gruppe Straßenmusikern lauschten, die Folksongs spielten.

«Dann wollen wir mal sehen, was Sie da haben. Darf ich?» Er griff nach dem Riemen meiner Kamera und nahm sie von meiner Schulter. «Wow», sagte er, als er das Etui aufklappte. «Eine Leica IIIc MOOLY. Welches Jahr? 46er? 47er?»

«1945. Sie hat meiner Mutter gehört.»

«Wow», sagte er noch mal, während er durch den Sucher blickte und die Kamera auf mich ausrichtete.

Ich lachte und hob die Hand, um mich vor seiner Aufnahme abzuschirmen.

«Ach, kommen Sie.» Neckend griff er nach meiner Hand, um sie wegzuziehen.

«Ich bin lieber hinter der Kamera als davor.»

«Na, dann legen wir los», sagte er und stand von der Bank auf.

Wir wanderten umher und machten Fotos von älteren Männern, die Schach spielten, von einem Maronenverkäufer, dem eine Rauchwolke vors wettergegerbte Gesicht wehte.

«Kommen Sie sich je ein bisschen merkwürdig dabei vor, so als würden Sie Leute ausspionieren?», fragte ich, als ich mein Objektiv auf einen Banjospieler richtete. Gerade beugte er sich über seinen Instrumentenkasten, um sein Trinkgeld zu zählen. «Sie wissen schon, als würden Sie in ihre Privatsphäre eindringen?»

«Ein paar der unvergesslichsten Fotos aller Zeiten würden in diese Kategorie fallen. Kennen Sie die großartige Aufnahme von dem Matrosen, der nach dem Krieg auf dem Times Square die Krankenschwester küsst?»

Komisch, dass er ausgerechnet dieses Foto erwähnte. «Das erinnert mich immer an meine Eltern. Mein Dad war ebenfalls aus dem Krieg heimgekehrt, als er meine Mom kennenlernte. Und ebenfalls Matrose.»

«Sehen Sie? Oder das Foto der US-Truppen, die die Flagge auf Iwojima hissen? Oder der Hindenburg? Das sind Momente, die für immer verloren wären, wenn nicht jemand wie wir mit einer Kamera dort gewesen wäre.»

«Ausgezeichnetes Argument.» Ich lächelte, dachte mir aber, dass nur ein Fotograf die Welt so sehen konnte.

Wir verließen den Washington Square Park und gingen die Waverly Place entlang, dabei machten wir Fotos von allem und jedem, der uns ins Auge fiel: eine Gruppe Jungen auf Rollschuhen, eine Katze, die in einem Hauseingang kauerte. Irgendwann tauschten wir Kameras, und er ließ mich seine Nikon benutzen.

«Hey, sehen Sie mal her», sagte er und blieb auf dem Bürgersteig stehen, um die Kamera meiner Mutter auf mich zu richten.

Ich drehte mich um, steckte die Daumen in die Ohren und wackelte mit den Fingern, während ich ihm die Zunge rausstreckte.

«Wunderschön. Ist im Kasten.»

«Gut, dass es auf meiner Kamera ist. Dann kann ich das Negativ vernichten», scherzte ich.

«Verdammt. Das war's dann mit meinem Erpressungsplan.»

Der Nachmittag flog nur so dahin, und wir verloren jegliches Zeitgefühl, bis uns die Filme ausgingen. Christopher hatte mit Sicherheit keine Ahnung, wie viel mir dieser Tag bedeutete, aber er hatte mir über eine geistige Hürde hinweggeholfen. Als wir uns vor dem U-Bahn-Eingang zwischen den Leuten, die die Treppe hoch und runter hasteten, noch ein wenig unterhielten, sagte er mir, dass ich ein gutes Auge hatte. Er machte mich auf Dinge aufmerksam, an denen ich arbeiten sollte. Aber vor allem nahm er mich ernst. Zum ersten Mal, seit ich in der Stadt angekommen war, schien der Wunsch, Fotografin zu werden, nicht mehr in so weiter Ferne zu liegen.

KAPITEL 15

Eine Woche später klopfte Trudy an meine Tür, um sich ein wenig Nagellackentferner von mir zu borgen. Als ich ihr Gesicht sah, erschrak ich.

«Was ist passiert?» Ich versuchte, mir nichts anmerken zu lassen, und zog den Bademantel enger um mich. Dennoch musterte ich die roten Flecken und wunden Stellen an ihren Wangen und am Kinn.

«Ach, das.» Sie hob die Hände zu ihrem Gesicht, als habe sie gar nicht mehr daran gedacht, bis ich es angesprochen hatte. «Ich habe mir selbst eine Gesichtsbehandlung verpasst.»

«Womit denn? Mit Sandpapier?»

«Sehr witzig. Nein, es war eine Maske. Nur Buttermilch, Honig und Zitronensaft. Das sollte meine Sommersprossen entfernen, aber ich habe sie zu lange draufgelassen.»

«Warum willst du denn deine Sommersprossen loswerden?», fragte ich und ging ins Badezimmer, um den Nagellackentferner zu holen.

«Weil ich sie nicht ausstehen kann.»

«Aber die sind so süß.»

«Ja, und genau das ist das Problem. Ich habe genug davon,

süß zu sein. Das höre ich schon mein ganzes Leben, und ich hab es satt.»

«Süß zu sein, ist doch nicht unbedingt etwas Schlechtes», rief ich ihr zu, während ich die Fläschchen mit Kopfschmerztabletten, Hustensirup und Magnesium im Medizinschränkchen durchsuchte. «Ich bin sicher, es gibt viele Frauen, die liebend gern süß wären.»

Ich brachte ihr die Flasche, und sie ließ sich auf die Bettkante plumpsen. «Ich möchte einfach ausnahmsweise mal sexy und mondän aussehen. Aber das ist unmöglich, wenn man voller Sommersprossen ist.»

«Aber du bist bezaubernd», sagte ich, erkannte jedoch, dass das das Letzte war, was sie hören wollte. Aber es stimmte, und je wütender es sie machte, desto bezaubernder wurde sie.

Ich streifte meinen Bademantel ab, bevor ich in mein blaues Kleid mit Prinzessnaht und angeschnittenen Ärmeln schlüpfte.

«Wow, schau dich einer an», sagte Trudy. «Ist das neu?»

«Das habe ich mir gegönnt. Ich hab es bei Alexander's im Ausverkauf gefunden.» Ich machte eine Vierteldrehung, um mich im Spiegel an der Rückseite der Schranktür zu betrachten.

«Du hättest zu Bergdorf's kommen sollen. Wir Verkäuferinnen bekommen Rabatt, weißt du. Ich hätte es für dich kaufen können, und du hättest es mir dann zurückgezahlt.»

«Sogar mit deinem Rabatt kann ich mir bei Bergdorf's nichts leisten. Auch das hier hätte ich mir nicht kaufen sollen», erwiderte ich und dachte an die zwanzig Dollar von meinem Vater, deren Rest ich in das Kleid investiert hatte. «Es hat mich fast neun Dollar gekostet.»

«Tja, du siehst jedenfalls prächtig aus. Ich wusste gar nicht, dass du heute Abend eine Verabredung hast. Etwa mit Erik?»

«Oh, nein. Nein, ich habe keine Verabredung.» Nicht, dass ich mich nicht um eine bemüht hätte.

Am Abend zuvor hatte Erik am Rand seiner Badewanne gesessen, während ich von duftenden Seifenschaumblasen eingehüllt wurde, die auf dem heißen Wasser schwammen. Als die Wanne voll war, war er aufgestanden, hatte sein Handtuch abgenommen und gesagt: «Rutsch rüber.»

Wir begannen, uns zu küssen, er legte meine Beine um seine Hüften und begann, mich vor und zurück zu wiegen. Wasser schwappte aus der Wanne und spritzte auf den Fliesenboden. *Sex in der Badewanne.* Nie hätte ich mir das auch nur träumen lassen. Aber Erik war voller Überraschungen und unerwarteter Möglichkeiten, wenn es um mein Vergnügen ging.

Ich hatte ihm ebenfalls Vergnügen bereiten wollen, und später, als er mich mit seinem flauschigen, mit Monogramm bestickten Handtuch abtrocknete und die Arme um mich schlang, sagte ich: «Warum kommst du morgen nicht zum Abendessen zu mir? Ich koche für dich.»

«Wirklich? Du kochst?»

«Nein, eigentlich nicht.» Ich zuckte mit den Schultern. «Aber ich könnte.»

Er hatte gelacht, als fände er das charmant. «Das ist süß, aber warum führe ich dich nicht stattdessen lieber zum Essen aus?»

«Du verwöhnst mich zu sehr», sagte ich.

«Das ist doch okay, oder nicht? Du wirst das *Tavern on the Green* lieben.»

«Wow.» Seit meine Mutter mir davon erzählt hatte, wollte ich dorthin gehen. Ich freute mich riesig über seinen Vorschlag.

«Nur schaffe ich es morgen Abend nicht.»

«Oh.» Mehr konnte ich nicht sagen und war auf einmal eifrig damit beschäftigt, das Handtuch enger um mich zu wickeln, dankbar dafür, dass Bridget mich an diesem Samstagabend zu einer Party eingeladen hatte.

«Aber ein anderes Mal», sagte er. «Versprochen.» Er küsste meinen Hals und kitzelte mich, bis ich gegen meinen Willen lachen musste, mich aus seinen Armen und aus meinem Handtuch wand und es auf den feuchten Boden fallen ließ. Wir hatten noch einmal Sex, und ich blieb über Nacht, um am Samstagmorgen mit Spiegeleiern im Bett geweckt zu werden.

«Keine Verabredung, hm?», sagte Trudy nun. «Du siehst jedenfalls wirklich schick aus.»

«Danke.» Ich neigte den Kopf zur Seite, während ich meine Ohrringe anklipste. «Ich gehe auf eine Party.»

«Oh.»

Im Spiegel sah ich Trudy an. Sie wirkte enttäuscht, und ich konnte es ihr nicht verdenken. Wenn wir keine Dates oder andere Verpflichtungen hatten, war der Samstagabend unser Mädelsabend. Wir gingen ins Kino oder ins Theater oder gönnten uns einen Restaurantbesuch. Trudy hatte mich in ihre Pläne immer einbezogen, und ich wäre in meinen ersten Wochen in New York ohne sie verloren gewesen.

«Warum kommst du nicht mit?», sagte ich.

«So wie ich aussehe?» Sie zeigte auf ihr Gesicht. «Danke, aber ich verzichte. Ich werde mich in einem dunklen Kinosaal verstecken. Der neue Film mit Frankie Avalon und Annette Funicello ist gerade angelaufen.» Sie wandte sich ab. «Brauchst du Hilfe mit dem Weg?», fragte sie, da sie wusste, dass ich der U-Bahn immer noch argwöhnisch gegenüberstand, besonders abends und wenn ich umsteigen musste.

«Ich treffe Bridget an der Haltestelle in der 77th Street.»

Bevor ich aufbrach, sah ich Trudy noch einmal an und sagte: «Und was deine Sommersprossen betrifft: Versuch nicht, sie loszuwerden. Sie sind ein Teil von dir. Und eines Tages wird sich ein Mann in diese Sommersprossen verlieben. Darauf gebe ich dir mein Wort.»

◯

Die Party fand bei Katie Murphy statt, einer Sekretärin bei *Town und Country*, die an der Ecke 33rd und Madison wohnte. Bridget und ich trafen Margot, Leslie und Penny an der U-Bahn-Haltestelle Herald Square, und wir gingen gemeinsam zu Fuß die wenigen Blocks zur Party. Es war ein kühler Frühlingsabend. Zwar sah es nach Regen aus, aber bisher hatte das Wetter gehalten. Und weil keine von uns einen Regenschirm mit sich herumschleppen wollte, gingen wir das Risiko ein.

Während wir die Treppe hochstiegen, hörte ich Musik dröhnen. «I'm into Something Good» von Herman's Hermits. Als wir den Treppenabsatz im zweiten Stock erreichten, sahen wir, dass die Wohnung so voll war, dass sogar Leute in der offenen Tür und im Hausflur tanzten. Bei einem Blick in das Apartment fühlte ich mich, als hätte ich gerade eine von Holly Golightlys Partys betreten. Zigarettenrauch hing in der Luft wie Nebel, der über dem Hudson hereinwogte. Jeder hatte einen Drink in der Hand – Wein, Whiskey, Gin oder Bier. Die Männer waren attraktiv, die Frauen modisch. Eine Rothaarige in einem psychedelischen Hosenanzug tanzte für sich allein, an ihrer Zigarette hingen drei Zentimeter Asche, die bei jedem Hüftschwung drohten herunterzufallen.

Bridget lehnte sich mit einem Ellbogenstupser zu mir und sagte: «Mischen wir uns unter die Menge. Da drüben ist ein Typ, der für Doubleday Leute einstellt.»

Wir warfen unsere Jacken auf einen Stuhl, der als Garderobenständer diente, und bahnten uns mit rauschenden Kleidern den Weg durch das volle Apartment. Ich erkannte ein paar Leute aus dem Büro. In einem hochgeknöpften Mod-Kleid unterhielt sich Liz Smith mit Lyn Tornabene, die auf der Armlehne des überfüllten Sofas saß. Sie trug geblümte Culottes mit einem passenden Schal. Rex Reed war bei ihnen. Er war dunkel und attraktiv, wenn auch nicht im klassischen Sinn. Es dauerte einen Moment, aber sobald sein Aussehen begann, zu wirken, blieb es im Gedächtnis. Ich erinnerte mich an den Tag, an dem Helen ihn gefeuert hatte. Offenbar war er immer noch nicht darüber hinweg.

«Und was sagt sie zu mir?» Reed stand auf einem Hocker wie ein Redner, die Arme dramatisch ausgebreitet. «Sie sagt zu mir, ich schreibe ‹Pippi-puh›-Texte.»

«Was zum Teufel soll das denn bedeuten?», fragte Lyn lachend.

«Ich habe keine Ahnung. Aber hören Sie sich das an. Sie besitzt die Frechheit, mir zu sagen, dass sie meine letzten Kritiken trotzdem bringen wird, weil sie es *muss*, und dann – dann dreht sie sich um und bittet mich um einen letzten Gefallen, bevor sie mich feuert. Sie wollte, dass ich nach Los Angeles fliege und irgendeinen Hypnotiseur der Stars interviewe.»

«Oh nein.» Liz lachte in ihre Hände. «Diese *Hipper-Hypnotiseur*-Story will sie jedem aufdrängen.»

«Tja, ich habe ihr gesagt, dass ich mit meiner Pippi-puh-Schreibe woandershin gehe, schönen Dank auch.»

Sie lachten, und ich wollte weder Rex Reed noch mich selbst in Verlegenheit bringen, indem ich als Helens Sekretärin danebenstand und alles mit anhörte. Also ging ich.

Da die Gastgeberin für ein Hearst-Magazin arbeitete, waren die meisten ihrer Gäste aus der Zeitschriften-Branche, aber ich traf auch Verlagslektoren und Werbeleute, Börsenmakler und ein paar Anwälte. Einer der Werbeleute zauberte einen Herzbuben hinter dem Ohr einer jungen Frau hervor.

Ich traf Bridget wieder, die bei dem Doubleday-Mann kein Glück gehabt hatte. Sie reichte mir ein Glas mit etwas Grünem, das nach Pfefferminzlikör roch. «Ich habe zwar keinen Job klargemacht», sagte sie, während wir anstießen, «aber eine Verabredung, also war es wohl nicht völlig umsonst. Ich hoffe wirklich, er geht mit mir Steak essen. Gott weiß, dass er es sich leisten kann.»

Die Party war in vollem Gange, es wurde immer später, Platten wurden gewechselt, Flaschen wurden geleert und Aschenbecher quollen über. Ständig kamen und gingen Leute. Einer der Börsenmakler, Ray Soundso, versuchte, meine Telefonnummer zu bekommen. Er trug einen karierten Pullunder und bewegte sich so steif wie ein Mann, der dreiteilige Anzüge gewohnt ist. «Oder», sagte er, während er mir seine Visitenkarte reichte, «Sie rufen mich an.»

Zufällig sah ich auf und entdeckte ein Pärchen im angrenzenden Raum. Ray redete immer noch, während mir die Luft wegblieb. Ich sah den Hinterkopf des Mannes, und etwas in mir wusste es einfach. Einen Moment später, als spüre er, dass er beobachtet wurde, drehte er sich langsam um. Es war Erik. Mit einer anderen Frau. Einer Blondine. Genau die Art von Schönheit, die ich bei ihm erwartet hätte.

Der Börsenmakler baggerte mich immer noch an und erzählte mir von seiner Wohnung in der Fifth Avenue mit Blick auf den Park, aber seine Stimme klang gedämpft in meinen Ohren, übertönt vom Klang meines klopfenden Herzens. Ich war niedergeschmettert und gedemütigt, und ich konnte niemandem als mir selbst die Schuld geben. Was hatte ich denn erwartet? Er war ein Don Juan. Natürlich traf er sich mit anderen Frauen. Die ganze Zeit über hatte ich mir eingeredet, die Sache mit Erik wäre nur Spaß, doch der Körper log nicht. Mir war übel, ein sicheres Anzeichen dafür, dass es mir sehr wohl etwas ausmachte.

Ich konnte den Blick nicht von Erik und seiner Verabredung losreißen, wusste nicht einmal, ob ich wollte, dass er mich sah oder nicht. Die Blondine trug eine teure goldene Uhr mit Diamanten am Armband. Und obwohl es absolut lächerlich und nicht einmal logisch war, fragte ich mich, ob er sie ihr geschenkt hatte. Vielleicht ein Geburtstagsgeschenk oder womöglich ein Geschenk zum Jahrestag. Sie wirkten auf eine natürliche Weise vertraut miteinander, als wären sie schon ewig zusammen.

Mein Gesicht glühte, und ich entschuldigte mich bei dem Börsenmakler. An einem Bücherregal fand ich Halt, und das leere Glas in meiner Hand fühlte sich plötzlich furchtbar schwer an. So fand mich Bridget.

«Stimmt etwas nicht?», fragte sie und legte eine Hand auf meine Schulter.

Ich sagte nichts, während ich zusah, wie ihr Blick durch den Raum in Eriks Richtung wanderte.

«Ali, geht es dir gut?»

Ich nickte. Sie wusste nichts von Erik und mir. Keine meiner Kolleginnen wusste es. Der einzige Mensch, dem ich es erzählt hatte, war Trudy. «Ich glaube, ich habe einfach zu viel getrunken.»

«Brauchst du ein bisschen frische Luft?»

Wieder nickte ich und schloss die Augen. Ich konnte mich nicht länger mit dem Anblick der beiden quälen.

«Möchtest du, dass ich mitkomme?»

«Nein. Nein, danke. Ich komme schon zurecht.»

Ich wühlte mich durch den Haufen Jacken, bis ich meine gefunden hatte, und verließ die Party. Unten auf dem Bürgersteig versuchte ich mich zu orientieren und zu erinnern, in welche Richtung die U-Bahn war. Es nieselte leicht, und ich konnte immer noch die Musik der Party hören, die Four Tops sangen «Baby I Need Your Loving». Ein Pärchen schlenderte mit verschränkten Fingern vorbei. Der Kloß in meinem Hals wurde größer, doch ich schluckte ihn hinunter. Auf keinen Fall würde ich wegen Erik Masterson auch nur eine einzige Träne vergießen.

Die Eingangstür öffnete sich, und als ich aufsah, stand Bridget unter der Straßenlaterne.

«Ich mache mir Sorgen um dich», sagte sie. «Erzähl mir, was los ist. Was ist da oben passiert?»

Durch den Alkohol war ich redseliger, als der Situation vielleicht angemessen war. Und obwohl ich mir töricht vorkam, konnte ich nicht anders, als ihr von Erik zu erzählen. Jedes kleinste Detail sprudelte aus mir heraus.

«Männer sind Schweine», sagte sie, während wir unter der Markise Schutz vor dem Nieselregen suchten. «Sag mir nur eines – ist er so gut im Bett, wie alle sagen?»

Ich zuckte zusammen und schloss die Augen. Lauschte den Geräuschen der vorbeifahrenden Autos, deren Reifen über den nassen Asphalt rollten.

«Also? Ist er es?»

Ich weigerte mich zu antworten. Ich wollte nicht an seine anderen Eroberungen denken. «Ich komme mir vor wie eine Idiotin. Mir war von Anfang an bewusst, was er für einer ist. Es sollte mich nicht überraschen. Ich verstehe einfach nicht, warum mich das so mitnimmt.»

«Weil du mit ihm geschlafen hast, und das ändert alles. Es ist nicht deine Schuld. Das ist physiologisch», sagte sie mit einer Miene großer Autorität. «Ich habe gelesen, dass der Orgasmus ein Hormon freisetzt, durch das man eine Bindung zu dem Mann aufbaut, der einem den Orgasmus beschert hat.»

Ich hoffte, das stimmte. Ich hatte geglaubt, die Situation im Griff zu haben, aber irgendwie hatten sich heimlich diese ganzen Gefühle an mich herangeschlichen.

«Und weißt du, was wirklich mies ist?», sagte Bridget, «Für Männer ist es nicht so. Sie haben nicht dasselbe Hormon, also können sie sich einfach durch die Betten schlafen und weiterziehen. Aber wir Frauen nicht. Denk darüber nach. Wie viele Frauen kennst du, die jemanden kennenlernen und ihn erst mal *zu alt, zu klein, zu arm, zu dies, zu das* finden. Aber dann» – Bridget hob den Finger – «schläft sie mit ihm, und plötzlich ist er ein Gott.»

«Tja, glaub mir, Erik Masterson ist kein Gott. Ich wollte einfach nur ein bisschen Spaß haben. Er sah gut aus und –»
«Und er lädt dich in teure Lokale ein.»
Ich wand mich innerlich. «Das hört sich schrecklich an.»
«Seien wir mal ehrlich, sie benutzen uns, und wir benutzen sie.»
Halb nickend, halb schulterzuckend erinnerte ich mich daran, was Helen mir über ihre einhundertsechsundsechzig Liebhaber erzählt hatte. Für sie war es okay. Aber für mich? Ich benutzte Erik nicht, oder doch? Bei dem Gedanken an mein Angebot, für ihn Abendessen zu kochen, obwohl er eine Verabredung mit dieser Blondine hatte, erschauderte ich. Die Uhr an der Bank gegenüber zeigte an, dass es nach Mitternacht war.
«Hör mal», sagte ich. «Es wird schon spät. Ich mache mich auf den Heimweg. Warum gehst du nicht wieder rauf?»
«Sicher, dass es dir gut geht?»
«Ich bin sicher.»
Sie trat an den Rand des Vordachs und hielt die Hand hinaus, um zu überprüfen, ob es noch regnete. «Sieht so aus, als würde es nachlassen. Wenn du gehen willst, dann lieber gleich.»

◎

Ich nahm die U-Bahn, und zum ersten Mal war es mir egal, ob ich den Umstieg verpasste oder der Waggon voller Taschendiebe war. Ich lehnte den Kopf ans Fenster und sah die beschmierten Fliesen der Stationen wie Einzelbilder eines Filmstreifens vorbeiblitzen.

An meiner Haltestelle regnete es in Strömen, und als ich zu Hause ankam, war ich völlig durchnässt. Regen tropfte von meinen Haarspitzen und sammelte sich in Pfützen zu meinen Füßen. Drinnen hängte ich meine feuchte Jacke an den Garderobenständer in der Ecke und schlüpfte aus meinen Schuhen, die so durchgeweicht waren, dass meine nassen Füße eine Spur auf dem Holzboden hinterließen.

Plötzlich glaubte ich, jemanden draußen im Flur zu hören. Trudy vielleicht? Ich drehte mich um, aber es war nur das Gebäude, das knarrte. Ich stand da und starrte auf meine Jacke am Haken des Garderobenständers. Die Schultern und Ärmel hingen schlaff herab, Regentropfen sammelten sich immer noch auf dem Fußboden neben meinen nassen Schuhen. Dieses Bild spiegelte meine Gefühlslage perfekt wider.

Ich griff nach meiner Kamera, und als ich das Objektiv scharfstellte, wusste ich, dass ich hier etwas auf der Spur war, etwas, das ich zuvor nicht hatte einfangen können. Zum ersten Mal kam mir für ein Foto ein Titel in den Sinn: *Nach der Party.*

KAPITEL 16

Am Montagmorgen saß ich an meinem Schreibtisch, um Helens Fanpost durchzusehen und etwaige kritische Briefe auszusortieren, als ich mich beim Gedanken an Erik und die Fotos, die ich nach der Party gemacht hatte, ertappte. Fast eine ganze Rolle Film hatte ich meinen durchweichten Schuhen und der nassen Jacke am Garderobenständer gewidmet. Ich konnte es nicht erwarten, den Film entwickeln zu lassen, um zu sehen, ob diese Aufnahmen so gut waren, wie ich dachte.

«Alice?», rief Helen aus ihrem Büro. «Seien Sie doch so lieb, und holen Sie Bobbie, Walter und George. Ich habe eine Idee für einen Artikel, die ich mit ihnen besprechen will.»

«Sofort.»

Als Erstes ging ich den Flur entlang zu Bobbie Ashleys Büro. Ich fand sie über ein Manuskript gebeugt, die Seiten auf ihrem Schreibtisch verstreut. Bobbie war modisch, eine von diesen Frauen wie Elaine Sloan, die wussten, wie man ein Outfit mit einem Halstuch oder einem Armreif aufpeppte. Ihr Büro roch nach Chanel No. 5. Ich hatte schon immer einen scharfen Geruchssinn und kannte die Düfte, nachdem ich sie wochenlang am Tresen bei Bloomingdale's durchgetestet hatte. Langsam fing ich an, Düfte mit meinen Kolleginnen zu assoziieren. Helen war L'Air du Temps, Bridget war Shalimar, Margot Rive Gauche, und Penny Coty.

Bobbie war tief in ihre Arbeit versunken und bemerkte mich nicht. Schließlich räusperte ich mich.

«Ja?»

Sie musterte immer noch das Manuskript vor sich und strich die eine oder andere Zeile mit rotem Stift durch, während ich ihr erklärte, dass Mrs. Brown sie sehen wollte.

«Mmm-hmm.» Sie hatte sich immer noch nicht die Mühe gemacht, mich anzusehen. «Sagen Sie ihr, ich komme heute Nachmittag vorbei.»

«Eigentlich möchte sie Sie sofort sehen.»

Ihre Augenbrauen hoben sich leicht. «Hat sie gesagt, worum es geht?»

«Sie hat eine Idee für einen Artikel, die sie mit Ihnen, Mr. Meade und Mr. Walsh besprechen möchte.»

Bobbie pfefferte ihren Stift auf den Schreibtisch. «Jemand muss ihr sagen, dass kein Geld für weitere Artikel da ist. Für gar nichts ist Geld da.» Sie stand von ihrem Schreibtisch auf und rauschte an mir vorbei.

Also holte ich Walter und George und folgte ihnen zu Helens Büro. Als ich gerade die Tür von außen schließen wollte, rief Helen mich wieder hinein. «Kommen Sie und setzen Sie sich, Liebes. Ich möchte, dass Sie für uns Notizen machen.»

Helen saß in ihrem Puppensessel, die Schuhe abgestreift, die Füße unter sich gezogen. Bobbie und Walter saßen auf dem Sofa, während George einen der Stühle genommen hatte, die Knie zusammengepresst, Zigaretten in einer Hand,

Kaffeetasse in der anderen. Ich saß neben ihm, Stift und Stenografieblock bereit zum Diktat.

«Ich habe eine fabelhafte Story-Idee für Juli», sagte Helen.

«Wir haben kein Geld, um weitere Autoren zu beauftragen.»

«George, es wäre so schön, wenn Sie ausnahmsweise mal aufhören würden, sich ums Geld zu sorgen.»

«Na, irgendjemand muss es ja tun. Ist Ihnen bewusst, was Sie für die Autoren dieser Ausgabe schon ausgegeben haben? Das heißt, wenn man sie überhaupt Autoren nennen kann. Sie haben einer Freiberuflerin fünfhundert Dollar für einen Text über eine junge Karrierefrau, die zum Psychiater geht, angeboten.»

«Mir ist durchaus bewusst, was ich ihr bezahle, George. Aber lassen Sie mich Ihnen von dieser neuen Story-Idee erzählen. Die ist wirklich packend.»

«Ich bin ganz Ohr», sagte George und trank einen Schluck Kaffee.

«Ich möchte, dass wir einen Artikel darüber bringen, wie man richtig mit dem Busen umgeht.»

Beinahe hätte ich meinen Bleistift fallen lassen, und George spuckte fast seinen Kaffee aus.

«Ach du meine Güte», sagte Walter errötend.

«Das ist nicht Ihr Ernst, oder etwa doch?», fragte Bobbie. «Wer würde denn so was überhaupt schreiben?»

«Das ist genau die Sorte Artikel, die wir brauchen», erwiderte Helen. «Der Busen einer Frau, das sind nicht einfach nur zwei Melonen. Er braucht Aufmerksamkeit, besonders während des Liebesspiels.»

Ich konnte sehen, wie unwohl sich alle bei dieser Unterhaltung fühlten. Alle außer Helen. Sie redete über Sex wie andere Leute über das Wetter.

«Männer brauchen eine Einweisung, wie man den Busen liebkost, was für die Brustwarzen lustvoll ist und was nicht. Ich habe das Gefühl, dass es da draußen eine Menge Beißer gibt. Und überhaupt, wer könnte ihnen besser beibringen, wie man mit dem Busen richtig umgeht, als Frauen?»

«Sie haben nicht mal zehn Cents für eine solche Story zur Verfügung», sagte George.

«Dann schreibe ich sie eben selbst.»

«Dafür haben Sie keine Zeit», wandte Bobbie ein.

«Wollen wir wetten?»

«Ich weiß zwar nicht das Geringste übers Busen-Liebkosen», gestand Walter, «aber ich werde Ihnen bei dieser Story auf jeden Fall helfen.»

«Das ist doch lächerlich», sagte George. «Sie können sich eine solche Story doch nicht einfach aus den Fingern saugen.»

«Ich habe ein ganzes Büro voller Frauen», entgegnete Helen mit einem Lachen. «Frauen, die es genießen, wenn ihr Busen von jemandem liebkost wird, der weiß, wie es gemacht wird. Ich habe eine Testküche direkt vor meiner Tür, und ich werde sie nutzen.»

Als sie das Büro verließen, waren Bobbie und George und bis zu einem gewissen Grad sogar Walter verwirrt. Doch Helen war inspiriert.

«Alice, lassen Sie uns ein Memo rausgeben. Nur für die weibliche Belegschaft. Kennzeichnen Sie es als vertraulich.»

Helen sprach schnell, wie sie es immer tat, wenn sie sich für etwas begeisterte, und ich hielt alles in Stenografie fest. Dann ging ich zurück zu meinem Schreibtisch und begann, es abzutippen. Doch eigentlich dachte ich, *Ich bin nach New York gekommen, um Fotografin zu werden, und jetzt tippe ich Busen-Memos.*

AN: Meine Mitarbeiterinnen
VON: HGB
BETREFF: Streng vertraulich!!!

Wir brauchen Ihre Hilfe für einen kommenden Artikel über Busen und Vorspiel. Verraten Sie mir doch, wie Sie Ihren Busen während des Liebesspiels gern behandelt hätten. Ich möchte wissen, was Ihre Lust erregt und was Ihnen nicht gefällt. Ich betrachte das als einen äußerst wichtigen Ratgeber für Männer und eine Gelegenheit für uns, sie darin zu unterrichten, was unseren Busen glücklich macht. Sie erweisen mit Ihrer Teilnahme Frauen überall einen großen Dienst. Bitte geben Sie Ihre Antworten bis spätestens Freitag, 17 Uhr bei Alice ab. Wenn Sie möchten, können Sie anonym antworten.

Ich war gerade damit fertig, Helens Busen-Memo zu verteilen, als Bridget mich einlud, mit ihr und ein paar Kolleginnen an einer Vorlesung im Barnard College teilzunehmen. «Betty Friedan spricht heute Abend dort», sagte sie, während sie in ihren Taschenspiegel sah und eine frische Schicht kirschroten Lippenstift auftrug.

Da Helen das Büro an diesem Tag früh verlassen hatte, nahm ich die Einladung an. Auf unserem Weg zu der Vorlesung war Helens Memo das einzige Gesprächsthema.

«Anfangs habe ich es für einen Witz gehalten», sagte Margot. «Sie ist unsere Chefin. Wie kann sie erwarten, dass wir ihr von unserem Sexleben erzählen?»

«Und dann formuliert sie es so, als wäre es unsere Pflicht, auf ihr Memo zu antworten. Als wäre es unsere Verantwortung, die Männer für die ganze Frauenwelt zu erziehen», sagte Leslie.

«Ich finde es lustig», sagte Bridget. «Ich meine, kommt schon, sie will einen Artikel über Möpse veröffentlichen. *Möpse!* Das hat noch kein Frauenmagazin bisher gemacht.»

«Ich werde auf das Memo antworten», verkündete Penny. «Aber ich unterschreibe nicht mit meinem Namen.»

Ich hielt den Mund und ließ die Umgebung auf mich wirken. Ich hatte mich noch nie so weit in die Upper West Side vorgewagt. Der Barnard-Campus lag in unmittelbarer Nähe der Columbia University. Er war bezaubernd, mit Gebäuden aus rotem Backstein und Kalkstein, sorgfältig gepflegten Wegen und majestätischen, stolzen Säulen.

Die Rede wurde im Julius-S.-Held-Vorlesungssaal im zweiten Stock gehalten, einem großen Raum, dessen frisch gebohnerter Holzfußboden immer noch nach Bienenwachs duftete. Vor einer Tafel, die sich über die ganze Breite des Raumes erstreckte, drängten sich Sitzreihen quietschender, hölzerner Klappstühle. Der Vorlesungssaal war bereits rammelvoll, und wir waren gerade noch rechtzeitig angekommen, um ziemlich weit hinten fünf Plätze nebeneinander zu ergattern.

Als Betty Friedan vorgestellt wurde, stand das Publikum, das hauptsächlich aus jungen Frauen bestand, jubelnd und klatschend auf. Sie trat zum Podium und versuchte bescheiden, alle zum Verstummen zu bringen, und bedeutete ihnen, wieder Platz zu nehmen. Ich hatte *Der Weiblichkeitswahn* nicht gelesen. Alles, was ich über Betty Friedan wusste, hatte ich aus Zeitungen oder in Gesprächen aufgeschnappt.

Sie entsprach nicht meinen Erwartungen. Äußerlich wirkte sie eher unscheinbar, sogar ein bisschen unattraktiv, mit einer Höckernase und eng stehenden eulenartigen Augen. Aber sie war elegant gekleidet, in einen schlichten Glockenrock und ein beigefarbenes Twin-Set. Ihr Haar war kurz, ihr Schmuck schlicht, und abgesehen von etwas Lippenstift trug sie wenig oder möglicherweise kein Make-up. Mit anderen Worten, sie war das genaue Gegenteil von Helen Gurley Brown.

Betty Friedan sprach fast eine Stunde lang. Die Frauen lehnten sich auf ihren Stühlen nach vorne, während sie sowohl über ledige als auch über verheiratete Frauen redete, die sich hinter Freunden, Ehemännern und Kindern an zweite oder dritte Stelle zurückstellten. «Wir alle kennen Frauen, die das College abgebrochen haben, sobald sie verheiratet waren. Sie sitzen im selben Boot wie die Hausfrauen in Vororten, die arbeiten, um ihren Mann durchs College zu bringen, aber kündigen, sobald er einen Job an Land gezogen hat.»

Sie sprach mit großer Leidenschaft über jungen Frauen, die, obwohl ihnen die Welt offenstand, mechanisch ihren Alltag erledigten, sich rastlos, gelangweilt und unausgefüllt fühlten. «Diese intelligenten, gebildeten, kompetenten Frauen sind zu leeren Hüllen ihres idealen Selbst verkümmert. Die Gesellschaft hat ihnen eingeredet, dass sie nichts glücklicher machen wird als ein sauberes Haus und eine warme Mahlzeit auf dem Tisch.»

Und laut Mrs. Friedan war die Lösung auch nicht in sexueller Erfüllung zu finden. «Viele der Frauen, die ich befragt habe, berichteten, ein erfülltes Sexualleben mit ihren Ehemännern zu haben. Doch auch das» – sie machte eine Pause, um das Argument zu unterstreichen – «trug nichts dazu bei, die erdrückende Tristesse ihres Alltags zu mildern.»

Alles in allem regte ihre Rede zum Nachdenken an. Und dadurch, dass wir uns wohl alle bis zu einem gewissen Grad in den Frauen, die sie beschrieb, wiederfanden, hatte sie sogar etwas Verstörendes.

Als wir den Vorlesungssaal verließen und langsam dem Ausgang zustrebten, rief jemand meinen Namen. Ich drehte mich um und erblickte Elaine Sloan.

«Dachte ich mir doch, dass du es bist, Alice», sagte sie und zog mich in eine Umarmung. Sie trug ein tief ausgeschnittenes schwarzes Leinenkleid, das silberne Haar elegant zurückgekämmt, das Make-up makellos. Sie war so schlank, dass ich die Kontur ihres Brustbeins unter ihrer sonnengebräunten Haut sehen konnte. Ich fragte mich, ob sie vor Kurzem im Urlaub gewesen war. Sie sah aus, als wäre sie einem Magazin entstiegen, einer Anzeige von The Breakers in Palm Beach.

Nachdem ich alle einander vorgestellt hatte, fiel mir auf, dass Bridget und die anderen Elaines Louis-Vuitton-Handtasche, ihre silbernen Armreife und Diamantohrringe beäugten. Alles an Elaine Sloan schrie Stil, Erfolg und Geld.

«Ich habe gehört, du warst auf ein paar Fotoshootings mit Christopher», sagte sie.

Ich spürte Bridgets Augen auf mir. «Er hat mir geholfen und mir ein paar Tipps gegeben.»

«Du hast gar nicht erzählt, dass du mit ihm auf irgendwelche Fotoshootings gegangen bist», sagte Bridget, als hätte ich ihr ein Geheimnis vorenthalten.

«Elaine hat ihn dazu überredet», erklärte ich ihr. «Sie weiß, dass ich mich für Fotografie interessiere.»

«Wo wir gerade davon sprechen», sagte Elaine. «Ich habe endlich die Fotos von deiner Mutter gefunden, die ich dir zeigen wollte. Komm doch morgen Abend zum Dinner zu mir.»

«Sehr gern.»

«Wunderbar. Cocktails um sechs, Dinner gegen sieben. Ich bin im Dakota. Nenn dem Portier einfach meinen Namen.»

Als ich ihr für die Einladung dankte, umarmte sie mich erneut und küsste mich auf die Wange. Dann blickten wir ihr nach, wie sie in der Menge verschwand.

«Wer ist sie?», fragte Margot verwundert, als hätte sie es nicht für möglich gehalten, dass ein Kleinstadtmädchen wie ich so eine Frau kennen könnte.

«Sie ist Lektorin bei Bernard Geis. Sie war eine Freundin meiner Mutter.» Ich wartete, in der Hoffnung, dass sie mich bitten würden, mehr zu erzählen. Stattdessen zog Bridget mich beiseite, um mich zu fragen, ob Elaine ihr einen Job im Verlagswesen besorgen könnte.

Es war immer noch früh und ein schöner Abend, also drängten wir uns zu fünft an einen wackeligen Tisch draußen vor einem Café an der Ecke 96th und Amsterdam in der Nähe der U-Bahn-Haltestelle. Wir wärmten uns die Hände an unseren Kaffeetassen und analysierten Betty Friedans Vorlesung.

«Habt ihr manchmal das Gefühl, Teil des Problems zu sein?», fragte Margot.

«Inwiefern sind *wir* Teil des Problems?» Penny sah perplex

aus, eine tiefe Falte hatte sich zwischen ihre Augenbrauen gegraben.

«Na, denkt doch mal drüber nach. Wir arbeiten für ein Magazin, das Frauen mit all diesen Idealen gängelt. Jeden Monat sehen sie darin das Leben, nach dem sie streben und womit sie glücklich sein sollen.»

«Aber genau deswegen», sagte ich, «ist die neue Richtung, in die Mrs. Brown die *Cosmo* bringen will, so aufregend.»

«Das meinst du doch nicht ernst», sagte Margot ungläubig. Der milde Wind spielte mit den Spitzen ihres Pixie-Haarschnitts. «Sie führt das Problem doch nur fort.»

«Stimmt», sagte Leslie. «Abgesehen von diesem lächerlichen Busen-Memo ... Seht ihr denn nicht den Unterschied zwischen *Sex und ledige Mädchen* und Betty Friedans Vortrag?»

«Natürlich sagen sie unterschiedliche Dinge», erwiderte ich. «Aber die Gesamtbotschaft ist dieselbe. Helen Gurley Brown ist absolut dafür, dass Frauen Karriere machen.»

«Ja, damit sie für Männer interessanter werden», entgegnete Leslie.

«Und sie findet, dass Frauen unabhängig sein sollten», konterte ich. «Dass sie eigenständig leben, ihre eigene Wohnung haben sollten.»

«Ja, um dort Männer zu empfangen», sagte Margot. «Siehst du das denn nicht? Helen Gurley Brown redet uns immer noch ein, dass wir zu einem erfüllten Leben einen Mann brauchen. Betty Friedan sagt, dass wir bereits alles, was wir brauchen, in uns selbst haben.»

Ich verstand, was Margot meinte, und obwohl ich Helen nicht in allem recht gab, war sie meine Chefin und eine Außenseiterin. Und ich hatte eine Schwäche für jeden, der versuchte, den Widrigkeiten zu trotzen. Sobald Leute sie für ihre Überzeugungen angriffen, verteidigte ich sie reflexartig.

Margot unterbrach meine Gedanken. «Nimm nur mal diese Frau – die Freundin deiner Mutter. Du kannst mir nicht erzählen, dass sie herumsitzt und darauf wartet, dass ihr Mann sie glücklich macht.»

«Sie ist nicht verheiratet», sagte ich.

«Ist sie nicht?» Bridget sah schockiert aus.

«Das unterstreicht nur meinen Standpunkt», sagte Margot.

«Ich glaube», entgegnete ich, «dass Helen Gurley Brown und Betty Friedan uns jeweils dazu anhalten, ein erfülltes, glückliches, aufregendes Leben zu führen – ob mit oder ohne Männer. Sie haben nur unterschiedliche Methoden, das zu erreichen.»

«Worüber streiten wir hier eigentlich?», warf Carole ein, eine neue Sekretärin in der Vertriebsabteilung, die eine Woche nach mir angefangen hatte. «Kann irgendeine von euch ehrlich behaupten, dass sie nicht heiraten und eine Familie haben will?»

Zuerst sagte niemand etwas. Ich starrte auf den Verkehr, der die Amsterdam entlangkroch, während ich auf meinem Stuhl herumrutschte und an Michael dachte. Ich war überzeugt gewesen, wir würden heiraten und eine Familie gründen.

«Sicher will ich einen Mann und eine Familie», sagte Penny schließlich. «Aber noch nicht jetzt.»

«Ich auch nicht», stimmte Margot ihr zu.

Leslie nickte. «Ich bin der gleichen Meinung. Es gibt Dinge, die ich vorher noch tun möchte.»

«Was zum Beispiel?», fragte Carole.

«Ich möchte Schriftstellerin werden», sagte Penny.

«Ich Lektorin», sagte Bridget.

«Ich möchte Fotografin werden», sagte ich.

«Ich werde Modedesignerin», sagte Margot.

Wir alle sahen Carole an, die die Hände fest um ihre Kaffeetasse gelegt hatte. «Es tut mir leid», sagte sie verlegen, «aber ich bin nicht wie ihr. Ich habe keine großen, glamourösen Ziele. Sicher gibt es Dinge, die ich gern tun würde – ich würde gern reisen und vielleicht einen Malerei- oder Bildhauerkurs belegen. Ich will nicht nur zu Hause sitzen und Kekse backen. Aber eigentlich wäre ich glücklich, einfach einen netten Mann kennenzulernen, zu heiraten und eine Familie zu gründen.»

Ich erwartete, dass die anderen sich auf sie stürzen würden, aber zu meiner Überraschung sagte keine ein Wort. Die Geräusche der Stadt – Hupen, rufende Menschen, bellende Hunde – drängten sich auf einmal in den Vordergrund, dennoch war unser Schweigen unmöglich zu ignorieren. Es war, als hätte Carol gerade eine beschämende Wahrheit ausgesprochen, die für uns alle galt. Sogar für mich.

⬭

Das Dakota war beeindruckend. Mit dem weitläufigen Innenhof, den Giebeln und Dachgauben, den Bögen und kunstvollen Schmuckelementen wirkte es auf mich wie ein gotisches Schloss. Als ich mich dem Haupteingang näherte, wurde ich von einem livrierten Portier begrüßt, der Elaine meine Ankunft meldete und mich zum Aufzug führte, wo ein weiterer Mann in Livree mich in den vierten Stock brachte.

Elaine öffnete die Tür, noch bevor ich läutete. Ihr silbernes Haar lag offen auf ihren Schultern, und sie trug eine wallende cremefarbene Tunika mit schwarzer Paspelierung an Ärmeln und Kragen. Ihre Stereoanlage spielte leise Jazzmusik.

«Sie haben ein herrliches Zuhause», sagte ich, als ich in einen von smaragdgrünen Vorhängen eingerahmten Raum mit einem eleganten Sofa und passenden Polstersesseln trat. Der Kristallkronleuchter in der Eingangshalle beleuchtete den prächtigen Mahagonifußboden. Ich war nicht gut im Schätzen, aber ihre Decke war gut und gerne dreieinhalb Meter hoch.

«Freut mich, dass es dir gefällt. Was kann ich dir zu trinken anbieten? Einen Martini?» Sie ging hinüber zu einem gläsernen Barwagen, der mit Gin, Bourbon, Wodka und Wein in braunen und blauen Flaschen bestückt war. Daneben stand ein Eiskübel aus Sterlingsilber, an dem Kondenswasser perlte, als wäre er gerade frisch gefüllt worden.

«Ein Martini wäre toll.»

Als sie bemerkte, dass ich vorsichtig um den auf dem Wohnzimmerboden ausgebreiteten Zebrafellteppich herumging, lachte sie und sagte: «Das ist schon okay. Er beißt nicht. Du kannst ruhig darüberlaufen.» Sie gab etwas Gin und Wermut in einen silbernen Cocktailshaker. «Ich bin fast fertig mit dem Dekorieren. Zumindest fürs Erste. Vermutlich werde ich mich schon bald wieder langweilen und alles neu machen.»

«Sie haben das gemacht? Allein? Ohne einen Dekorateur?»

Sie lächelte, als wäre das nichts Besonderes, und schenkte zwei Martinis ein, wobei sie genau genug Platz für eine Olive ließ. «Das ist ein Hobby von mir.» Sie reichte mir meinen Drink und stieß mit einem zarten Klirren mit mir an. «Und nun erzähl», sagte sie, «wie läuft es bei der Arbeit?»

«Viel besser, dank Ihnen.»

«Ich hoffe, dieser junge Mann – wie war sein Name noch gleich?»

«Erik.»

«Erik, richtig. Ich hoffe, er benimmt sich seitdem.»

«Er wird mir keinen Ärger mehr machen.» Ich nahm einen weiteren Schluck von meinem Martini. Ich hatte Erik seit der Party nicht mehr gesehen, und das war mir recht. Mit ihm war ich fertig. Ich war zwar traurig, dass es vorbei war, aber froh, dass ich mich nicht ernsthafter auf ihn eingelassen hatte. Jetzt war ich sicher. Mein Herz war außerhalb seiner Reichweite.

Wir trugen unsere Drinks ins Wohnzimmer und setzten uns in ihre Polstersessel. Ich hatte gehofft, dass sie gleich die Fotos von meiner Mutter hervorholen würde, aber Elaine schien damit keine Eile zu haben.

«Wie hat dir der Vortrag gestern Abend gefallen?», fragte sie.

«Das muss man erst mal sacken lassen. Aber es bringt einen definitiv zum Nachdenken. Wir haben hinterher darüber geredet, dass Betty Friedan und Helen Gurley Brown ziemlich verschiedene Dinge sagen.»

«Sie sind so unterschiedlich wie Tag und Nacht. Zumindest möchten sie das glauben. Betty verabscheut Helen. Sie sagt, Helen ist obszön und anstößig. Ich persönlich tendiere mehr zu Bettys Denkweise, aber auch Helen liegt nicht völlig falsch. Genug davon», sagte Elaine kopfschüttelnd. «Es war schön, dich gestern Abend zu sehen. Du scheinst Leute kennenzulernen und Freunde zu finden.»

«Bei der Arbeit sind alle wirklich sehr nett», sagte ich. «Ich kann Ihnen gar nicht genug dafür danken, dass Sie mir diesen Job besorgt und Christopher gebeten haben, mir mit meiner Fotografie zu helfen.»

«Nichts zu danken. Christopher hilft dir gern. Außerdem» – sie machte eine kurze Pause, um sich eine Zigarette anzuziehen – «schuldet er mir ein paar Gefallen.»

Fragend hob ich die Augenbrauen.

«Ich kenne Christopher, seit er ein kleiner Junge war», erklärte sie. «Seine Eltern haben sich scheiden lassen, als er ein Baby war, und ich habe William, seinen Vater, kurz danach kennengelernt. Ich war völlig vernarrt in William.» Sie lächelte bei der Erinnerung, während sie ihre Asche abschnippte. «Ich hätte den Mann beinahe geheiratet.»

«Was ist passiert?»

Auf der Suche nach einer Antwort neigte sie den Kopf zur Decke. «Ich schätze, letztendlich habe ich ihn nicht genug geliebt. Er erwartete von mir, dass ich meine Karriere aufgebe und seinen Sohn großziehe, was ich am Ende praktisch sowieso getan habe. Ich war schließlich auch in Christopher vernarrt. Aber jetzt möchte ich nicht mehr über William reden», sagte sie, wobei eine gewisse Traurigkeit über ihr Gesicht huschte. «Christopher wird jedoch immer in meinem Leben sein. Er ist wie ein Sohn für mich.»

«Was wurde aus Christophers Mutter?» Ich konnte mir die Frage nicht verkneifen. Seit meine Mutter gestorben war, war ich entweder fasziniert von oder eifersüchtig auf die Beziehung anderer Leute zu ihren Müttern.

«Seine Mutter ...» Elaines Stimme brach einen Moment lang ab, als überlege sie, wie sie am besten antworten sollte. «Christopher hat sie nicht mehr gesehen, seit er ein Baby war. Weißt du, seine Mutter hat nicht einfach nur seinen Vater verlassen, sie hat auch ihn verlassen. Nach der Scheidung hat sie wieder geheiratet. Sie und ihr Mann haben jetzt zwei Kinder. Sie leben hier in der Stadt, und trotzdem hat sie kein einziges Mal versucht, mit Christopher Kontakt aufzunehmen. Sie hat nicht einmal angerufen. Oder einen Brief geschrieben. Nichts.»

Ich fühlte mich ihm seltsam verbunden, auch wenn seine Mutter ihn absichtlich verlassen hatte. Meine war mir genommen worden.

«Wie sie ihm das antun konnte, werde ich nie verstehen. Jedenfalls» – Elaine wischte den Gedanken mit einer Handbewegung fort – «wollte Christopher immer Fotograf werden, aber sein Vater hielt nichts davon. William ist Börsenmakler und wollte, dass sein Sohn in seine Fußstapfen tritt oder zumindest in der Finanzbranche arbeitet. Sie hatten ein paar schlimme Streits deswegen. Ich war immer die Schlichterin. William glaubte, Christopher würde verhungern, wenn er versuchte, seinen Lebensunterhalt als Fotograf zu bestreiten. Aber glaub mir, Christopher schlägt sich sehr gut. Und er ist noch so jung. Wie du siehst, bin ich ziemlich stolz auf ihn.» Sie lächelte zufrieden, lehnte sich zurück und rieb sich den Nacken. «Als ich noch bei Random House war, habe ich ihm seinen ersten Fotografie-Auftrag vermittelt. Ich hatte eine junge Autorin, die eine Porträtaufnahme brauchte.»

Ich versuchte immer noch, mir Christopher als Jungen vorzustellen, wobei ich mich an die Unterhaltung erinnerte, die wir an jenem Tag im Café geführt hatten. Er hatte darüber gesprochen, unbeholfen in der Gegenwart anderer Leute gewesen und für sich geblieben zu sein.

«Er ist ein guter Junge», sagte Elaine nun. «Und talentiert. Ganz zu schweigen davon, wie gut er aussieht. Unter all diesen Haaren. Und lass mich dir sagen, dieses gute Aussehen liegt in der Familie. Du hättest seinen Vater sehen sollen, als er jünger war.»

Ich lächelte. «Christophers Freundin ist auch furchtbar hübsch.»

«Oh, Daphne.» Sie zog einen gespielten Schmollmund. «Das geht schon länger, als es sollte. Und niemand kann mir erzählen, es hätte nichts mit seiner abwesenden Mutter zu tun.»

«Mögen Sie Daphne nicht?» Ich war überrascht.

«Doch, doch, sie ist in Ordnung. Völlig in Ordnung. Ich mag sie nur nicht für Christopher.» Sie drückte ihre Zigarette aus. «Nicht, dass er je auf mich hören würde, wenn es um Daphne geht. Ich hoffe, du hast Hunger.» Abrupt wechselte sie das Thema, stand auf und bedeutete mir, ihr in die Küche zu folgen, die größer war als meine ganze Wohnung.

«Riecht lecker», sagte ich, als ich den Geruch von Knoblauch wahrnahm, der die Luft erfüllte. Drei Kupfertöpfe köchelten auf dem Herd, an ihren Seiten leckten die Gasflammen empor. Weitere Töpfe in verschiedenen Größen hingen von einem gusseisernen Gestell über einer Kücheninsel. Frisches Basilikum, Oregano und Lorbeer standen auf der Arbeitsplatte und warteten darauf, in die Soße gegeben zu werden.

«Ich kann nicht glauben, dass Sie auch noch kochen können. Gibt es eigentlich irgendetwas, das Sie nicht können?»

«Du bist wirklich sehr gut für mein Ego.» Sie lachte und warf eine Spaghettinudel an die Wand. Meine Mutter hatte immer dasselbe gemacht, und die Nudel an den Fliesen zu sehen, versetzte mir einen Stich.

«Fertig», sagte Elaine triumphierend und machte sich dann daran, die Nudeln abzugießen und in eine pikante Soße aus Olivenöl und Weißwein, Knoblauch, Kräutern und Shrimps zu geben.

Wir setzten uns unter einen weiteren Kristallkronleuchter an den Esstisch, an dem bequem zwölf Personen Platz gefunden hätten. Elaine schenkte zwei Gläser gekühlten Chablis ein und hob ihr Glas. «Zum Wohl.»

Die Mahlzeit war köstlich, und hinterher sagte sie: «Warum trinken wir unseren Kaffee nicht im Wohnzimmer, und ich zeige dir die Fotos, die ich von deiner Mutter gefunden habe.»

Endlich. Ich hatte alle Fotos, die ich von meiner Mutter hatte, genau studiert, mir jedes Lächeln, jeden Blick und jede Geste eingeprägt. Ich hatte mir meine eigene Version ihres Lebens, meine eigene Geschichte zusammengestückelt. Aber ich wusste, sie war unvollständig. Abgesehen von meinem Vater, der nicht besonders viel über meine Mutter sprach, war Elaine die einzige Person, die die Lücken füllen konnte.

Sie ging in ein anderes Zimmer und kam wenige Minuten später mit einem flachen, lackierten Kästchen zurück. «Irgendwo habe ich auch noch mehr.» Sie hob die Hände, wie um zu sagen, dass *irgendwo* überall sein konnte. «Komm.» Sie klopfte neben sich auf das Polster. «Schau sie dir an ...»

Ich setzte mich, und sie reichte mir ein Foto, dessen Ecke umgeknickt war.

«Ich glaube, das war kurz nachdem wir uns kennengelernt hatten.»

Ich betrachtete den Schwarz-Weiß-Schnappschuss von ihnen beiden in der Tür des Plaza Hotels und bekam eine Gänsehaut.

«Siehst du, wie sehr du ihr gleichst?»

Ich schluckte hart. Natürlich sah ich die Ähnlichkeit. Aber in meinen Augen war meine Mutter immer viel schöner gewesen. Sie hatte etwas an sich, etwas, das die Leute verzauberte. Besonders Männer. Frauen – zumindest die Frauen damals in Youngstown – waren ihr gegenüber misstrauisch und wahrscheinlich neidisch gewesen. Sie hatten meine Mutter als ein Großstadtmädchen betrachtet, das sich für etwas Besseres hielt. Und so weit entfernt war es nicht von der Wahrheit. Sie verglich alles mit New York: Die Restaurants waren nicht so gut, die Bagels waren keine richtigen Bagels, die Käseauswahl war mangelhaft, die Kleider hinkten eine Saison hinterher.

«Weißt du, es gab nicht viele jüdische Mädchen im Barbizon», sagte Elaine, «also hielten deine Mutter und ich zusammen. Ich erinnere mich, dass die anderen jungen Frauen an Jom Kippur mit uns fasten wollten, um abzunehmen.» Sie zog ein weiteres Foto heraus. «Oh, schau dir das mal an. Das muss in einem unserer Zimmer gemacht worden sein.»

Elaine reichte mir ein Foto, das meine Mutter am Fußende eines Bettes zeigte, auf den Ellbogen gestützt. Sie lächelte in die Kamera. Wer auch immer das Foto gemacht hatte, hatte diesen schelmischen Ausdruck in den Augen meiner Mutter perfekt eingefangen. Es war ein Ausdruck, der sich in meinem Verstand einzementiert hatte, der Ausdruck, unmittelbar bevor sie in Gelächter ausbrach.

«Oh, wie die Kamera deine Mutter liebte. Man konnte einfach kein schlechtes Foto von ihr machen, selbst wenn sie es darauf anlegte. Das sagte sogar Harry Conover immer.»

«Wer ist Harry Conover?»

«Du hast noch nie von Harry Conover gehört?», fragte sie überrascht. «Bevor es eine Eileen Ford oder einen John Casablancas gab, gab es Harry Conover. Er besaß die größte Modelagentur in New York. Ich bekam meinen ersten Auftrag durch ihn. Für Pond's Gesichtscreme – das könnte zu der Zeit gewesen sein, als wir das hier gemacht haben.» Elaine lachte, während sie mir das nächste Foto reichte. Sie hatten beide Creme im Gesicht, einen verspielten Ausdruck in den Augen, die Münder zu übertriebenen Os geformt. «Weißt du, deine Mutter hätte als Model großen Erfolg haben können, wenn ihr Vater dem nicht den Riegel vorgeschoben hätte.»

«Warum? Wollte er nicht, dass sie modelte?»

«Du lieber Himmel, nein. Ihr Vater, der ‹Richter›», sagte sie und malte mit den Fingern Anführungszeichen in die Luft, «war sehr streng. Stets besorgt darüber, was andere Leute denken würden. Ihm gefiel die Vorstellung nicht, dass seine Tochter für Geld posierte. Seiner Meinung nach hätte sie ebenso gut ein Pin-up-Girl sein können.»

Elaine sprach so beiläufig, so nüchtern, aber ich hing wie gebannt an ihren Lippen. Abgesehen davon, dass er Richter war, wusste ich so gut wie gar nichts über den Vater meiner Mutter.

«Niemand hat je über meine Familie mütterlicherseits gesprochen», sagte ich. Die Eltern meiner Mutter waren beide unmittelbar vor meiner Geburt gestorben. «Was ist das nur mit meiner Familie und Autounfällen?»

«Wie meinst du das?»

«Na ja, zuerst sterben die Eltern meiner Mutter bei einem Autounfall, und dann sie. Es ist, als wären Autounfälle in meiner Familie erblich.»

Elaine bedachte mich mit einem seltsamen Blick, während sie einen Klecks Sahne in ihren Kaffee gab und langsam, gemächlich umrührte.

«Die Eltern meines Dads sind auch tot», sagte ich. «Also hatte ich nie Großeltern.»

«Ich weiß nur, dass der Vater deiner Mutter vollkommen überreagierte, als sie deinen Vater kennenlernte. Man hätte meinen können, sie habe ein Verbrechen begangen.»

«Er mochte meinen Dad nicht?» Ich rief mir meinen Vater vor Augen, gutherzig und sanftmütig, der friedfertigste Mensch, dem ich je begegnet war. «Ich dachte, alle liebten ihn.»

«Oh, Schatz, es waren vor allem die Umstände. Ich weiß nicht, was ihre Mutter von all dem hielt, aber ich kann dir sagen, ihr Vater war ein richtiger Scheißkerl. Tut mir leid», sagte sie, als sie meinen gequälten Ausdruck bemerkte. «Aber es stimmt. Er hat deiner Mutter fast das Herz gebrochen. Glaub mir, deine Eltern haben das Richtige getan.»

«Womit?» Ich hatte keine Ahnung, wovon sie redete. Es war, als führten wir zwei verschiedene Unterhaltungen.

«Wie ich schon sagte, ihr Vater war ein richtiger Scheißkerl. Und ihre Mutter hätte einschreiten sollen, aber sie tat es nicht.» Elaine sah aus, als wollte sie noch etwas anderes sagen, habe aber den Faden verloren. Nach einem Moment hob sie ihre Tasse. «Noch etwas Kaffee?»

Ich versuchte, mehr über diese schreckliche Sache herauszufinden, die der Vater meiner Mutter getan hatte, aber Elaine wich immer wieder aus, und am Ende des Abends ging ich mit mehr Fragen als Antworten nach Hause.

Vermutlich hätte ich meinen Vater danach fragen können, aber es gelang mir nie, ihn bei einem Ferngespräch lange genug in der Leitung zu halten, um eine ernste Unterhaltung zu führen. Und er war kein großer Briefeschreiber. Ich würde warten müssen, bis ich ihn das nächste Mal sah, wann immer das sein würde.

KAPITEL 17

Die Antworten auf Helens Busen-Memo trudelten die ganze Woche über ein. Ich verließ meinen Schreibtisch, um mir eine Tasse Kaffee zu holen oder zur Damentoilette zu gehen, und wenn ich wieder zurückkam, waren noch mehr aufgetaucht, zusammengefaltet und mit Klebeband versiegelt. Manche waren sogar zugetackert oder kamen in zugeklebten Umschlägen. Die meisten waren auf der Maschine getippt, damit niemand von der Handschrift auf die Verfasserin schließen konnte.

Meine Telefonleitung summte, und ich wurde in den Postraum gerufen, um ein Päckchen für Helen abzuholen. Als ich zurückkam, lagen zwei weitere anonyme Busengeständnisse auf meinem Schreibtisch.

Ich schlitzte gerade das erste davon auf, da kam Mr. Berlin den Flur entlanggestürmt. «Helen! Helen, diesmal sind Sie zu weit gegangen!» Er wedelte mit einer Ausgabe der *Women's Wear Daily* in der Hand, sein Gesicht war puterrot, die dicken Hängebacken bebten. «Sie machen uns zum Gespött der gesamten Zeitschriftenbranche.»

Bevor ich einschreiten konnte, stand Helen bereits in ihrer Tür, ihre Pucci-Rüschen flatterten nervös, doch ihre Stimme klang nach wie vor seidenweich. «Richard, was um alles in der Welt ist denn diesmal das Problem?»

«Wie zum Teufel ist ein Memo von Ihnen bei der *Women's Wear Daily* gelandet?»

«Welches Memo? Wovon reden Sie?» Obwohl sie sich bemühte, ihre Stimme ruhig zu halten, sah ich, dass sie beunruhigt war.

«Hier. In der Klatschspalte.» Er schlug die Zeitschrift auf und begann, laut vorzulesen. *«Wir brauchen Ihre Hilfe für einen kommenden Artikel über Busen und Vorspiel. Verraten Sie mir doch, wie Sie Ihren Busen während des Liebesspiels gern behandelt hätten.»* Es war ihm offenkundig völlig egal, wer es hörte.

Ich sah, wie die Farbe aus Helens Gesicht wich, während er ihr Memo wortgetreu, allerdings in einem spöttischen Tonfall vortrug. Inzwischen hatten alle ihre Aufgaben für den Moment unterbrochen, um das Spektakel zu verfolgen.

«Ich hoffe, Sie sind stolz auf sich, Helen. Ihretwegen sind wir das Gespött der Branche. Sie sind das Gespött. Was zur Hölle haben Sie sich dabei gedacht? Sie wissen ganz genau, dass ich Ihnen nie erlaubt hätte, so einen Artikel zu bringen.»

Das war der Moment, in dem Helen explodierte. «Dieses Memo war vertraulich!», schrie sie, obwohl ihre zarte Stimme kaum dazu in der Lage war. «Die hatten kein Recht, es mit irgendjemandem außerhalb dieses Büros zu teilen.» Ihre Augen wurden glasig, noch bevor sie in ihr Büro rannte und die Tür zuknallte.

«Was zum Teufel glotzen Sie alle?», bellte Berlin die Umstehenden an. «Zurück an die Arbeit!» Sie stoben auseinander wie Billardkugeln nach einem sauberen Anstoß.

Nachdem Berlin davongestampft war, klopfte ich zögerlich

an Helens Tür. «Mrs. Brown? Mrs. Brown, darf ich reinkommen?»

Ich erhielt keine Antwort, also drehte ich langsam den Knauf und öffnete die Tür. Sie hatte sich in Embryonalstellung auf ihrem Sofa zusammengerollt und schluchzte in ihre geballten Fäuste.

«Es tut mir so leid, dass das passiert ist. Kann ich irgendetwas tun?» Langsam kam ich näher und hielt ihr ein Taschentuch hin. «Hätten Sie gern ein Glas Wasser? Eine Zigarette? Irgendetwas?»

«Wie konnte das passieren?», murmelte sie und nahm das Taschentuch entgegen. «Warum tut jemand so etwas?»

«Ich weiß es nicht», antwortete ich und setzte mich neben sie. Sie wirkte so zerbrechlich wie ein kleiner Vogel. «Ich habe das Memo nur im Büro verteilt.»

«Und eines der Mädchen hat es an die *Women's Wear Daily* weitergeleitet.» Sie begann, sich vor- und zurückzuwiegen. «Das ist ein Albtraum. Wissen Sie, wie viele Leute die *Women's Wear Daily* lesen? Ganz zu schweigen vom Timing.» Sie erstarrte, als ihr das ganze Ausmaß der Sache bewusst wurde. «Mein Gott, ich versuche, dieses Magazin zu retten. Ich muss Autoren und Fotografen auftreiben. Ich muss Anzeigenkunden davon überzeugen, ihr Geld bei uns auszugeben, und jetzt wird mich niemand mehr ernst nehmen.» Ihre falschen Wimpern hatten sich gelöst und hingen schief wie kaputte Jalousien herunter. Sie zog sie sanft ab und legte sie auf den Beistelltisch – zwei gebogene Raupen.

Sie schnäuzte sich und trocknete ihre Augen. Ich saß einfach da. Doch dann ging ein Ruck durch sie hindurch. Noch nie zuvor hatte ich sie so wütend gesehen.

«Es ist mir egal, wer es war», sagte sie, dabei wurde ihre Stimme hart, stark. Es war genau die Art von Stärke, die gegenüber Berlin gefehlt hatte. «Ich werde diese kleine Mistkuh, die das Memo hat durchsickern lassen, finden. Ich werde sie finden und auf der Stelle feuern.»

◯

Am nächsten Morgen holten sich ein paar von uns in der Küche einen Kaffee. Plötzlich rauschte Helen herein und hielt ein Stück Papier hoch. Alle wichen zur Seite, um sie durchzulassen, als teilte sie das Meer. Ohne ein Wort zu sagen, ging Helen zum Schwarzen Brett und stieß eine Reißzwecke durch eine Notiz.

Es gibt eine Schlange in unserer Mitte!!
Sie drehte sich um und ging, ohne irgendjemandem in die Augen zu sehen – nicht einmal mir. Alle drängten sich ums Schwarze Brett. Nur ich lehnte an der Küchenzeile, beobachtete die anderen, während mein Kaffee kalt wurde. Sie waren meine Kolleginnen, meine Freundinnen. Und ich fragte mich ernsthaft, welche von ihnen so etwas getan haben könnte. Ich wusste, dass viele Probleme mit Helen hatten, aber ich konnte mir einfach nicht vorstellen, dass die Abneigung groß genug war, um ihre Chefredakteurin und damit das gesamte Magazin so unverfroren zu sabotieren.

Als ich zu meinem Schreibtisch zurückkam, streifte Erik durch die Abteilung. Ich war sicher, er genoss das *Women's-Wear-Daily*-Debakel. Seit der Party hatte ich mir alle Mühe gegeben, ihm aus dem Weg zu gehen, und angesichts des Busen-Memos fühlte es sich wie eine halbe Ewigkeit an. Ich beobachtete Erik aus den Augenwinkeln. Er plauderte mit Bill Guy und mit Bridget und mit ein paar der anderen Sekretärinnen. Als er Kurs auf meinen Schreibtisch nahm, schoss eine Hitzewelle durch meinen Körper. Ich hatte geglaubt, mit ihm abgeschlossen zu haben, aber innerlich kochte ich.

«Da ist sie ja», sagte er gut gelaunt und munter, als wäre alles in bester Ordnung. Sein aalglatter Tonfall machte mich nur noch wütender. «Hab dich gar nicht mehr gesehen in letzter Zeit.»

«Tja, nun, dafür habe ich allerdings dich gesehen.»

Er runzelte die Stirn. «Was soll *das* denn bedeuten?»

«Ich war auf Katie Murphys Party letztes Wochenende.»

«Wirklich? Das habe ich gar nicht mitbekommen.»

«Das weiß ich.»

«Warum hast du nicht Hallo gesagt?»

«Weil du beschäftigt warst. Ich wollte dich und deine Verabredung nicht stören.»

Er runzelte seine perfekte Stirn. «Was? Wer? Du meinst Sharon?» Er lachte. «Das war doch keine Verabredung. Sharon ist eine alte Freundin. Ich habe sie auf der Party zufällig getroffen. Das ist alles.»

Um beschäftigt zu wirken, kritzelte ich irgendeinen willkürlichen Unsinn auf einen Notizblock.

«Komm schon, Ali, das hatte nichts zu bedeuten.»

Ich warf ihm einen unnachgiebigen Blick zu. Am liebsten hätte ich die letzten paar Minuten wieder zurückgespult, um von Anfang an gleichgültig und gefasst rüberzukommen.

«Du glaubst mir das mit Sharon doch, oder?»

Ich legte den Stift nieder. «Für wie dumm hältst du mich

eigentlich?» So viel dazu, die Situation zu entschärfen. Ich machte es immer schlimmer.

«Ali, jetzt komm schon, warum regst du dich so auf?»

Seufzend stützte ich die Ellbogen auf den Schreibtisch und den Kopf in meine Hände. Ich war durcheinander. «Vielleicht weiß ich nicht, wie man ein unverbindliches Techtelmechtel hat. Vielleicht –»

«Ali –»

Ich hob die Hand. «Lass mich ausreden.» Ich sah in seine bezaubernden Augen und sagte: «Ich bin nicht darauf aus, mich in dich zu verlieben. Ich bin nicht an einer tiefen, komplizierten Beziehung interessiert.» Sein Mund stand offen. Anscheinend hatte er damit nicht gerechnet. Oder er glaubte mir nicht. «Ich meine es ernst», sagte ich. «Ich bin nicht auf der Suche nach einer Beziehung. Ich will einfach Spaß haben – ohne Verpflichtungen. Aber» – ich senkte meine Stimme zu einem Flüstern – «ich kann nicht mit dir schlafen, wenn du Sex mit anderen Frauen hast. Tut mir leid. Dadurch fühle ich mich schmutzig. Als würde ich eine fremde Zahnbürste benutzen.»

Er lachte und rieb sich das Kinn. Was ihm wohl durch den Kopf ging?

«Wenn du mit anderen Frauen schlafen willst, ist das in Ordnung», sagte ich. «Wir müssen uns nicht treffen. Schwamm drüber.»

Wieder lachte er. «Ich will nicht mit anderen Frauen schlafen.»

Ich ignorierte ihn und redete einfach weiter. «Ich habe nur einfach kein Interesse daran, dich in dieser Hinsicht zu teilen.»

«Ich will nicht mit anderen Frauen schlafen», wiederholte er und sah mich lächelnd an. Es war sein Schlafzimmerlächeln, das Lächeln, das er mir schenkte, wenn er jeden Zentimeter von mir in Erregung versetzte. Ich hasste mich in diesem Augenblick, aber zur Hölle, ich wollte diese Erregung wieder.

◯

Später an diesem Abend ging ich mit Erik ins *Tavern on the Green*. Er hatte versprochen, mich dorthin auszuführen, und außerdem hatte er behauptet: «Man kann sich erst wirklich einen New Yorker nennen, wenn man dort gegessen hat.»

Das Dekor des Lokals unterstrich seine Lage im Central Park durch Rosé-Töne in den Schattierungen blühender Blumen und Grüntöne, die die Farbe des Grases draußen spiegelten. Es war, als sitze man mitten in einem Garten. Genau wie meine Mutter es beschrieben hatte. Von ihr wusste ich auch, dass viele Berühmtheiten hier aßen, und ich war mir ziemlich sicher, dass dort drüben Ava Gardner mit einem jungen Schauspieler dinierte.

Es war alles so übertrieben, so absurd. So sehr Erik. Nichts davon war echt, aber das spielte keine Rolle. Es passte zu dem Märchen, das New York in meiner Vorstellung immer gewesen war – ich in einem glamourösen Restaurant mit einem attraktiven Mann. Das hier war genau das, was ich von ihm wollte, und Helen hätte es sicherlich gutgeheißen. Meine Mutter ebenfalls. Das hier war purer Ledige-Mädchen-Spaß.

Nachdem er zwei Champagnercocktails zu je fünfundneunzig Cent bestellt hatte, sagte ich: «Sie verstehen es wirklich, gut zu leben, Mr. Masterson.»

«Ich arbeite hart. Warum die Früchte meiner Arbeit nicht auch genießen, oder?»

«Ich nehme an, du hast nie Appetit auf Erdnussbutter und Marmelade, oder?»

Er lächelte. «In letzter Zeit nicht, nein.» Er hob sein Champagnerglas und sagte: «Auf eine der herausforderndsten Frauen, die ich je kennengelernt habe.»

Ich setzte das Glas an meine Lippen, dann zögerte ich. «Ist das ein Kompliment oder eine Beleidigung?»

«Bislang ist es ein Kompliment. In zehn Jahren könnte es vielleicht eine Beleidigung sein.»

«In zehn Jahren? Findest du das nicht etwas überstürzt? Ich bezweifle, dass wir uns in zehn Jahren überhaupt noch an den Namen des anderen erinnern werden.»

«Siehst du? Das meine ich. Dir entgeht nichts. Du tolerierst keinen Quatsch. Das bin ich nicht gewohnt, aber ich glaube, es gefällt mir. Du hältst mich definitiv auf Trab.»

Darauf tranken wir, und zwischen den Venusmuscheln und den in Butter gebratenen Froschschenkeln tanzten wir zum Milton Saunders Orchestra. Ich blickte hinunter auf unsere Füße, wo die Spitzen seiner Schuhe ungeniert gegen meine neuen Babydolls stießen.

«Ich hätte dich warnen sollen», sagte er. «Ich habe zwei linke Füße.»

Das stimmte. Er war ein grauenhafter Tänzer, und ich zog ihn während eines weiteren Songs gnadenlos damit auf. Gerade rechtzeitig für den Ananas-Käsekuchen und die Eisbombe Nesselrode kehrten wir an unseren Tisch zurück. Die

Rechnung kam, doch Erik rief den Kellner noch einmal zurück und bestellte zwei Brandys.

Seine Wohnung lag nur eine kurze Taxifahrt vom Restaurant entfernt. Wir küssten und berührten uns während der ganzen Fahrt. Und sobald wir oben waren, kamen wir gleich zur Sache. Begierig wie Kinder, die ihre Weihnachtsgeschenke aufreißen, öffneten wir gegenseitig unsere Knöpfe und Reißverschlüsse. Ich lag halb nackt auf seinem Bett, kaum noch fähig, zu denken. Er beugte sich über mich, seine Haarspitzen streiften meine Wange, als das Telefon klingelte.

Er stöhnte.

«Musst du da rangehen?»

Wir blickten beide zu dem klingelnden Telefon auf seinem Nachttisch.

«Ach was, das ist wahrscheinlich die Arbeit.» Das Telefon klingelte noch ein halbes Dutzend Mal, bevor der Anrufer aufgab.

Wir fielen wieder übereinander her, doch fünf Minuten später klingelte das Telefon erneut. Er hielt einen Moment inne, stützte sich auf die Ellbogen und starrte den Hörer an.

«Schon okay», sagte ich und rutschte unter ihm hervor. Das schrille Klingeln erfüllte das Apartment mit einem Gefühl von Dringlichkeit. «Du solltest rangehen. Es könnte wichtig sein.»

Als das Telefon zum dritten Mal klingelte, hob er ab. Ich hörte eine Männerstimme am anderen Ende und spürte eine jähe Welle der Erleichterung. «Ja», sagte Erik, während er mit den Fingerspitzen über meine Schulter und an meinem Arm entlangstreichelte. «Ich weiß, dass Sie schon mehrmals angerufen haben, aber ich kann gerade nicht sprechen. Warum?»

Er zog das Laken zurück und musterte meinen Körper kopfschüttelnd, als wolle er sagen: *Mann-o-Mann*. «Weil ich beschäftigt bin.» Er drückte auf die Gabel und legte den Hörer bewusst neben das Telefon.

«Nicht wichtig, nehme ich an?»

«Das hier» – er beugte sich vor und küsste mich –, «das hier ist wichtig.»

Hinterher lagen wir in seinem teuren Bett und malten mit unseren Händen Schattenfiguren an die Wände.

«Das ist kein Hund», sagte ich neckend zu ihm. «Das soll ein Wolf sein.»

«So sieht ein Wolf aus», demonstrierte er.

«Unfair.» Lachend zog ich seine Hand herunter. «Du hast längere Finger als ich.»

Danach küssten wir uns noch ein wenig. Er hielt mich im Arm, und es fühlte sich himmlisch an. Ganz so, als würde ich hierher in sein Park-Avenue-Bett gehören.

KAPITEL 18

Wieder einmal brach Helen ihre eigene Spesenregel. Sie ließ mich ein Lunchtreffen im *Patsy's* in der West 56th mit Jack und Sally Hanson vereinbaren, dem Ehepaar, das die Bekleidungslinie Jax gegründet hatte. Von Ann-Margret bis Gina Lollobrigida trug jeder ihre sexy, figurbetonten Hosen, und Helen wollte das Paar und ihre Kleidung in der Juli-Ausgabe präsentieren.

Da Helen zum Lunch fort war, beschloss ich, selbst auch auf einen Happen nach draußen zu gehen. Ich zog gerade am Schreibtisch meinen Lippenstift nach, als Bridget hinter mir im Spiegel meiner Puderdose auftauchte.

«Für wen machst du dich denn so hübsch? Besondere Lunch-Pläne?»

Genau genommen wollte ich mich mit Trudy treffen, aber bevor ich das erklären konnte, klingelte mein Telefon.

«Da hat dich das Klingeln gerade noch mal gerettet», sagte Bridget mit einem Lachen.

«Mrs. Browns Büro.» Ich klappte meine Puderdose zu und steckte sie zurück in meine Handtasche.

«Ich hoffe, es ist in Ordnung, dass ich Sie bei der Arbeit anrufe.»

«Wer spricht da?»

«Wie schnell wir doch vergessen. Hier ist Christopher. Christopher Mack.»

«Oh.» Die Überraschung in meiner Stimme ließ sich nicht verbergen. Ich sah Bridget an und machte eine Geste mit der Hand. Sie verstand die Botschaft und ging wieder zurück zu ihrem Schreibtisch.

«Am Freitagabend findet eine Vernissage unten im Village statt», sagte er. «Ich dachte, vielleicht möchten Sie hingehen. Es ist nichts Besonderes. Ein paar meiner Fotos werden dort ausgestellt, deswegen lade ich Leute ein, die ich kenne. Sie können jemanden mitbringen. Ich glaube, Elaine wird auch dort sein.»

Sofort wusste ich, dass ich Trudy fragen würde. Nicht Erik. Ich wollte Erik Elaine nicht vorstellen, und bis zu diesem Moment war mir nicht bewusst gewesen, wie peinlich es mir war, dass ich mich mit ihm traf. Dieses Gefühl setzte sich in mir fest und lag mir im Magen wie etwas schwer Verdauliches.

Christopher gab mir die Adresse, und sobald ich aufgelegt hatte, rief Helen an. Sie war an einem Münztelefon im Restaurant. Im Hintergrund hörte ich das Klappern von Geschirr und gedämpfte Gesprächsfetzen. Sie hatte ihren Jax-Ordner auf ihrem Schreibtisch liegen gelassen, und ob ich wohl ein kleiner Schatz sein und ihn ihr bringen könnte?

Ich sagte also meine Pläne mit Trudy ab und holte Helens schweren Ordner, der mit Notizen, Belegseiten und demselben Entwurf, den sie beim Lunch im *21* gezeigt hatte, vollgestopft war. Als ich im Restaurant ankam, führte mich der Oberkellner zu ihrem Tisch. Auf dem Weg dorthin bemerkte ich David Brown, der mit einem anderen Mann zu Mittag aß.

Das war kein Zufall. Immer wenn ich irgendwo eine Reservierung für ein Lunch-Meeting für sie ausmachte, sorgte ich zuerst dafür, dass David ebenfalls dort speiste. Dieselbe Zeit, derselbe Ort. Stets bereit, ihr aus der Klemme zu helfen, falls nötig.

Aber die Dinge schienen reibungslos zu laufen. Als ich mich Helens Tisch näherte, sah ich, dass sie lächelte, lachte, während ein unangerührter Martini und ein Salat, in dem sie höchstens herumstochern würde, geduldig auf sie warteten. Jack und Sally Hanson sah man die kalifornische Sonne an. Sie aßen ihre Vorspeisen, während Helen redete und erst innehielt, als sie mich mit dem Oberkellner erblickte.

«Oh, gut, Sie sind hier.»

Ich lächelte den Hansons zu, während ich Helen ihren Ordner reichte und mich leise zum Gehen wandte.

«Oh, warten Sie einen Moment, Liebes. Setzen Sie sich.» Sie deutete auf den leeren Stuhl neben sich und fuhr dann fort, als wäre ich gar nicht da.

«Im Grunde», sagte sie, «wollen wir die Marke Jax als führende Modelinie für karriereorientierte junge Frauen bestärken.» Sie machte eine kurze Pause, um ein Salatblatt aus ihrer Schüssel zu picken und mit geziert abgespreizten Fingern in winzig kleine Stücke zu rupfen, an denen sie anmutig knabberte. Ihr Besteck lag unangetastet neben ihrem Teller. «Wie gefällt Ihnen das?», fragte sie, während sie ein weiteres Salatblatt auswählte.

«Das gefällt mir sehr gut», antwortete Jack und betupfte seinen Mund mit der Serviette.

«Warum habe ich das Gefühl, dass die Sache einen Haken hat?», fragte Sally.

«Da gibt es keinen Haken.» Helen lächelte und zerpflückte ein weiteres Salatblatt. «Ich spreche von einer schönen Modestrecke – acht ganze Seiten – einschließlich eines Zeitschriftenartikels. Wir schreiben ein umfassendes Porträt über Sie beide – Hollywoods aufregendstes Ehepaar –, der Jet-Set, nur werden wir Sie ‹Jax-Set› nennen.»

«Jax-Set.» Jack lächelte. «Jetzt weiß ich, warum Sie eine so geniale Werbetexterin waren. Ich finde das sehr clever, Helen, aber acht Seiten? Warum sollten Sie uns so viel von Ihrem kostbaren Platz geben?»

«Sehen Sie sich doch nur an, was Sie geschafft haben.» Sie machte sich über ein weiteres Salatblatt her. «Sie beide haben den Kleidungsstil von uns Frauen vollständig verändert. Den seitlichen Reißverschluss auf die Rückseite der Hose zu versetzen – was für ein Geniestreich. Dadurch wird die Figur einer Frau perfekt betont. Nach dieser Kampagne werden sich all meine Mädchen Jax-Hosen kaufen.»

«Sie sagten Kampagne», bemerkte Sally an ihrem Martini nippend. «Also sprechen wir hier über Werbung?»

«Aber das ist ja das Geniale daran», sagte Helen. «Es wird nicht wie Werbung aussehen, weil es sich als Modereportage tarnt. Und das Beste ist, es kostet Sie nur einen Bruchteil des Preises für eine einzige ganzseitige Anzeige. Ich bitte Sie lediglich darum, die Kosten für das Fotoshooting zu übernehmen. Natürlich müssten Sie auch die Kleider zur Verfügung stellen, aber um alles andere kümmere ich mich.»

Ich lehnte mich zurück und beobachtete die Hansons. Helen hatte sie am Haken und verließ schließlich das Lunchmeeting mit der Zusage, dass Jack und Sally Hanson die

Rechnung für ihre erste Modestrecke übernehmen würden.

◯

«Das ist also eine Vernissage», sagte Trudy.

«Auch nicht ganz das, was ich erwartet hatte», antwortete ich.

Wir betraten einen nackten Raum, der aussah, als wäre er völlig verlassen gewesen, bevor dieses Rudel Künstler eingefallen war. Er war klein und beengt und roch nach Zigaretten, Räucherstäbchen und schalem Bier. Leute standen in Grüppchen herum, rauchten und tranken aus Pappbechern. Ich hatte noch nie zuvor so viele Ziegenbärtchen gesehen, und verglichen mit den sonnenbebrillten Beatniks in gestreiften T-Shirts und Baskenmützen sahen Trudy und ich fehl am Platz aus. Bei der Erinnerung daran, wie man mir meine Herkunft meilenweit hatte ansehen können, als ich nach New York gezogen war, trat ein Lächeln auf mein Gesicht. Denn nun sah ich hier im Village in meinem neuen blauen Etuikleid und Rhondas Slingpumps nach reinstem Uptown aus. Und das amüsierte mich.

Ich ließ den Blick über die Menge schweifen, konnte Elaine Sloan jedoch nicht entdecken. Sie hätte in diesem Raum ebenfalls hervorgestochen. Dasselbe galt für Daphne, die ich auch noch nicht gesehen hatte. Aber ich entdeckte Christopher – oder erhaschte zumindest einen flüchtigen Blick auf ihn. Er stand etwas abseits und sah mit seinem schwarzen Sportsakko, der gerade geschnittenen schwarzen Hose, schicken Lederstiefeln und dem perfekt zerzausten, dichten braunen Haar aus wie ein Mod, der eher nach London gehörte. Er schüttelte einem der Beatniks die Hand. Zwei Frauen warfen ihm Blicke zu, wahrscheinlich in der Hoffnung, seine Aufmerksamkeit zu erregen.

«Das ist er.» Ich deutete mit dem Kinn auf ihn. «Das ist Christopher.»

«Wow», sagte Trudy. «Du hast mir nicht gesagt, dass er so –»
«Er hat eine Freundin.»

Sie schenkte mir ein enttäuschtes Lächeln. «Mist. Warum sind die Guten immer vergeben?»

«So ist das nun mal», erwiderte ich.

Trudy und ich schlenderten ziellos umher und betrachteten das Sammelsurium aus Gemälden, Skulpturen und Fotografien. Keins der Kunstwerke gefiel mir sonderlich. Aus ein paar der Leinwände ragten Teile zerbrochener Stühle oder Lampenfassungen. Andere Bilder sahen aus, als wären sie nicht fertiggestellt oder schlichtweg ein Versehen gewesen. Wir lachten gerade über ein Werk, als Christopher zu uns kam.

«Da sind Sie ja.» Mit ausgebreiteten Armen machte er einen Schritt auf mich zu. «Ich bin froh, dass Sie es geschafft haben», sagte er und umarmte mich.

Ich stellte ihm Trudy vor, dann deutete ich auf eins der Gemälde. Etwas Glänzendes ragte aus der Leinwand. «Was soll das sein?», fragte ich.

«Ich glaube, es ist eine Radkappe», antwortete Christopher.

«Tatsächlich.» Ich drehte mich wieder zu dem Gemälde um. «Aber warum eine Radkappe? Was soll das bedeuten?»

«Ich habe nicht die leiseste Ahnung», gab Christopher zu. «Das müssen wir wohl den Künstler fragen.»

«Ich würde gern *irgendjemanden* fragen, wo hier die Damentoilette ist», sagte Trudy.

Christopher deutete zum hinteren Teil der Galerie. «Ganz nach hinten und die Treppe runter.»

Nachdem Trudy gegangen war, zog er eine Schachtel Lucky Strike aus seiner Tasche und bot mir eine davon an. Während er meine Zigarette anzündete, zeigte ich auf eine Skulptur, die aus einem Haufen zusammengeschweißter rostiger Metallteile bestand. «Und was ist damit?», fragte ich. «Was soll *das* darstellen?»

Christopher folgte meinem Blick und verzog das Gesicht. «Oh, bitte. Skulpturen sind das, was man anrempelt, wenn man einen Schritt zurück macht, um ein Gemälde zu betrachten.»

Ich lachte. «Das ist ein cleverer Spruch.»

«Leider gebührt die Ehre nicht mir.» Er lächelte. «Ich habe ihn von Ad Reinhardt geklaut.»

«Na, wenigstens sind Sie ein ehrlicher Dieb.»

Wir wandten uns dem nächsten Gemälde zu: ein Haufen Streifen in verschiedenen Grünschattierungen.

«Es tut mir leid, aber ich verstehe zeitgenössische Kunst nicht. Oder Pop-Art. Oder wie auch immer man das nennt.»

«Das sollten Sie hier vielleicht lieber für sich behalten», sagte er mit einem leichten Grinsen.

Ein weiteres Gemälde zeigte eine weiße Leinwand, aus der Holzsplitter hervorragten.

«Nun?», fragte er. «Was halten Sie von dem hier?»

«Nicht viel.» Ich lachte. «Das könnte ich auch. Warum gilt das überhaupt als Kunst?»

«Autsch. Also das hat wehgetan.» Er zeigte auf die Signatur.

Ich blickte hinunter. *Christopher Mack*. «Sie haben das gemacht? Das ist von Ihnen?»

«Schuldig.»

«Ups. Tut mir leid.» Ich war verlegen und versuchte, die Peinlichkeit mit einem Lachen zu überspielen. Zum Glück lachte er ebenfalls. «Ich kenne mich mit Kunst nicht wirklich aus», sagte ich.

«Das ist offensichtlich.» Er lachte immer noch.

«Ich wusste nicht, dass Sie Maler sind.»

«Ihren Maßstäben zufolge bin ich das auch nicht. Um ehrlich zu sein», sagte er, «spiele ich nur ein wenig herum. Die Galerie hat mir angeboten, ich könnte ein Stück von mir zeigen, wenn ich sie meine Fotos ausstellen lasse.»

«Apropos, wo sind Ihre Fotos?» Ich machte einen Schritt, um Abstand zwischen mich und meinen Fauxpas zu bringen.

Er führte mich zu einem anderen Bereich der Galerie. «Mal sehen, ob ich mich rehabilitieren kann.» Er streckte die Hand aus und zeigte auf eine Reihe von Schwarz-Weiß-Fotos.

Mit offenem Mund sah ich sie an.

«Was soll ich sagen? Sie haben mich inspiriert.» Er lächelte mit einem bescheidenen Schulterzucken.

Es waren die Fotos, die wir an jenem Tag im Village gemacht hatten: eine Frau, deren Hund an der Leine zog, eine Gruppe Jungs, die auf Rollschuhen die Waverly Place entlangliefen. Zwei alte Männer schachspielend auf einer Parkbank. Ein paar andere kannte ich noch nicht. Aber es überraschte mich, dass Daphne auf keinem von ihnen zu sehen war.

«Wo ist Ihre Freundin?», fragte ich, dabei meinte ich sowohl *Warum ist sie nicht auf Ihren Fotos?* als auch *Warum ist sie heute Abend nicht hier?*.

«Es ist was dazwischengekommen», sagte er, als wäre es keine große Sache. «Oh, und Elaine lässt grüßen. Sie hatte eine weitere Jackie-Susann-Krise bei der Arbeit.»

«Ich komme mir vor, als würde ich den Ehrengast in Beschlag nehmen», sagte ich, während ich mich zu einem weiteren Foto umwandte. «Müssen Sie sich nicht unter die Leute mischen?»

«Vermutlich. Aber das ist nicht so wichtig – hauptsächlich wollen die alle einfach nur Teil der Szene hier unten sein.»

«Es ist ganz anders als Uptown.»

«Das ist noch gar nichts», sagte Christopher. «Warten Sie nur, bis die mit der Lyrik anfangen.»

Ich lächelte. «Ernsthaft, ich sollte Sie wirklich wieder zurück zu Ihren Gästen gehen lassen.»

Er nickte. «Richten Sie Ihrer Freundin aus, es war schön, sie kennenzulernen. Oh, und sagen Sie Bescheid, wenn Sie wieder fotografieren gehen wollen.»

Wir verabschiedeten uns, ohne konkrete Pläne zu machen. Wenige Augenblicke später tauchte Trudy wieder auf, gerade als die Lichter gedimmt wurden und sich die Leute zur Mitte des Raumes hin drängten. Ein paar saßen auf Kisten, andere auf dem Boden, die Arme um ihre Knie geschlungen und mit dem Rücken an die Backsteinwände gelehnt. Der Raum war so voll, dass die Leute Schulter an Schulter standen. Ein junger Mann stand auf einem behelfsmäßigen Podium. Er hatte zottiges hellbraunes Haar, einen ebenso zottigen Bart und rauchte seine Zigarette bis runter zu den Fingerknöcheln, während er ein Gedicht über die Seelenlosigkeit des modernen Lebens, die flüchtige Natur unserer Existenz und ihre Vergänglichkeit rezitierte. Zwischen jeder Strophe schnippte er mit den Fingern, als wolle er das Gedicht damit erweitern.

Als er zum Ende kam, war ich überwältigt. Es lag etwas Pulsierendes in der Luft, eine unbekannte Energie. Es gefiel mir, und plötzlich bereute ich es, mein neues Kleid und Rhondas schicke Schuhe zu tragen.

Ich wäre gern noch geblieben, um mehr Lyrik zu hören, aber es wurde schon spät, und Trudy sah immer wieder nervös auf die Uhr und rauchte eine Zigarette nach der anderen.

Wir verließen die Galerie und machten uns auf den Weg zur U-Bahn. Es war eine schöne klare Nacht, in der eine milde Frühlingsbrise wehte. Autos säumten die Straßen, Stoßstange an Stoßstange, und die Bürgersteige waren voll von Village-Bewohnern, deren flatternde Jacken den Geruch von Marihuana hinter sich herzogen.

«Ich glaube, er mag dich», sagte Trudy, während wir am Bahnsteig auf die U-Bahn warteten.

«Nein. Wer? Christopher? Nein.» Ich schüttelte den Kopf. «Wir sind nur Freunde. Ich habe dir doch gesagt, er hat eine Freundin.»

«Eine Freundin, die heute Abend nicht da war.»

«So ist das nicht. Er liebt Daphne. Du hättest sie zusammen sehen sollen. Er ist verrückt nach ihr.»

Unser Zug kam, und wir stiegen ein und nahmen Platz. Ich dachte immer noch über das Gedicht nach.

«Okay, also schön», sagte Trudy. «Ich werde kein weiteres Wort über Christopher Mack sagen. Aber ich glaube, du machst dir etwas vor.»

«Es reicht, Trudy. Christopher hilft mir bei meiner Fotografie – das ist alles. Und mehr möchte ich auch nicht.»

«Wow.» Mit großen, runden Augen sah sie mich verwirrt an. «Du willst dich wirklich nicht verlieben, oder?»

«Wie ich dir schon sagte, nicht, wenn ich es verhindern kann.»

KAPITEL 19

Das Jax-Fotoshooting war angesetzt, und Helen hatte mich gebeten, sie zusammen mit Harriet, Tony und George zu begleiten. Es fand im Studio von J. Frederick Smith in der West 87th Street statt. Durch die Fenster des riesigen weißen Raums fiel die Morgensonne in breiten Streifen auf den Holzfußboden. Smiths Illustrationen und Fotografien säumten die Wände. Seine Arbeit besaß einen offenkundig sexy Pin-up-Stil, der mich an die Bilder erinnerte, die ich in den *Playboys* gesehen hatte. Mehrere von Smiths Werken hatten es auf die Cover des *Esquire* geschafft. Seine Fotografie suchte man in einem *McCall's* oder *Ladies' Home Journal* vergeblich. Selbst in der *Mademoiselle*.

Hearst hätte Helens Fotografenwahl nicht gutgeheißen, und ich enthielt Erik diese Information geflissentlich vor. Jedes Mal, wenn er danach fragte, behauptete ich, dass ich es nicht wüsste. Allerdings war er beeindruckt gewesen, dass Helen die Hansons dazu gebracht hatte, die Kosten für das Shooting zu übernehmen. Allerdings hatte ich keine Ahnung, woher er diese Information hatte.

Es vergingen Stunden mit den Vorbereitungen, ehe auch nur ein einziges Foto geschossen wurde. Ich saß abseits, hinter Helen und den Hansons, fasziniert von dem ganzen Prozess. Kleiderständer reihten sich an Dampfglätter an langen Stangen. Stylisten waren zur Stelle, um rasche Änderungen vorzunehmen, Säume hochzustecken, Abnäher auszulassen und überschüssigen Stoff mit Wäscheklammern zusammenzufassen. Eine Haarstylistin hatte in der Ecke einen Tisch aufgestellt, der vor Lockenwicklern, Bürsten, Kämmen und Perücken auf Styroporköpfen überquoll. Neben ihr hatte die Visagistin mit Koffern voll Rouge, Lippenstiften, Lidschatten, falschen Wimpern, Kompakt-Make-up und Gerätschaften zum Locken, Glätten und Ondulieren ihr Lager aufgeschlagen.

Smith hatte seine eigene Gefolgschaft an Assistenten, um Kameras zu laden, Beleuchtung und Stative aufzustellen, Reflektoren und Requisiten anzuordnen. Sie machten ein, zwei Polaroidfotos und nahmen Änderungen vor, um dann erneut den Belichtungsmesser abzulesen. Denselben Prozess wiederholten sie wieder und wieder, bis es perfekt war.

Die Models sahen sogar mit suppendosengroßen Lockenwicklern in den Haaren und noch ohne Make-up auf ihren makellosen Zügen atemberaubend aus. Bei ihrem Anblick dachte ich unwillkürlich an meine Mutter und Elaines Worte darüber, dass ihr Vater ihrer Karriere einen Riegel vorgeschoben hatte. Ich war immer noch in Gedanken, als, sehr zur Überraschung aller, Erik zusammen mit Dick Deems und Frank Dupuy auftauchte.

«Was machen die denn hier?», flüsterte Helen mir unauffällig zu.

«Ich habe keine Ahnung.» Woher wussten sie überhaupt, dass das Shooting an diesem Tag stattfand?

Mit einem gezwungenen Lächeln rauschte Helen an mir vorbei. «Dick, Frank, Erik – willkommen. Haben Sie Jack und Sally Hanson schon kennengelernt?» Helen tat so, als wäre es die ganze Zeit ihre Absicht gewesen, sie dabeizuhaben.

Erik und ich begrüßten uns, aber das war alles. Ob Helen wusste, dass ich mit ihm schlief? Mit Sicherheit, denn sie hatte bei diesen Dingen einen sechsten Sinn.

Helen wies Harriet und Tony an, wie sie mit den Hearst-Leuten umgehen sollten. «Versichert ihnen einfach, dass alles bestens läuft», sagte sie. «Und was auch immer ihr tut, lasst sie nicht hier herumwandern. Ich will nicht, dass sie versuchen, dieses Shooting an sich zu reißen.»

Sobald Harriet und Tony ihrer neuen Aufgabe nachgingen, rief Helen Smith herüber. Er hatte zwei verschiedene Kameras um den Hals hängen, und auf seiner Stirn zeigten sich Schweißperlen.

«Wären Sie so lieb, mir einen besonderen Gefallen zu tun?», sagte Helen zu ihm. «Machen Sie einfach ein paar nette, anständige Fotos von einem der Mädchen – nur um Deems und seine Lemminge zufriedenzustellen. Sie müssen nicht einmal einen Film in der Kamera haben. Ich sorge dafür, dass sie – *puff* – so schnell wie möglich verschwinden, und dann können wir uns wieder an die Arbeit machen.»

«Verstanden.» Er nickte und rief, die Hände trichterförmig um den Mund gelegt: «Wo ist Renata? Jemand soll Renata holen.»

Renata war eine hochgewachsene blonde deutsche Schönheit, deren Nachnamen ich nicht aussprechen konnte. Sie kam in einer die Hüften umschmeichelnden weißen Jax-Hose und einem Oberteil in rot-weißem Vichy-Karo mit hohem Kragen, der ihr bis zum Kinn reichte, hinter dem Umkleidevorhang hervor.

Smith brachte sie vor einem weißen Hintergrund auf einem Hocker in Pose, die Hände in ihrem Schoß, das lange blonde Haar zu einem glatten Pferdeschwanz zurückgenommen, der Ausdruck auf ihrem Gesicht war anständig und unschuldig. Helen wusste, was sie tat. Denn nach etwa zwanzig Minuten hörten die Hearst-Männer auf, Fragen zu stellen, und die Anspannung auf ihren Gesichtern ließ nach.

Während Smith so tat, als fotografiere er Renata, sah ich aus dem Augenwinkel, dass Erik sich einem der Models genähert hatte, das in seinen hohen Absätzen gut fünf Zentimeter größer war als er. War dies unschuldiges Flirten, oder versuchte er, ihre Telefonnummer zu bekommen?

Ich ertrug es kaum zehn Sekunden, dann ging ich hinüber. «Hey, wie läuft's?»

Er verstand und vergrub die Hände in den Hosentaschen. «Wir haben uns nur unterhalten», sagte er, als das Model außer Hörweite war.

«Was hältst du davon», milderte ich meinen Tonfall, «wenn wir heute Abend zu einer Lyrik-Lesung gehen?»

«Lyrik?»

«Ja, da ist dieser tolle Club unten im Village, und wir –»

«Im Village? Lyrik?» Er verzog das Gesicht. «Ich muss heute Abend lange arbeiten.»

Ich weiß nicht, warum mich das störte. Ich wusste, dass er das Village nicht mochte und dass er von Lyrik wahrscheinlich noch weniger hielt. Mit dem verzweifelten Wunsch, das Thema zu wechseln, wandte ich mich ab. «Sieht so aus, als würden sie das Mittagessen aufbauen», sagte ich.

Es gab ein üppiges Buffet mit Sandwiches und Salaten, Obst und von Hand aufgeschnittenem Roastbeef. Ich stellte Helen einen Teller zusammen, obwohl ich wusste, dass sie ihn nicht anrühren würde, so wie sie auch nichts vom Frühstücksbuffet gegessen hatte.

Nachdem die Hearst-Leute ihr Mittagessen beendet und das Studio verlassen hatten, entschuldigte sich Helen bei den Hansons und ging hinüber zum Set. George marschierte hinter ihr her, doch sie ignorierte ihn. Dank ihrer Zeit in der Werbebranche war sie hier in ihrem Element. Einen Arm um ihre Taille gelegt, die andere Hand unters Kinn gestützt, stand sie da und musterte Renata.

Dann wandte sie sich an Smith. «Wie machen wir es aufreizender? Mehr wie eines Ihrer Esquire-Fotos?»

«Also, Helen ...» George schüttelte den Kopf. «Sie wissen, wir können nicht –»

«Keine Sorge.» Helen schenkte ihm ein gönnerhaftes, herablassendes Lächeln. «Ich habe nur ein bisschen Spaß, das ist alles. Das sollten Sie auch mal versuchen.»

Das Kopfschütteln wurde nachdrücklicher, doch George ging tatsächlich davon.

Nachdenklich trat Smith einen Schritt zurück. «Renata, Schätzchen, würdest du bitte aufstehen?»

Nun zog Helen den Hocker aus dem Weg und ging um die Schönheit herum. Dabei ließ sie den Blick ebenso indiskret über ihren ganzen Körper schweifen wie ein lüsterner Arbeiter auf einer Baustelle. Sie drehte Renata herum. Ihr kariertes Oberteil war hinten tief ausgeschnitten und entblößte ihre Schulterblätter und die zart gewölbten Konturen ihrer Rückenwirbel.

«Schade, dass wir sie nicht von hinten fotografieren können», sagte Smith. «Die Rückseite des Oberteils ist sexyer als die Vorderseite.»

Helen sah Smith an, und ihre Augen funkelten. «Renata.» Sie streckte ihre Hand aus. «Kommen Sie mit, Liebes.»

Helen ging mit Renata hinter den Umkleidevorhang. Als sie wenige Minuten später wieder auftauchten, waren Renatas blonde Haare zerzaust und wild, und das karierte Oberteil trug sie nun verkehrt herum, sodass es vorne tief ausgeschnitten war und ihr üppiges Dekolleté und die Rundungen ihrer Brüste zeigte.

George fielen fast die Augen aus dem Kopf.

«Na, wenn das nicht aufreizend ist», sagte Helen.

◎

Das Jax-Fotoshooting war immer noch im Gange, als Helen mich zurück ins Büro schickte, damit ich mich um andere Angelegenheiten kümmerte: Briefe und Dankeskarten, die verschickt, Meetings, die festgelegt werden mussten, solche Dinge. Das Fotoshooting hatte mich inspiriert, und nach Wochen des Aufschiebens war ich bereit, mich für einen Fotografiekurs anzumelden. Ich trug das Formular bereits in meiner Handtasche mit mir herum und wollte es gerade ausfüllen, als Bridget herübereilte, um mich nach dem Shooting zu fragen.

«Es war faszinierend», sagte ich und steckte das Formular in meine Schublade, wo ich es praktischerweise für einige Wochen vergessen würde. «Obwohl die Führungsriege von Hearst aus heiterem Himmel aufgetaucht ist und das Ganze beinahe ruiniert hätte.»

«War Erik dabei?», fragte Margot, die mit einem Stapel Ordner in den Armen an meinem Schreibtisch stehen blieb.

«Mit Sicherheit», sagte Bridget. «Erik Masterson würde sich nie die Gelegenheit entgehen lassen, in der Nähe von einem Haufen Mannequins zu sein.»

Das tat weh. Während sie weiterredeten, blätterte ich die Post durch, aus Sorge, sie könnten den Schmerz in meinen Augen sehen. Nachdem Bridget und Margot wieder zurück zu ihren Schreibtischen gegangen waren, konzentrierte ich mich auf Helens Post. Dabei las ich aus Versehen einen Brief, den ich gar nicht hätte öffnen sollen.

Liebe Helen,
ich hoffe, es geht dir gut. Ich kann mich gar nicht erinnern, wann ich zum letzten Mal mit dir gesprochen oder einen deiner Briefe erhalten habe. Früher hast du ständig geschrieben, aber in letzter Zeit scheint es, als hätte ich mehr Kontakt zu David als zu dir. Ich habe dein Bild in einer der Zeitschriften gesehen, entweder in der Times oder der Newsweek. Mary hatte an dem Tag einen Arzttermin, zu dem ich sie begleitete. ~~*Der Arzt möchte sie*~~ *Ich wünschte, sie hätten ein besseres Foto verwendet. Du siehst so müde und verhärmt aus. Von David weiß ich, dass du ständig arbeitest. Sogar an den Wochenenden. Sei vorsichtig. Vergiss nicht, dich um deine Ehe und deinen Mann zu kümmern. Du machst dich kaputt, wenn du die ganze Zeit arbeitest, und du willst David am Ende doch nicht wegen dieses Jobs verlieren. Wenn du ihn vergraulst, wird es nicht leicht für dich, einen anderen Mann zu finden. Muss ich dich daran erinnern, dass du keine Grace Kelly oder Jayne Mansfield*

bist? Du hast deinen Verstand, aber damit wirst du nicht allzu weit kommen. Und, du meine Güte, was du in diesem Artikel für Dinge gesagt hast. Helen, muss denn alles, was aus deinem Mund kommt, so vulgär sein? Ich bin besorgt, dass du dich zum Gespött machst. In Zukunft bitte ich dich dringend, nachzudenken, bevor du sprichst, sonst bist du eines Tages arbeitslos, geschieden und bis über beide Ohren verschuldet. Apropos, ich hatte erwähnt, dass ich mit Mary kürzlich beim Arzt war. Er möchte sie nach Warm Springs schicken, aber natürlich kostet das Geld, und ich kann mir das nie leisten. Das wollte ich dich nur wissen lassen. Hier sind ein paar Kleeblätter aus ihrem Garten. Wir brauchen alles an Glück, das wir bekommen können. Bete für deine Schwester, wenn ich dich bitten darf.
Alles Liebe,
Mutter

Als ich das Ende erreicht hatte, waren etwa ein Dutzend Kleeblätter, die auf der Reise verwelkt waren, aus dem Brief herausgefallen und auf meinem Schreibtisch gelandet. Eine Spur aus grünem Pflanzensaft zeigte sich dort, wo ein paar der Blätter zerdrückt worden waren. Ich hob eines auf, hielt es an seinem schlaffen Stängel zwischen meinen Fingern und erkannte, dass es ein vierblättriges Kleeblatt war. Ich blickte auf ein weiteres. Ebenfalls vierblättrig. Jedes einzelne. Ich hatte noch nie zuvor ein vierblättriges Kleeblatt gesehen, geschweige denn eine ganze Sammlung davon.

Vorsichtig faltete ich den Brief zusammen, steckte die Kleeblätter wieder hinein und stopfte ihn zurück in den Umschlag, wobei ich mich fragte, wie er in Helens Fanpost geraten war. Es war ein Versehen gewesen, und ich war sicher, sie würde es verstehen. Dennoch hätte ich ihn nicht zu Ende lesen sollen. Ich hätte aufhören müssen, sobald ich gemerkt hatte, dass der Inhalt persönlich war, aber ich hatte nicht anders gekonnt.

Doch als Helen gegen sechs Uhr abends vom Fotoshooting zurückkam, war sie nicht wütend, dass ich ihn versehentlich geöffnet hatte.

«Hmmm.» Sie betrachtete die Handschrift ihrer Mutter auf dem Umschlag. «Ich frage mich, um wie viel Geld sie diesmal bittet.» Sie setzte sich hinter ihren Schreibtisch und griff nach einer Zigarette. «Das ist der einzige Grund, warum sie je schreibt – um mich um Geld zu bitten, oder um mir zu sagen, was ich falsch mache.»

Helen konnte hellsehen. Ihre Mutter hatte mit ein paar Schwüngen ihres Füllfederhalters beide Punkte abgehakt.

«Oh, Mutter», sagte sie, während sie den Brief überflog und dabei ein Kleeblatt hochhielt. «Möchten Sie eines? Die sind von meiner Schwester. Marys Garten ist voll von vierblättrigem Klee. Können Sie sich das vorstellen?» Sie lächelte über dieses Wunder. «Ab und zu lasse ich meine Mutter ein paar davon abschneiden und mir schicken. Ich presse sie gern und verschenke sie an Leute, die ein bisschen Glück gebrauchen können. Obwohl» – sie runzelte die Stirn – «der armen Mary haben sie nie genützt. Habe ich Ihnen erzählt, dass sie Kinderlähmung hatte?»

«Nein. Es tut mir leid, das zu hören.»

«Es ist ein Jammer. Sie ist ein liebes, liebes Mädchen und wirklich hübsch. Viel hübscher als ich – da brauchen Sie nur meine Mutter zu fragen, die wird es Ihnen bestätigen.» Helen schürzte die Lippen und lehnte sich zurück. «Die arme Mary sitzt im Rollstuhl. Ich schätze, es ist keine Überraschung, dass ich mich als die Gesunde schuldig fühle. Ich schicke ihr und meiner Mutter immer Geld, aber das lindert meine Schuldgefühle nicht. Mein Psychoanalytiker sagt, das ist das Kreuz, das ich tragen muss. Und wissen Sie, meine Mutter – nicht Mary, sondern meine Mutter – war der Grund, warum ich überhaupt erst zur Psychoanalyse gegangen bin. Ich liebe sie, wirklich, aber ich sage Ihnen, es gibt keine Sitzung – keine einzige –, in der ich nicht letztendlich über sie rede.» Mit einem genüsslichen Gähnen streckte Helen die Arme über den Kopf. «Stehen Sie und Ihre Mutter sich nahe, Alice?»

Ihre Frage ging mir durch Mark und Bein. «Äh – äh, nein. Nicht mehr. Sie ist gestorben.» Sogar nach all diesen Jahren graute es mir davor, diese Worte auszusprechen.

«Oh, Kittycat. Das tut mir leid. Das ist ja schrecklich.» Sie legte das Kleeblatt beiseite und deutete auf den Stuhl vor ihrem Schreibtisch. «Wann ist sie denn gestorben? Wie alt waren Sie da?»

«Es ist schon eine Weile her», antwortete ich, während ich mich setzte und den Kloß in meinem Hals hinunterschluckte. «Ich war dreizehn.»

Helens Schultern sanken herab. «Sie armes Ding. Es ist schrecklich, ein Elternteil zu verlieren, und noch dazu in so jungem Alter. Ich weiß das.» Sie lächelte liebevoll. «Ich war zehn, als mein Vater starb.» Sofort wurden ihre Augen feucht. «Er starb bei einem Aufzugsunglück.» Sie schüttelte den Kopf über die ungewöhnliche Natur des Ganzen.

«Oh nein.» Meine Hand fuhr zu meiner Brust. «Wie tragisch.»

«Es war schrecklich. Solch ein Schock. Wir waren völlig überrumpelt. Damit rechnet man einfach nicht.»

«So war es für uns auch», sagte ich mit einer gewissen Ehrfurcht. Ich wäre nie darauf gekommen, dass Helen Gurley Brown und ich etwas gemeinsam haben könnten. Doch wir hatten beide denselben plötzlichen Verlust erlitten. «Meine Mutter starb bei einem Autounfall. Sie wollte nur zum Laden fahren. Sie wollte gleich wieder da sein, aber sie –»

«Ich hatte schreckliche Angst vor Aufzügen», sagte Helen. «Jahrelang habe ich die Treppe genommen, egal wie viele Stockwerke es waren.» Wieder schüttelte sie den Kopf.

«Ich weiß, was Sie meinen», sagte ich in einem erneuten Versuch, sie die Verbindung erkennen zu lassen, die wir miteinander teilten. «Ich habe die Kreuzung, an der sie verunglückt ist, immer gemieden. Der andere Fahrer hatte eine rote Ampel überfahren. Er kam ohne einen Kratzer davon. Sie sagten, meine Mutter war auf der Stelle tot.»

«Ich hatte Albträume, dass ich in einem Aufzug war und Stock für Stock tiefer stürzte. Unmittelbar vor dem Aufprall wachte ich jedes Mal auf.»

Ich erkannte, dass ich Helens Geschichte über den Unfall ihres Vaters fälschlicherweise für Mitgefühl gehalten hatte, aber in Wahrheit hörte sie mir gar nicht zu. Und vielleicht war das auch gut so, denn ich hatte bereits mehr über den Tod meiner Mutter erzählt als seit Jahren. Trotzdem wollte ich, dass Helen mich *hörte*, und ausnahmsweise wollte ich das Gefühl haben, mehr für sie zu sein als nur ihre Sekretärin.

«Der Unfall meines Vaters schaffte es auf die Titelseite der Zeitung unserer Heimatstadt», fuhr sie fort. «Alle kamen, um ihm die letzte Ehre zu erweisen, und ich erwartete ständig, dass er zur Tür hereinspaziert käme. Ich war mir sicher, er würde sich freuen, dass alle so viel Aufhebens um ihn machten. Ich war so jung. Ich habe nicht verstanden, dass ich ihn nie wiedersehen würde.» Sie zupfte ein Taschentuch von ihrem Schreibtisch, um die Tränen aufzufangen. «Es tut mir leid», fuhr sie fort, während sie sich die Augen tupfte. «Es treibt mir immer noch die Tränen in die Augen, sogar nach all dieser Zeit. Aber ich bin sicher, Sie verstehen das», schniefte sie. «So etwas Schreckliches, einen Elternteil zu verlieren. Der Schmerz vergeht nie wirklich, nicht wahr?» Sie sah mich an, und ich konnte nicht sagen, ob sie eine Antwort wollte.

Gerade setzte ich an, etwas zu sagen, als sie ihre Aufmerksamkeit auf ein Manuskript auf dem Schreibtisch richtete und ihren roten Stift nahm.

Das Gespräch war vorbei, und das war vermutlich ganz gut so. Noch eine weitere Minute, und ich hätte vielleicht geweint.

«Nun», sagte ich, während ich von meinem Stuhl aufstand. «Dann lasse ich Sie mal weiterarbeiten.»

«Oh, und vergessen Sie nicht, Ihr Kleeblatt mitzunehmen», sagte sie und kehrte augenblicklich zu ihrem munteren, fröhlichen Ich zurück. «Die haben Mary zwar nie geholfen, aber ich glaube trotzdem an sie. Außerdem werden Sie alles Glück brauchen, das Sie kriegen können, mit Ihrem Don Juan.» Sie warf mir einen wissenden Blick zu, und ich konnte nicht sagen, ob sie erfreut war, dass ich ihren Rat befolgt hatte, oder ob sie mich nur für ein weiteres törichtes Mädchen hielt, das seine Lektion auf die harte Tour lernen musste.

KAPITEL 20

Am nächsten Morgen saß ich um halb acht an meinem Schreibtisch. Helen war bereits in ihrem Büro, und nachdem ich ihr eine Tasse Kaffee und ein Glas Carnation Instant Breakfast gebracht hatte, gingen wir zum Seitenaufriss. Von der Grafikabteilung war noch niemand sonst da. Ich schaltete die grellen Neonröhren ein, die auf den Fußboden herunterstrahlten. Statt an Schreibtischen arbeiteten die Leute hier hinten in Bürodrehstühlen vor schrägen Reißbrettern. Überall an den Wänden waren Zeichenschienen und Lineale montiert, in der Ecke standen ein Leuchttisch und ein Fotokopiergerät.

Sofort sah Helen, dass ein Cover zum Juli-Seitenplan hinzugefügt worden war. Tony musste es am Abend zuvor angeheftet haben. Sie trat zurück, um die hübsche Brünette zu mustern, die lächelnd einen Strandball hielt.

Dann nahm sie einen roten Marker und malte ein großes X über das Model. «Wenn Tony reinkommt, sagen Sie ihm, dass wir das Cover neu machen.»

Mit ihrem roten Marker in der Hand ging sie Seite für Seite durch und strich einen Artikel über *Schnelle Sommer-Picknick-Ideen* durch, und einen weiteren darüber, *Wie man Son-*

nenbrand behandelt. Doch mir fiel auf, dass auch ein paar andere neue Artikel über Nacht aufgetaucht waren, die Helens Inspektion bestanden: *Wie Sie in der Werbebranche Fuß fassen, Die nicht-verhängnisvolle Affäre, Judy Collins: Profil einer Folksängerin.*

Wir waren gerade fertig, als Tony La Sala hereinspazierte, das Jackett über eine Schulter geworfen, eine Zigarette im Mund und die Aktentasche in der Hand. Er lächelte und wollte gerade guten Morgen sagen, als er das rote X über dem Cover erblickte.

«Was ist denn hier los?» Mit einem schweren, dumpfen Laut ließ er seine Aktentasche fallen. «Helen, was machen Sie denn? Dieses Cover ist schon seit Monaten geplant.»

«Oh, ich weiß.» Sie runzelte die Stirn, als teile sie seine Enttäuschung. «Aber wir können das einfach nicht als Cover verwenden. Es tut mir leid, Tony, aber wir müssen wohl zurück ans Reißbrett.»

Er schleuderte sein Jackett regelrecht auf den Stuhl, sodass es auf der anderen Seite hinunterrutschte und auf dem Boden landete. Er ließ es dort liegen und stemmte die Hände in die Hüften. «Zurück ans Reißbrett womit? Geben Sie mir wenigstens eine Richtung vor. Was funktioniert denn Ihrer Meinung nach nicht? Ist es die Hintergrundfarbe? Die Schriftart? Die Schlagschatten? Das Bild? Ich habe noch andere Aufnahmen von ihr. Wir könnten –»

«Es ist das Mädchen, Tony. Es ist das Mädchen.» Sie ging zu ihm und legte ihm sanft eine Hand auf den Arm. «Wir müssen ganz von vorne anfangen. Denken Sie sexy, Tony. Sexy.»

Sie drehte sich um und ging hinaus, und ließ Tony und

mich auf sein Cover starrend zurück. «Hearst wird nicht erfreut darüber sein», sagte er und pfiff durch die Zähne. «Ich hoffe, sie sagt Berlin selbst, dass sie das Cover ändert, denn ich werde das ganz sicher nicht tun.»

◎

Später in jener Woche wurde ich erneut gebeten, Helen in die Grafikabteilung zu begleiten. Wir standen an der Wand und betrachteten ein paar neue Anzeigen, Illustrationen und noch zu füllende Seiten für den Juli sowie vorläufige Ideen für den August-Seitenplan.

Ich machte Notizen, während Helen drei neue Optionen für das Juli-Cover begutachtete, die Tony entworfen hatte. Jede war ansprechend auf einer Staffelei präsentiert, und er hatte Platzhalter für die Textzeilen eingefügt. George und Harriet standen neben mir, um Helens Reaktion zu beobachten, während Tony seine Arbeit zeigte.

«Dieses hier ist fantastisch», sagte George und zeigte auf das Cover mit einer hübschen Brünetten, die in einem weißen Rattansessel saß, einen Strauß Narzissen in den Händen.

«Sie ist vielleicht ein bisschen zu süß», warf Harriet ein. «Sogar für mich.»

«Danke», stimmte Helen ihr zu, dann verharrte sie kurz, bevor sie den Cover-Entwurf mit dem Gesicht nach unten drehte. Sie nahm die anderen beiden genau in Augenschein. «Nein. Mh-mh. Oh verflixt, ich fürchte nicht.»

«Wovon reden Sie? Das ist doch ein schönes Mädel», sagte Tony, während er auf das Cover zeigte, das sie als Nächstes abgelehnt hatte.

«Schön ist nicht dasselbe wie sexy», erwiderte Helen. «Hübsch ist nicht dasselbe wie sexy. Ich will heiß. Sinnlich. Sexy. Was ist aus den Fotos für das Jax-Shooting geworden?»

«Das sind keine Cover-Fotos», wandte George ein.

«Tony und ich haben sie schon durchgesehen», sagte Harriet. «Glauben Sie mir. Da ist nichts dabei, was für das Cover funktionieren würde.»

Helen schob die Unterlippe vor. «Sind Sie beide da absolut sicher, Kittycats?»

«Absolut», sagte Tony.

«Lassen Sie mich einen kurzen Blick drauf werfen. Nur so zum Spaß. Nur, um meine Neugier zu befriedigen.»

«Na schön. Wie Sie wollen.» Tony gab ihr einen Stapel Abzüge mit fünfundzwanzig Fotos pro Seite, jedes nicht größer als eine Briefmarke.

«Hier.» Harriet reichte ihr eine Lupe. «Nehmen Sie die.»

Helen beugte sich in ihrem knallrosa Mary-Quant-Etuikleid und den gelben Schuhen über den Leuchttisch, die Lupe am Auge, und begutachtete akribisch jedes Foto. Niemand sagte ein Wort, aber ich bemerkte die Blicke, die die anderen hinter Helens Rücken austauschten.

Bei der dritten Abzugseite rief Helen auf einmal: «Ha! Das ist es! Das ist perfekt!»

Ich betrachtete das Foto, auf das sie zeigte. Es war eine Aufnahme von Renata mit ihrem verkehrt herum angezogenen rot-weiß karierten Oberteil.

Harriet blickte ihr über die Schulter. «Haben Sie den Verstand verloren?» Sie lachte, weil sie dachte, Helen wolle sie auf den Arm nehmen.

«Genau das brauchen wir für das Juli-Cover.»

«Das können Sie nicht verwenden», widersprach George.

«Warum nicht?»

«Darum nicht», sagte Tony, als wäre es offensichtlich.

«Der Blick geht sofort zu ihren Brüsten», betonte Harriet. «Die Leute werden nur dort hinsehen.»

«Ganz genau», erwiderte Helen lächelnd. «Sie hat einen herrlichen Busen. Ich habe keine Lust auf diese flachbrüstigen Models. Sie sieht wie eine Frau aus. Natürlich mussten wir ihr Oberteil immer noch mit einer halben Schachtel Kleenex ausstopfen, aber sehen Sie sich nur das Resultat an. Sie ist sexy und temperamentvoll. Das ist ein Cover-Foto!»

«Muss ich Sie daran erinnern», sagte George, «dass wir dieses Cover nicht Männern verkaufen?»

«Sie haben absolut recht. Wir verkaufen es Frauen. Frauen, die Männer *wollen*. Und Männer wollen ein sexy Mädchen wie Renata. Und George, all diese Frauen wollen lernen, wie man so sexy wird wie sie.»

George wischte ihr Argument fort. «Darauf wird sich Hearst niemals einlassen.»

«Das werden sie, wenn es ihnen auf die richtige Weise serviert wird», entgegnete Helen.

«Es gibt keine *richtige Weise*, Berlin und Deems ein Paar Möpse zu servieren», sagte Tony.

«Haben Sie so wenig Vertrauen?» Helen grinste, als hätte sie die Herausforderung angenommen. «Wissen Sie, wie viele bahnbrechende Anzeigenkampagnen ich meinen Kunden verkauft habe? Kunden, die genauso stur und konservativ waren wie Richard Berlin und Dick Deems. Ich kann dieses Cover verkaufen. Glauben Sie mir. Lassen Sie es nur niemanden von Hearst sehen, bis ich Gelegenheit hatte, es ihnen zu präsentieren. Verstanden?»

◍

In den darauffolgenden Tagen arbeitete Tony an dem neuen Cover, und ich versuchte zu rechtfertigen, warum ich mich immer noch nicht für diesen Fotografiekurs angemeldet hatte, indem ich mir einredete, dass ich mehr von Christopher lernte, was wenigstens zum Teil stimmte. Wir waren noch ein paarmal unterwegs gewesen, um zu fotografieren, und dank ihm machte meine Arbeit Fortschritte. Aber tief im Innern wusste ich, dass ich Angst davor hatte, in einem Kurs zu sehen, wie weit ich hinterherhinkte.

Außerdem sagte ich mir, dass Helen jetzt meine volle Aufmerksamkeit brauchte. Sie brachte die Juli-Ausgabe zum Abschluss, um mit August und dem vorläufigen Seitenplan für September anzufangen. Sie jonglierte außerdem an die dreißig Artikel in verschiedenen Produktionsstadien. Die ganze Woche über hatte ich Autoren und Redakteure in ihrem Büro ein und aus gehen sehen. Liz Smith hatte vollkommen zufrieden gewirkt, als sie hineingegangen war, aber dreißig Minuten später war sie mit hängenden Schultern herausgekommen, ihr Manuskript voll roter Tinte. Sogar Walter Meades Artikel wurden höflich zerrissen.

Ich war in Helens Büro, um ihr eine frische Tasse Kaffee zu bringen, als Bobbie Ashley und George Walsh ihr einen Artikel über die zehn bei Ärzten beliebtesten Crash-Diäten reichten.

«Nun, Qualität hat eben ihren Preis», sagte George, was ein

offensichtlicher Seitenhieb auf Helens Entscheidung war, unerfahrene und billige freiberufliche Autoren anzuheuern.

«Ich fürchte, er hat recht.» Bobbie ließ sich auf einen Stuhl fallen. «Dieser Artikel ist – nun ja, er ist nicht veröffentlichbar.»

«Lassen Sie mich mal sehen.» Helen hatte sich in der Ecke ihres Sofas zusammengerollt und begann zu lesen.

George verschränkte die Arme vor der Brust und verlagerte sein Gewicht von einem Fuß auf den anderen. «Eindeutig ist der erste Absatz –»

«Pssst.» Helen hob die Hand und las weiter, dabei krümmten sich ihre Lippen zu einem verhaltenen Lächeln. Als sie fertig war, blickte sie hoch. «Nun, er braucht ein bisschen liebevolle Zuwendung, aber das ist alles. Wir polieren ihn ein bisschen auf und nehmen ihn für August.»

«Was?» Bobbie blieb der Mund offen stehen.

Helen nahm ihren Stift und machte einen Vermerk am Seitenrand. «Das ist ein guter kleiner Artikel.»

George schlug sich mit der flachen Hand gegen die Stirn. «Er ist nicht gut.»

«Er liest sich, als hätte ihn ein Kind geschrieben», sagte Bobbie.

«Warum?», konterte Helen. «Weil er nicht mit einem Haufen hochgestochener Worte um sich wirft? Das macht keine gute Schreibe aus. Meine Mädchen wollen sich kein Wörterbuch holen müssen, nur um einen Artikel zu lesen.»

«Aber wir müssen gewisse Maßstäbe aufrechterhalten», sagte George. «Das ist die *Cosmopolitan*.»

«Es tut mir leid», schnurrte Helen. «Aber der Artikel bleibt drin. Ich plane ihn für August ein.»

Später am Vormittag kam sie aus ihrem Büro zu mir. «Wären Sie bitte so lieb und tippen mir das hier ab?»

Helen reichte mir acht Seiten mit handgeschriebenen Notizen. Sie waren mit einer Büroklammer an ein Manuskript geheftet, das für eine vergangene Ausgabe verworfen worden war. Ich sah, dass Lin Root den ursprünglichen Artikel geschrieben hatte, über einen Gynäkologen in New York City, der für eine Östrogen-Pille namens Premarin warb. Er behauptete, dass sie Frauen die Unannehmlichkeiten der Wechseljahre ersparte und eine Möglichkeit war, für immer jugendlich und fraulich zu bleiben.

Helen hatte diese Fakten behalten, aber den Rest in ihrem üblichen Stil umgeschrieben, mit so wenig komplizierten Worten wie möglich, dafür mit viel Kursivschrift, Auslassungspunkten und Ausrufezeichen. Sie bezeichnete Premarin als den «Honig unter den Hormonen».

Als ich zu tippen anfing, kam Bridget zu mir. «Wie sieht es heute mit Lunch aus?» Sie trug einen blauen Minirock, den ich noch nie an ihr gesehen hatte. Für jemanden, der behauptete, nie Geld zu haben, kaufte sie in letzter Zeit ziemlich viele neue Kleider. Sie streckte das Bein aus, die Zehen voran, um Zentimeter für Zentimeter ihre Strümpfe hochzuziehen.

«Ich kann nicht. Tut mir leid.»

«Woran arbeitest du?» Bevor ich sie aufhalten konnte, hatte sie Helens Notizen genommen und begann, die Seiten durchzublättern. «*Oh, was für eine Wunderpille!* – Worum geht's da?»

«Ein neues Verhütungsmittel.»

«Interessant. Wurde auch Zeit. Weißt du, dass ich bei vier verschiedenen Ärzten war, und keiner von ihnen will mir irgendeine Form der Empfängnisverhütung verschreiben? Ein

Arzt hat mir gesagt, es wäre unmoralisch von einer unverheirateten Frau, sexuell aktiv zu sein. Er sagte, er würde mir keinen Freibrief geben, mich zugrunde zu richten. Das waren seine genauen Worte. *Mich zugrunde richten.* Kannst du dir das vorstellen?»

«Zum Glück gibt es Kondome, was?», sagte ich, während meine Finger munter drauflostippten.

«Und was ist mit den armen Frauen in Connecticut? Dort ist es selbst für verheiratete Frauen *illegal*, auch nur *irgendein* Verhütungsmittel zu benutzen. *Einschließlich* Kondomen. Und es ist nicht so, als würden sie in irgendeinem Hinterwäldlernest leben. Mein Gott, die sind in unmittelbarer Nähe von Manhattan. Wacht auf, Leute. Wir haben 1965!»

«Nun», sagte ich, während ich ein neues Blatt Papier in die Schreibmaschine spannte, «wenn diese Pille auch nur die Hälfte von dem macht, was behauptet wird, dann will ich sie haben.»

«Was macht sie denn?» Sie räumte eine Ecke meines Schreibtischs frei und setzte sich hin, um zu lesen.

«Sie verhindert Dinge wie Menstruationskrämpfe und Aufgeblähtsein.»

«Da bin ich voll und ganz dafür.» Sie blätterte die Seite um und las weiter.

«Helen sagt, es ist der Jungbrunnen für ältere Frauen. Angeblich sorgt diese Pille dafür, dass deine Haare dicht und glänzend bleiben. Und auch dass deine Augenbrauen und Lippen voll bleiben.»

«Meine Lippen? Wie meinst du das? Werden die dünner?»

«Anscheinend.» Mit den Fingern über den Tasten schwebend, hielt ich inne. «Ich bekomme den Eindruck, dass alles, was schön und dick ist, wenn man jung ist, im Alter dünn wird, und alles, was schön und dünn ist, wird dick.»

Bridget verzog das Gesicht. «Na toll. Darauf können wir uns also freuen?»

Mein Telefon klingelte. Es war Erik, der ebenfalls mit mir zum Lunch gehen wollte. Doch vermutlich war das der Geheimcode dafür, sich für einen Quickie rüber in seine Wohnung zu schleichen. Das letzte Mal, dass er mich tatsächlich in der Mittagspause getroffen hat, um zu Mittag zu essen, war an jenem Tag im *La Grenouille* gewesen. Bridget saß immer noch auf meiner Schreibtischkante und las.

«Tut mir leid, aber heute kann ich nicht», sagte ich, den Hörer zwischen Ohr und Schulter geklemmt. Er blieb hartnäckig und wurde ein bisschen schnippisch, als ich ein zweites Mal Nein sagte. Es war okay, wenn er eine Lyriklesung ablehnte, aber nicht okay, wenn ich die Mittagspause durcharbeitete? «Ich habe alle Hände voll zu tun. Vielleicht später diese Woche.»

Als ich auflegte, zeigte Bridget auf das Manuskript und lachte. «Hör dir das mal an: ‹Hält die Libido einer Frau tipptopp in Schuss und den Intimbereich voll Saft und Kraft.›»

«Bitte sag mir, dass ich das nicht tippen muss.»

KAPITEL 21

Helen war früh gegangen, um mit dem Chef von Revlon zu Abend zu essen, in der Hoffnung, ihn dazu zu bringen, in der *Cosmo* Werbung zu schalten. Ich war für den Tag fertig, und da Helen fort war, entschied ich, ebenfalls früh zu gehen. Zumindest früh nach Helens Maßstäben. Es war kurz vor sechs Uhr, und Erik würde mich in einer halben Stunde im *Keens Steakhouse* am Herald Square treffen.

Ich war bereits unten in der Lobby, als mir einfiel, dass ich meine Schlüssel auf meinem Schreibtisch liegen gelassen hatte, und so drückte ich auf den Knopf, um einen anderen Aufzug kommen zu lassen. Der Reinigungsdienst machte bereits seine Runden. Wer auch immer noch im Büro war, hatte eine Deadline im Nacken und arbeitete an seinen Texten, damit Helen sie redigieren und womöglich zerreißen konnte.

Als ich um die Ecke bog, sah ich überrascht, dass Margot noch da war. Die Härchen in meinem Nacken sträubten sich. Sie blieb selten auch nur eine Minute länger als fünf Uhr, und sie stand an meinem Schreibtisch und kramte in meiner obersten Schublade. Als sie mich sah, fuhr sie erschrocken zusammen und presste eine Hand auf ihre Brust.

«Oh Gott, du hast mich fast zu Tode erschreckt!»

«Was machst du da?» Mein Ton war schärfer, als ich erwartet hatte.

«Ich hab nur meine Tage bekommen», sagte sie kopfschüttelnd. «Ich dachte, du hast vielleicht eine Binde.»

«Andere Seite, untere Schublade.» Meine Stimme hatte immer noch eine Schärfe an sich, die ich nicht loswerden konnte. Mir gefiel die Vorstellung nicht, dass sie in meinen Sachen wühlte.

«Du bist eine Lebensretterin.» Sie nahm eine Kotex-Damenbinde heraus. «Wenigstens weiß ich, dass ich nicht schwanger bin.» Sie lachte, um die Stimmung zu lockern.

«Sonst noch was, womit ich dir helfen kann?» Ich schaute auf meine Uhr, um ihr nicht in die Augen zu sehen.

«Danke noch mal. Du hast mir wirklich das Leben gerettet.»

«Na, dann ist es ja gut, dass ich noch mal zurückgekommen bin.»

«Das kannst du laut sagen.»

Sie bemerkte meinen Sarkasmus nicht, oder vielleicht überhörte sie ihn absichtlich.

Ich nahm meine Schlüssel, dabei blickte ich mich auf meinem Schreibtisch um, um mich zu vergewissern, dass sie sich nicht noch etwas anderes genommen hatte, bevor ich mich zu meiner Verabredung mit Erik aufmachte.

◎

Ich war noch nie im *Keens* gewesen, einem weiteren Top-Restaurant auf Eriks Liste. Er sagte, es war bekannt für seine Lammkoteletts und eine beeindruckende Sammlung von Lesepfeifen. Ich war trotzdem überrascht, als ich all die weißen, langstieligen Tonpfeifen sah, die an der Decke befestigt waren. Manche der Pfeifenholme waren über dreißig Zentimeter lang.

Von Erik war keine Spur zu sehen, also setzte ich mich an die Bar und wartete dort auf ihn. Es war ein maskuliner Ort mit dunkler Wandvertäfelung und natürlich diesen Pfeifen. Der Barkeeper war ein freundlich aussehender Mann mit großen, runden Augen, und ich bemerkte, dass er schnell blinzelte, während er mir erklärte, dass das *Keens* früher der Treffpunkt eines Pfeifenclubs gewesen war.

«Der Keen's Pipe Club hatte in seinen besten Zeiten über neunzigtausend Mitglieder», sagte er, während er ein paar Gläser in einer Wanne hinter dem Tresen ausspülte. «Ein paar dieser Pfeifen stammen aus dem neunzehnten Jahrhundert. Und jeder, der etwas auf sich hielt, gehörte zum Keen's. Da oben hängt Teddy Roosevelts Pfeife. Und die von Albert Einstein, J. P. Morgan, sogar die von Babe Ruth.»

Er plauderte weiter mit mir, wie es viele Barkeeper taten, wann immer eine junge Frau allein an der Bar saß. Es schien andere Männer davon abzuhalten, die holde Maid zu belästigen. Während er sprach und mir einen Martini mixte, wanderte mein Blick immer wieder zu einem Porträt an der Wand hinter ihm. Es zeigte eine Frau, nackt, die, sich verführerisch auf einer Chaiselongue räkelnd, die Aktivitäten in der Bar im Auge behielt.

«Ich wette, sie hat im Lauf der Jahre schon einiges gesehen», sagte ich und zeigte mit meinem Glas auf sie.

«Das ist Miss Keens.» Der Barkeeper lächelte blinzelnd und zeigte mit dem Daumen über seine Schulter.

«Wer ist der Künstler?»

«Das ist ein großes Mysterium. Niemand weiß, wer sie gemalt hat. Manche sagen, der Künstler hat versucht, einen Akt von Goya zu imitieren. Ist sie nicht eine Schönheit?»

Er redete über die Nackte und die Pfeifen, während ich meinen Martini austrank. Immer noch keine Spur von Erik. Mein Freund, der Barkeeper, stellte einen zweiten Drink vor mich. «Wäre klug von Ihnen, ein bisschen was zu essen», sagte er und reichte mir eine Speisekarte. Das Einzige, was ich mir leisten konnte, war der Miss-Keens-Steak-Burger für $1,75.

«Der ist ohne Brötchen.» Er zwinkerte mir zu. «Kapiert? Er wird nackt serviert.»

«Und ich schätze, man könnte eine Tomatenscheibe oder ein Salatblatt dazubestellen, wenn man Reizwäsche möchte.»

Er lachte.

Mein Miss-Keens-Burger war lecker, konnte den Gin allerdings nicht mehr kompensieren. Ich behielt die Tür im Auge, während ich aß, sah mich sogar im Restaurant um, weil ich Erik vielleicht übersehen hatte, als er reingekommen war, aber er war nicht da. Als ich meinen Burger aufgegessen hatte, war es Viertel vor acht und ich hatte genug gewartet. Ich bezahlte meine Rechnung, dankbar, dass der Barkeeper mir den zweiten Martini nicht berechnet hatte, und machte mich auf den Weg zur Herald-Square-U-Bahn-Station.

Als ich im Zug saß, lehnte ich den Kopf an die kühle Fensterscheibe. Ich war wütend auf Erik – *er* hatte darauf gedrängt, *mich* zu sehen. War das eine Art Spiel für ihn? Bestrafte er mich dafür, dass ich zum Lunch nicht verfügbar gewesen war? Ich fragte mich, wie alles so kompliziert hatte werden können. Was war aus dem Spaß geworden? Jetzt ärgerte ich mich über mich selbst. Wie weit war ich bereit für großartigen Sex zu gehen?

Der Fußmarsch von der U-Bahn zu meiner Wohnung nahm meiner Wut ein wenig die Schärfe, machte mich jedoch nicht wirklich nüchtern. Jetzt wollte ich einfach nur noch ein Aspirin und schlafen. In meiner Wohnung war es stickig, aber bevor ich ein Fenster öffnen konnte, klingelte das Telefon. Ich streifte meine Pumps von den Füßen. Der Küchenboden fühlte sich kühl und beruhigend unter meinen Fußsohlen an, als ich hinübertappte, um ans Telefon zu gehen. Es war Erik.

«Warum bist du gegangen?» Ich hörte Leute im Hintergrund und nahm an, dass er am Münztelefon im *Keens* war.

«Ich habe über eine Stunde gewartet.» Das Telefon zwischen Ohr und Schulter geklemmt, zog ich den Reißverschluss meines Kleids auf und ließ es von meinen Schultern zu Boden gleiten. «Wenn ich noch länger gewartet hätte, hätte man mich dort raustragen müssen.»

«Es tut mir leid», sagte er und klang dabei aufrichtig. «Ich wurde in eine Konferenz mit Deems und Berlin gerufen. Ich konnte nicht weg. Ich bin rübergeeilt, sobald ich konnte. Der Barkeeper hat mir gesagt, dass du schon gegangen bist.»

Ich war geneigt, ihm zu glauben, aber trotzdem war ich verärgert. «Tja, nun», sagte ich gespielt desinteressiert.

«Ali, es tut mir wirklich leid. Treffen wir uns doch jetzt. Ich kann zu dir nach Hause kommen.»

«Es ist schon spät. Ich bin betrunken. Ich gehe ins Bett.»

«Ali, bitte? Ich muss dich sehen.»

«Du kannst mich morgen sehen. Gute Nacht, Erik.»

Obwohl ich diesen Burger gegessen hatte, schwamm der Gin immer noch in meinem Kopf herum. Ich griff nach einer

Packung Aspirin, und als ich ein Glas unter den Wasserhahn in der Küche hielt, klingelte das Telefon erneut.

Mein Ton war schnippisch, als ich ranging, bis ich merkte, dass Christopher am Apparat war.

«Hören Sie», sagte er. «Ich stecke in der Klemme und hatte gehofft, Sie könnten mir heraushelfen.»

«Sicher. Das heißt, falls ich kann.»

«Ich bin drüben in der Park Avenue zwischen der 66th und der 67th im Armory. Ich habe heute Abend ein Shooting, und meine Assistentin hat gerade abgesagt. Können Sie mir aushelfen? Die Bezahlung ist nicht hoch. Nur fünfundzwanzig Cents, aber ich verspreche, ich stehe für immer in Ihrer Schuld.»

Ich war wieder nüchtern, als ich das Park Avenue Armory erreichte, ein massives, aber heruntergekommenes Gebäude. Im Innern war es feucht und unheimlich, ein kahler Raum mit abblätternder Farbe und bröckelndem Mauerwerk. Das Setting bildete einen heftigen Kontrast zu Daphne und den anderen glamourösen Models, die Christopher an diesem Abend fotografierte. Es gab eine kleine Entourage aus Visagisten und Hairstylisten, doch die war nichts im Vergleich zu dem Team in J. Frederick Smiths Studio für das Jax-Shooting. Hauptsächlich legte ich Filme in Kameras ein, las Belichtungsmesser ab und brachte den Models Kaffee.

Technisch gesehen war es mein erster echter Auftrag, mein erster bezahlter Foto-Job, aber ich sagte Christopher, dass ich es auch umsonst gemacht hätte, selbst wenn ich gewusst hätte, dass wir bis zur Morgendämmerung shooten würden.

Nach dem Fotoshooting im Armory ging ich nach Hause, wusch mich, zog mich um und schaffte es rechtzeitig ins Büro, um Helen ihre Zeitungen und eine Tasse Kaffee zu bringen. Der Anzahl an Zigaretten in ihrem Aschenbecher nach zu urteilen, war sie schon seit ein paar Stunden zugange. Sie legte ihren Stift auf ein Manuskript, das mit roten Kürzungen und Anmerkungen an den Seitenrändern übersät war, und griff nach ihrer Ausgabe von *The Elements of Style*.

«Denken Sie, Sie könnten mir einen Gefallen tun, Liebes?», sagte sie, den Blick immer noch auf den Seiten des Buchs. «Würden Sie mir den Entwurf des Juli-Covers von Tony holen und ein Treffen mit Richard und Dick vereinbaren? Ich möchte es ihnen heute Nachmittag präsentieren.»

«Natürlich.»

Tony war über das Reißbrett gebeugt, seine Nehru-Jacke hing von der Rückenlehne seines Stuhls, und er hatte die Ärmel zu den Ellbogen hochgekrempelt. Er sah erschöpft aus, als er sich mit den Händen über den Bart strich.

«Ich habe den Entwurf gestern Abend auf Helens Schreibtisch gelegt, bevor ich gegangen bin», sagte er.

Also ging ich zurück zu Helens Büro, um ihr davon zu erzählen.

«Ach, hat er das?» Sie trommelte mit ihrem Stift auf den Schreibtisch. «Ich habe ihn nicht gesehen.»

Gemeinsam suchten wir ihr Büro ab, sahen auf dem Sofa und dem Beistelltisch nach und gingen die Papierstapel auf ihrem Schreibtisch und ihrer Kommode durch. Ich konnte zwar das Cover nicht finden, aber sehr zu meiner Überraschung stolperte ich über mein Portfolio.

«Mrs. Brown?» Ich hielt es hoch.

«Ach, das», sagte sie abwesend, immer noch auf der Suche nach dem Cover. «Das wollte ich Ihnen zurückgeben. Ich habe es im Papierkorb neben Ihrem Schreibtisch gefunden. Wäre doch jammerschade, Ihre reizenden Fotos wegzuwerfen.»

Ich war nicht sicher, ob ich froh war, dass sie es aufgehoben hatte, oder ob ich es trotzdem wegwerfen würde.

Sie verlor kein weiteres Wort darüber, also legte ich das Portfolio beiseite und machte mich wieder daran, ihr dabei zu helfen, den Aktenschrank zu durchwühlen.

«Sind Sie sicher, dass Tony es vorbeigebracht hat? Denn es ist definitiv nicht hier», sagte sie.

Ich wollte gerade wieder zurück zu Tonys Büro gehen und noch mal nachfragen, als Richard Berlin in Helens Büro platzte.

Das Rätsel war gelöst.

«Soll das ein Scherz sein? Was um alles in der Welt haben Sie sich dabei gedacht?» Er hielt den Entwurf des Juli-Covers in der Hand und wedelte mit Renatas Brüsten in der Luft herum.

«Woher haben Sie das?», zwitscherte Helen.

«Spielt das eine Rolle?» Er klatschte es auf ihren Schreibtisch. «Fakt ist, Sie werden dieses Cover nicht bringen.»

«Immer mit der Ruhe.» Helen blieb hartnäckig. Ihre Stimme war immer noch gelassen, aber ich konnte die Entschlossenheit in ihren Augen sehen. «Ich habe bei allem nachgegeben. Ich habe mir von Ihnen und allen anderen bei Hearst vorschreiben lassen, was ich tun kann und was nicht. Bei diesem Cover ziehe ich die Grenze.»

Er brüllte Helen an, und ich stand daneben und versuchte,

herauszufinden, wie er das Juli-Cover überhaupt in die Finger bekommen hatte. Ich konnte mir nicht vorstellen, dass irgendjemand in Helens Büro spaziert war und es entwendet hatte. Außerdem wussten nur eine Handvoll von uns, dass sie das Cover hatte neu gestalten wollen. Und nicht einmal George hätte es von ihrem Schreibtisch gestohlen. Mir kam Margot in den Sinn, aber ich konnte sie wohl schlecht ohne jeden Beweis beschuldigen. Ich dachte auch an Erik, aber er konnte unmöglich von diesem Cover wissen.

«Aber verstehen Sie doch», sagte Helen. «Ich habe in *allem* nachgegeben. Nur in diesem Fall bin ich nicht bereit, Kompromisse einzugehen.»

«Wie bitte?» Berlin steckte einen Finger in seinen Hemdkragen, als wäre er plötzlich zu eng geworden.

Sie griff nach dem Cover und hielt es hoch, genau wie sie es bei der geplanten Präsentation getan hätte. «Es tut mir leid, aber wir brauchen genau dieses Cover. Es wird den Leuten ins Auge springen. Es verkündet, dass es eine neue *Cosmopolitan* an den Zeitungsständen gibt.»

«Es ist anstößig.»

«Es ist provokativ.» Helen legte den Entwurf beiseite, um nach einer Zigarette zu greifen, und ließ sich Zeit, sie anzuzünden. «Ich glaube an dieses Cover», sagte sie und stieß dramatisch den Rauch aus.

«Ich warne Sie, Sie wollen diesen Streit nicht mit mir führen.»

«Ich streite mich nicht mit Ihnen, Richard.» Helen lächelte, was Berlin nur noch rasender machte. «Warum machen wir nicht einen Deal? Sollte sich dieses Cover nicht besser verkaufen als die Juni-Ausgabe, kündige ich. Ich zerreiße meinen

Vertrag. Seien wir mal ehrlich, Sie wollen mich doch ohnehin loswerden. Überlegen Sie nur – Sie wären aus dem Schneider. Und wenn meine Juli-Ausgabe nicht gut genug läuft, können Sie die *Cosmopolitan* einstampfen, wie Sie es die ganze Zeit vorhatten.»

Berlin starrte sie an. Ich war mir sicher, er würde mit einer solchen Wucht zurückfeuern, dass es die Fenster zersprengte. Aber stattdessen behielt er die Fassung, was nur noch furchteinflößender wirkte. «Wollen Sie dieses Spiel wirklich so spielen?», fragte er. «Sie sollten wissen, dass ich nicht gut auf Ultimaten reagiere.»

Helen zuckte nicht mit der Wimper. «Sie lassen mir keine andere Wahl. Ich glaube an diese Ausgabe, und ich bin bereit, meine Karriere dafür aufs Spiel zu setzen. Sie sollten glücklich sein. Sie haben nichts zu verlieren. Besonders da Sie so felsenfest davon überzeugt sind, dass ich falschliege.»

«Na schön. Wie Sie wollen.» Berlin drehte sich um und marschierte aus ihrem Büro.

Ich ging ebenfalls, dabei nahm ich mein Portfolio mit und steckte es in meine Schreibtischschublade. Gerade als ich mich gesetzt hatte, hörte ich ein Keuchen, und als ich hinübersah, stand Helen mitten in ihrem Büro, beide Hände vor den Mund geschlagen. Die Farbe wich ihr bereits aus den Wangen.

«Mrs. Brown?» Ich stand auf und trat in ihre Tür. «Geht es Ihnen gut?»

All das Draufgängerische war einem Meer aus Panik gewichen. Sie zweifelte. Ich war auf ihre Tränen vorbereitet, doch sie weinte nicht. Stattdessen begann sie, auf und ab zu tigern, dabei rang sie die Hände und wiederholte immer wieder: «Was habe ich getan? Was habe ich getan? Was habe ich getan?» Mit jedem Schritt wuchs ihre Nervosität. «Ich glaube, ich muss mich übergeben.»

«Soll ich Ihnen etwas Wasser bringen? Einen kühlen Waschlappen?»

Sie schüttelte den Kopf.

«Ich werde Mr. Brown anrufen.»

«Nein», kreischte sie. «Ich kann es David nicht sagen. Er hat Kalifornien für mich verlassen. Für das hier.» Sie breitete die Arme aus. «Was, wenn ich diesen Job verliere? Was, wenn sie mich wirklich feuern? Was, wenn Davids nächster Film floppt? Was machen wir dann? Wir werden unsere Wohnung aufgeben müssen.»

«Bitte versuchen Sie, sich zusammenzureißen.»

Sie rannte nun beinahe hin und her. Ich hatte sie noch nie so gesehen.

«Wir gehen bankrott. Ich kann meiner Mutter kein Geld mehr schicken. Oder Mary.»

Ich trat vor sie, um sie zum Stehenbleiben zu zwingen. «Sie reden von einer Menge *Was-wäre-wenns*. Das ist Schwarzmalerei. Ihre Gedanken eilen viel zu weit voraus.»

Sie ließ den Kopf hängen, doch nach einem Moment durfte ich sie hinüber zum Sofa führen.

«Tief im Innern wissen Sie, dass Sie das Richtige tun. Sie sind für das eingetreten, woran Sie glauben.»

Sie sank aufs Sofa und starrte mit trockenen Augen vor sich hin. «Gefällt Ihnen das Cover wirklich?», fragte sie schließlich.

«Ich *liebe* dieses Cover. Es ist fesselnd, und es wird funktionieren. Die Leute kaufen es schon allein aus Neugier. Es gibt kein vergleichbares Frauenmagazin an den Zeitungsständen. Nirgendwo.»

Sie nickte. «Danke, Kittycat. Das musste ich hören.»

«Sind Sie sicher, dass ich Mr. Brown nicht anrufen soll?»

Sie schüttelte den Kopf und räusperte sich. «Ich werde selbst damit fertig.» Sie nickte, wie um es zu bestätigen, und ich schwöre, etwas in ihr wurde milder. «Und jetzt», sagte sie, «müssen wir herausfinden, welches kleine Aas mich in diesem Büro so sehr hasst, dass es Hearst dieses Cover zeigen würde.»

KAPITEL 22

Seit Helen Richard Berlin ihr Ultimatum gestellt hatte, schwenkte sie wie ein Schreibtischventilator zwischen trotzigem Selbstvertrauen und nackter Panik. Ich fand überall verstreut zerbrochene Bleistifte, unter ihrem Schreibtisch, zwischen den Sofakissen, auf ihrer Kommode.

Wegen der Schlange in ihrem Team vertraute Helen niemandem. Ihren Blicken nach zu urteilen, verdächtigte sie manchmal sogar mich. Doch da ich ihr nach dem durchgesickerten Cover beweisen wollte, dass ich auf ihrer Seite war, schlug ich sofort vor, das Schloss ihrer Bürotür austauschen zu lassen. Und nachdem mir der Schlosser nur einen einzigen Schlüssel gegeben hatte, bestand sie darauf, einen zweiten Schlüssel für mich anfertigen zu lassen. Ich deutete das sowohl als Zeichen des Vertrauens als auch als einen Test. Denn sollte noch etwas verschwinden, gab es nur eine einzige Verdächtige.

Wenige Tage nach dem Vorfall kam ich gerade aus dem Delikatessenladen am Broadway, wo ich für Helen etwas Suppe zum Lunch besorgt hatte. Denn ich drängte darauf, dass sie wenigstens versuchte, etwas zu essen. Dummerweise saß der Deckel nicht fest genug, und der Boden der braunen Papiertüte weichte bereits durch – da erblickte ich Erik.

Ich beschloss, ihn auszuhorchen, und fragte, ob er etwas über das Cover wüsste. Sofort ging er in die Defensive. «Herrgott, ich wusste, du würdest mich beschuldigen. Ich wusste es einfach.»

«Dann sag mir, dass ich mich irre.»

Ein Mann in einem Hawaiihemd stand ein paar Schritte entfernt und beobachtete uns interessiert. Ich zog Erik beiseite. «Nun? Irre ich mich?»

«Ali, ich schwöre es. Ich habe das Cover erst nach dem Vorfall zu Gesicht bekommen – nachdem Berlin Helen zur Rede gestellt hatte.»

Die Tüte in meiner Hand begann zu tropfen. Fettige Hühnerbrühe sickerte über meine Finger.

Er griff nach meinem Arm. «Sag mir, dass du mir glaubst.»

«Ich muss gehen.»

«Ali.»

«Was?»

«Ich war es nicht.»

«Okay, also gut. Ich glaube dir. Ich muss jetzt gehen.» Doch ich wusste nicht, ob ich ihm wirklich glaubte.

Zurück im Büro füllte ich die Suppe in eine Schüssel, und als ich sie Helen bringen wollte, hörte ich Gelächter aus ihrem Büro. *Gelächter!*

«Oh, Helen», sagte Bobbie Ashley und wischte sich Tränen aus den Augen, «das ist das Lustigste, was ich je gehört habe.»

«Aber es ist wahr», sagte Helen, und Liz Smith, Bill Guy und Walter Meade krümmten sich vor Lachen. Helen stimmte in das Gelächter mit ein.

Ich wusste nicht, was ich verpasst hatte, aber es musste witzig gewesen sein. Ich stellte das Tablett vor Helen ab und zog mich zurück, da ich die Stimmung nicht stören wollte. Mit Ausnahme von Walter Meade war es das erste Mal, dass sie sich freiwillig um sie scharen und ihr Wertschätzung entgegenbrachten.

Helens Belegschaft steckte bereits tief in der August-Ausgabe, und Helen zog auch für dieses Cover in den Krieg. Hearst hatte entschieden, dass es Sean Connery und seine Bondgirls zeigen sollte, aber Helen wollte Connery rausschneiden und nur die Schauspielerinnen behalten.

Als ihr Meeting vorbei war und die anderen ihr Büro strahlend und gut gelaunt wieder verlassen hatten, ging ich hinein, um ihr Tablett abzuräumen. Es überraschte mich nicht, dass sie ihre Suppe nicht angerührt hatte. Das Hühnerfett begann an der Oberfläche bereits zu erstarren, und Helen selbst war wieder ernst geworden.

«Alice», rief sie mir zu, als ich gerade rückwärts aus ihrer Tür trat. «Würden Sie mir einen Gefallen tun? Könnten Sie versuchen, eine direkte Leitung von meinem Telefon zu David zu arrangieren?»

Sie wollte die Vermittlungszentrale umgehen, wann immer sie seinen Rat suchte. Und ich verstand, warum. Ich hatte selbst angefangen, meinen Kolleginnen zu misstrauen. Auch wenn sie sich ebenfalls alle für die Identität der Schlange interessierten.

Eines Tages, nachdem Helens direkte Telefonleitung installiert war, ging ich mit Bridget, Margot und einigen der anderen zum Lunch. Wir saßen zu fünft nebeneinander am Tresen einer Imbissstube in der 56th Street. Über Tellern mit gegrillten Käsesandwiches, die für fünfunddreißig Cents im

Angebot waren, versuchten wir herauszufinden, wer das Cover weitergegeben hatte.

«Denkt ihr, es war dieselbe Person, die das Busen-Memo an die *Women's Wear Daily* geschickt hat?», fragte Margot.

«Wenn nicht, haben wir zwei Schlangen.» Ich konnte Margot nicht ansehen, weil ich mich an jenen Abend erinnerte, an dem ich sie beim Durchwühlen meines Schreibtischs erwischt hatte.

«Ich glaube, es ist George», sagte Bridget.

«Nein.» Ich schüttelte den Kopf. «George hat nie einen Hehl daraus gemacht, dass er Helen den Wölfen zum Fraß vorwerfen will.»

«Stimmt», sagte Leslie. «George wäre mit Pauken und Trompeten direkt zu Hearst marschiert. Und warum sich mit der *Women's Wear Daily* begnügen? George hätte das Memo gleich an die *Times* geschickt.»

«Genau», sagte Margot.

«Aber ihr glaubt doch nicht, dass Bobbie oder Liz sie verraten würden, oder?», fragte Carole.

«Das kann ich mir nicht vorstellen», erwiderte ich darauf. «Ich glaube, sie freunden sich langsam tatsächlich mit Helens Art an.»

«Ich muss zugeben», sagte Leslie, «inzwischen glaube ich selbst, dass sie das Magazin vielleicht herumreißen kann.»

«Ich hoffe, du hast recht, aber ich bin nicht überzeugt», erwiderte Margot.

«Selbst wenn», sagte Bridget, «bezweifle ich, dass irgendeine von uns eine Gehaltserhöhung bekommen wird.»

«Ich sehe das genauso wie Leslie.» Penny ging einfach über Bridgets Bemerkung hinweg. «Ich finde es irgendwie aufregend. Ich meine, ja, sie geht eine Menge Risiken ein, aber genau das braucht dieses Magazin.»

«Habt ihr schon mal mit dem Gedanken gespielt», fragte Bridget, «dass Helen vielleicht – nur vielleicht – selbst dieses Memo an die *Women's Wear Daily* geschickt hat?»

Alle Blicke richteten sich auf sie.

«Ihr wisst schon», sagte sie, sich verteidigend, «wegen der Publicity. Für das Magazin.»

«Nein», antworteten wir im Chor.

«Na ja», sagte Carole, «ich hoffe einfach, dass der Juli durch die Decke geht. Ich fände es gut, wenn sie ihnen zeigt, dass sie unrecht haben.»

Ich freute mich über diesen wachsenden Rückhalt für Helen. Helen hatte die Unterstützung ihres Teams nötiger denn je, und womöglich wurde ihrem Team bewusst, dass sie Helens Erfolg nötig hatten. Denn wenn die Ausgabe durchfiel, würde Hearst das Magazin einstellen, und wir wären unsere Jobs los.

Wenn sich jemand bereits nach einer neuen Stelle umsah, geschah das zumindest diskret. Denn trotz der Unsicherheit machten wir weiter – planten neben der Fertigstellung der August-Ausgabe bereits September und Oktober. Zum ersten Mal erlebte ich das ganze Stockwerk mit neu gewonnener Zielstrebigkeit. Die Schreibmaschinen wurden früh am Morgen in Betrieb genommen, und in den Manuskripten und Memos fanden sich deutlich weniger Tippfehler. In der Küche wurde weniger getratscht, dasselbe galt für persönliche Telefongespräche. Ob die Belegschaft Helen mochte oder nicht, ob sie mit ihren Moralvorstellungen einverstanden war oder nicht, sie war auf ihrer Seite.

Später in dieser Woche belagerte Erik meinen Schreibtisch, obwohl ich gerade an einem Werbe-Memo für Helen saß, mit dem die Anzeigenvergabe für die Juli-Ausgabe finalisiert wurde. Die Uhr tickte. Wir würden bald in Druck gehen.

«Geh einfach mit mir auf einen Drink», sagte er, während ich tippte. «Komm schon. Einen einzigen kurzen Drink.»

«Ich kann nicht.»

«Wie wär's mit morgen?»

«Ich arbeite die ganze Woche länger. Wir können uns treffen, wenn der Juli in den Druck gegangen ist.»

«Wie wär's dann mit Abendessen? Du musst schließlich was essen.»

«Ich arbeite bestimmt auch den Abend durch», erwiderte ich, während meine Finger ununterbrochen tippten.

Er hatte immer noch nicht lockergelassen, als ich die Seite schließlich aus der Schreibmaschine zog.

«Erik, siehst du nicht, dass ich hier beschäftigt bin? Ich muss weiterarbeiten.»

«Okay, dann werde ich dich später anrufen.»

«Warum?» Verwirrt sah ich ihn an. «Was ist los mit dir?»

«Nichts ist los mit mir.»

Er war kein Nein von einer Frau gewöhnt, und es machte ihn nur noch entschlossener. Er musste mich überreden – allein schon für sein Ego. Ich stand auf und ließ ihn einfach an meinem Schreibtisch zurück. Als ich Helens Büro betrat, hatte ich nur einen Gedanken: Erik Masterson führte etwas im Schilde.

KAPITEL 23

Überstunden gehörten ohnehin zu meinem Alltag, aber die erste Maiwoche stellte dahin gehend alles in den Schatten. Selbst abends und an den Wochenenden war ich stets an Helens Seite und sagte dafür Einladungen zu Partys, Kinoverabredungen mit Trudy und den einen oder anderen Abend mit Erik und damit Sex ab. Ich hatte sogar auf eine Foto-Ausstellung von Dorothea Lange mit Christopher verzichtet. Es war der letzte Tag der Ausstellung gewesen, die ihre Straßenfotografie zur Zeit der Großen Depression zeigte, und ich hatte es verpasst.

Darüber dachte ich gerade nach, als der Herstellungsleiter mir die Juli-Seiten reichte. Es gab keine Druckfehler, keine grammatischen Fehler, keine Verbesserungen an den Fotos oder Bildunterschriften mehr. Wir waren bereit, in den Druck zu gehen. Zumindest dachten wir das.

Vierundzwanzig Stunden bevor die Druckerpressen anrollen sollten, schickte Helen mich mit einem vollständigen Probeabzug zu Berlin. Es dauerte nicht einmal eine Stunde – ich befand mich gerade in Helens Büro, um verschiedene Dinge für die August-Ausgabe mit ihr durchzusehen –, bis die vier apokalyptischen Reiter von Hearst auftauchten. Berlin,

Deems, Dupuy und Erik stürmten herein – mit einer Dringlichkeit, die «Haltet die Druckmaschinen an» rief.

«Wir haben ein ernstes Problem», sagte Berlin.

«Schon wieder?» In ihrem Puppensessel schüttelte Helen mit übertrieben gelangweilter Miene den Kopf.

«Sie können damit nicht in den Druck gehen.» Er klatschte die Seiten auf ihren Schreibtisch.

«Und warum um alles in der Welt nicht? Was stört Sie denn *diesmal*?» Sie war aufgestanden, die Fäuste in die schmalen Hüften gestemmt, und tappte ungeduldig mit dem Fuß. Sie war in den letzten Wochen kühner geworden, hatte regelrecht eine Nichts-zu-verlieren-Haltung angenommen. Wenn sie schon das Magazin vernichtete und uns alle mit ihr ins Verderben riss, konnte sie es ebenso gut mit einem Paukenschlag tun.

«Sie dürfen mit dieser Titelzeile nicht in den Druck gehen.» Berlin stieß mit dem Finger auf den Probeabzug, auf dem stand: *Die neue Pille, die Frauen für Männer offener macht.* «Mal ehrlich, haben Sie das nur getan, um mich zu provozieren?»

«Ob Sie's glauben oder nicht, Richard, ich habe dabei nicht an Sie gedacht. Überhaupt nicht. Ich habe an meine Mädchen gedacht. Wir hatten eine Abmachung», erinnerte sie ihn, während sie eine Zigarette in ihren Halter steckte und sie anzündete. «Sie wollten sich raushalten und es mich auf meine Weise machen lassen.»

«Das war, bevor Sie versucht haben, so eine Nummer hier abzuziehen.»

«Wollen Sie Exemplare dieser Ausgabe verkaufen oder nicht?» Aber noch während die Worte aus ihrem Mund kamen, lachte sie sarkastisch. «Ach, Moment, natürlich wollen

Sie das nicht. Sie wollen, dass ich auf die Nase falle, damit Sie mich loswerden können. Aber ich sage Ihnen mal was, ich werde nirgendwohin gehen. Diese Zeile wird für Absatz sorgen.»

Überraschenderweise sagten Deems, Dupuy und Erik kein Wort. Sie hielten sich im Hintergrund und sahen zu, wie Berlin und Helen miteinander rangen. Wobei Helen mit ihren anmutigen Angriffen eher einer Fechterin glich, die geschickt ihre Stöße setzte, und zwanzig Minuten später war Berlin erledigt.

Erschöpft hob er die Hände. «Ich bitte Sie nicht darum, Helen. Ich *befehle* Ihnen, diese Titelzeile zu ändern, bevor Sie damit in den Druck gehen. Die Uhr tickt, und ich bestehe darauf, spätestens morgen früh eine neue Zeile zu sehen.»

Er drehte sich um und ging, und seine apokalyptischen Reiter galoppierten hinter ihm her.

◯

Nachdem sie fort waren, rechnete ich mit Tränen, doch Helen blieb stark und gefasst. Sie ging zu ihrem Schreibtisch, nahm den Hörer ihrer Direktleitung ab und rief David an. Zehn Minuten später kam sie aus ihrem Büro, eine dunkle Sonnenbrille auf ihren Kopf geschoben. «Falls jemand fragt, David und ich treffen uns auf eine kurze Fünfzehn.»

Ich wollte sie daran erinnern, dass sie einen Ein-Uhr-Termin hatte, entschied jedoch, dass sie ihre kurze Fünfzehn dringender brauchte als ein Treffen mit einem weiteren Fotografen.

Etwa eineinhalb Stunden später quäkte die Stimme der Rezeptionistin durch die Gegensprechanlage. «Alice? Mr. Scavullo ist hier, um Mrs. Brown zu sehen. Was soll ich ihm sagen?»

Inzwischen war ich nicht mehr so dumm, irgendjemandem zu sagen, dass Helen sich auf eine kurze Fünfzehn traf, also ging ich in die Lobby, um ihren Gast zu begrüßen. Ich war Francesco Scavullo noch nie zuvor begegnet. Er war ebenso atemberaubend wie die Cover, die er für die *Vogue,* die *Seventeen* und *Town and Country* fotografiert hatte. Er hatte diesen künstlerischen Look, bis hin zu dem schiefen Filzhut, der sein linkes Auge verdeckte. Er war gut gebräunt, sein Haar so dunkel, dass es fast schwarz wirkte, und seine Zähne waren vollkommen gerade und ein bisschen zu weiß.

Ich stellte mich ihm als Mrs. Browns Sekretärin vor und sagte: «Es tut mir schrecklich leid, aber es ist etwas dazwischengekommen. Mrs. Brown musste unglücklicherweise fort. Ich hätte angerufen, um den Termin zu verschieben, aber es ist eben erst passiert.»

«So, so.» Er ließ ein schelmisches Lächeln aufblitzen und hob wissend einen Finger. «Vielleicht muss der Termin ja gar nicht verschoben werden.»

«Wie bitte?»

«Ein kleines Vögelchen hat mir gezwitschert, dass es womöglich gar keine August-Ausgabe gibt.»

Offensichtlich wurde auf der Straße schon geredet. Ich hatte das unbedingte Bedürfnis, Helen zu finden, ihren zerbrechlichen kleinen Körper in die Arme zu nehmen und sie vor dem Klatsch zu beschützen.

«Ach was», erwiderte ich mit einem Lachen, das seltsamerweise wie Helens Lachen klang. «Sie hören doch nicht etwa auf diese albernen Gerüchte?» Ich schenkte ihm ein typisches Helen-Lächeln und gurrte sogar. Es war, als würde ich sie imitieren. Dabei tat ich es nicht einmal bewusst. Ich machte einfach den Mund auf, und sie kam heraus.

Er lächelte, nahm eine Zigarette aus seiner Brusttasche und tippte sie mit dem Filterende auf den Schreibtisch der Rezeptionistin, bevor er sie anzündete. «Ich sehe, Sie sind sehr pflichtbewusst ihr gegenüber.»

«Warum auch nicht?» Ich kehrte wieder zu meiner normalen Stimme, zu meinem normalen Ich zurück. «Mrs. Brown ist eine wunderbare Chefin.»

Unmittelbar nachdem ich das gesagt hatte, platzte Helen durch die Türen der Lobby herein. «Oh, Alice», rief sie mir strahlend zu. «Mein Mann ist brillant. Absolut brillant. Tun Sie mir einen Gefallen, Kittycat, tippen Sie das ab und bringen es gleich rüber zu Mr. Berlin.» Sie reichte mir einen Zettel, dann bemerkte sie plötzlich Francesco Scavullo, der neben mir stand.

«Frank.» Sie gab ihm die Hand und streifte beide Seiten seines Gesichts mit einem leichten Kuss. «Es tut mir leid, dass ich Sie habe warten lassen.»

«Nicht nötig, sich zu entschuldigen. Ich habe gerade mit Ihrer reizenden Sekretärin geplaudert. Seien Sie nett zu ihr», sagte er und wies mit seiner Zigarette auf mich, «sonst schnappe ich sie Ihnen unter der Nase weg.»

«Das würden Sie nicht überleben.» Sie lächelte. «Kommen Sie, kommen Sie –» Sie führte ihn den Flur entlang zu ihrem Büro. «Willkommen in meinem Salon.»

Ich blickte hinunter auf den Zettel, den sie mir gegeben hatte, und da stand die neue Titelzeile. Oder besser gesagt die alte Titelzeile mit einer geringfügigen Änderung. Die Worte *für Männer* waren gestrichen worden. Nun lautete sie: *Die neue Pille, die Frauen offener macht.*

Ich tippte die Zeile ab und ging damit zu Mr. Berlin. Seine Sekretärin führte mich in sein Büro, das größer war als meine ganze Wohnung und einen atemberaubenden Ausblick auf Manhattan bot. Abgesehen von einem «Nehmen Sie Platz» hatte er keine zwei Worte zu mir gesagt. Ich setzte mich in einen der stattlichen Ohrensessel gegenüber seinem Schreibtisch und kam mir mit meinem winzigen Körper darin vor wie Alice im Wunderland. Während ich auf sein Urteil wartete, umklammerte ich die Armlehnen.

Er musterte die Zeile. Bis auf seine Augenbrauen blieb seine Miene unbeweglich. Sie zogen sich zusammen und entspannten sich, zogen sich zusammen und entspannten sich wieder. Ich wusste nicht, wozu er tendierte, und mir graute davor, Helen schlechte Nachrichten zu überbringen.

Berlin griff nach einem eleganten Füllfederhalter, der aus seinem Schreibtischset ragte, und kritzelte etwas auf den Zettel mit der neuen Zeile. Mit immer noch eng zusammengezogenen Brauen nahm er den Telefonhörer ab und sagte seiner Sekretärin, sie solle ihm Helen in die Leitung holen. Den Termin mit Francesco würde sie für den Anruf unterbrechen müssen. Niemand – nicht einmal Helen – ließ Berlin warten. Es wurde bereits genug über Helen getratscht, da musste Francesco nicht auch noch ihre Unterhaltung mit Berlin mit anhören.

«Helen.» Berlin riss sich die Brille herunter und warf sie auf seine Schreibtischunterlage. «Sie haben gewonnen. Ich kann nicht mehr gegen Sie ankämpfen. Ich denke immer noch, dass es die falsche Herangehensweise ist, aber wenn Sie darauf bestehen, sich Ihr eigenes Grab zu schaufeln, dann soll es eben so sein. Bringen Sie diese Ausgabe zur Druckerei.»

◎

Am folgenden Freitagabend war ich spät dran. Nachdem ich noch etwas Korrespondenz für Helen fertiggestellt und die Mitschrift ihres jüngsten Cover-Meetings für die August-Ausgabe abgetippt hatte, hastete ich zur U-Bahn und fuhr zur Grand Central.

Ich war mit Erik auf einen Drink im *Campbell Apartment* verabredet, einem gemütlichen kleinen Lokal in einem verschwiegenen Winkel des ersten Stocks der Grand Central Station. Abgesehen von einem kurzen *Hallo, wie geht es dir* im Flur, flüchtigen Blicken während Besprechungen oder gemeinsamen Fahrten im überfüllten Aufzug sahen wir uns zum ersten Mal seit fast zwei Wochen. Als ich ankam, wartete Erik bereits auf mich und war wahrscheinlich schon bei seinem zweiten Drink. Und natürlich saß er neben der einzigen Frau an der Bar, einer schönen Blondine.

Ich hielt mich einen Moment im Hintergrund, um Don Juan in Aktion zu beobachten. Mein Gott, übte er dieses Neigen seines Kopfes vor dem Spiegel, oder machte er das einfach instinktiv? Sogar die Art, wie er seinen Martini hielt, mit den Fingerspitzen am Stiel entlangstreichend, als wäre es die Innenseite eines Oberschenkels. Jede seiner Bewegungen zielte auf Verführung ab. Ich näherte mich ein paar Schritte, und sobald er mich sah, setzte er sich kerzengerade auf und brachte etwas Abstand zwischen sich und seine Trinkgesellin.

«Hi», sagte ich, dabei streckte ich der Blondine die Hand hin. «Ich bin Alice.»

«Ah, Ali», stammelte er. «Ali, das ist –»

«Tammy», erklärte sie und schüttelte meine Hand. «Schön, Sie kennenzulernen.»

«Danke, dass Sie ihm Gesellschaft geleistet haben», sagte ich ohne eine Spur von Boshaftigkeit. «Ich bin einfach nicht rechtzeitig aus dem Büro gekommen.»

«Hier ist es ziemlich voll.» Mit einer etwas vagen Geste wies Erik durch den Raum. «Sieht so aus, als wären alle Tische besetzt.»

«Das ist schon okay.» Ich stellte meine Handtasche auf den Tresen und nahm bewusst den leeren Barhocker neben Tammy. «Würdest du mir einen Martini bestellen? Tammy, was ist mit Ihnen? Möchten Sie auch noch einen?»

«Tammy arbeitet ebenfalls für Hearst», sagte Erik offenbar in einem Versuch, sich zu rechtfertigen.

«Wirklich?» Ich nickte lächelnd. Ich war gut. «Ich bin bei der *Cosmo*. Wo sind Sie?»

«*McCall's*», antwortete sie. «Ich bin gerade in der Redaktion, aber wie ich Erik gerade gesagt habe, möchte ich eigentlich schreiben.»

Erik lächelte angespannt und zündete sich eine Zigarette an.

«Eine Texterin, was? Das ist schön. Ich frage mich, ob er Ihnen helfen kann. Erik», ich lehnte mich in seine Richtung, «kannst du ihr helfen?» Bevor er antwortete, wandte ich mich wieder Tammy zu. «Was für eine Art von Texten schreiben Sie?»

«Hauptsächlich Kurzgeschichten und Essays. Aber am

liebsten ist mir Lyrik. Allerdings ...» Sie verstummte kurz und verdrehte die Augen. «Meine Gedichte wurden noch nie veröffentlicht. Bislang habe ich mich nicht getraut, sie an die *Paris Review* zu schicken. Ich habe Angst vor einer Absage.»

Ich spürte, dass sich in mir Solidarität regte. Genauso ging es mir mit diesen Fotografiekursen. Wenn wir uns nicht unter diesen Umständen begegnet wären, hätten Tammy und ich vielleicht Freundinnen werden können.

«Er sieht mich nicht.» Erik zeigte auf den Barkeeper, der mit dem Rücken zu uns stand. Er fummelte an seinem Feuerzeug herum, dann schnippte er seine Zigarettenasche ein bisschen zu heftig ab.

Tammy und ich unterhielten uns weiter. «Wissen Sie», sagte ich, «unten im Village gibt es diese großartigen Lyriklesungen.»

Ihre Augen leuchteten. «Die im *Gaslight*?»

«Ja. Genau da. Da wollte ich schon lange einmal hingehen.»

«Ich auch. Wir sollten alle irgendwann mal hingehen. Erik, mögen Sie Lyrik?»

«Äh, ja, sicher.» Er hatte die Zähne zusammengebissen, und sein Kiefer zuckte.

«Na dann, großartig», sagte sie. «Lassen Sie uns alle hingehen.»

Ich hätte es mir nicht besser ausdenken können. Ich beobachtete, wie Erik zu einem Tisch auf der anderen Seite des Raumes blickte, wo eine Gruppe Geschäftsmänner gerade ihre Rechnung bezahlte und aufstand.

«Hier.» Tammy kritzelte ihre Telefonnummer auf eine Cocktailserviette und gab sie mir.

«Komm, Ali», sagte Erik, während er dem Barkeeper signalisierte, die Rechnung zu bringen. «Schnappen wir uns den Tisch.»

«Warum leisten Sie uns nicht Gesellschaft?», fragte ich Tammy und war erleichtert, als sie ablehnte.

«Ich muss los, aber es war so schön, Sie kennenzulernen. Und rufen Sie mich an, wann immer Sie ins *Gaslight* gehen wollen.»

«Das werde ich.» Ich steckte ihre Nummer in meine Handtasche.

«Ali», sagte Erik, sobald wir unsere Plätze eingenommen hatten. «Sie arbeitet für Hearst. Was hätte ich denn tun sollen? Sie ignorieren?»

«Ich habe nichts gesagt, oder?»

Er legte seine Zigarettendose auf den Tisch und warf mir einen argwöhnischen Blick zu. «Außerdem», fuhr er fort, «habe ich fast eine Stunde hier gewartet.»

«Ich musste im Büro noch ein paar Dinge erledigen.»

«Was zum Beispiel?»

«Sei nicht neugierig.» Ich bediente mich an seinen Zigaretten und wartete, während er mir Feuer gab.

«Ich bin nicht neugierig. Ich frage nur.»

Ich zog an meiner Zigarette und blies den Rauch zu der florentinischen Kassettendecke. «Nun, das Thema steht nicht zur Diskussion.»

Der Kellner kam, und Erik bestellte zwei Martinis.

«Wirst du mir je vertrauen?», fragte er.

Ich schenkte ihm ein listiges Lächeln. «Was glaubst du?»

Er seufzte mit einem kapitulierenden Kopfschütteln. «Es interessiert dich vielleicht, dass ich heute ein Treffen mit Berlin und Deems hatte. Wir haben über dich gesprochen.»

«Über mich? Worum ging es denn?»

«Entspann dich.» Er griff nach meiner Hand und streichelte mit seinem Daumen über meine Finger. «Alles gut. Bei *Good Housekeeping* ist etwas frei geworden. Eine Stelle in der Redaktion. Das Anfangsgehalt ist fast das Doppelte von dem, was du jetzt verdienst.»

«Moment – was? Du redest von einer Redaktionsstelle für mich?»

«Ja, für dich.» Er lachte. «Sie sind beeindruckt von dir. Ich habe ihnen gesagt, dass ich dich spitze finde, und –»

«Warum? Ich bin keine Redakteurin.»

«Das lernst du doch. Du bist klug. Du hast den Dreh im Nu raus.»

«Aber ich möchte Fotografin werden, keine Redakteurin. Außerdem werde ich Helen nicht verlassen.»

«Ich weiß, dass du sie nicht verlassen möchtest, aber seien wir mal ehrlich, wenn diese Ausgabe floppt –»

«Sag das nicht. Sie floppt nicht. Helen wird nicht versagen.»

Der Kellner kam mit unseren Drinks, und wir tranken beide gierig einen Schluck.

«Ali, ich passe doch nur auf dich auf.»

«Das weiß ich zu schätzen.» Und das tat ich auch. «Aber ich habe kein Interesse, Redakteurin bei *Good Housekeeping* zu sein. Schlag Bridget vor. Sie würde für diesen Job töten.»

«Vergiss Bridget. Ich rede von dir. Dir ist doch klar, dass sie Helen wahrscheinlich feuern, das Magazin einstellen und du deinen Job verlierst.»

«Das Risiko gehe ich ein.»

«Ich wünschte, du würdest mich dir helfen lassen.»

«Du möchtest mir helfen? Dann nimm mich heute Nacht mit zu dir nach Hause.»

Wir tranken unsere Drinks aus und fuhren zur Park Avenue.

Er hob mich aufs Bett und begann, meinen Hals zu küssen. Langsam fing er an, mich auszuziehen, und bei jedem Knopf, den er öffnete, spürte ich, wie sich mein Stress und meine Arbeitssorgen auflösten.

Hinterher, mit immer noch vor Hitze glühender Haut, fand ich mich in diesem postkoitalen Nebel wieder. Wir passten im Bett so gut zusammen – wir hatten so viel Spaß und Leidenschaft –, und ich hatte das Gefühl, unsere Beziehung müsste auch draußen in der freien Wildbahn funktionieren. Also erzählte ich ihm von einer Fotografie-Ausstellung, die an diesem Wochenende eröffnete. «Möchtest du hingehen?»

«Warum? Möchtest du?» Er tastete über meine Schulter hinweg nach seinen Zigaretten auf dem Nachttisch.

Kühle Zugluft strich durchs Zimmer, und ich zog die Decke hoch über meine Gänsehaut. «Ja, deshalb frage ich.»

Er zögerte, machte eine große Sache daraus, seine Zigarette anzuzünden und die glühende Asche zu betrachten, während er den Rauch ausatmete. «Äh, ja, okay, dann gehen wir hin.»

«Wenn du nicht willst, dann sag es einfach.»

«Es ist nur» – er zuckte mit den Schultern und aschte seine Zigarette ab –, «Fotografie ist dein Ding, nicht meines.»

Ich warf einen Blick auf den Wecker auf seinem Nachttisch, neben seinen Lucky Strikes, einer Packung Aspirin und ein paar Tabletten gegen Sodbrennen. Es war Viertel nach neun. «Ich sollte vermutlich gehen.»

«Bleib.»

«Ich habe morgen einen anstrengenden Tag.»

«Bitte?», sagte er und griff nach meiner Hand.

«Ich muss mich ordentlich ausschlafen.»

Er sah mir zu, wie ich mich anzog, und erst als ich sein Schlafzimmer verließ, sagte er: «Also gut, ich gehe mit dir zu der Ausstellung.»

○

Später an diesem Abend öffnete Trudy auf mein Klopfen hin ihre Tür, in der Hand einen hölzernen Kleiderbügel, an dem ein geblümtes, ärmelloses Kleid hing. Die hölzernen Kleiderbügel waren ein Resultat ihrer Arbeit bei Bergdorf's.

«Was ist los?», fragte sie. «Ich dachte, du wärst mit Don Juan zusammen.»

«War ich auch. Ich wollte heute nicht bei ihm übernachten.» Ich ließ mich in einen Schaukelstuhl fallen und erzählte ihr von Tammy und der Redaktionsstelle bei *Good Housekeeping*. «Ich? Eine Redakteurin? Manchmal frage ich mich, ob Erik mich überhaupt kennt.»

«Es ist ja nicht so, als würdet ihr zwei viel miteinander reden, wenn du weißt, was ich meine.»

«Sehr witzig.» Stöhnend verbarg ich mein Gesicht in den Händen. «Ich bin so durcheinander. Wir gehen doch vor dem Sex auch zum Essen oder auf einen Drink. Warum können wir dann nicht zu einer Lyriklesung oder einer Foto-Ausstellung gehen? Ich meine, wo hört eine Affäre auf und fängt eine richtige Beziehung an?»

«Das fragst du mich? Ich hatte seit sechs Monaten keine Verabredung mehr.»

«Ich weiß nicht, was ich will. Und ich weiß auch nicht, was *er* will. Er sendet mir ständig widersprüchliche Signale. Sabotiere ich mich vielleicht selbst?»

«Wie meinst du das?»

«Ich meine, vielleicht wünsche ich mir tief im Innern *doch* mehr mit ihm, habe aber einfach zu viel Angst.»

Trudy warf mir einen ungläubigen Blick zu.

«Okay, also gut», räumte ich ein. «Dann will ich vielleicht nicht mehr von ihm.» Ich seufzte. «Aber dieser kleine Tanz, den wir aufführen, der ist einfach anstrengend. Und komm schon, wir haben nichts gemeinsam. Ich weiß, ich habe gesagt, dass ich keine Beziehung möchte, aber trotzdem verdiene ich was Besseres.»

«Da wirst du von mir keinen Widerspruch hören», sagte Trudy, während sie das Kleid auf ihrem Bett ausbreitete.

Ich schaukelte langsam vor und zurück, und der Schaukelstuhl quietschte bei jeder Bewegung. Manchmal betrachtete ich meine Affäre mit Erik wie eine Grippeinfektion. Etwas, das ausgebrochen war, das ich aber bald überstanden hätte. Helen hatte mir einmal gesagt, dass ich mich nicht wegen ihm fertigmachen sollte. *«Die Sache mit einem Don Juan ist die. Jedes Mädchen hat einen ... Don Juans sind unvermeidlich. Egal, wie klug, jede junge Frau hat diesen einen Mann, zu dem sie einfach nicht Nein sagen kann, obwohl sie weiß, dass er nicht gut für sie ist.»*

«Ich brauche deine Meinung zu etwas», sagte Trudy. «Bleib, wo du bist. Geh nirgendwohin.» Sie flitzte ins Badezimmer.

Ich schaukelte weiter, während ich das Quietschen ihres sich öffnenden Medizinschränkchens hörte. Trudy hatte einen tragbaren Schwarz-Weiß-Fernseher, der direkt auf dem Holzfußboden stand. Die zwei Antennen waren aus irgendeinem Grund nicht vollständig ausgezogen, deshalb war Johnny Carson durch wellige Linien, die durch das Bühnenbild der *Tonight Show* liefen, verzerrt. Die Lautstärke war ebenfalls runtergedreht, kaum hörbar.

«Warum hast du das Ding überhaupt an?», fragte ich.

«Welches Ding?»

«Deinen Fernseher.»

«Der leistet mir Gesellschaft.»

Ich konnte den Monolog nicht wirklich hören, starrte jedoch trotzdem auf den Bildschirm, bis Trudy aus dem Badezimmer kam.

«Und?», fragte sie und ging in die Hocke, sodass wir auf Augenhöhe waren. «Kannst du sie immer noch sehen?»

«Trudy. Was hast du getan?» Ich hörte auf zu schaukeln. Sie hatte eine dicke Schicht Make-up aufgetragen, das zwei Nuancen zu dunkel für ihren Hautton war.

«Vielleicht eine Nuance heller?»

«Nein. Kein Make-up.» Ich fing wieder an zu schaukeln. «Du siehst aus wie ein Kürbis.»

«Na, herzlichen Dank auch.»

«Es sieht einfach aus, als wolltest du etwas verstecken.»

«Weil es so ist.»

«Du hast schöne, reine Haut. Die zufällig Sommersprossen hat. Verdeck sie nicht.»

Aber sie wollte nichts davon hören. Stattdessen ging sie zu ihrem Schrank und schob quietschend Kleiderbügel hin und her, bevor sie zwei Kleider herausnahm und neben das andere aufs Bett legte.

«Gehst du irgendwohin?», fragte ich.

«Nein. Nein, ich versuche nur herauszufinden, was ich anziehen soll. Ich habe ein Vorstellungsgespräch.»

«Was?» Wieder hörte ich mit meinem Schaukeln auf.

«Montagmorgen. Ich muss womöglich dieses Wochenende noch ein neues Outfit kaufen.»

«Moment mal. Wo ist denn das Vorstellungsgespräch?»

«Ob du es glaubst oder nicht, es ist bei einem Architekturbüro.»

«Was? Wow! Trudy, das ist –»

«Es ist nur die Stelle der Empfangsdame», sagte sie, um meine Begeisterung zu dämpfen. «Aber es ist ein Fuß in der Tür.»

«Auf jeden Fall. Wie ist das passiert?»

«Du wirst es nicht glauben. Letzte Woche sitze ich im Candy Shop am Tresen, lese *Der ewige Quell* und denke mir nichts. Und der Mann neben mir fragt mich, wie mir das Buch gefällt. Wir fangen an, über Architektur zu reden, und wie sich herausstellt, ist er Architekt, und ehe ich mich versehe, sagt er mir, dass seine Firma eine Empfangsdame braucht.»

«Du hast kein Sterbenswort davon erzählt. Wie kommt das?»

«Weil ich nicht dachte, dass etwas daraus werden würde. Ich dachte, es wäre nur ein Versuch, an meine Telefonnummer zu kommen. Aber dann haben sie mich heute angerufen, damit ich Montagmorgen zu einem Bewerbungsgespräch komme. Was, wenn sie mir den Job anbieten? Soll ich ihnen sagen, dass ich darüber nachdenken muss?»

«Was gibt es da nachzudenken?»

Sie sah mich an und lächelte.

«Und was auch immer du tust, trag nicht dieses Make-up zu dem Bewerbungsgespräch.»

KAPITEL 24

Weniger Autos hupten, mehr Taxis waren verfügbar. Die Schlange zur Mittagszeit im Diner an der Ecke reichte nicht bis zur Tür hinaus. Die Aufzüge kamen schneller und waren nicht so überfüllt. Es war Freitagnachmittag, der Beginn des Memorial-Day-Wochenendes, und obwohl der offizielle Feiertag am Montag war, leerte sich die Stadt bereits. Die meisten New Yorker waren in die Hamptons und an Orte wie Atlantic City geflohen.

Nun, da die Juli-Ausgabe in Druck war, hatte Helen versprochen, sich ein paar Tage freizunehmen. Dennoch saßen wir an diesem Freitagnachmittag, lange nachdem alle anderen gegangen waren, immer noch im Büro. Helen redigierte einen Text für August, obwohl sie wusste, dass es die Ausgabe vielleicht nicht mehr geben würde.

«Alice? Alice, Liebes?», rief sie, dabei lehnte sie sich auf ihrem Stuhl zur Seite, um zu sehen, ob ich immer noch da war. «Könnten Sie mir einen Gefallen tun?»

«Natürlich.» Ich stand von meinem Schreibtisch auf und blieb in der Tür stehen. Rauchschwaden ihrer letzten Zigarette hingen noch in der Luft und sammelten sich um ihre Schreibtischlampe.

«Würde es Ihnen etwas ausmachen, Gregory vom Tierarzt abzuholen? Der arme kleine Kerl hatte eine Ohrenentzündung. Es ist schon vier Uhr, und ich fürchte, ich werde es vor fünf nicht dorthin schaffen. Wären Sie so lieb und bringen ihn für mich nach Hause?»

«Natürlich.» In diesem Moment wurde mir bewusst, wie oft ich dieses Wort zu ihr sagte: *Natürlich. Natürlich tue ich dies, natürlich tue ich das.* Ich war hier, um zu Diensten zu sein, und dankbar, zu Beginn des Feiertagswochenendes eine Aufgabe zu haben. Besonders da Bridget mit einem Mann, den sie gerade erst kennengelernt hatte, nach Atlantic City aufgebrochen war und Trudy in St. Louis war und nicht vor Montagabend zurückkommen würde – gerade rechtzeitig, um ihren neuen Job anzutreten.

Ich war Erik aus dem Weg gegangen, weil ich nicht sicher war, was ich bezüglich unserer ... was auch immer es war ... unternehmen wollte. Als Paar waren wir nie im Einklang. Wenn ich mehr wollte, zog er nicht mit, und andersherum. Er musste gespürt haben, dass ich auf Abstand ging, denn jetzt gab er sich größte Mühe, mich wieder an sich zu binden. Nachdem ich seine Einladung in die Symphonie und zum Dinner im *Barbetta* abgelehnt hatte, zog er alle Register, indem er mich einlud, mit ihm übers Memorial-Day-Wochenende ins Haus seiner Familie in den Berkshires zu kommen. Auf dem Papier klang das großartig – alles, was ich je gewollt hatte. Wieder fragte ich mich, ob ich mich selbst sabotierte, aber ich hatte nicht mal gewusst, dass seine Familie ein Haus in den Berkshires besaß. Und so etwas sollte man doch wohl wissen, bevor man dorthin fuhr und vorgestellt wurde als ... was? Seine Freundin? Die junge Frau, mit der er sich in der

Mittagspause vergnügte? Letztendlich konnte ich es nicht. Ich log und sagte, dass ich bereits andere Pläne hatte, obwohl ich wusste, dass mir ein langes, einsames Wochenende bevorstand.

Die Tierarztpraxis lag in der Third Avenue zwischen der 71st und 72nd. Das Wartezimmer war voll und laut, eine Kombination aus Bellen und Fauchen, dem Klimpern von Halsbändern und Hundemarken, dem Klicken von Krallen auf dem Linoleumfußboden. Außerdem roch es merkwürdig, nach Tierurin, überdeckt von Chlorreiniger. Ein erschöpfter Hundewelpe mit großen Schlappohren lag apathisch und schwer atmend auf der Seite.

Ich erklärte, dass ich hier war, um Mrs. Browns Kater abzuholen, und wenige Augenblicke später kam die Rezeptionistin mit einem Transportkorb zurück, der aussah wie eine rote Werkzeugkiste mit einer Tür aus Drahtgeflecht. Aus dem Innern starrten mich Gregorys große blaue Augen an. Ich steckte den Finger durch das Drahtgeflecht und versuchte ihm zu versichern, dass alles gut war, dass ich hier war, um ihn nach Hause zu bringen.

Gregory war ganz und gar nicht erfreut und schrie und miaute auf dem ganzen Weg zurück zur Wohnung. Helens Portier Freddy ließ ein breites Zahnpastalächeln aufblitzen. «Wen haben Sie denn da drin?», fragte er und beugte sich vor, sodass er auf Augenhöhe mit dem Drahtgitter war. «Ist das Samantha?»

«Nein, Gregory», antwortete ich.

«Nun, willkommen zu Hause, Mr. Gregory. Und wie geht es Ihnen heute, Miss Alice?»

Ich war schon so oft zu Helen nach Hause gekommen, dass

Freddy meinen Namen kannte und mich immer in ihre Wohnung ließ, ohne sich die Mühe zu machen, mich anzukündigen. An diesem Tag hielt er mir die Eingangstür auf und sprang dann vor mich, um den Aufzug zu rufen.

«Ich wünsche Ihnen ein wunderbares Feiertagswochenende, Miss Alice.»

Vor langer Zeit hatte Helen mir einen Ersatzschlüssel an einem Gucci-Schlüsselanhänger anvertraut, der mehr wog als meine Geldbörse. Als ich die Tür aufschloss und eintrat, zuckte ich mit einem erschrockenen Aufschrei zurück.

«Überraschung!»

Beinahe hätte ich Gregory fallen gelassen. Die Hand aufs Herz gepresst, um meinen Puls zu beruhigen, starrte ich David an. Vage nahm ich zwei Frauen hinter ihm wahr. Als ich mich wieder gefangen hatte, wurde mir bewusst, dass die ältere Frau Helens Mutter und die Frau im Rollstuhl ihre Schwester Mary sein mussten.

David kam mit einem Glas Champagner in der Hand auf mich zu. «Es tut mir leid, Alice.» Er lächelte liebenswürdig, wie es seine Natur war. «Wir wollten Sie nicht erschrecken. Wir hatten Helen erwartet. Ich habe eine spontane Überraschung für sie geplant», erklärte David mit einem halben Schulterzucken. «Dinner heute Abend im *Lutèce*. Theaterkarten für morgen Abend.»

«Klingt zauberhaft», sagte ich.

«*Lutèce*.» Mrs. Gurley sprach den Namen des Restaurants mit Abscheu aus, als wiederhole sie ein französisches Schimpfwort. «Helen wird nur zwei Bissen essen und dann sagen, dass sie satt ist.»

Ich stellte den Transportkorb ab und öffnete den Riegel,

um Gregory freizulassen. Dabei bemerkte ich die Flasche Dom Pérignon neben der Kristallschale mit Kaviar, und das berührte mich, besonders wegen David. Das hier war ein gewaltiger Luxus für einen Mann, der fast ebenso sparsam veranlagt war wie seine Frau.

«Ich gehe zurück ins Büro und hole sie», sagte ich.

«Machen Sie sich keine Umstände.» Mrs. Gurley hatte Helens Augen, nur ohne all das Make-up und die falschen Wimpern. «Wir hätten es wissen sollen. Ihr ist nur noch das Magazin wichtig.»

«Du musst verstehen, unter welchem Druck sie steht», sagte David. «Es war bei jedem Schritt ein harter Kampf für sie. Sie hat Angst davor, den Fuß vom Gas zu nehmen.»

«Nimm sie nicht in Schutz, David.» Mrs. Gurley verschränkte die Arme, und ihr Gesicht wurde säuerlich. «Ich weiß nicht, warum wir uns überhaupt die Mühe gemacht haben, den ganzen Weg hierherzukommen.»

«Weil ihr Helen vermisst, und Helen vermisst euch. Und das tut sie wirklich, Cleo», sagte er, als sie den Mund öffnete, um zu widersprechen. «Ich verstehe euch beide nicht, das habe ich nie, und das werde ich auch nie. Aber ich weiß, dass Helen dich liebt, und du weißt das auch.»

«Nun, ich hasse New York.»

Um Helens willen versetzte mir das einen Stich. Das hier war ihre Mutter. *Ihre Mutter!* Ich wollte sie mögen. Ich wollte, dass sie mich mochte.

Die andere Katze sprang auf Marys Schoß, was diese erschreckte. «Oh! Du meine Güte», sagte sie, während sie Samantha streichelte, die einen Buckel machte und sich in ihre Hand schmiegte. «Sei nicht so hart zu ihr, Mutter. Sie wird schon kommen. Und sie kann ja auch nichts dafür. Schließlich wusste sie nicht, dass wir kommen.»

«Richtig, es ist *meine* Schuld», sagte David und stellte den Champagner ab, da er ihm vermutlich im Augenblick unangemessen feierlich schien. «Alice, ich hätte Ihnen davon erzählen sollen. Nicht, dass Sie in der Lage gewesen wären, Helen früher aus dem Büro zu lotsen.»

«Ich kann zurückgehen und sie holen.»

«Verschwenden Sie nicht Ihre Zeit», erwiderte Mrs. Gurley. «Sie wird nicht hören. Sie hört nicht mal auf ihren eigenen Ehemann.»

«Lassen Sie mich einfach mit ihr reden», sagte ich. «Ich werde sie herbringen. Das verspreche ich.»

◎

Als ich im Büro ankam, war es bereits nach sechs Uhr. Die Lobby und die Flure waren dunkel und die Klimaanlage ausgeschaltet, sodass es im Innern stickig war. Und auch gespenstisch still. War Helen schon gegangen?

Als ich um die Ecke bog, sah ich Licht in der Grafikabteilung. «Hallo? Ist da jemand?», rief ich, und meine Schritte wurden kürzer, zögerlicher. «Tony? Helen?»

«Alice?» Ich hörte Helens Absätze über den Fußboden klappern. Auf ihrem Gesicht lag ein alarmierter Ausdruck. «Geht es Gregory gut? Ist etwas nicht in Ordnung?»

«Nein, es geht ihm gut. Er ist in Ihrer Wohnung.»

«Oh, Gott sei Dank.» Sie presste eine Hand auf ihr Herz.

«Und Ihre Familie ebenfalls.»

«Was?»

«Ihre Schwester und Ihre Mutter sind in der Stadt. Mr. Brown hat sie für das lange Wochenende einfliegen lassen. Es sollte eine Überraschung sein.»

Helens Hand wanderte von ihrer Brust zu ihrem Hals. Ich konnte nicht sagen, ob sie erfreut war oder nicht.

«Sie warten in der Wohnung auf Sie, um gemeinsam mit Ihnen zum Dinner ins *Lutèce* zu gehen.»

«Oh, dieser David. Ist er nicht aufmerksam?» Lächelnd schüttelte sie den Kopf, was den blumigen Duft ihres Parfums freisetzte. «Er verwöhnt mich.» Sie drehte sich wieder zur Wand, um eine Doppelseite im Seitenplan für den August zu mustern.

«Der Tisch ist für acht Uhr reserviert», sagte ich, überrascht, wie gereizt ich klang. Aber schließlich wartete ihre Familie in ihrer Wohnung auf sie, der Champagner wurde warm und der Kaviar schlecht.

«Acht Uhr?» Sie warf einen Blick auf ihre Armbanduhr und sah mich dann über ihre Schulter an. «Wären Sie so lieb, David Bescheid zu geben, dass ich direkt ins Restaurant komme?» Sie blickte wieder nach vorne, zog die Kappe von ihrem roten Stift und begann, eine Anmerkung auf einer der Doppelseiten zu machen.

«Nein. Nein, das werde ich nicht tun.»

«Nein?»

Sie drehte sich um, und wir wechselten einen unbehaglichen Blick, da wir beide Widerspruch meinerseits nicht gewohnt waren.

«Mrs. Brown.» Ich wählte meine Worte mit Bedacht und wusste, dass ich meinen Tonfall hätte mildern sollen, konnte es jedoch nicht. «Ihre Familie wartet auf Sie. Ihr Mann hat sehr viel Mühe auf sich genommen, das für Sie zu organisieren, und Ihre Mutter und Ihre Schwester sind den ganzen Weg hierhergekommen, um Sie zu sehen. Es ist zwar keine Überraschung mehr, aber –»

«Aber ...»

«Mrs. Brown» – ich trat zu ihr und nahm ihr sanft den Marker aus der Hand – «es gibt wichtigere Dinge im Leben als dieses Magazin.» Ich steckte die Kappe wieder auf den Marker und legte ihn auf die Ablageschiene unter dem Seitenplan. «Es ist Zeit, nach Hause zu gehen. Ihre Familie wartet auf Sie.»

Ich wusste, dass ich zu ihr durchgedrungen war, als sie die Lippen zu einem dünnen Strich zusammenpresste, wie sie es immer tat, wenn sie nachgab – auch wenn das nicht oft vorkam. Ihr Blick wurde weicher, und sie nickte stumm.

Schweigend gingen wir durch den dunklen, verlassenen Flur und zurück in ihr Büro. Ich schaltete ihre Schreibtischlampe ein, die einen warmen Schein über die auf dem Schreibtisch verstreuten Papiere warf. Auf ihr Drängen hin packte ich ihre Aktentasche mit Manuskripten voll, damit sie übers Wochenende zu Hause weiterarbeiten konnte.

«Ich werde Mr. Brown anrufen und ihn wissen lassen, dass Sie auf dem Weg sind. Und Mrs. Brown», sagte ich, während ich ihre Aktentasche zuschnappen ließ, «bitte warten Sie heute nicht auf den Bus. Nehmen Sie sich einfach ein Taxi.»

Nachdem sie gegangen war, blieb ich noch in ihrem Büro. Es war so still. Ich setzte mich an ihren Schreibtisch und strich mit den Händen über die gepolsterten Armlehnen ihres Sessels. Dabei versuchte ich mir vorzustellen, welche Gedanken tagtäglich durch ihren Kopf gingen. Ein Blick auf die Uhr auf ihrer Kommode verriet mir, dass es fast sieben war.

Ich dachte vage darüber nach, was ich zum Abendessen machen sollte, auch wenn ich mir nicht einmal sicher war, ob ich überhaupt hungrig war. Vielleicht würde ich mich mit einem Buch in ein Diner setzen. Kurz fragte ich mich, ob Elaine in der Stadt geblieben war. Aber selbst wenn, hatte sie bestimmt bereits mehr Einladungen, als sie annehmen konnte.

Ohne groß darüber nachzudenken, nahm ich Helens Telefon und machte ein privates Ferngespräch, obwohl ich das sonst nie auf der Arbeit tat. Ich umklammerte den Hörer und lauschte auf das schrille Freizeichen in der Leitung, dabei stellte ich mir vor, wie das gelbe Telefon an der Küchenwand vor sich hin klingelte. Es würde kein langes Gespräch werden. Das wurde es nie. Aber ich wollte einfach die Stimme meines Vaters hören.

Beim fünften oder sechsten Klingeln hob er ab.

«Ali, Liebling.» Im Hintergrund hörte man Lärm, der klang wie ein laufender Mixer oder so etwas. «Ist alles okay? Es ist noch gar nicht acht Uhr.»

«Es geht mir gut. Und das ist schon in Ordnung, ich rufe von der Arbeit aus an.»

«Und das darfst du?»

«Eigentlich nicht. Aber es dauert nicht lang. Ich wollte einfach nur Hallo sagen. Habt ihr Pläne fürs Wochenende?» Nur durch Fragen bekam man ihn zum Reden.

«Eine Grillparty bei den Goldblats. Faye macht gerade ihren Kartoffelsalat.»

«Das hört sich gut an. Hier ist es ziemlich ruhig. Viele Leute haben die Stadt verlassen.» Ich spürte einen Stich der Einsamkeit, als ich aus dem Fenster auf die leere Straße blickte. «Ich dachte, vielleicht komme ich nächstes Wochenende auf einen Besuch nach Hause», sagte ich, da mir der Gedanke eben gekommen war. Es gab so viele Dinge, über die ich mit ihm reden wollte, aber am Telefon war es so steif zwischen uns. «Wäre das okay?»

«Das fragst du noch?» Er lachte. «Komm. Dann besorge ich uns Karten fürs Spiel der Indians.»

«Wie schlagen sie sich denn dieses Jahr?»

«Ach, furchtbar.» Wieder lachte er. «Aber die Saison ist noch jung.» Das Mixergeräusch im Hintergrund wurde lauter. «Warte mal eine Sekunde, Ali.» Er hielt den Hörer zu, und ich hörte gedämpfte Stimmen hin und her gehen. «Liebling, ich lege jetzt auf, bevor dich dieser Anruf noch in Schwierigkeiten bringt.»

Ich kniff die Augen zu. Ich wollte nicht, dass er auflegte. «Dad?»

«Ja?»

«Du fehlst mir.»

«Oh, nun, du fehlst uns auch, Liebling.»

Uns? Es gab kein *uns*. Ich vermisste Faye nicht. Nur ihn.

◯

Am nächsten Morgen machte ich mir eine Tasse Instantkaffee und las Zeitung, um irgendwie die Melancholie abzuwehren, die drohte, mich zu übermannen. Ich trank eine zweite Tasse und beobachtete aus meinem Fenster mit wachsendem Neid die lachenden Menschengrüppchen, die auf der Second Avenue unterwegs zu ihren Wochenendplänen waren. Das Letzte, womit ich in diesem Moment rechnete, war ein Anruf von Christopher.

«Oh, gut. Sie sind da», sagte er, als ich ranging.

«Das bin ich. Was machen Sie in der Stadt? Ich dachte, Sie und Daphne würden übers lange Wochenende nach Montreal fahren.»

Doch er überging meine Frage. «Haben Sie Lust, Leute zu beobachten?»

Eine Stunde später traf ich mich mit Christopher an der U-Bahn-Station Washington Square, und gemeinsam stiegen wir in den nächsten Zug nach Coney Island.

Coney Island war einer der Lieblingsorte meiner Mutter gewesen, und als wir mit unseren Kameras in der Hand die Surf Avenue entlangschlenderten, kamen wir an Orten wie *Weepy's Pool Hall* und *Jimmy's Luncheonette* vorbei, die mir aus ihren Geschichten seltsam vertraut waren. Wohin ich mich auch wendete, ich sah sie. Ich stellte sie mir vor, wie sie mit funkelnden Augen Karussell fuhr. Ich konnte ihr langes braunes Haar im Wind wehen sehen, als das Riesenrad sie hoch über den Vergnügungspark trug, und ich stellte mir ihr schalkhaftes Lächeln vor, als sie furchtlos eine Fahrt mit dem Parachute Jump und dem Cyclone wagte. Sie hatte mir von dem Augenblick erzählt, in dem sie sich in meinen Vater verliebt hatte. Die beiden waren Hand in Hand an einem sternenklaren Abend über die Promenade spaziert. Als ich nun ihre Kamera ausrichtete, spürte ich meine Mutter überall. Durch meine Linse wirkte der Strand wie ein Flickenteppich aus Sonnenanbetern auf ihren Decken, die Brandung wie ein Meer voller Köpfe, die auf den Wellen schaukelten.

«Ich habe Ihnen ja gesagt, dass dieser Ort hier großartig ist, um Leute zu beobachten», sagte Christopher, gerade als wir an einem Mann vorbeigingen, der einen Frauenbikini trug.

Wir streiften unsere Schuhe ab und gingen den Strand hinunter, um an der Wasserlinie entlangzuwandern, während die kühlen Wellen um unsere Zehen schäumten. Gelegentlich blieben wir stehen, um etwas zu fotografieren, das uns ins Auge fiel: ein knutschendes Pärchen unter einem Sonnenschirm, einen kichernden Jungen, der von seinen Freunden im Sand eingebuddelt wurde.

«Ich bin froh, dass Sie zu Hause waren, als ich angerufen habe», sagte er und schirmte mit der Hand über der Stirn die Sonne ab, um den Horizont zu mustern.

«Ich auch. Aber ich dachte, Sie und Daphne wollten wegfahren.»

«Ja, nun, Daphne hat ein zweites Vorsprechen für einen Werbespot bekommen», sagte er, die Augen immer noch aufs Wasser gerichtet. «Deswegen ist sie nach Los Angeles geflogen und hat entschieden, übers Wochenende zu bleiben.»

«Wow, das ist großartig. Ich war noch nie in Los Angeles. Schade, dass Sie sie nicht begleiten konnten.»

«Sie arbeitet ja ohnehin die ganze Zeit über.» Er zuckte mit den Schultern und lächelte kaum merklich. «Sie hat Freunde dort, mit denen sie ein wenig Zeit verbringen möchte.»

Er wandte sich zu mir um, und die Art, wie das Sonnenlicht auf seine attraktiven Züge fiel und der Wind durch sein Haar wehte, ließ mich nach meiner Kamera greifen.

«Hey», protestierte er lachend. «Lassen Sie das.»

«Zu spät. Ist schon im Kasten.» Ich lächelte und spulte den Film weiter.

Es wurde schon spät, und wir hatten den ganzen Tag noch nichts gegessen. Also holten wir uns einen Hot Dog bei *Nathan's* und fanden ein schattiges Plätzchen, um dort zu essen.

Ich blickte über die Straße, zur Stillwell Avenue, und entdeckte Williams Candy, dabei erinnerte ich mich daran, wie meine Mutter mir von deren besonderen Gelee-Äpfeln erzählt hatte. Oh, wie sie einen Tag wie diesen geliebt hätte, einfach nur auf Coney Island herumzuschlendern und Fotos zu machen.

«Alles okay?», fragte Christopher. «Sie sind plötzlich so still.»

«Tut mir leid.» Ich lächelte. «Ich habe nur gerade an meine Mom gedacht. Sie war gern hier.»

«Sie waren dreizehn, als sie gestorben ist, richtig?»

Ich nickte.

«Das ist hart.» Er zog die Knie an seine Brust.

Ich dachte an sein Verhältnis zu seiner Mutter. Er war auch nicht besser dran als ich. «Darf ich Sie etwas fragen?»

«Sicher.»

«Vermissen Sie Ihre Mom?» Bevor er antworten konnte, entschuldigte ich mich. Wir hatten über alle möglichen Dinge geredet, einschließlich seiner angespannten Beziehung zu seinem Vater und meiner zu Faye, aber wir hatten nie über seine Mutter gesprochen. «Es tut mir leid. Ich hätte es nicht ansprechen sollen.»

«Nein, schon okay.» Er schüttelte sich das Haar aus den Augen. «Ich war so jung, als sie gegangen ist. Ich habe sie nie wirklich gekannt. Manchmal frage ich mich, *was wäre wenn?* Wissen Sie? Was wäre, wenn sie nicht gegangen wäre? Mein ganzes Leben wäre wahrscheinlich anders verlaufen. Machen Sie sich je Gedanken über so etwas? Was wäre, wenn Ihre Mom noch leben würde?»

Ich schlang die Arme um meine Brust. *Schon allein der Ge-*

danke, sie noch bei mir zu haben. Ich konnte es nicht in Worte fassen. Und das verstand er. Er legte den Arm um mich, und ich lehnte meinen Kopf an seine Schulter. So saßen wir da, zwei mutterlose Kinder, die hinaus aufs Meer blickten und dabei zusahen, wie die Sonne hinterm Horizont versank.

Wir blieben auf Coney Island für das Feuerwerk. Kinder rannten mit Wunderkerzen am Strand entlang, die Menge machte *Oh* und *Ah* bei den roten, blauen und grünen Lichtern über uns. Das große Finale war spektakulär, und als eine strahlende Explosion von Farben den Himmel erhellte, spürte ich Christophers Augen auf mir. Ich drehte mich zu ihm, und wir hielten unsere Blicke einen Herzschlag länger fest als je zuvor. Ich wollte etwas sagen, aber was? Seine Augen waren so dunkel, so eindringlich, dass man kaum Pupille und Iris voneinander unterscheiden konnte. In diesem Augenblick war etwas in Gang gebracht worden. Ich konnte es nicht definieren, ich wusste nicht, was es war, aber ich spürte es, ebenso subtil wie anhaltend. Und was auch immer es war, es klang in mir nach, noch lange nachdem ich den Zauber gebrochen und mich abgewandt hatte.

KAPITEL 25

Der Dienstagmorgen kam, und die temporäre Flaute in der Stadt war vorüber. Zusammen mit dem Rest von Manhattan war ich wieder bei der Arbeit. Erik rief mich gleich als Erstes an, weil er mich sehen wollte, und das erleichterte mich. Er holte mich zurück in die Realität und hinderte meinen Verstand daran, zurück nach Coney Island zu wandern, zu diesem Augenblick mit Christopher. Ich hatte seitdem zu viel an ihn gedacht, und das machte mir Angst. Wir waren Freunde, und ich wollte diese Grenze nicht verwischen. Außerdem hatte er immer noch Daphne, und soweit ich wusste, waren diese *Gefühle* nur einseitig.

Helen verlor kein Wort über ihr Wochenende mit ihrer Schwester und ihrer Mutter. Aber da der Montag ein Feiertag gewesen war, hatte Dr. Gerson ihren Termin «Gott sei Dank» auf diesen Nachmittag verlegt, wie sie sagte.

In drei Wochen würde die Juli-Ausgabe in die Zeitungskioske kommen, und die Anspannung im Büro war regelrecht greifbar. Obwohl Helen bei der August-Ausgabe ordentlich auf die Tube drückte, arbeiteten fast alle anderen in einer Art Schwebezustand, da sie wussten, ihre Mühen könnten umsonst sein. Dennoch waren sie bereit, für das jährliche Dinner der Writers Guild East Ende der Woche eine tapfere Miene aufzusetzen, als herrsche Normalbetrieb. Helen hatte schon vor Monaten einen Tisch gebucht, und da Bobbie Ashley sich in letzter Minute eine Lebensmittelvergiftung eingefangen hatte, lud sie mich ein, ihren Platz einzunehmen.

Ich war begeistert, aber unvorbereitet. Sofort eilte ich hinüber zu Bridgets Schreibtisch und wartete geduldig, bis sie ein Telefonat mit Bill Guy beendete. Sie kaute Kaugummi, und ich konnte ihn in ihrem Atem riechen.

«Hilfe! Ich gehe heute Abend zu dem Preisverleihungs-Dinner», sagte ich, als sie aufgelegt hatte.

«Wirklich?» Ihre Augen wurden groß, während sie die Hand vom Hörer nahm. «Hast du ein Glück! Da wollte ich immer schon mal hingehen.»

«Schau mich an», sagte ich, die Hände seitlich ausstreckend. Das Dinner war im *Plaza Hotel,* und ich trug an diesem Tag ein Etuikleid aus grüner Baumwolle. «So kann ich da nicht hin.»

«Dann geh einfach schnell nach Hause und zieh was anderes an.»

«Was denn? Ich habe nichts, das für so ein Dinner schick genug wäre.»

«Okay, keine Sorge.» Sie ließ ihren Kaugummi schnalzen und rückte ihren Stuhl vom Schreibtisch weg. «Komm mit.»

Sie nahm mich an der Hand und führte mich in den *Cosmo*-Beauty-Schrank, der gar kein Schrank war. Es war ein Zimmer neben dem Postraum und fast doppelt so groß. Sobald eine Firma ein neues Produkt entwickelte oder ein Modedesigner eine neue Linie vorstellte, schickten sie alles zu uns. Deswegen beherbergte der Beauty-Schrank Regale vom Boden bis zur Decke, vollgefüllt mit Kosmetik, Parfüms, Shampoos, Haarfarben und Haargels, Haarspangen und Haarreifen. Trittleitern reichten zu den oberen Regalen, wo Dutzende Styroporköpfe Perücken und wallende Haarteile in jeder nur vorstellbaren Farbschattierung präsentierten. Schubladen waren voll mit Ohrringen, Cocktailringen, Armbändern und anderen Accessoires. Gürtel und Handtaschen hingen von Haken an einer weißen Stecktafel. Die neuesten Schuhe standen in drei Reihen hintereinander auf dem Fußboden. Wann immer Helen ein Geburtstagsgeschenk oder Mitbringsel brauchte, schickte sie mich in den Beauty-Schrank, um etwas auszuwählen.

Wir durchsuchten die Kleiderständer, auf denen von lässigen Einzelteilen bis zu feierlichen Ballkleidern einfach alles hing. Zum Glück fand ich etwas in meiner Größe, auch wenn ich kaum atmen konnte, nachdem Bridget den Reißverschluss hochgezogen hatte. Es war ein festliches kurzes Kleid aus schwarzer Spitze mit einer dekorativen Satinschleife an der Taille. Bridget trieb ein Paar Kitten-Heels aus schwarzer Seide und eine passende Handtasche auf. Sie toupierte meine Haare und frisierte sie zu einem glamourösen Bienenkorb, der die funkelnden Chandelier-Ohrringe betonte, die wir gefunden hatten.

Als ich um Viertel nach sechs im Plaza ankam, war die Cocktailstunde bereits in vollem Gange. Ich suchte den langen weißen Tisch mit Platzkarten ab, bis ich Bobbie Ashleys Name und Tischnummer in schöner Handschrift fand. Unter den anderen Namen, die mir ins Auge sprangen, waren Truman Capote, Gore Vidal, Betty Friedan und Gloria Steinem, außerdem Lektoren und Verleger der großen Häuser und Magazine.

Wie angekündigt waren alle Literaten New Yorks da, und obwohl ich meinen Blick nur kurz über die Menge schweifen ließ, entdeckte ich sofort Joan Didion und Susan Sontag. Ich sah Helen in der Mitte des Raumes in einem butterblumengelben Kleid von Valentino und schwarzen Netzstrümpfen, die zweifellos noch vor Ende des Abends zerrissen sein würden. Auf ihrer Perücke saß ein gänseblümchenähnlicher Fascinator. Trotz der namhaften Persönlichkeiten im Raum schien Helen die Hauptattraktion zu sein.

Ich stand abseits und fing einzelne Gesprächsfetzen auf, als eine überraschend schlicht gekleidete Frau in einem Etuikleid mit Schachbrettmuster und riesigen Creolen von der Größe von Armreifen Helen mit Lob überhäufte. «Sollten Sie je beschließen, ein weiteres Buch zu schreiben», sagte sie, «stehe ich ganz vorne in der Schlange für eine signierte Ausgabe. Alles, was Sie schreiben, ist ... Nun, es ist einfach wunderbar.»

Ihre Begleitung, eine Frau mit Pucci-Kleid, sagte: «Sie müssen es nur sagen, und ich schreibe ohne zu zögern für Ihr Magazin.»

Helen sagte etwas darauf, das ich nicht hören konnte, aber die Frau antwortete: «Ich arbeite gerade an einem Feature für die *Vogue*. Und, nun, Sie kennen ja Diana Vreeland. Nichts ist je – ich weiß nicht – exzentrisch *genug*.»

Helen lächelte, lachte, nickte, ohne viel zu sagen. Aber sie genoss eindeutig die Aufmerksamkeit.

Ich wanderte ein wenig umher, weil ich nicht so recht wusste, wohin mit mir, und entdeckte Elaine Sloan, die sich mit einer Gruppe Männer unterhielt. Sie wirkte sehr modisch in einem auffällig bedruckten Kleid, ihr silberweißes Haar lag glatt und geschmeidig auf ihren Schultern. Zum Glück sah sie mich und winkte mich zu sich. Nachdem sie mich ihrer eigenen Gruppe Bewunderer vorgestellt hatte – einem schneidigen Literaturagenten mit dicken, langen Koteletten; einem seiner Autoren, der eine Pfeife rauchte und eine Ascotkrawatte trug; und zwei attraktiven Mitläufern –, nahm sie mich beiseite.

«Es freut mich so, dich zu sehen», sagte sie. «Ich hatte nicht mit dir gerechnet.»

«Ich auch nicht. Ich springe für eine Kollegin mit Lebensmittelvergiftung ein.»

«Eine gute Strategie von ihr», sagte sie. «Ich verabscheue diese Dinner.»

«Wirklich? Herrje, ich fühle mich wie Aschenputtel.»

«So ging es mir früher auch. Am Anfang. Aber dieser Zirkus wird sehr schnell langweilig. Du wirst schon sehen.» Sie nippte an ihrem Drink und winkte jemandem auf der anderen Seite des Raumes. «Ich frage mich, wo Christopher bleibt.»

«Christopher kommt auch?»

«Ich habe ihn eingeladen. Er ist in letzter Zeit so niedergeschlagen, und ich dachte, das könnte ihm vielleicht guttun.»

Er war niedergeschlagen? «Ich habe ihn am Feiertagswochenende gesehen. Ist alles okay?»

«Oh, er wird schon wieder. Glaub mir, Daphne hat ihm einen Gefallen getan. Eigentlich ist es ein Segen.»

«Sie sind nicht mehr zusammen?» *Erklärte das, warum sie übers Wochenende in L.A. geblieben war?*

«Oh, da ist er ja. Endlich.» Sie hob das Kinn.

Ich schaute rüber und sah, wie sich Christopher durch die Menge schlängelte. Anders als die anderen Männer trug er keinen Anzug, aber im Gegensatz zu der Frau in dem karierten Kleid wirkte er nicht underdressed. Er trug ein dunkles Jackett mit Satinkragen und eine dunkle Hose, die am Knöchel, wo sie auf seine Stiefel traf, schmal zulief. Seine teuer aussehenden Stiefel waren entweder neu oder frisch poliert. Mehrere Frauen drehten sich nach ihm um, um einen besseren Blick auf ihn zu bekommen. Wusste er, welche Wirkung er auf Frauen hatte? Auf mich? Ich ertappte mich beim Gedanken an diesen Moment zwischen uns auf Coney Island, und plötzlich war ich verlegen. Ich spürte, wie sich die Haarnadeln in meine Kopfhaut drückten. Und auf einmal war ich mir überdeutlich der Tatsache bewusst, dass das enge Kleid bei jedem Einatmen meinen Brustkorb quetschte.

Erst als Christopher bei uns ankam, erkannte ich, dass er eine Frau dabeihatte. Das versetzte mir einen kleinen Stich, aber was hatte ich denn erwartet? Natürlich standen die Frauen Schlange, um Daphnes Platz einzunehmen. Ich bekam den Namen der neuen Frau an seiner Seite nicht mit, aber sie war eine zierliche Rothaarige mit alabasterfarbener Haut, hübsch, aber nicht so glamourös wie Daphne.

Ich begrüßte Christopher, und er umarmte mich herzlich, wie er es immer tat. «Sie haben sich aber hübsch gemacht», flüsterte er mir ins Ohr. Die Wärme seines Atems tanzte über meinen Hals.

Ich sagte nichts. Ich war wie benommen vor schulmädchenhafter Nervosität. Seine Verabredung sah mich direkt an, und Elaines Blick spürte ich ebenfalls. Wir standen herum und machten Small Talk, oder zumindest taten *sie* das. Ich hörte hauptsächlich zu, war viel zu gefangen in meinen Gedanken. Ein Kellner im Smoking kam mit einem Silbertablett vorbei, und ich nahm mir ein Glas Champagner. Als ich gerade meinen ersten Schluck trinken wollte, rief mich eine vertraute Stimme hinter mir.

«Ali? Was machst du denn hier?»

Ich drehte mich um und sah Erik. Er beugte sich vor und drückte mir einen verlegenen Kuss auf die Wange. «Oh, Erik. Erik Masterson, das sind Christopher Mack und» – stotternd wandte ich mich zu Christophers Begleitung um – «es tut mir leid, äh ...»

«Meghan», bot sie ihren Namen zusammen mit ihrer Hand an.

«Richtig. Meghan. Tut mir leid. Und das hier – das ist Elaine Sloan. Elaine, Erik Masterson.»

Elaine nickte mit schmalen Augen. Ich sah, wie sie eins und eins zusammenzählte: *Ist er das? Erik? Der Kerl, der versucht hat, Helen zu sabotieren? Was zum Teufel machst du mit diesem Typen?* Ich war unangenehm berührt. Denn ich stellte mir genau dieselbe Frage.

Ich war mir nicht mal sicher, wann ich meinen Champagner ausgetrunken oder wie sich unser kleiner Kreis aufgelöst hatte, aber irgendwie hatte Erik mich zur Bar auf der anderen Seite des Raumes entführt.

Er fragte mich immer wieder, ob es mir gut gehe. «Du wirkst abwesend.»

«Nein. Nein, alles in Ordnung.» Ich verarbeitete immer noch Elaines Reaktion auf ihn, versuchte immer noch herauszufinden, was die Trennung von Christopher und Daphne zu bedeuten hatte.

Während Erik mir ein weiteres Glas Champagner reichte, machte er mir Komplimente zu meinem Kleid, meinen Haaren. Er hätte nicht aufmerksamer sein können, tat fast so, als wäre ich die einzige Frau im Raum.

Wir unterhielten uns weiter, bis die Lichter flackerten und jemand eine Glocke läutete. Dann machten wir uns auf den Weg zum Großen Ballsaal. Während wir uns langsam den Weg durch die Menge bahnten, entdeckte ich Christopher auf der anderen Seite. Er sah mich direkt an. Ich lächelte, dann wandte ich mich lächerlich schüchtern ab.

Der Saal war gefüllt mit Dutzenden runden Tischen, jeder mit Tafelgestecken, die die Tische bezeichneten: Hearst, Condé Nast, *Esquire, Vanity Fair*, Random House, Doubleday, die *New York Times* und so weiter und so fort. Der *Cosmopolitan*-Tisch war weiter hinten, worüber Helen nicht glücklich war.

«Warum stecken sie uns denn nicht gleich in die Küche? Wir sollten ganz vorne bei Hearst sein», sagte sie schmollend, während sie mit den Fingerspitzen an ihrem Salat zupfte.

Zwischen Dinner und Preisverleihung entschuldigte ich mich und ging zur Damentoilette, die hübscher war als die Wohnzimmer der meisten Leute: Marmorfußböden und Wände, goldene Wasserhähne und eine uniformierte Bedienstete, die abseits stand und weiche, weiße Handtücher verteilte.

Auf meinem Weg zurück zum Großen Ballsaal stieß ich beinahe mit Francesco Scavullo zusammen.

«Sagen Sie, kenne ich Sie nicht?» Er musterte mich.

«Ich bin Alice Weiss. Helen Gurley Browns Sekretärin.»

«Ach ja, natürlich. Sie sehen heute Abend bezaubernd aus», sagte er lächelnd.

«Verraten Sie es niemandem», ich lehnte mich zu ihm

und flüsterte hinter vorgehaltener Hand, «aber ich habe den Beauty-Schrank geplündert.»

Er brach in Gelächter aus. «Ihr Geheimnis ist bei mir sicher.»

«Hey», hörte ich jemand anderen sagen. «Ich wusste gar nicht, dass Sie beide einander kennen.»

Wir wandten uns um, und mein Puls beschleunigte sich.

«Christopher.» Francesco schüttelte seine Hand und deutete auf mich. «Sie haben Alice also bereits kennengelernt?»

«Ja. Sie ist eine angehende Fotografin, wissen Sie.»

«Was Sie nicht sagen.» Francesco sah mich an und wackelte mit dem Finger, als hätte ich etwas Unanständiges getan. «Das haben Sie vor mir verheimlicht. Warum haben Sie mir das nicht erzählt?»

«Weil ich nicht wirklich eine Fotografin bin. Aber ich würde gern eine werden, *eines Tages*.»

Ein weiterer Mann trat herbei und verwickelte Francesco in eine Unterhaltung.

«Sie sehen heute Abend wirklich umwerfend aus», sagte Christopher.

Ich glaube, ich dankte ihm, war mir aber auf einmal nicht sicher. Wir sahen einander an. Es war derselbe Blick, den wir auf Coney Island geteilt hatten.

Als kurz die Tür zum Saal geöffnet wurde, drang ein Schwall Applaus nach draußen. Wir verpassten die Preisverleihung, aber das war mir egal. Zwischen uns veränderte sich etwas, öffnete sich etwas, als würde Platz für etwas Neues geschaffen. Aber zu welchem Preis? Ich wollte unsere Freundschaft nicht für etwas riskieren, das vielleicht nicht funktionierte.

«Also, äh», sagte er. «Möchten Sie sich immer noch wie vereinbart diesen Samstag mit mir treffen?»

«Ja. Sicher. Natürlich.»

«Okay. Gut.»

Die Tür zum Saal öffnete sich erneut, und mehr Applaus drang heraus. «Nun», sagte ich, «ich sollte wieder reingehen.»

Christopher hielt die Tür für mich auf, und wir traten beide hinein und gingen unserer Wege.

KAPITEL 26

An jenem Samstag gingen Trudy und ich frühstücken und nahmen unsere üblichen Plätze am Tresen des Candy Shop in der Lexington ein.

«Ich kann nicht glauben, wie schnell der Tag dort vergeht», sagte sie, während sie mir alle Einzelheiten über ihren neuen Job erzählte. «Als ich bei Bergdorf's war, habe ich die Minuten bis zu meiner Pause gezählt. Jetzt arbeite ich die Mittagspause durch, und sie fehlt mir nicht mal. Habe ich dir schon erzählt, dass ich lerne, wie man Blaupausen liest?»

«Das ist großartig, Trudy.» Ich schlürfte meinen Kaffee und fragte nach Milton Steiner, einem der jüngeren Architekten, der Gefallen an Trudy gefunden hatte. Sie war bereits nach der Arbeit mit ihm etwas trinken gegangen.

«Er hat mich für heute Abend eingeladen. Eine Verabredung an einem Samstagabend. Ich. Oh, und habe ich dir schon erzählt – er *mag* Sommersprossen.»

Ich lachte. «Was hab ich dir gesagt?»

«So etwas passiert mir nie. Ich komme mir vor wie im Traum. Als würde ich das Leben von jemand anderem leben. Weißt du, als du zum ersten Mal gesagt hast, dass ich Architektin werden sollte, dachte ich, du bist, du weißt schon ...»

Sie hob den Zeigefinger zu ihrer Schläfe und ließ ihn kreisen. «Aber jetzt denke ich mir, warum nicht? Ich könnte zur Abendschule gehen. Ich bin erst zweiundzwanzig. Ich könnte es schaffen.»

«Natürlich kannst du das schaffen.» Ich lächelte, dabei dachte ich an meinen eigenen Traum und wie weit ich dank Christopher mit meiner Fotografie gekommen war.

Deswegen machte ich mich nach dem Frühstück schnell zu Hause fertig, bevor ich mich mit ihm traf. In der Vergangenheit hätte ich nicht viel Aufhebens darum gemacht, aber an diesem Tag musterte ich mich im Spiegel, während ich mir die Haare bürstete, und entschied, mich umzuziehen. Ich schlüpfte in eine eng anliegende Jeans und eine blaue, ärmellose Bluse, die ich in der Taille knotete. Nachdem ich ein wenig Rouge und einen Hauch Lippenstift aufgetragen hatte, tupfte ich Parfüm hinter meine Ohren und auf meine Handgelenke.

Ich traf Christopher unten im Village, und alles wirkte normal. Wir waren wieder Freunde, die einander neckten und den größten Teil dieses herrlichen Nachmittags damit verbrachten, Fotos zu schießen.

«Was nun?», fragte ich, als uns der Film ausging.

«Denken Sie, Sie sind bereit für die Dunkelkammer?»

Er hatte versprochen, mir zu zeigen, wie ich meine Filme selbst entwickeln konnte. Aber vorher machten wir in einem Café in der Bleecker Street halt, in dem es nach verbrannten Nüssen roch. Wir fingen mit Kaffee an, gingen jedoch schnell zu Bourbon über. Ich hatte noch nie zuvor Bourbon getrunken. Er machte mich gesprächig, und ehe ich mich versah, fragte ich ihn nach seiner Freundin.

«Also», sagte ich, während ich seine Zigarette nahm, die im Aschenbecher ruhte, «Sie und Daphne. Tut mir leid, dass es nicht funktioniert hat.»

Er kniff die Augen zusammen und rieb sich das Kinn. «Woher wissen Sie das? Hat Elaine es Ihnen erzählt?»

«Sie hat es erwähnt.» Ich nahm einen Zug von seiner Zigarette und gab sie ihm zurück. «Und Ihre Verabredung bei der Gala war ein untrügliches Zeichen.»

Er nickte und lachte. «Ja, nun, Elaine konnte Daphne nie wirklich leiden. Was hat sie Ihnen sonst noch so erzählt?»

«Keine Details. Ich weiß nicht, was schiefgelaufen ist.»

«Damit sind wir schon zwei», erwiderte er, während er einen Schluck von seinem Drink nahm. «Sie hat aus L.A. angerufen und gesagt, dass sie in letzter Zeit viel nachgedacht hat und findet, wir sollten uns eine Auszeit nehmen.» Er stieß einen tiefen Seufzer aus. «Elaine sagt, Daphne nutzt andere nur aus. Ich weiß nicht. Vielleicht hat sie recht.» Wieder rieb er sich das Kinn. «Ich glaube, ich wurde bereits ersetzt.»

«Ich weiß, wie das ist.»

«Sie auch, was?»

Ich nickte, dabei ließ ich das Eis in meinem Glas ein wenig klirren. «Ich war verlobt, bevor ich hierherzog. Er ist jetzt mit einer anderen verheiratet.» Ich lächelte traurig, erstaunt darüber, dass es immer noch so sehr schmerzte.

«Das haben Sie mir nie erzählt. Wie kommt es, dass Sie nie etwas gesagt haben?»

«Sitzengelassen zu werden, ist nicht gerade eines meiner Lieblingsthemen.»

Er nickte, hob sein Glas und stieß mit mir an, bevor er einen Schluck trank.

«Also, was macht Sie so sicher, dass Sie bereits ersetzt wurden?», fragte ich.

«Da ist dieser Kerl. Er hängt in letzter Zeit ständig in ihrer Nähe herum. Er ist ihr Agent, also kann er ihr bei ihrer Schauspielkarriere mehr helfen, als ich es je könnte. Ich bin ziemlich sicher, er ist mit ihr nach L.A. geflogen.» Er nahm seine Zigarette zwischen Daumen und Zeigefinger, hob sie zum Mundwinkel und zog daran. «Sie streitet es ab, aber ich glaube, da lief schon etwas, während wir noch zusammen waren. Und wissen Sie, was das Schlimmste daran ist?», sagte er. «Jetzt muss ich mir eine neue Wohnung suchen.» Er lächelte traurig und trank sein Glas aus. «Also», sagte er auf eine Weise, die andeutete, dass er mit diesem Thema fertig war. «Dieser Typ, mit dem Sie bei der Gala waren?»

«Wer? Erik?»

«Gehen Sie mit ihm aus?»

«Nein. Eigentlich nicht.» Vielleicht lag es daran, dass ich mit Christopher zusammensaß, oder vielleicht auch daran, dass ich es einfach leid war, aber in diesem Moment wusste ich, dass ich mit Erik Schluss machen musste.

Christopher lächelte kaum merklich und nahm einen letzten Zug von seiner Zigarette, bevor er sie ausdrückte. «Es wird schon spät. Ich sollte Sie vermutlich gehen lassen.»

Ich wollte nicht, dass unsere gemeinsame Zeit endete, und der Bourbon machte mich kühn genug, zu sagen: «Moment mal. Ich dachte, wir würden meinen Film entwickeln.»

«Haben Sie denn noch Zeit? Sie haben doch sicher Pläne. Schließlich ist Samstagabend.»

«Ich habe noch Zeit.» Rasch entschuldigte ich mich, ging zur Telefonzelle im hinteren Teil des Cafés und rief Erik an.

Er hatte mich heute Abend zu Cocktails bei sich zu Hause und dann Dinner im *Benihana* eingeladen. All das stünde natürlich nicht mehr zur Debatte, sobald er gehört hätte, was ich zu sagen hatte.

«Ich bin unten im Village», sagte ich ihm. «Ich glaube nicht, dass ich es bis sieben nach Uptown schaffen werde. Können wir unsere Pläne nach hinten verschieben?»

«Bis wann?», fragte er. «Acht?»

Ich warf einen Blick zurück zu Christopher. «Eher neun.» Ich legte auf und ging zurück zum Tisch. «Wollen wir?»

Christopher bezahlte die Rechnung und bestand darauf, auch meinen Anteil zu übernehmen. Dann gingen wir zu seinem Fotostudio Ecke St. Mark's Place und First Avenue. Es war ein eigenwilliges kleines Gebäude mit Buntglasfenstern und hohen Decken, und ich fragte mich, ob es früher einmal eine Kirche gewesen war. Es herrschte ein ziemliches Durcheinander – stapelweise lagen Bücher, Zeitungen und Magazine herum.

«Tut mir leid, dass es so unordentlich ist. Ich wohne jetzt hier, wegen, nun ja, Sie wissen schon ...» Er beendete den Satz nicht. «Kommen Sie», sagte er dann. «Lassen Sie uns mit den Fotos anfangen.»

Wir gingen in seine Dunkelkammer, die ihm auch als Badezimmer diente. Schalen stapelten sich in der Badewanne, Seife und Entwicklerlösung standen neben einem Waschlappen. Er schaltete die Deckenlampe aus und erklärte mir Schritt für Schritt, was er tat. Zur genaueren Demonstration legte er seine Hand auf meine, sodass ich mich kaum noch konzentrieren konnte. Die Berührung seiner Finger stieg mir zu Kopf wie der Bourbon.

Er führte mich durch den gesamten Prozess, vom Hin- und Herbewegen des Films bis zu Stoppbad und Fixiermittel, und als er schließlich die Fotos abgespült und zum Trocknen aufgehängt hatte, hätte mir nicht gleichgültiger sein können, was wir an diesem Tag fotografiert hatten. Er stand so dicht hinter mir, dass ich seinen Atem an meinem Hals spüren konnte, die Wärme, die von ihm ausstrahlte, und das machte mir Angst. Ich war so zerbrechlich wie gesponnenes Glas. Mein letzter Liebeskummer fühlte sich plötzlich so frisch und roh an, als wäre er gerade erst passiert. Christopher konnte mich mit einem einzigen Kuss zerschmettern. Ich wäre am Boden zerstört, wenn es bei nur einem Kuss bliebe. Ich musste meine ganze Willenskraft aufbringen, mich nicht umzudrehen, weil ich wusste, wenn ich in seine Augen sah, wäre es um mich geschehen.

«Ich sollte wirklich gehen», sagte ich und zwang mich, diesen einen wesentlichen, entscheidenden Schritt von ihm fort zu machen. Ich wusste, es war abrupt, aber ich musste hier raus.

Mein Puls raste immer noch, als ich Christophers Studio bereits verlassen hatte. Es war schon fast halb zehn. Ich dachte an Erik, der in seiner Wohnung saß und auf mich wartete. Ich machte mir nicht mal die Mühe, nach Hause zu gehen und mich umzuziehen, denn jetzt, da ich wusste, was ich tun musste, wollte ich es einfach hinter mich bringen. Ich trabte die Treppe hinunter, erwischte die Broadway-Linie und drängte mich in den überfüllten Zug.

Als ich bei Eriks Wohnung ankam, nickte mir der Portier zu, als wären wir alte Freunde. Über das Haustelefon kündigte er Erik an, dass ich auf dem Weg nach oben war. Ich ging hinüber zu den Aufzügen, und als ich einen davon betrat und die Türen sich bereits zu schließen begannen, blickte ich auf. Ich musste zweimal hinsehen, denn ich traute meinen Augen kaum. Es war Bridget. Die durch die Lobby sprintete.

Mir wurde flau im Magen, als der Aufzug losfuhr und höher stieg, Stockwerk für Stockwerk. Ich war geschockt und fragte mich, wie lange das schon lief. Und mit wie vielen anderen Frauen er geschlafen hatte. Ich hätte wissen sollen, dass ich ihm nicht vertrauen konnte. Aber gerade hatte er es mir sehr viel leichter gemacht, die Sache zu beenden.

Erik stand in der Tür seiner Wohnung, direkt gegenüber dem Aufzug. «Warum hast du dich nicht schick gemacht?»

Ich war immer noch zu benommen, um zu sprechen.

«Möchtest du zu Hause bleiben?» Er lächelte und trat in den Flur. «Komm her. Du hast mir gefehlt.» Er nahm meinen Arm und wollte mich küssen.

Ich riss mich los. «Bridget?»

Dieser selbstgefällige Ausdruck auf seinem Gesicht verschwand. Hinter mir schlossen sich die Aufzugtüren. «Ali, es ist nicht so, wie du denkst.»

«Oh, bitte.» Ich lachte hart und drückte auf den Aufzugknopf. «Das ist es doch nie, oder?»

Er griff nach meiner Hand. «Ich kann es erklären.»

«Erspar mir das.» Ich riss meine Hand zurück und drückte erneut auf den Aufzugknopf. «Das mit dir und mir ist vorbei. Gute Nacht, Erik. Gute Nacht und leb wohl.»

Am nächsten Morgen tauchte Erik vor meiner Wohnung auf. Jemand musste die Haustür unten offen gelassen haben, denn er riss mich mit seinem Klopfen aus dem Schlaf und verlangte, dass ich ihn reinließ. Es war noch nicht mal acht Uhr.

«Was machst du hier?» Mit straff gespannter Türkette sah ich ihn durch den schmalen Spalt an.

«Ich möchte mit dir reden.»

«Da gibt es nichts zu reden.»

«Willst du mich nicht einfach reinlassen?»

«Warum? Keinerlei Verpflichtungen, schon vergessen? Du schuldest mir nichts.»

«Du bist eindeutig wütend.»

«Bilde dir nichts ein. Ich hatte so etwas von dir erwartet. Ehrlich gesagt bin ich wütender auf Bridget.» Und das stimmte. Sie hatte von Erik und mir gewusst. Ich hatte mich ihr anvertraut. Sie hätte meine Freundin sein sollen. Ihr Verrat wog schwerer als der von Erik.

«Bitte, lass mich einfach rein. Ich kann gestern Abend erklären. Es war nicht so, wie du denkst.»

Seine Stimme war laut, und ich wollte nicht, dass er das ganze Haus aufweckte. Also schloss ich die Tür, wartete noch einen Augenblick und entriegelte sie dann widerwillig. «Du hast fünf Minuten», sagte ich und zog meinen Bademantel eng um mich.

Er trat ein, und wir starrten einander an, ohne ein Wort zu sagen. Er sah schlimm aus, mit dunklen Ringen unter den Augen, ungekämmten Haaren, das Gesicht unrasiert. Er trug immer noch die Kleider vom Abend zuvor. Anscheinend hatte er überhaupt nicht geschlafen.

«Was Bridget betrifft –»

«Was soll mit ihr sein? Es ist mir ehrlich egal, ob du dich mit ihr triffst. Ich wünschte nur, du hättest mich nicht angelogen.»

«Ich habe nicht gelogen. Ich treffe mich nicht mit ihr. Das schwöre ich.» Er setzte sich aufs Sofa, die Ellbogen auf den Knien, den Kopf in den Händen. «Ich treffe mich mit niemandem außer dir.»

Ich sah ihm an, dass er erschöpft war, aber ich würde nicht schwach werden. «Was hat sie dann an einem Samstagabend in deiner Wohnung zu suchen?»

«Das war für die Arbeit.»

Ich lachte.

«Ich habe ein paar Papiere in Bill Guys Büro liegen gelassen und muss übers Wochenende an ihnen arbeiten. Sie ist seine Sekretärin. Ich habe sie gebeten, sie für mich zu holen. Ich schwöre, das war alles.»

An einem Samstagabend? Ich glaubte ihm nicht. «Wie konntest du sie denn am Wochenende erreichen?»

«Ich habe sie zu Hause angerufen.»

«Und warum hast du Bridgets Nummer?» Ich klang, als kümmerte es mich mehr, als es tatsächlich tat. Ja, ich war wütend, dass er mich an der Nase herumgeführt hatte, aber gleichzeitig war ich erleichtert – er hatte mir einen leichten Ausweg gegeben. Aber die Sache mit Bridget ... Ich hoffte immer noch auf eine plausible Erklärung.

Er seufzte und fuhr sich mit den Händen übers Gesicht. «Ich bin mit ihr ausgegangen – einmal. Das war vor langer, langer Zeit. Lange bevor ich dich überhaupt kennengelernt habe. Es hat zu nichts geführt. Es war –»

Ich hob die Hand, um ihn zum Schweigen zu bringen. «Weißt du was – das ist mir egal.»

«Würdest du einfach herkommen, bitte?»

Ich stand immer noch, die Hand am Türknauf. «Die Zeit mit dir hat Spaß gemacht, aber ich kann das nicht mehr. Du solltest gehen.» Ich öffnete die Tür und deutete hinaus.

«Was? Einfach so?» Ungläubig sah er mich an. «Du wirfst das alles einfach weg?»

«Was alles?»

«Wir passen gut zusammen.»

«Nein, wir haben guten Sex zusammen. Mehr nicht. Und jetzt ist es vorbei.»

◎

Nachdem Erik gegangen war, zog ich mich schnell an und ging zu Bridgets Wohnung, die sich nur wenige Blocks entfernt Ecke 73rd und Third Avenue befand. Ich wollte es hinter mich bringen. Sie zur Rede stellen, um nicht unsere persönlichen Probleme mit ins Büro zu schleppen.

Ich klingelte, und kurz darauf krächzte eine verschlafene Stimme durch die Sprechanlage und ließ mich hoch. Es war noch früh, nicht ganz neun Uhr. Im Treppenhaus kam mir ein Mann entgegen, der sich immer noch das Hemd zuknöpfte, die Krawatte wie einen Schal um seinen Hals geschlungen. Der Flur war dunkel, mit alten und vergilbten Tapeten in altmodischem Damastmuster, die an den Kanten nicht richtig verklebt war. Jemand auf ihrem Stockwerk briet Speck.

«Ali, was machst du hier? Was ist los?» Bridget stand in der

Tür. Ihr Bouffant war platt gedrückt, die Wimperntusche verschmiert, der Gürtel ihres Bademantels verdreht.

«Kann ich reinkommen?» Ich drängte mich an ihr vorbei, ohne auf eine Antwort zu warten. Vage bemerkte ich eine leere Flasche Chablis, zwei Weingläser und einen vollen Aschenbecher auf ihrem Beistelltisch. Ihr Kleid, dasselbe, das sie getragen hatte, als ich sie in Eriks Eingangshalle gesehen hatte, lag zusammengeknüllt auf dem Sofa, einer ihrer Lederpumps war achtlos neben der Couch abgestreift worden, der andere lag mitten im Raum.

«Was ist los?», fragte sie. «Geht es dir gut?»

«Du hättest einfach sagen sollen, dass du Erik willst.»

«Was?» Sie riss die Augen auf, und die Schläfrigkeit war verflogen.

«Du hättest es einfach sagen sollen. Ich wäre zurückgetreten. Du hättest ihn nicht hinter meinem Rücken treffen und deswegen lügen müssen.»

«Wovon redest du?»

«Ich habe dich gesehen. Ich habe dich gestern Abend bei Erik gesehen.»

«Oh Gott.» Sie schüttelte den Kopf und rieb sich mit dem Handballen das Auge. «Gott, nein. Ich treffe mich nicht mit Erik. Das schwöre ich. Ich hatte gestern Abend eine Verabredung. Er ist gerade erst gegangen.»

Ich dachte an den Mann, der mir im Treppenhaus entgegengekommen war. Wieder warf ich einen Blick auf die Weingläser, den Chablis. «Was hast du dann bei Erik gemacht?»

Ihr Gesicht, das ohnehin schon blass war, wurde kreidebleich. Sie schüttelte den Kopf und ließ sich aufs Sofa fallen, wobei sie einen ihrer Pumps aus dem Weg kickte.

Ich wartete auf eine Erklärung. Ein weiterer Moment verstrich. «Nun?»

«Ali», setzte sie an, verstummte dann aber wieder und lehnte sich vor, dabei klaffte ihr Bademantel auf und entblößte ihre nackten Knie. Sie griff nach den Salems auf ihrem Beistelltisch. Die Packung war leer, und sie zerknüllte sie in der Faust, als knacke sie Walnüsse.

Ich wartete immer noch auf ihre Erklärung.

«Scheiße», sagte sie und sah sich um. «Ich hatte noch eine Schachtel. Hast du sie gesehen?»

«Bridget?»

Sie sprang ins Schlafzimmer und kam mit einer Schachtel Pall Malls zurück.

«Warum warst du bei Erik?», fragte ich noch einmal.

Sie zündete ihre Zigarette an, und beim Ausatmen sagte sie: «Die ganze Sache ist außer Kontrolle geraten.»

«Welche *ganze Sache*?»

Sie nahm einen weiteren Zug von ihrer Zigarette, wollte mich jedoch immer noch nicht ansehen. «Erinnerst du dich, damals, als du gerade im Büro angefangen hast?»

«Ja?»

«Weißt du noch, wie Erik dich um Hilfe gebeten hat? Mit Helen? Und du Nein gesagt hast? Dass du es nicht tun würdest?»

«Ja.» Ein ungutes Gefühl machte sich in meiner Magengrube breit.

«Nun ...»

Oh nein. Das hier war schlimmer als eine Affäre mit Erik hinter meinem Rücken. «Bridget, was hast du getan?»

Sie zog an ihrer Pall Mall.

«Bridget?»

«Es war nichts. Das schwöre ich. Ich habe ihm nur gesagt, was im Büro vor sich ging. Nur Sachen, die Helen der Belegschaft erzählt hat – ich schwöre, das war alles.»

Sie wollte mich immer noch nicht ansehen, daher wusste ich, dass mehr dahintersteckte. Ich erinnerte mich an die Male, an denen sie sich an meinem Schreibtisch herumgedrückt, über meine Schulter mitgelesen hatte. Ich dachte an das, was zu den Anzeigenkunden durchgesickert war, an Seitenpläne und Coverbilder, die ihren Weg zu Deems und Berlin gefunden hatten. Jede neue Erkenntnis ließ mehr Alarmglocken in meinem Kopf schrillen, bis es keine andere Schlussfolgerung mehr gab. «Du warst das, nicht wahr?»

«Ali, nein. Komm schon.»

«Du hast das Memo an die *Women's Wear Daily* durchsickern lassen.»

«Es war ein dummer Fehler. Ich schwöre, ich wusste nicht, dass Erik es jemandem außerhalb von Hearst zeigen würde.»

«Also das Memo *und* das Cover. Das warst du.» Ich verstummte einen Moment lang, in der Erwartung und Hoffnung, dass sie es abstreiten würde. Als sie es nicht tat, fragte ich: «Warum hast du das getan?»

«Es war Eriks Idee. Das schwöre ich. Er sagte, er würde mich befördern lassen, mir eine Gehaltserhöhung besorgen. Ich brauchte das Geld.» Ihr Tonfall suggerierte, dass das Geld ihr Handeln rechtfertigte.

Wir blickten uns direkt an. Sie rauchte ihre Zigarette, und etwas Kaltes regte sich hinter ihren Augen. Sie verstand nicht das Geringste von Loyalität. Sie dachte immer nur an sich selbst. Sie war nicht meine Freundin. War es nie gewesen.

«Was machst du jetzt?», fragte sie, während sie sich eine weitere Zigarette an dem Stummel anzündete, den sie gleich ausdrücken würde.

«Ich kann nicht glauben, dass du Helen das angetan hast. Uns allen. Ist es denn für uns Frauen nicht schon schwer genug vorwärtszukommen? Ernst genommen und mit Respekt behandelt zu werden? Erik ist auf dich zugekommen, und du hast einfach Ja gesagt? Warum? Für eine lausige Gehaltserhöhung? Eine dumme Beförderung? Wie konntest du so kurzsichtig sein? Wirklich, Bridget, was würdest du mit all diesen Informationen machen, wenn du an meiner Stelle wärst?»

«Nun, ich würde mich nicht für was Besseres halten. Du bist diejenige, die mit ihm schläft.»

«Aber ich habe kein einziges Mal Helen oder das Magazin verraten. Ich habe den Mund gehalten.»

«Vielleicht hättest du auch die Beine zusammenhalten sollen.»

Ich war sprachlos. Und verletzt. Ohne ein weiteres Wort drehte ich mich um und verließ ihre Wohnung. Auf dem Weg nach unten hielt ich mich zitternd am Treppengeländer fest. Bridget hatte mich mit dieser Beleidigung tief getroffen, und es machte keinen Unterschied, dass sie sich durch mehr Betten schlief als irgendjemand, den ich kannte – ich schämte mich trotzdem. Diese Ideologie vom *Braven Mädchen* saß tief.

Aber über den Tag erkannte ich, dass ich nichts Falsches getan hatte. Eine Affäre machte mich nicht zu einem Flittchen. Ohne Schuldgefühle mit Erik zu schlafen, hatte etwas in mir befreit. Helen hatte mir die Erlaubnis gegeben, mir zu nehmen, was ich wollte. Das hatte zur Folge, dass ich mich besser kannte – wusste, was ich mochte, was ich nicht mochte. Und vor allem hatte ich gelernt, was ich verdiente.

◎

Die Tatsache, dass Bridget mich verraten, Helen verraten und die Zukunft aller in Gefahr gebracht hatte, war einfach zu viel. Als ich in meine Wohnung zurückkam, war ich ihr gegenüber abgestumpft, so wie ich Erik gegenüber abgestumpft war.

Ich musste Helen sagen, was vor sich ging. Ich wusste, dass es Bridget den Job kosten würde, und Erik wahrscheinlich ebenfalls, aber sie hatten sich das selbst zuzuschreiben, und meine Loyalität galt Helen. Was mich am meisten ärgerte, war, dass man mich zum Narren gehalten hatte. Dass ich nun in der Position war, Helen diese Information zu überbringen, machte mich nur noch wütender.

Ich rang die ganze Nacht mit der Sache, und als ich am nächsten Tag zur Arbeit kam, versuchte ich immer noch herauszufinden, wie ich Helen die Nachricht beibringen sollte.

Ihre Bürotür war geschlossen, aber sie war bereits da. Ich konnte den schmalen Lichtstreifen unter ihrer Tür sehen und hörte Stimmen. Ich war enttäuscht. Ich hatte gehofft, ich könnte einfach hineingehen und es hinter mich bringen.

Nervös probte ich einige Formulierungen. Schließlich ging ich den Flur runter, um mir Kaffee zu holen. Es waren erst eine Handvoll Leute im Büro, aber trotzdem spürte ich, dass etwas in der Luft lag. Im Flur kam mir Bill Guy entgegen, und er reagierte kaum, als ich ihm einen guten Morgen wünschte.

Bobbie und Penny waren in der Küche. Keine von beiden sagte ein Wort, als sie sich ihren Kaffee nahmen. Sogar Margot, die nichts mehr liebte als Klatsch, schwieg. Ich fühlte mich schuldig, dass ich ihr gegenüber so misstrauisch gewesen war.

Als ich zurück zu meinem Schreibtisch ging, öffnete sich Helens Tür, und ich sah einen der Sicherheitsbeamten des Gebäudes in ihrem Büro. Das Licht der Deckenlampe spiegelte sich in seinem Abzeichen. Erik Masterson stand mit hängendem Kopf direkt neben ihm.

Er war blass, seine Haare ein wenig zerrauft. Seine Augen waren leer und ausdruckslos, als er stockte und mich ansah. Ich wusste nicht, was vor sich ging, bis der Wachmann ihn vorwärtsdrängte und sagte: «Na los, holen Sie Ihre Sachen.»

Bevor sie durch die Tür waren, rief Helen mich in ihr Büro. Richard Berlin, Dick Deems und Walter Meade waren ebenfalls dort, zusammen mit einem zweiten Wachmann, dessen Mütze auf dem Beistelltisch lag.

Helen griff nach einer Zigarette und sagte: «Alice, würden Sie Bridget bitten, hereinzukommen.»

Ich schluckte hart, und mein Kopf fühlte sich ein wenig benebelt an, als ich zu Bridgets Schreibtisch ging. Sie war gerade gekommen und hatte ihre Handtasche noch in der Hand. Als sie den Ausdruck auf meinem Gesicht sah, nahm sie langsam die Sonnenbrille ab. Ihre Augen waren geschwollen, rot gerändert mit tiefen Augenringen. Sie schien zu wissen, was ihr bevorstand. Als ich sagte, dass Helen sie sehen wollte, rauschte sie an mir vorbei und rempelte dabei absichtlich meine Schulter an.

Helen sagte mir nie, wie sie es herausgefunden hatte, aber ich nahm an, dass Walter Meade etwas damit zu tun hatte. Besonders da er als einziges Mitglied ihrer Belegschaft bei den Entlassungen anwesend war. Aber Bridget und Erik wussten es nicht. Sie dachten, ich wäre es gewesen.

KAPITEL 27

Seit Bridgets und Eriks Kündigung waren fast drei Wochen vergangen, und abgesehen von anfänglichem Klatsch, war ich überrascht, wie wenig über sie gesprochen wurde. Die beiden waren nichts weiter als Fußspuren im Sand. Die Aufmerksamkeit aller hatte sich auf die Juli-Ausgabe verlagert.

Es war der dreiundzwanzigste Juni, der Tag, bevor die neue *Cosmo* in die Kioske kommen würde. Niemand wusste, ob er einen Neubeginn oder das skandalöse Ende des Magazins markieren würde. Wir versuchten halbherzig, Normalität zu heucheln, obwohl allen klar war, dass wir bald arbeitslos sein könnten. Margot und ein paar andere hatten bereits angefangen, sich woanders zu bewerben. Die Redakteure und Texter waren hin- und hergerissen zwischen der Jobsuche und der Arbeit an der August-Ausgabe.

Ganz Hearst beobachtete uns. Man konnte die Anspannung aus der Firmenzentrale regelrecht spüren. Helen übertrieb es mit dem Auf – und Abmarschieren und ihren gelegentlichen Anfällen von Beinübungen oder Auf-der-Stelle-Joggen so, dass der Flor ihres neuen Teppichs völlig platt war. Aber wenigstens gab es keine Tränen. Nur Nervosität.

«Warum gehen Sie nicht nach Hause und versuchen, sich zu entspannen», schlug ich vor. Es war noch früh, noch nicht mal fünf Uhr nachmittags, aber fast alle waren schon gegangen, da sie es zu nervenaufreibend fanden, herumzusitzen und auf ihr Schicksal zu warten.

«Gehen Sie ruhig», sagte ich, um ihr zu versichern, dass es in Ordnung war. «Und essen Sie etwas.» Die letzten Wochen hatten ihren Tribut gefordert. Helen hatte wahrscheinlich fünf Pfund abgenommen, was sie sich eigentlich nicht leisten konnte. Apathisch nickte sie. Ich konnte die scharfen Kanten ihres Brustbeins und der Schlüsselbeine sehen.

Ich half ihr, ihre Aktentasche zu packen, suchte die neuen Artikel zusammen, die sie für die August- und September-Ausgaben überprüfen und redigieren wollte. Trotz allem setzte sie immer noch auf die Zukunft der *Cosmopolitan*. Zumindest versuchte sie es. Als ich ihre Aktentasche zuschnappen ließ, schaute ich zu ihr hinüber und sah, dass sie mit den Tränen kämpfte.

«Mrs. Brown? Geht es Ihnen gut?» Ich hatte sie seit Wochen nicht weinen sehen.

Sie schüttelte den Kopf und zog die Schultern hoch. «Ich bin so müde.» Sie lehnte sich an den Schreibtisch, als würden ihre Beine jeden Augenblick nachgeben. «Ich glaube nicht, dass ich in meinem ganzen Leben je so müde war. Und ich habe Angst. Einfach schreckliche Angst. Wenn der Juli floppt, dann ist es mit alldem hier» – sie machte eine Geste, die ihr Büro, das Magazin, ihre redaktionelle Karriere mit einschloss – «vorbei.» Sie hielt sich die Hand vor den Mund, als wollte sie schreien. «Wissen Sie, dass ich noch nie zuvor bei irgendetwas versagt habe? Noch nie. Ich war in meiner Klasse Jahrgangsbeste. Ich weiß nicht, wie man versagt.»

«Sie werden auch hier nicht versagen», versuchte ich sie zu ermutigen.

Sie runzelte die Stirn, ihre Augen wurden wieder feucht und ihr Kinn begann zu beben. «Ich wollte etwas Großes und Wichtiges für Frauen tun.»

«Aber das haben Sie doch schon.»

Sie schüttelte den Kopf und schob die Unterlippe vor. «Ich rede nicht von meinem Buch. Ich rede von der *Cosmopolitan*. Frauen *brauchen* dieses Magazin. Betty Friedan kümmert mich nicht. Oder dass Gloria Steinem undercover als *Playboy*-Häschen arbeitet. Keine von ihnen – und auch sonst keine Feministin – spricht zu den Frauen, wie ich es tue. Jede junge Frau da draußen muss wissen, dass sie nicht allein ist. Ich war allein. Obwohl ich meine Mutter und meine Schwester hatte, war ich trotzdem allein.» Sie durchquerte den Raum, warf sich aufs Sofa und brach in Tränen aus.

«Mrs. Brown. Bitte. Es wird alles gut.» Sie hatte in letzter Zeit so viel Stärke gezeigt, und sie erneut so verzweifelt zu sehen, brach mir fast das Herz. Ich setzte mich neben sie, nicht sicher, wie ich sie trösten sollte. Ihr ganzer Körper bebte, während sie in ein Zierkissen weinte. Sie versuchte, etwas zu sagen, doch ihr Schluckauf machte es unmöglich, sie zu verstehen. Ich konnte nichts tun, als ihr in beruhigenden Kreisen den Rücken zu streicheln, wie meine Mutter es bei mir immer getan hatte.

Ich fuhr ihr immer noch über den Rücken und spürte dabei ihre Schulterblätter und Rippen, als sie sich umdrehte und mich ansah. Sie schenkte mir ein schwaches, trauriges Lächeln, während Tränen seitlich über ihre Wangen zu ihren Ohren liefen. «Ich will nicht alt werden. Ich will nicht einfach eine weitere alte Frau sein, vergessen, unsichtbar für den Rest der Welt. Dieses Magazin muss Erfolg haben», sagte sie. «Das muss es einfach. Warum bin ich sonst hier? Dieses Magazin herauszugeben, meinen Mädchen Zugang zu all diesen Informationen zu geben – ich glaube wirklich, das ist der Grund, warum ich auf diese Erde gebracht wurde.»

◐

Nachdem Helen sich wieder gefasst hatte, rief ich David Brown an und bat ihn, sie abzuholen. Sie war nicht in der Verfassung, in den Bus zu steigen, und würde sich mit Sicherheit weigern, ein Taxi zu nehmen.

Ich verließ das Gebäude kurz nach Helen, und ihre Worte hallten immer noch in meinem Kopf nach. *Das ist der Grund, warum ich auf diese Erde gebracht wurde.* Warum war ich auf dieser Erde? Empfand ich ebenso viel Leidenschaft für meine Fotografie wie sie für das Magazin? Ich hatte Helen durch die Hölle gehen, alle möglichen Rückschläge und Enttäuschungen ertragen sehen. Sie hatte sich Spott ausgesetzt und ein Hindernis nach dem anderen überwunden, und ich war zu feige, mich für einen Fotografiekurs anzumelden. In diesem Moment wusste ich, wenn ich meinen Traum verwirklichen wollte, musste ich ebenso zäh sein wie Helen, und ich musste bereit sein, alles, was nötig war, für meinen Erfolg zu tun.

Als ich die Ecke Broadway und 57th erreichte, hielt ein Taxi neben mir an. Das hintere Fenster wurde heruntergekurbelt, und Strähnen silberweißer Haare wurden vom Wind herausgeweht.

«Hast du Zeit für einen Drink? Komm, steig ein.»

Ich öffnete die Tür und rutschte neben Elaine Sloan. Sie roch schwach nach Vivara, Zigaretten und Gin. «Ich habe eine Verabredung zum Dinner, aber erst um acht. Warst du schon mal im *St. Regis*?»

Und schon fuhren wir los und kamen zehn Minuten später Ecke 54th und Fifth Avenue an. Die Eingangshalle sah aus wie ein Marmorpalast mit opulenten, kitschigen vergoldeten Akzenten und Kristallkronleuchtern. Ich folgte Elaine an den Reihen von Hotelgästen vorbei, und wir betraten die *King Cole Bar*.

«Siehst du das?» Sie zeigte auf ein verspieltes Gemälde hinter der Bar, das sich von einem Ende zum anderen erstreckte. «Das ist das Old-King-Cole-Wandgemälde. Ich liebe es einfach. Setzen wir uns an die Bar. Ich möchte, dass du es aus der Nähe siehst.» Elaine war so lebhaft, wie ich sie noch nie gesehen hatte. «Ich bin so froh, dass ich dich zufällig getroffen habe», sagte sie und bestellte zwei Martinis für uns. «Es tut mir leid, aber ich kann einfach nicht bis acht Uhr warten, um mit dem Feiern anzufangen.»

«Was feiern Sie denn?» Ich verkniff mir die Bemerkung, dass sie wohl schon vor unserem Zusammentreffen mit dem Feiern begonnen hatte.

«Ich bin endlich fertig. Fertig mit *Das Tal der Puppen*.»

«Ist es schon erschienen?»

«Nein. Nein.» Sie öffnete die Handtasche, um ihre goldene Zigarettendose und ein Feuerzeug herauszunehmen und auf den Tresen zu legen. «Nein, der Erscheinungstermin ist erst im Februar, aber zumindest mein Teil ist endlich erledigt. Es ist kein einziges Wort mehr zu überarbeiten. Nicht, dass Jackie mich überhaupt viel hat überarbeiten lassen.» Sie lachte vor sich hin. «Keine aufgebrachten Anrufe mehr von ihr, kein unangekündigtes Hereinplatzen in mein Büro mehr. Jackie Susann ist eine der schwierigsten Autorinnen, mit denen ich je gearbeitet habe. Sie hat mich fast fertiggemacht.»

Der Barkeeper schenkte mit großer Geste unsere Martinis ein, und Elaine hob ihr Glas. «Ich habe gehört, du hast Christopher gesehen», sagte sie. «Wie hat er auf dich gewirkt?»

«Gut.» Ich nahm einen Schluck von dem besten Martini, den ich je gekostet hatte, und fragte mich, was er ihr über diesen Tag in seiner Dunkelkammer erzählt hatte.

«Ich mache mir Sorgen um ihn. Ich möchte nur, dass er glücklich ist. Er ist wie ein Sohn für mich, weißt du?» Sie zündete sich eine Zigarette an. «Ich erzähle dir etwas. Nicht viele Leute wissen das – ich bin mir nicht mal sicher, ob Christopher es weiß –, aber als ich jünger war, mit sechsundzwanzig, wurde ich schwanger.»

«Wirklich?» Sie musste betrunken sein. Ich hatte keine Ahnung, warum sie mir das erzählte.

«Mm-hmm. Ich war jung und verängstigt. Ich war noch nicht bereit, Mutter zu sein. Als ich Viv, deiner Mutter, erzählte, dass ich einen Arzt gefunden hatte und einen Eingriff machen lassen würde, flehte sie mich an, es nicht zu tun. Sie setzte alles daran, es mir auszureden. Sie war sich sicher, ich würde es bereuen. Aber siehst du, im Gegensatz zu deiner Mutter habe ich den Vater des Babys nicht geliebt.»

Im Gegensatz zu deiner Mutter? Das war eine eigenartige Bemerkung, aber Elaine war so in Fahrt, dass ich sie nicht mal unterbrechen hätte können, wenn ich es versucht hätte.

«Und weißt du was? Wie sich herausstellte, hatte deine Mutter recht. Ich bereue es immer noch.» Sie starrte das Wandbild an und sagte wehmütig: «Wenn ich das Baby behalten hätte, wäre mein Kind nun fünfzehn Jahre alt.» Sie blickte geradeaus vor sich auf das Wandgemälde, und ihre blauen Augen wurden feucht. «Deine Mutter hatte recht. Ich wünschte, ich hätte es nicht getan. Der Arzt war in New Jersey – nicht dass das irgendetwas damit zu tun gehabt hätte. Doch wie sich herausstellte, war er nicht besonders vorsichtig. Nicht besonders sicher. Ich hätte sterben können.»

«Das tut mir so leid.» Ich wusste nicht, was ich sonst sagen sollte, und im Grunde war ich nicht mal sicher, ob sie mich hörte. Sie redete einfach weiter.

«Nachdem ich mich wieder erholt hatte, sagte man mir, dass ich keine Kinder mehr haben konnte.» Sie drehte sich um und sah mich an, dabei krümmte ein dünnes, trauriges Lächeln ihre Lippen. «Jetzt weißt du also, warum ich einen solchen Beschützerinstinkt für Christopher empfinde. Er ist das, was für mich einem eigenen Kind je am nächsten kommen wird.»

Nun wusste ich wirklich nicht mehr, was ich sagen sollte, also trank ich einen weiteren Schluck von meinem Martini.

Elaine schnippte ihre Zigarettenasche ab und seufzte. «Ich hätte dir das nicht erzählen sollen. Ausgerechnet dir. Als deine Mutter herausfand, dass sie schwanger war, habe ich sie tatsächlich gefragt, was sie tun will.»

Das war wieder eine eigenartige Formulierung, aber zumindest war sie sich der Tatsache bewusst. So hatte ich Elaine noch nie gesehen. Ich war mir sicher, sie war betrunken.

«Viv hat mich einfach angesehen, als wäre ich verrückt. Sie hat nicht eine Sekunde gezweifelt. Sie hat nie in Betracht gezogen, dich –»

Der Ausdruck auf meinem Gesicht ließ sie mitten im Satz abbrechen. «Oh Gott, Ali.» Sie griff nach meiner Hand. Ihre Stimme hing einen Moment lang in der Luft. «Ich dachte, du wüsstest es. Es tut mir –»

«Ich wüsste was?» Aber sie brauchte es mir nicht zu erklären. Ich hatte immer gewusst, dass ich nur knapp neun Monate nach dem Hochzeitstag meiner Eltern auf die Welt gekommen war, aber ich hatte es nie infrage gestellt. Bis jetzt. Mir wurde flau, und ich trank einen großen Schluck von meinem Martini.

«Geht es dir gut?», fragte sie, während sie dem Barkeeper bedeutete, noch eine Runde zu bringen.

Ich nickte und leerte meinen Drink.

«Das ändert nicht das Geringste. Du weißt, dass deine Mutter und dein Vater dich geliebt haben.»

Das wusste ich, aber ich fand trotzdem keine Worte, um etwas zu erwidern. Ich konnte nur nicken, während sie weitersprach.

«Oh, Ali.» Sie schüttelte den Kopf. «Ich dachte wirklich, du wüsstest es.» Sie zündete ihre Zigarette an, und ich sah zu, wie ihr ganzer Körper ein Stück in sich zusammensank, als sie ausatmete.

Ich hörte eine Gruppe Leute die Bar betreten und beobachtete aus dem Augenwinkel, wie sie es sich an einem nahe gelegenen Tisch bequem machten.

Eine Rauchwolke schwebte von Elaine zu mir herüber. Sie seufzte und sagte: «Ich erinnere mich, wie Viv deinen Vater kennenlernte. Es war hier in New York. Gleich nach dem Krieg. Er war dieser gut aussehende Matrose. Wirklich, wie ein Filmstar sah er aus. Er hat sie völlig umgehauen. Ich habe deine Mutter noch nie so verrückt nach einem Kerl gesehen. Es war so romantisch. Sie hatten eine stürmische Affäre. Ich glaube, davon wurden sie beide überrumpelt.» Ihre Stimme brach ab.

Das war für mich nichts Neues. Ich hatte die Geschichte gehört, wie meine Eltern sich in New York kennengelernt hatten. Ich wusste, dass er ein Matrose gewesen war, und selbst im Alter von siebenundvierzig war mein Vater immer noch ein attraktiver Mann. «Erzählen Sie weiter.»

«Und dann, nun, fand deine Mutter heraus, dass sie schwanger war. Mit dir. Und alles zerbr...» Sie hielt inne und setzte noch einmal an. «Als ... als deine Mutter es ihren Eltern sagte, wollten sie nichts mehr mit ihr zu tun haben. Sie haben sie verstoßen. Die ganze Familie hat ihr den Rücken gekehrt. Deine Mutter wusste nicht, wohin sie gehen, was sie tun sollte. Dein Vater war aus Youngstown, also ging sie dorthin. Und er hat das Richtige getan. Er hat sie geheiratet.»

Als ich Elaine und das *St. Regis* verließ, pochte mir der Schädel vor Gin und zu vielen neuen Informationen. Ich wiederholte es immer wieder, konnte es aber nicht ganz glauben: *Meine Eltern mussten heiraten, weil meine Mutter schwanger wurde. Mit mir. Ich war ein Unfall. Ein Fehler*. Wenigstens wusste ich jetzt, was diese schreckliche Sache war, die der Vater meiner Mutter getan hatte. Auch das war meinetwegen gewesen.

Als ich nach Hause kam, war es in meiner Wohnung warm und stickig, selbst bei geöffneten Fenstern. Die Martinis schwappten in mir herum, und ich brauchte dringend etwas im Magen, aber ich hatte kaum etwas da. Ich entschied mich für eine Packung Cracker und ein Glas Erdnussbutter, was sich nach zwei Crackern als die falsche Wahl herausstellte. Ich wechselte zu einer Flasche Orangenlimonade, dabei dachte ich in meiner Trunkenheit darüber nach, dass man es zu Hause in Youngstown Brause statt Limonade nannte.

Zu Hause. Youngstown ...

Diese neue Erkenntnis über mich und meine Eltern lastete schwer auf mir. Ich fühlte mich verantwortlich dafür, den Kurs zweier Leben verändert zu haben. Wenn ich nicht gewesen wäre, wäre meine Mutter in New York geblieben, hätte wahrscheinlich ihre Modelkarriere fortgeführt – ungeachtet dessen, was ihr Vater davon gehalten hatte. Sie hätte einen anderen Mann kennengelernt, ihn geheiratet und ein anderes Kind bekommen. Vielleicht mehr als eines. Und was war mit meinem Vater? Er wäre aus dem Krieg heimgekommen, nach Youngstown zurückgekehrt und hätte eine andere Frau geheiratet, und auch er hätte ein anderes Leben und eine andere Familie mit ihr gehabt.

Doch wenn meine Eltern mir grollten, ihr Schicksal verändert zu haben, hatten sie es sich nie anmerken lassen. Die Wahrheit ließ mich nicht an ihrer Liebe zweifeln. Elaine hatte versucht, mir diese Tatsache einzuschärfen, aber das war nicht nötig. Ich wusste bereits, dass meine Mutter und mein Vater mich geliebt hatten. Aber dennoch erforderte es ein Umdenken, ein Umdeuten dessen, wie ich über sie, meine Eltern, dachte. Wenigstens musste ich ihre Liebesgeschichte nicht umschreiben. Ich hatte genug Erinnerungen daran, wie sie Händchen gehalten, sich Küsse gestohlen hatten, wenn sie glaubten, dass keiner hinsah, wie sie langsam im Wohnzimmer zum Radio getanzt hatten und meine Mutter ihm dabei leise ins Ohr gesungen hatte. Sie waren glücklich gewesen, soweit ich das sagen konnte. Also war es nur eine Veränderung, die ich in mir, für mich vornehmen musste.

Ich wusste, irgendwann würde ich mit meinem Vater sprechen müssen, aber eine solche Unterhaltung führte man besser persönlich als am Telefon. Besonders wenn Faye im Hintergrund lauerte und er die Uhr am Herd im Auge behielt, um die Ferngesprächsgebühren abzuschätzen.

KAPITEL 28

Ich hatte in jener Nacht kaum geschlafen, weil meine Gedanken immer wieder um die Vorstellung kreisten, das Leben meiner Mutter ruiniert zu haben. Das meines Vaters ebenfalls. Und meine Beklommenheit verstärkte sich, je später es wurde. Schließlich gab ich auf und nickte ein, ungefähr eine halbe Stunde bevor mein Wecker klingelte. Eine kurze Sekunde lang war alles gut. Es war Donnerstag, der vierundzwanzigste Juni. Unsere Juli-Ausgabe war im Verkauf. Aber dann stürzten Fetzen meiner Unterhaltung mit Elaine wieder mit der Wucht eines Faustschlags auf mich ein. Nach zwanzig Minuten des Selbstmitleids zog ich die Decke zurück und zwang mich, den Tag zu beginnen.

Ich wusch mich, zog mich hastig an und war noch vor sieben Uhr zur Tür hinaus. Beim Diner an der Ecke 76th und Lexington machte ich halt und holte mir eine Tasse Kaffee. Auf meinem Weg zur U-Bahn-Station kam ich an einem Zeitungsstand voller Magazine und Zeitungen, Zigaretten und Kaugummi vorbei. Mein Blick suchte und suchte – *McCall's, Ladies' Home Journal, Esquire, Time* und *Life*. Ich sah so gut wie jedes Magazin außer der *Cosmopolitan*.

Aber es war noch früh. Vielleicht hatte der Betreiber des

Zeitungsstands die neuen Magazine noch nicht rausgelegt, auch wenn das nicht sehr klug war, da er sich die morgendlichen Pendler entgehen ließ. In der Nähe der U-Bahn-Station war ein zweiter Kiosk, aber auch dort sah ich keine *Cosmopolitan*. War es Erik und Bridget womöglich gelungen, mit einem letzten Hurra irgendwie der Auslieferung aus dem Lager dazwischenzufunken?

Ich stellte mir vor, wie ich Helen an diesem Morgen gegenübertreten würde, sah sie in Tränen aufgelöst vor mir, während ihre geknechtete Belegschaft die Schreibtische räumte, um sich nach neuen Jobs umzusehen. Dieser Exodus lief gerade in meinem Kopf ab, als ich in die U-Bahn stieg. Alle Plätze waren besetzt, also stand ich in dem überfüllten Waggon und hielt mich an einer schmutzigen Stange fest. Ich starrte auf die Schuhspitzen meiner pastellblauen Slingbacks, deren Kauf ich nun, da ich wahrscheinlich arbeitslos war, bereute.

Als der Zug langsamer wurde und sich mit quietschenden Bremsen der Haltestelle in der 68th Street näherte, sah ich auf, und etwas sprang mir ins Auge. Da war es, das Cover – Renatas absolut verführerischer Schmollmund und ihr wogender Busen. Der Beweis, dass die *Cosmopolitan* wenigstens im Verkauf war. *Irgendwo*. Eine junge Frau, die genau der Zielgruppe entsprach, die Helen sich die ganze Zeit über vorgestellt hatte, blätterte gierig durch die Seiten. Helens Mädchen. Sie war so vertieft, dass sie beinahe ihre Haltestelle versäumte, und schoss erschrocken von ihrem Sitz hoch, um zu den aufgleitenden Türen zu rennen.

Mehr Pendler stiegen ein und setzten sich. Ich blickte den Waggon entlang und sah ein paar bunte Farbflecken, die die unablässige Welle schwarz-weißer Zeitungen durchbrachen. Es waren ein, zwei, drei Exemplare der *Cosmopolitan* in den Händen von jungen Frauen. Als ich in der 57th Street ausstieg, suchte ich am Kiosk danach, aber wieder war sie nirgends zu finden.

Ich fragte den Mann hinter dem Fenster, und er schüttelte den Kopf. «Nein. Alle weg. Keine mehr da. Ausverkauft.»

Ausverkauft? Ausverkauft!

Helen war bereits in ihrem Büro und kritzelte rote Tinte überall auf den Nora-Ephron-Artikel für die August-Ausgabe darüber, *Wie man eine Unterhaltung mit einem Fremden anfängt.* Ich sagte ihr, dass am Zeitungsstand alle Ausgaben ausverkauft waren, doch sie erwiderte nur: «Das ist leicht, wenn sie wahrscheinlich von vornherein nur drei bestellt haben.»

Sie klang geschlagen. Aber wenn sie wirklich so empfand, warum redigierte sie dann immer noch Noras Artikel? Vielleicht als Ablenkung? Als letztes hoffnungsvolles Aufbäumen? Aber der Tag schritt dahin, und Helen stellte fest, dass sie sich nicht konzentrieren konnte. Sie war wie erstarrt vor Angst, dass alles vorbei war. Ich fand sie in ihrem Büro bei isometrischen Übungen und fieberhaftem Beinheben.

Um halb zwölf rief sie David an, der kam, um sie zu einer kurzen Fünfzehn abzuholen, und sie kam an diesem Tag nicht mehr zurück. Ich wartete bis acht Uhr, aber sie blieb verschwunden. Ich versuchte es bei ihrer Wohnung, doch auch dort antwortete niemand.

Als ich an diesem Abend nach Hause ging, wünschte ich, ich hätte meine Kamera bei mir, um das letzte bisschen Sonnenlicht einzufangen, das durch die Baumkronen fiel. Es war ein warmer Sommerabend, und als ich über einen U-Bahn-Schacht ging, schlug mir noch mehr heiße Luft entgegen. Eine dünne Schweißschicht sammelte sich in meinem Nacken, und gelegentlich stieg mir der Geruch von Urin und in der Hitze schmorendem Abfall in die Nase. Das war New York. Entweder schmutzige Hässlichkeit oder Schönheit und Eleganz. Einen Block weiter war ich in einer anderen Welt und ging an Blumenkästen mit blühenden Geranien vorbei, während der Wind die Vorhänge durch die offenen Fenster der Wohnungen wehte. Alle Straßencafés waren voller fröhlicher, glücklicher Leute. Doch ich war keine von ihnen.

Stattdessen machte ich mir Sorgen um Helens Gemütszustand. Es musste ihr schlecht gehen, wenn sie nicht zur Arbeit zurückgekommen war. Wenn sie nicht einmal angerufen hatte, um nach ihren Nachrichten zu fragen. Alle Blicke waren auf sie gerichtet. Wir brauchten ihren Optimismus. Ich spürte, wie das Innere der *Cosmo* bereits zu bröckeln begann, und konnte nicht anders, als mich zu fragen, wo ich dabei bleiben würde.

Während ich an unterschiedlichen Zeitungsständen vorbeikam, achtete ich auf die Magazine und war jedes Mal erfreut und entmutigt zugleich, wann immer Renata mir entgegenblickte. An diesem Morgen hatte ich mir Sorgen um die Auslieferung gemacht, darüber, das Magazin *in* die Kioske zu kriegen. Jetzt interessierte mich nur, dass die Ausgaben verkauft wurden und das Magazin wieder *aus* den Kiosken verschwand. Ich fragte mich, wann wir die Verkaufszahlen bekommen würden. Ich war so abgelenkt, dass ich beinahe in eine offene Kellerluke gefallen wäre, die wie ein Luftschutzbunker aussah.

Als ich in die 74th Street bog, zog ich gerade meine Schlüssel aus der Handtasche, da versuchte ein Mann, meinen Arm zu packen. Ein Adrenalinstoß raste durch mich hindurch. Ich wollte schon schreien, bis ich mich umdrehte und sein Gesicht sah. Es war Erik.

Ich sagte nichts. Mein Herz hämmerte wie ein Presslufthammer. Er sah schrecklich aus. Seine Haare waren nicht gescheitelt, seine Augen waren dunkel umrandet. Er trug Bluejeans und ein graues T-Shirt. Es war das erste Mal, dass ich ihn in etwas anderem als einem Anzug sah. War er hier auf und ab marschiert, um auf mich zu warten? Sicher gab er mir die Schuld dafür, dass er gefeuert worden war.

«Kann ich mit hochkommen?»

Ich zögerte.

«Bitte? Ich muss mit dir reden.»

Trotz allem tat er mir leid. Keiner von uns sagte ein Wort, während ich die Eingangstür aufschloss und wir die Treppe hochgingen.

«Hör mal», sagte er, als er meine Wohnung betrat und sich aufs Sofa fallen ließ. Er fuhr sich mit den Händen durchs Haar. «Ich habe viel nachgedacht, und, na ja ...» Er seufzte, ohne mich anzusehen. «Die Sache ist die, ich will dich nicht verlieren.»

«Was? Erik –»

«Lass mich das einfach loswerden, bevor ich die Nerven verliere.» Frische Schweißperlen erschienen auf seiner Stirn. «Ich weiß, wir haben nicht nach etwas Festem gesucht. Aber na ja – und glaub mir, ich bin ebenso überrascht darüber wie jeder andere –, ich kann nicht aufhören, an dich zu denken, Ali.»

Ich hätte es für einen Scherz gehalten, doch sein Gesichtsausdruck verriet, dass er die Wahrheit sagte.

«Ich meine es ernst», sagte er. «Lass uns alles, was passiert ist, hinter uns lassen und dem Ganzen eine zweite Chance geben.»

«Erik, komm schon. Das ist –»

«Ich möchte mit dir zusammen sein. Ich möchte mich mit keiner anderen treffen, und ich möchte auch nicht, dass du dich mit anderen triffst.»

Ich schüttelte den Kopf. «Nein. Wir können nicht –»

«Liegt es daran, dass ich jetzt keine Arbeit mehr habe? Ich habe Geld auf der Bank. Viel Geld. Und ich werde einen anderen Job finden. Vielleicht nicht bei einem Magazin. Ich bin mit einigen der Verlagshäuser im Gespräch. Aber ich werde auf den Füßen landen.»

«Das ist doch verrückt. Du willst mich nur, weil du mich nicht mehr haben kannst.»

«Ich will dich, weil ich mich in dich verliebt habe. Verstehst du das denn nicht? Ich möchte dich heiraten.»

Ich war wie vom Donner gerührt. Und sprachlos. Darauf hatte Helen mich nicht vorbereitet. Don Juans sollten sich nicht verlieben. Sie sollten nicht heiraten wollen. Ich holte tief Luft und sammelte meine Gedanken. Dann setzte ich mich neben ihn und zwang ihn, mir in die Augen zu sehen.

«Ich weiß, du machst gerade eine schwere Zeit durch, aber das hier», ich zeigte auf uns beide, «ist nicht echt. Du sagst das nur, weil du mich nicht haben kannst und weil –»

«Darum geht es nicht.» Er sah verwirrt aus. «Weißt du, wie viele Mädchen ich meiner Familie vorstellen wollte?» Er formte eine Null mit seiner Hand. «Ali, ich schwöre es, ich habe noch nie zuvor so für eine Frau empfunden.»

Ich wollte, dass er aufhörte zu reden. Ich wollte nichts mehr hören.

«Ich bin verliebt in dich», wiederholte er. «Ich möchte für dich sorgen. Du müsstest nicht mehr arbeiten. Wir besorgen uns eine größere Wohnung, eine schönere. Verdammt, ich besorge uns ein Penthouse in der Fifth Avenue – ich kann es mir leisten. Und du, du kannst jeden Dekorateur engagieren, den du willst, und –»

«Erik, bitte, hör auf, es mir verkaufen zu wollen. Das ist keine Geschäftsverhandlung.»

Aber er hörte nicht auf mich. «Du müsstest auch diesen Fotografiekram nicht mehr machen.»

«Bitte, sprich nicht weiter.»

Er sah mich an, und die Spur eines Lächelns zeigte sich auf seinem Gesicht. «Dann ist das ein Ja?»

«Mein Gott», ich fasste mir an den Kopf, «hast du irgendetwas von dem gehört, was ich gesagt habe?»

«Was? Willst du damit sagen, du willst mich *nicht* heiraten?» Er klang ungläubig.

«Ja. Ich meine, *nein*. Ich möchte dich *nicht* heiraten.»

«Du machst Witze, oder? Ich gebe auf, okay? Du hast gewonnen. Du hast mich erobert.» Er lachte auf eine kranke, besiegte Art. «Du bist eine Frau. Du musst doch heiraten wollen. Das wollt ihr doch *alle*.» Es folgte eine lange Pause, bevor er mich ansah. Seine dunklen Augen waren verwirrt. «Sag mir einfach, warum. Warum willst du mich nicht heiraten?»

Ich nahm seine Hände und sagte, so sanft ich konnte: «Weil ich dich nicht liebe.»

Ungläubig sah Erik mich an. Ich kam mir kalt und herzlos vor, dass ich einfach nur dasaß, aber abgesehen von einem Glas warmem Gin, weil ich vergessen hatte, den Eiswürfelbehälter aufzufüllen, hatte ich ihm nichts anzubieten. Gar nichts.

⦾

In dieser letzten Juniwoche arbeiteten alle nur mit halber Kraft. Sogar Helen. Sie kam eines Morgens unerwartet erst um halb zehn, was vergleichbar damit war, dass irgendjemand anders erst mittags auftauchte.

«Mr. Berlin hat für Sie angerufen», sagte ich, als sie hereinkam, und reichte ihr einen Stapel rosafarbener Notizzettel. «Ich hole Ihnen Ihren Kaffee. Und Ihre Zeitungen.»

Sie nickte, schloss ihre Bürotür auf und schaltete das Licht ein.

Als ich mit ihrem Kaffee zurückkam, legte sie gerade nach einem Telefonat mit Berlin den Hörer auf. Sie griff nach ihrer Handtasche und sagte: «Alice, ich muss kurz weg, aber könnten Sie die Belegschaft für ein Uhr im Konferenzraum zusammentrommeln? Ich habe etwas zu verkünden.»

«Ist alles in Ordnung?»

Sie sagte, es wäre alles gut, aber da war ein komischer Unterton in ihrer Stimme und ein noch komischerer Ausdruck in ihren Augen, den ich trotz all meiner Bemühungen nicht deuten konnte. Sie war wie benommen, als sie ihr Büro verließ.

Den ganzen Vormittag über gärten meine schlimmsten Befürchtungen in mir. Und allen anderen ging es ebenso. Ich glaube nicht, dass irgendjemand an diesem Tag zum Lunch ging, weil alle zu nervös waren, um etwas zu essen. Um ein Uhr hatten sich alle, einschließlich der Sekretärinnen, in den Konferenzraum gedrängt. Aber von Helen keine Spur. Ich hatte nichts mehr von ihr gesehen oder gehört, seit sie das Büro verlassen hatte.

Die Leute rauchten Kette, besorgte Mienen auf den Gesichtern. Niemand sprach lauter als im Flüsterton. Zehn quälende Minuten saß ich mit meinen Kolleginnen und Kollegen am Konferenztisch, bevor die Tür aufflog und Helen hereinkam, die Hände hinter dem Rücken verschränkt. Ein einziger Blick in ihr Gesicht genügte, um zu wissen, dass etwas los war. Nervös klopfte ich mit dem Fuß, während der gesamte Raum darauf wartete, dass sie etwas sagte. *Irgendetwas.*

«Ich nehme an, Sie fragen sich, warum ich Sie hergebeten habe. Nun ...» Sie machte eine Pause, und jeder im Raum hielt den Atem an. «Ich habe soeben unsere Verkaufszahlen bekommen, und» – sie nahm die Hände nach vorne und enthüllte eine Flasche Champagner – «es freut mich, Ihnen sagen zu können, dass der Juli bereits über zweihunderttausend Exemplare mehr verkauft hat als die Juni-Ausgabe.»

Der Raum explodierte bei ihren Worten. Alle brachen in Jubel und Beifall aus, ein paar wischten sich sogar Tränen aus den Augen.

«Wir haben es geschafft», übertönte Helens Stimme das Freudenfest, während sie mit dem Korken kämpfte und ihn vorsichtig mit dem Daumen aus der Flasche lockte. «Wir sind auf dem Weg, meine Kittycats!» Der Korken knallte wie aufs Stichwort, und der tosende Applaus wurde noch lauter.

Während Helen sich durch den Raum arbeitete, um jeden

Einzelnen zu umarmen, übernahm ich die Rolle des Barkeepers. Im Flur fand ich einen Wagen mit Gläsern und weiteren Flaschen Dom Pérignon. Ich hatte Helen noch nie so verschwenderisch gesehen, weder bei Kalorien noch bei Ausgaben, aber sie strahlte stolz und vor allem erleichtert. Ich dachte an diese trügerisch zerbrechlich aussehende Frau, die ich vor drei Monaten kennengelernt hatte. Damals hatte sie nicht einmal gewusst, was ein Seitenaufriss war. Seitdem hatte ich sie wachsen sehen. Und kämpfen. Mit sich selbst, ihrer Belegschaft und dem Männerclub bei Hearst. Ich war noch nie Zeugin, geschweige denn Teil eines solchen Kampfes gewesen. Auf dem Weg dorthin hatten wir Lektionen gelernt, die ich nie vergessen würde. Und ich war glücklich, dass sie am Ende gewonnen hatte. Wir hatten gewonnen. Wir hatten die Widrigkeiten besiegt.

Ich fühlte mich leicht und geerdet zugleich. Ein paar Schlückchen Champagner, und mir schwamm der Kopf vor prickelnden Bläschen. Ich liebte jeden in diesem Raum und umarmte ausgerechnet George Walsh, als die Rezeptionistin in den Konferenzraum kam und mich unterbrach.

«Alice», sagte sie und tippte mir auf die Schulter, «ich habe einen Anruf für Sie. Auf Leitung zwei.»

«Nehmen Sie bitte eine Nachricht entgegen», antwortete ich, während ich den letzten Rest meines Champagners austrank.

«Sie sagte, es sei wichtig.»

Margot lehnte sich zu mir und schenkte mir nach. Es war zu laut im Konferenzraum, deshalb nahm ich meinen Champagner, ging zu meinem Schreibtisch und drückte auf den blinkenden Knopf meines Telefons.

«Alice? Alice? Bist du das?»

«Wer spricht da?»

«Hier ist Faye.»

Eine Welle der Panik schlug mir entgegen. Ich stellte mein Glas ab, dabei verschüttete ich meinen Champagner, und meine Beine wurden zu Gummi. Es gab nur einen einzigen Grund, warum Faye mich je anrufen würde.

«Alice, es tut mir leid. Dein Vater –»

«Was ist passiert?» Ich starrte hilflos auf den Champagner, der über die Papiere auf meinem Schreibtisch lief. «Geht es ihm gut?»

Einen Moment lang schwieg sie. Ich hörte Gelächter aus dem Konferenzraum den Flur runter.

«Es tut mir leid. Er hatte einen Herzanfall. Es ist heute Morgen passiert.» Ihre Stimme begann zu brechen. «Die Ärzte haben alles getan, was sie konnten, aber –»

«Er ist tot?»

«Es tut mir so leid.»

KAPITEL 29

Ich hatte keine Erinnerung daran, wie ich Helen vom Tod meines Vaters erzählte. Ich wusste nur noch, dass sie darauf bestanden hatte, mir ein Hin- und Rückflugticket mit TWA zu bezahlen.

Ich hatte keine einzige Träne vergossen, seit Faye mir die Nachricht überbracht hatte, aber das Loch in meinem Herzen wuchs immer weiter. Nachdem meine Mutter gestorben war, waren es nur noch wir zwei gewesen, und mein Vater – der nicht wusste, was er mit einer dreizehnjährigen Tochter anfangen sollte – nahm mich mit zu den Seifenkistenrennen auf den Derby Downs, zum Angeln auf dem Eriesee und zu Spielen der Cleveland Indians. Gemeinsam lernten wir Kochen, aßen Rührei und Haferbrei zum Abendessen, bis wir Grilled Cheese Sandwiches meisterten. Als wir die nicht mehr sehen konnten, experimentierten wir mit dem Hackbratenrezept meiner Mutter herum. Wir aßen Seite an Seite auf dem Sofa zu Abend, die Teller auf dem Schoß, während wir *Perry Mason* und die *Red Skelton Show* schauten. Aber eigentlich war es egal, was wir taten, ich war einfach nur erleichtert, in seiner Nähe zu sein, dankbar dafür, dass er mich nicht auch verlassen hatte. Jetzt war er fort, und ich würde nie wieder mit ihm reden können. Egal über was. Und vor allem nicht über die Gründe für die Hochzeit meiner Eltern.

Ich ertrug den Gedanken nicht, also richtete ich stattdessen meine ganze Aufmerksamkeit darauf, dass ich zum ersten Mal im Leben mit dem Flugzeug flog. Ich hatte mir für diese Gelegenheit mein bestes Sommerkleid angezogen. Nervös konzentrierte ich mich auf reale und eingebildete Turbinengeräusche, Turbulenzen und die Wolken draußen vor meinem Fenster. Vom Betreten des Flugzeugs bis zur Landung hatte ich bestimmt eine halbe Schachtel Zigaretten geraucht. Mein Kopf fühlte sich voll an, der Druck auf meinen Ohren wollte einfach nicht weggehen, selbst nachdem wir auf dem Cleveland Hopkins Airport gelandet waren.

Faye war da, um mich abzuholen. Das letzte Mal hatte ich sie an dem Tag gesehen, an dem ich von zu Hause fortgegangen war. Es hatte an jenem Morgen genieselt, und als ich in den Greyhound-Bus gestiegen war, hatte ich mich umgedreht und gesehen, wie die neue Frau meines Vaters ihre Clutch über ihren Kopf hielt, um ihr Haar vor dem Regen zu schützen. Sie zog an seinem Arm, um ihn dazu zu bringen, zurück ins Auto zu steigen. Mein Vater und ich hatten einander ein letztes Mal gewunken, bevor der Busfahrer die Tür geschlossen hatte und ich den schmalen Gang entlang zu meinem Sitzplatz gegangen war. Ich erinnerte mich an das Aufheulen des Motors, als wir langsam vom Bordstein losfuhren. Mein Vater stand immer noch neben seinem Buick, Regen sammelte sich in seinem Haar, färbte die Ärmel und Schultern seiner Jacke eine Nuance dunkler. Die Tür auf der Fahrerseite war offen, und ich erinnerte mich noch an Fayes Hand, die ihn hineinwinkte.

Jetzt saß sie in seinem Buick und wartete vor dem Flughafen am Bordstein auf mich. Sie trug ein geblümtes, im Nacken gebundenes Halstuch. Ihre Haut war blass, ihre Augen rot gerändert und tieftraurig.

«Danke, dass du gekommen bist», sagte sie. Und das machte mich wütend, denn es klang, als hätte sie mich eingeladen. Doch ich brauchte ihre Einladung nicht, um hier zu sein. Er war mein Vater. Ich war immer noch seine Tochter. Und dann wurde mir mit einem klaffenden Loch, das sich in meiner Brust ausbreitete, bewusst, dass Faye nun die einzige Familie war, die ich noch hatte. Wenn man sie überhaupt so bezeichnen konnte.

Auf der Fahrt durch Cleveland fiel mir auf, wie das Leben in Manhattan meine Wahrnehmung selbst in so kurzer Zeit verändert hatte. Cleveland war nur eine Stunde von Youngstown entfernt und für uns immer die große Stadt gewesen, aber verglichen mit New York war es winzig, träge, provinziell.

Wir fuhren direkt zum Bestattungsinstitut – ein Schritt ins Erwachsenenleben, der mir beim Tod meiner Mutter aufgrund meines jungen Alters erspart geblieben war. Es war still wie in einer Synagoge oder einer Bibliothek. Der Fußboden verstärkte den Klang unsere Schritte. Wir wurden nach hinten geführt, in einen Ausstellungsraum für Särge. Mir kam es vor wie eine groteske Zurschaustellung von Kommerz. Kleine goldene Plaketten mit griffigen Modellnamen wie *Glückseligkeit*, *Transzendenz* und *Parlament* listeten die jeweiligen Eigenschaften auf: gesteppte Satinauskleidung, verstärkte Versiegelung – und natürlich den Preis. Ich bekam nicht einmal richtig mit, für welches Modell Faye und ich uns entschieden.

Ich war wie in einem Nebel, erinnerte mich hinterher nur noch an eine Frau mit der Gesichtsfarbe einer Kartoffel, aus der Augen hervorsprossen. Sie notierte sich die Informationen für den Nachruf. Auch als wir uns danach mit dem Rabbi trafen, lichtete sich der Nebel nicht.

Auf der Fahrt zurück zum Haus nahm Faye die lange Strecke und mied dadurch bewusst – vielleicht traute ich ihr da aber auch zu viel zu – die Kreuzung, an der meine Mutter ums Leben gekommen war. Das Schweigen im Auto hing zwischen uns wie eine Wolke. Faye und ich waren nie miteinander allein gewesen, und die Unbehaglichkeit wuchs mit jedem Kilometer. Ich nahm an, ich hätte Small Talk betreiben können, aber das war zu anstrengend.

Ihr ging es vermutlich genauso.

Es war hart, das Haus zu betreten, das wenig bis gar keine Ähnlichkeit mehr mit dem Zuhause hatte, in dem ich aufgewachsen war. Faye hatte dieses Leben mit neuen, frühlingsgrünen Tapeten im Eingangsbereich und Flur und kleinen schwebenden Teekannen an den Küchenwänden überzogen. Sie hatte die schönen Holzböden meiner Mutter unter Hochflorteppich begraben. Die blauen Vorhänge, hinter denen ich früher Verstecken gespielt hatte, waren nun zitronengelb mit goldenen Bändern. Alle Möbel waren ausgetauscht, bis auf den Sessel meines Vaters, ein Liegesessel vor dem Fernseher im Wohnzimmer. Auf dem Polster sah man den Abdruck seines Körpers, und sein Geruch – eine Kombination aus Old Spice und Beef Jerky – hatte sich in dem fusseligen Stoff festgesetzt.

Ich schob Kopfschmerzen vor und ging nach oben in mein altes Zimmer am Ende des Flurs, das nun eine Art Allzweckraum war, mit einer Singer-Nähmaschine in der Ecke und einer Schlafcouch, die angestrengt versuchte, ein Sofa zu sein. Es war deprimierend. Überall. Ich wollte nicht in Youngstown sein, und alles, was mir wichtig war, fühlte sich mehr als nur einen Flug entfernt an. Auf dem Beistelltisch war ein Telefon, und ich überlegte, Helen anzurufen, um mich zu vergewissern, dass sie ihren Terminplan für nächste Woche gefunden hatte, und zu fragen, ob sie noch etwas brauchte. Kurz spielte ich mit dem Gedanken, Trudy anzurufen. Und trotz meiner angestrengten Bemühungen, nicht an ihn zu denken, zog ich sogar in Erwägung, Christopher anzurufen. Was er in diesem Moment wohl gerade machte? Mit wem war er zusammen? Hatte er an mich gedacht seit diesem Tag in seiner Dunkelkammer?

Ich legte mich auf die Schlafcouch, um meinen Kopf frei zu bekommen, aber es nutzte nichts. Als meine Gedanken zu Erik wanderten, wusste ich, dass ich noch nicht bereit war, mich mit meinem Vater auseinanderzusetzen. Ja, ich war hier, um ihn zur letzten Ruhe zu betten, aber als ich die Augen schloss, war es dennoch meine Mutter, die ich sah. Ich konnte sogar den schwachen Duft ihres Parfüms riechen, das leise Murmeln ihrer Stimme hören, als würde sie sich im Nebenzimmer mit meinem Vater unterhalten oder telefonieren. Ich erinnerte mich daran, wie sie mir abends vorgelesen hatte. Wir hatten eng zusammengekuschelt unter der Bettdecke gelegen, unsere Zehen hatten sich berührt, unsere Köpfe sich ein Kissen geteilt. Das Bellen eines Hundes versetzte mich zurück in die Zeit, als sie einen Streuner aufgenommen hatte, einen Beagle mit einer verletzten Pfote. Sie hatte sich um ihn gekümmert, ihn Charlie getauft und drei Wochen später geweint, als sein rechtmäßiger Besitzer kam, um ihn abzuholen. Nun prasselte eine ganze Flut anderer Erinnerungen auf mich ein: damals, als meine Freunde keine Zeit hatten und sie sich ein Stück Kreide geschnappt und Hüpfkästchen auf die Einfahrt gemalt hatte oder als sie alles fürs Abendessen stehen und liegen gelassen hatte, um sich zu mir auf den Küchenboden zu setzen und Murmeln mit mir zu spielen.

Ich hörte einen schwachen Laut durch den Lüftungsschacht im Fußboden dringen – ein gequältes Wimmern. Faye war unten in der Küche. Sie weinte.

◎

Auf der Beerdigung dachte ich immer wieder, *Jetzt wäre es praktisch, Geschwister oder Cousins zu haben.* Trotz der vertrauten Gesichter – Golffreunde meines Vaters, seine Kunden und Kollegen von der Gießerei, und sogar ein paar meiner Highschool-Freundinnen wie Esther, mit der ich seit über einem Jahr nicht mehr gesprochen hatte – hatte ich mich noch nie so allein gefühlt. Alle Augen waren auf mich gerichtet. Ich, als das arme kleine Waisenkind, fühlte mich wie auf dem Präsentierteller.

Ich blickte hinunter auf die zerrissene schwarze Schleife, die an mein Kleid geheftet war. Ich saß neben Faye, und als der Rabbi sprach, sah ich ihre Tränen auf ihr Gebetbuch fallen, sie landeten auf den hebräischen Buchstaben und wellten das Papier. Ich nahm ihre Hand und drückte sie. Ich wollte auch weinen. Um meinen Vater und auch um meine Mutter. Aber ich konnte mich nicht dazu durchringen, auch nur einen Bruchteil des Kummers zu zeigen, der mich quälte. Ich war sicher, die Trauergäste fanden mich stark und tapfer, oder vielleicht gefühllos wie einen Stein, aber selbst um einer guten Show willen konnte ich meinem Schmerz nicht nachgeben. Er ging zu tief, und ich befürchtete, darin zu ertrinken.

Faye wollte, dass wir Schiwa saßen, und so war das Haus voller Leute, die meinem Vater die letzte Ehre erwiesen. In der Küche tummelten sich Frauen der Schwesternschaft der Synagoge – vermutlich Fayes Freundinnen –, um Essen zuzubereiten, Tomaten, Gurken und Zwiebeln, Truthahnbrust, Corned Beef und Rinderbraten zu schneiden. Eine von ihnen trug eine Schürze mit Äpfeln auf der Vordertasche. Ich hatte sie noch nie zuvor gesehen. Die Frau in der Schürze löffelte Heringssalat in eine Glasschüssel, während eine andere Frau mit Lippenstift auf den Schneidezähnen eine Bestandsaufnahme der Bagels vornahm, indem sie jeden einzelnen anfasste, wie um sicherzugehen, dass sie alle wirklich da waren.

«Ich hoffe, du hast Hunger», sagte die mit den roten Zähnen lächelnd.

Hunger? Ich hätte keinen Bissen runtergebracht.

Ich ging hinaus ins Wohnzimmer und blieb wie angewurzelt stehen. Meine Füße konnten keinen weiteren Schritt tun. Es fühlte sich an wie ein Schlag in die Magengrube, als Michael und seine Frau zur Eingangstür hereinkamen. Ich hatte nicht damit gerechnet, ihn zu sehen, geschweige denn seine Frau. Aber das waren die Gefahren einer Kleinstadt, in der jeder jeden kannte und sich verpflichtet fühlte, einen Besuch während der Schiwa abzustatten. Ich wünschte mir, der Boden würde sich auftun und mich verschlucken.

Michael fühlte sich offensichtlich unwohl, noch bevor unsere Blicke sich trafen. Wie er mir die Hand auf die Schulter legte, während er versuchte, mich halb zu umarmen, halb zu küssen, ging mit Sicherheit als einer der peinlichsten Augenblicke der Welt in die Geschichte ein. Wie seine Frau mein Handgelenk drückte, während sie ihren hochschwangeren Bauch hielt, war auch nicht viel besser.

«Es tut uns so leid, Ali. Wirklich», sagte Michael.

Die Ehefrau nickte mitfühlend, dabei wippten ihre honigfarbenen Ringellöckchen auf ihren Schultern. Ich weiß nicht mehr, was ich darauf antwortete. Alles Blut rauschte mir in den Ohren. Kleine weiße Sterne tanzten am Rand meines Blickfelds, wie unmittelbar bevor man in Ohnmacht fällt. Dieser Bauch war unübersehbar – ich musste etwas sagen. Musste ihn zur Kenntnis nehmen.

«Wie ich sehe, sind Glückwünsche angebracht. Wann ist es denn so weit?»

«Ach, erst in fünf Wochen.» Wie sie dieses *Ach* sagte, als versuche sie, es herunterzuspielen, aus Angst, ich würde in einem Anfall von Eifersucht die Fassung verlieren.

«Also, New York City, was?» Michael vergrub die Hände in den Taschen und nickte komisch, wie er es manchmal machte, wenn er vor Nervosität nicht wusste, was er sagen sollte.

«Ja, New York.»

Immer noch nickend, sah er sich um, fragte schließlich, wie es Faye ging. Dann erzählte er mir von seiner Arbeit bei der Steuerberatungsfirma, und dass sie das alte Mendelsohn-Haus gekauft hatten. Er traf sich immer noch freitagabends mit Aaron und den Jungs zum Pokern.

Je mehr er redete, desto deutlicher merkte ich, dass die Angst, die ich beim Anblick von ihm und seiner Frau verspürt hatte, langsam verflog. Nachdem wir Schluss gemacht hatten, hatte ich oft – zu oft – an Michael gedacht. Erinnerungen, gute und schlechte, hatten so an meinem Herzen gezerrt, dass ich manchmal kaum noch atmen konnte. Nun sah ich in seine sanften braunen Augen und erkannte, wie jung und unschuldig wir beide gewesen waren. Und dass es mit uns ohnehin nie funktioniert hätte. Ich hätte ihn niemals heiraten und mit ihm in Youngstown bleiben können.

Michael erzählte gerade, dass seine Mutter eine Fuß-OP brauchte, dann gingen ihm die Themen aus. Die schwangere Ehefrau umarmte mich, und Michael tat es ihr gleich.

«Noch mal», sagte er, «es tut mir wirklich leid, Ali.»

Das war ein bedeutungsschwerer Satz, und ich wusste, das *Es tut mir leid* galt nicht nur dem Tod meines Vaters. Es war auch eine Entschuldigung dafür, mir das Herz gebrochen zu haben. Aber um die Wahrheit zu sagen, war es nicht seine Schuld gewesen. Ich hatte Michael zu viel Macht gegeben, und am Ende hatte ich mir selbst das Herz gebrochen, ich ganz allein. So schwer es gewesen war, über ihn hinwegzukommen, dieser Schmerz und Kummer hatte mich gezwungen, neu anzufangen. Ich hatte in den letzten paar Monaten mehr gesehen und erlebt als in all den Jahren zuvor. Seit meiner Trennung von Michael und meinem Abschied von Youngstown war ich in meine eigene Wohnung gezogen, hatte meinen ersten richtigen Job bekommen. Ich war in eine Stadt gegangen, in der ich niemanden kannte, und behauptete mich inmitten der Besten der Besten. Ich war nun ein Teil der größeren Welt da draußen, und das hatte ich allein geschafft. Das Selbstvertrauen, das ich dadurch erlangt hatte, konnte mir niemand mehr nehmen. Bis zu diesem Augenblick war mir nicht bewusst gewesen, wie sehr ich gewachsen war. Außerdem konnte ich nicht länger leugnen, was ich zu verdrängen versucht hatte. In New York hatte ich verstanden, was es bedeutete, eine wirkliche Verbindung mit einem Mann zu haben. Und zwar nicht mit Erik. Sondern mit Christopher.

⊙

Nachdem am Abend der Boden gefegt, das Geschirr abgetrocknet und weggeräumt, der Müll hinaus an die Straße gebracht und die Damen der Schwesternschaft nach Hause gegangen waren, blieben nur noch Faye und ich. Wir waren beide erschöpft und hatten unsere schwarzen Kleider gegen Bademäntel getauscht. Genau genommen hatte ich vergessen, einen einzupacken, also borgte Faye mir einen aus weichem weißem Frottee, der sich auf meinem müden Körper richtig luxuriös anfühlte. Sie hatte uns Tee mit Zimtstangen gemacht und einen Teller Hefeschnecken angerichtet, den keine von uns anrührte.

Wir saßen am Esstisch, vor uns eine Schachtel mit Erinnerungsstücken an meinen Vater. Dinge, von denen sie dachte, ich würde sie vielleicht haben wollen: seine Auszeichnungen der Navy und des Marine Corps, ein Saphirring für den kleinen Finger, bei dem es mich überraschte, dass sie ihn nicht behalten wollte, sein Diplom der Youngstown-Highschool und ein Hochzeitsfoto meiner Eltern, das er aufbewahrt hatte. Ich hatte es noch nie zuvor gesehen. Es zeigte die beiden vor dem Rathaus, Arm in Arm und Wange an Wange.

Ein Kloß bildete sich in meiner Kehle, und meine Stimme brach, als ich damit herausplatzte. «Wusstest du, dass meine Eltern heiraten mussten?»

Faye rührte in ihrem Tee. Ich glaubte, sie würde der Frage ausweichen, bis sie schließlich sagte: «Wie hast du das herausgefunden?»

«Also hast du es gewusst.» Ich hielt immer noch das Foto in der Hand.

Sie klopfte leicht mit dem Löffel gegen den Rand der Tasse, bevor sie ihn sanft auf die Untertasse legte. Als sie aufblickte, waren ihre Lippen fest zusammengepresst und ihr Nicken kaum wahrnehmbar.

Ich kann nicht sagen, warum mich das störte – besonders da ich es bereits gewusst hatte –, aber irgendetwas daran, dass *sie* eingeweiht gewesen war, fühlte sich wie Verrat an. «Wie lange weißt du es schon?»

Sie lächelte zögerlich. «Ungefähr zweiundzwanzig Jahre.»

«Was?»

«Alice, ich glaube, es ist an der Zeit, dass wir über ein paar Dinge sprechen.»

«Welche *Dinge*?» Ich starrte den Teller mit Hefeschnecken an. Auf einmal ekelte ich mich so vor ihrer Süße, dass sich mir der Magen umdrehte.

Faye versuchte, Zeit zu schinden, indem sie immer wieder ihre Serviette faltete. Dann sagte sie: «Ich kannte deinen Vater schon lange bevor er deine Mutter überhaupt kennenlernte.»

«Was?» Dieses zweite Was klang schärfer, lauter.

Sie stand vom Tisch auf und machte sich an der Spüle zu schaffen. Sie sah aus dem Fenster. Das Licht von der Garage nebenan beleuchtete den Basketballkorb. Das Geräusch des Nachbarssohns, der mit dem Ball auf dem Asphalt dribbelte, war so regelmäßig wie ein Herzschlag. Mit dem Rücken zu mir sagte sie: «Du wusstest wahrscheinlich nicht, dass ich hier in Youngstown groß geworden bin. Geboren und aufgewachsen. Dein Vater war meine Jugendliebe. Wir waren auf der Highschool ein Paar.»

«Was?» Ich konnte kein anderes Wort finden.

Sie drehte sich um, kam zurück und setzte sich an den Tisch. «Das muss hart für dich sein, aber du hast nach deinen Eltern gefragt, und ich finde, du verdienst es, die Wahrheit zu kennen.»

Die Wahrheit? Ich umklammerte meinen Kopf. Es war, als wäre etwas in meinem Schädel explodiert.

«Dein Vater und ich wollten heiraten. Aber dann kam der Krieg, und er ging fort, um zu kämpfen. Ich wartete auf ihn, schrieb ihm jeden Tag. Aber als dein Vater zurückkehrte, sagte er mir, dass er eine andere Frau kennengelernt hatte. Ich dachte, das wäre in Europa gewesen – man hörte, dass so etwas ständig vorkam. Aber wie sich herausstellte, lebte sie in New York City. Er erzählte mir, dass sie schwanger war und dass er sie heiraten würde. Ich wusste, dass er das Richtige tun würde. Denn so war er, und das ist einer der Gründe, warum ich ihn immer so geliebt habe.»

Ich schluckte hart. «Und was war mit dir? Was ist danach mit dir passiert?» Waren sie in all diesen Jahren heimlich weiter zusammen gewesen?

«Ich war natürlich am Boden zerstört, völlig verzweifelt. Ich konnte es nicht ertragen, mit ihnen beiden in der Stadt zu bleiben, also zog ich fort und lebte bei meiner Tante in Columbus. Irgendwann lernte ich dort Sid kennen, meinen ersten Ehemann. Er war zwölf Jahre älter als ich. Aber er war ein guter Mann. Liebenswürdig. Sehr klug. Ein Ingenieur. Wir hatten ein schönes Leben zusammen. Keine Kinder, aber trotzdem war es ein gutes Leben. Als deine Mutter starb, war ich immer noch eine verheiratete Frau. Und ich liebte meinen Mann, also habe ich deinen Vater nie kontaktiert. Aber dann vor ungefähr zwei Jahren verlor ich Sid. Und dein Vater rief mich an.» Sie stand erneut vom Tisch auf und ging zum Herd. Das Licht nebenan war nun erloschen. Ohne das Basketball-Dribbeln war es vollkommen still. «Möchtest du noch einen?», fragte sie und hielt ihre Tasse hoch.

«Hat er meine Mutter je geliebt?» Ich wusste, dass Faye der letzte Mensch war, den ich das fragen sollte, aber es war niemand sonst übrig, und ich musste es wissen.

Sie setzte sich wieder. «Sicher. Natürlich hat er sie geliebt. Es war eine andere Art von Liebe als die, die wir hatten. Aber du musst verstehen, dein Vater und ich waren so jung. Unsere Liebe war unschuldig. Wir hatten keine Probleme bis zum Krieg. Keine Probleme, bis dein Vater deine Mutter kennenlernte. Aber ja, er hat sie geliebt. Sehr. Und sie beide haben dich geliebt. Deine Eltern waren gut füreinander. So unterschiedlich sie auch waren – deine Mutter, das Großstadtmädchen, und er, der Kleinstadtjunge –, sie haben trotzdem gut zusammengepasst. Ich weiß, wie aufgelöst er war, als sie starb.»

Wenn es je einen Zeitpunkt zu weinen für mich gegeben hatte, dann jetzt, doch ich blinzelte die Tränen fort.

Faye stand noch einmal auf, ging zum Herd und machte zwei weitere Tassen Tee. In all dieser Zeit hatte ich keine Ahnung von meinem Vater und ihr gehabt. Ich hatte gedacht, sie wäre nur eine weitere mit einem Auflauf bewaffnete Witwe gewesen, die versuchte, sich einen Mann zu angeln. Ich schuldete ihr eine gewaltige Entschuldigung, und während ich versuchte, die richtigen Worte zu finden, kehrte sie mit zwei dampfenden Tassen zurück zum Tisch.

«Weißt du», sagte sie, bevor ich ansetzen konnte, «da ist noch etwas anderes. Ich weiß nicht, vielleicht sollte ich es gar nicht zur Sprache bringen. Dein Vater hat lange hin und her überlegt, ob er es dir sagen soll oder nicht, aber du bist jetzt eine erwachsene Frau und –»

«Was ist es?»

«Es hat mit der Familie deiner Mutter zu tun.» Ich hörte die Zurückhaltung in ihrer Stimme.

«Mit ihrer Familie?» Ich umklammerte meine Tasse, die zu heiß war, um sie zu halten, dennoch konnte ich nicht loslassen.

«Als deine Mutter schwanger wurde, war ihre Familie erschüttert. Ihr Vater war ein bekannter Richter, und sie wollten es einfach nicht akzeptieren. Sie haben sie verstoßen. Einfach so.» Sie wischte eine Hand an der anderen ab. «Sie haben sie vollkommen abgeschrieben. Die ganze Familie. Dein Vater hat versucht, das zwischen ihnen wieder in Ordnung zu bringen, aber sie wollten nichts von ihm hören. Mir wurde gesagt, dein Großvater saß eine Woche lang Schiwa, nachdem er deine Mutter hinausgeworfen hatte.»

Elaine Sloans Worte, dass der Vater meiner Mutter ein *richtiger Scheißkerl* gewesen war, kamen mir jäh wieder in den Sinn.

Faye räusperte sich und fuhr fort. «Du weißt, dass ich nie Kinder hatte. Und wie du war ich ein Einzelkind, und meine Eltern sind beide tot. Ich weiß, was Einsamkeit ist. Ich weiß, wie wichtig es ist, Familie zu haben. Mir ist bewusst, dass du mich nicht als Familie betrachtest, und das verstehe ich, aber du bist jetzt eine erwachsene Frau. Ich finde, du hast ein Recht darauf, es zu wissen.»

«Was zu wissen?»

«Dir wurde immer gesagt, dass die Eltern deiner Mutter starben, bevor du geboren wurdest, aber ...»

«Aber? Aber was?» Meine Augen waren weit aufgerissen, drängten sie dazu weiterzusprechen.

«Alice, Liebling, die Eltern deiner Mutter ...» Sie seufzte. «Ich weiß gar nicht, wo ich anfangen soll.» Sie schüttelte den Kopf. «Sie sind nicht gestorben. Zumindest nicht vor deiner Geburt. Soweit ich weiß, leben sie noch.» Sie griff in die Schachtel und nahm ein zerfleddertes Adressbuch heraus. «Deine Großeltern leben in Stamford, Connecticut. Zumindest lebten sie damals dort.» Sie schlug das Adressbuch auf einer vergilbten und mit einem Kaffeering beschmutzten Seite auf. «Das hier ist die letzte Adresse, die dein Vater von ihnen hatte. Ich glaube, es ist das Haus, in dem deine Mutter aufgewachsen ist.»

Ich saß einfach da, vollkommen sprachlos.

«Ich weiß ehrlich nicht, wie sie reagieren würden, wenn du Kontakt mit ihnen aufnimmst, aber ich weiß, dass das, was zwischen ihnen vorgefallen ist, vor langer, langer Zeit war. Die Menschen werden milder. Sie verändern sich. Und na ja, ich wollte nicht, dass du von hier weggehst, ohne zu wissen, dass du nicht allein bist. Du hast eine Familie.»

Diese Worte waren es schließlich, die die Dämme brechen ließen. Ich konnte nichts dagegen tun, dass meine Augen feucht wurden und die Tränen zu fließen begannen. Ich weinte so heftig, dass ich kaum noch Luft bekam, und als Faye herüberkam, um mich in die Arme zu nehmen, brach ich in ihrer Umarmung vollends zusammen und weinte noch heftiger.

«Ich wusste nichts von dir und meinem Dad», schluchzte ich in ihre Schulter. Ich fühlte mich schuldig, ihr gegenüber die ganze Zeit so kalt und gleichgültig gewesen zu sein.

«Schhhh.» Sie hielt mich im Arm und fing all meinen Kummer auf. «Schhhh.»

Ich saß da und weinte hemmungslos um meine Mutter, um meinen Vater, und zum ersten Mal seit Jahren weinte ich um mich selbst. Und als all mein Weinen versiegt war und ich erschöpft meine Augen trocknete, spürte ich eine gewisse Gnade oder Leichtigkeit über mich kommen. Ich konnte die Veränderung nicht erklären, aber ich wusste, etwas in mir war anders. Ich hatte endlich die Last meiner ungeweinten Tränen losgelassen.

KAPITEL 30

Als ich eine Woche später am LaGuardia ankam, war ich erleichtert, wieder zurück in New York zu sein. Es fühlte sich nicht direkt wie Zuhause an, aber ich war jetzt nun mal eine Streunerin, die keinen Ort mehr hatte, den sie wirklich ihr Zuhause nennen konnte. Dennoch genoss ich das Chaos und die Geschäftigkeit der Stadt. Es half mir, den Lärm in meinem Kopf zu übertönen.

Seit Faye mir von ihrer Vergangenheit mit meinem Vater und von der Familie meiner Mutter erzählt hatte, war ich ein emotionales Wrack. Aus heiterem Himmel brach ich in Tränen aus. Wo auch immer ich hinging, hinterließ ich einen Berg aus zerknüllten feuchten Taschentüchern. Es war, als holte ich die Jahre nach, in denen ich alles in mich hineingefressen hatte.

Auf dem Heimflug zwang ich mich, nach vorne zu blicken, in die Zukunft. Mein Vater hatte mir ein wenig Geld hinterlassen, und ich hatte entschieden, dass ich etwas davon in eine neue Kamera – eine Nikon wie die, die Christopher benutzte – und in ein schönes Lederportfolio stecken würde. Ich würde auch endlich den Mut aufbringen, einen Fotografiekurs zu belegen. Ich war jetzt bereit, meine Arbeit auf die

Probe zu stellen, und Helen würde es sicher verstehen, wenn ich einmal die Woche pünktlich das Büro verließ, um zu einem Abendkurs zu gehen.

Ich holte meinen Koffer von der Gepäckausgabe und schleppte ihn zum Taxistand. Als wir den Flughafen verließen, verlangsamte sich der Verkehr zu einem langsamen Kriechen. Der Taxifahrer wechselte zu einem Radiosender, der das Lied «You'll Never Walk Alone» spielte. Ich hatte dieses Lied schon tausendmal gehört, aber noch nie wirklich auf den Text geachtet. Als der Refrain kam und die Musik anschwoll, wurden meine Augen feucht. Durch meine verschwommene Sicht hindurch sah ich die Schilder für die Ausfahrt zum Long Island Grand Central Parkway. Etwas in mir machte Klick, und purer Impuls übernahm die Kontrolle.

«Fahrer» – ich lehnte mich vor zu der trüben Fensteröffnung –, «Planänderung. Ich möchte stattdessen nach Stamford.» Ich langte in meine Handtasche und las ihm die Adresse vor, die ich mir aus dem alten Adressbuch meines Vaters abgeschrieben hatte.

Ich wusste nicht, ob es das Klügste war, was ich je getan hatte, oder das Dümmste. Vielleicht brauchte ich eine Art Abschluss, oder vielleicht wollte ich mich selbst bestrafen. Aber seit Faye mir von den Eltern meiner Mutter erzählt hatte, fühlte ich mich irgendwie illegitim. Die Erkenntnis, dass ihre Familie die ganze Zeit da draußen gewesen war und kein einziges Mal versucht hatte, mich zu finden, gab mir das Gefühl, schmutzig, wertlos und ungewollt zu sein. Nicht liebenswert.

Vielleicht hätte ich vorher anrufen sollen, aber da war ein Gefühl von Dringlichkeit. Es musste jetzt sein. Jetzt oder nie.

Mein Taxi überquerte die Bronx-Whitestone Bridge, die

sich über den East River spannte, die Skyline von Manhattan zu meiner Linken. Die gewundenen Straßen waren von Bäumen gesäumt, deren ausladende Äste ein dichtes Blätterdach bildeten. Grüne Schluchten wogten in der Ferne, und aus meinem Fenster sah ich die Schienen der Long Island Rail Road – derselbe Zug, den meine Mutter benutzt hatte, um in die Stadt zu fahren, derselbe Zug, den ich zurück in die Stadt nehmen würde, da diese Taxifahrt mein ganzes Geld verschlang. Das Taxameter kletterte immer höher und stand bereits bei $6,75.

Wir passierten Ausfahrten nach New Rochelle, den New York State Thruway, fuhren vorbei an White Plains und Rye, bis wir Stamford mit seinen üppigen grünen Hügeln erreichten. Die Häuser wurden mit jedem Block majestätischer. Ich wusste zwar, dass der Vater meiner Mutter ein erfolgreicher Richter gewesen war, war von derartigem Wohlstand allerdings dennoch überrascht.

Wir fuhren in die Long Ridge Road, und mein Herz begann doppelt so schnell zu schlagen. Es war zu spät, umzukehren, und ich hatte keine Ahnung, was ich sagen, was ich tun sollte. Das Taxi bog in eine lange, gewundene Auffahrt ein, die zu einem prächtigen viktorianischen Haus führte, das aussah, als gehörte es mit seinem Mansardendach, der umlaufenden Veranda, all den Balustern und einer Dreifachgarage auf eine Postkarte.

Mit meinem Koffer im Schlepptau ging ich zur Eingangstür und holte tief Luft, bevor ich nach dem Messingtürklopfer griff. Mit schweißnassen Händen und rasendem Herzschlag wartete ich eine gefühlte Ewigkeit. Endlich öffnete sich die Tür, und eine große, anmutige ältere Frau mit strahlend blauen Augen, durchscheinender Haut und perfekt frisiertem dunklem Haar stand vor mir. Von ihr hatte meine Mutter ihre Schönheit.

Sprachlos starrte sie mich an. Sie sah aus, als hätte sie einen Geist gesehen. Ich hatte immer gewusst, dass ich meiner Mutter sehr ähnlich sah, und ihre Reaktion bestätigte es. Während sie mich anblickte, führte sie eine manikürte Hand zu ihrem Mund, die andere zu ihrer Brust.

«Ich bin Alice», sagte ich. «Vivians Tochter. Darf ich reinkommen?»

Ich weiß nicht mehr, ob sie etwas sagte, aber sie machte einen Schritt beiseite, und ich deutete das als Einladung, ihr Heim zu betreten. Erst als wir unter einem spektakulären Kronleuchter in ihrem Marmorfoyer standen, begann ich, sie genauer zu mustern: den Kaschmirpullover, die graue Wollhose, die Diamantohrringe und die cremefarbenen Perlen um ihren Hals. Schweigend folgte ich ihr in ein elegantes Wohnzimmer mit einem riesigen Kamin, dessen Sims zahlreiche Fotos säumten. Ich wollte sie betrachten, doch sie zeigte auf das Queen-Anne-Sofa und fragte, ob ich gern Kaffee oder Tee hätte, was zweifellos in feinstem Porzellan auf einem Silbertablett serviert werden würde.

Ohne eine Regung, die darauf hindeutete, ob sie erfreut war oder mich gleich hinauswerfen würde, sagte sie: «Was führt dich hierher, Alison?»

«Ich heiße Alice. Meine Mutter nannte mich Ali.» Es fühlte sich schrecklich an, sie zu korrigieren, aber noch schlimmer war, dass sie meinen Namen gar nicht erst kannte.

«Nun, Alice, ich bin Ruth.» Sie lächelte und legte eine Hand auf ihr Herz. Dann sagte sie mit dem ersten Hauch von

Wärme in der Stimme: «Ich nehme an, das macht mich zu deiner Großmutter.»

Ich nickte, und wir gaben beide dasselbe merkwürdig klingende Lachen von uns. Die Verlegenheit hielt noch ein, zwei Augenblicke an, bis sie sich zurücklehnte und begann, mir Fragen zu stellen. Ich erklärte, dass ich in New York lebte, für das *Cosmopolitan*-Magazin arbeitete. Ich sagte ihr, dass ich gerade erst von der Beerdigung meines Vaters kam, und dass Faye mir alles erzählt und mir ihre Adresse gegeben hatte.

«Ich bezweifle, dass sie dir *alles* erzählt hat», sagte sie, während sie sich ein imaginäres Stäubchen von der Hose zupfte. «Aber, meine Güte, wie viel du durchgemacht hast.»

Dann schwiegen wir wieder, und mich beschlich das Gefühl, dass das hier ein großer Fehler gewesen war.

«Lebt Ihr Mann noch?», fragte ich zögerlich.

«Der Richter? Oh ja. Aber es geht ihm nicht gut», antwortete sie kopfschüttelnd. «Demenz. Arterienverkalkung. Er erinnert sich nicht an den Unfall. Meistens ist ihm wohl gar nicht bewusst, dass Vivian fort ist.» Sie zögerte einen Moment und fragte erneut, ob ich eine Tasse Kaffee wollte. Dann: «Ich fürchte, ich weiß nicht recht, was ich sagen soll», gestand sie. «Du hast mich überrumpelt.»

«Das ist mir bewusst. Es tut mir leid. Bis vor einer Stunde wusste ich selbst nicht einmal, dass ich herkommen würde.»

Sie hob die Hand und drehte einen ihrer Diamantohrringe. Alles an dieser Begegnung war angespannt, und ich wollte mich gerade für die Aufdringlichkeit entschuldigen und mich verabschieden, als sie sagte: «Du musst uns für schreckliche Menschen halten. Ich nehme an, du hast gehört, was zwischen deiner Mutter und ihrem Vater vorgefallen ist?»

«In Bruchstücken. Ich habe das Gefühl, da ist noch mehr.»

«Da ist immer mehr», erwiderte sie mit einem traurigen Lächeln. «Als Viv uns erzählte, dass sie schwanger war, wussten wir ehrlich gesagt nicht, was wir tun sollten. Wir hatten das einfach nicht erwartet. Ich hatte die Idee, sie in ein Heim in Vermont für unverheiratete Mütter zu schicken, aber der Richter wollte davon nichts hören. Er war sehr stolz. Sehr stur.» Sie kniff die Augen zu, und die schwachen Falten in ihrem Gesicht wurden plötzlich tiefer. «Das gab ein Geschrei! Du kannst dir nicht vorstellen, was für schreckliche Dinge sich die beiden an den Kopf geworfen haben. Es war fürchterlich. Menschen, die einander lieben, sollten nie so miteinander reden. Aber er war damals ein Bär. Eigensinnig und so hart zu ihr. Als er ihr sagte, dass sie gehen sollte, machte mich das innerlich ganz krank. Ich versuchte es, aber ich konnte ihn nicht zur Vernunft bringen. Niemand konnte das. Aber glaub mir, er hat gelitten wegen dem, was er Vivian angetan hat. Oh, wie er es letztlich bedauert hat. Und als er bereit war, es wiedergutzumachen, war es zu spät. Wir erfuhren durch ihre Freundin Elaine von dem Unfall.»

Also hatte Elaine es gewusst. Natürlich kannte sie die Wahrheit. Das erklärte einige der merkwürdigen Dinge, die sie zu mir gesagt hatte oder zu sagen versucht hatte.

«So oft wollte ich deine Mutter kontaktieren und später dich, aber Morris erlaubte es nicht.»

«Sie meinen, Sie wollten mich finden?»

Sie sah verwirrt aus. «Meine Güte, du bist das Kind meiner Tochter. Du bist mein Fleisch und Blut.»

Ohne Vorwarnung zerbrach ich bei diesen Worten. Ich fing an zu schluchzen. Heulte ungehemmt in meine Hände. Sie streckte die Hand aus und reichte mir ein filigranes, mit Monogramm besticktes Taschentuch. Ich entschuldigte mich unablässig, und sie beruhigte mich, während ich mir die Augen trocknete.

Nach einem weiteren verlegenen, quälenden Schweigen sagte sie: «Ich wette, Vivian war eine wunderbare Mutter.»

Das hatte eine weitere Welle von Tränen zur Folge, und durch verschleierte Augen blickte ich zu dem Foto auf dem Beistelltisch. Es war eine körnige Schwarz-Weiß-Aufnahme von vier Mädchen, alle altersmäßig nicht weit auseinander, die auf demselben Sofa saßen, auf dem wir uns niedergelassen hatten. «Ist sie das?», fragte ich, während ich auf die in der Mitte zeigte. Sie waren alle hübsche Mädchen, aber meine Mutter hatte eine andere Art von Schönheit an sich. Sie hatte etwas Magisches, sogar damals schon.

Ruth nahm das Foto und setzte sich neben mich. «Das ist sie mit ihren Schwestern –»

«Schwestern?»

«Deine Tanten, schätze ich. Das sind Laurel, Sylvia und Muriel.»

Tanten? Ich habe Tanten!

«Auch für sie war es hart», sagte sie. «Sie wollten mit Viv in Verbindung bleiben – ich glaube, Laurel hat ihr vielleicht ein-, zweimal geschrieben, aber das war es auch. Ihr Vater verbot es. Die Mädchen hatten Angst vor ihm. Das hatten wir wohl alle.»

«Sind sie noch ...?»

Sie nickte. «Laurel lebt in New York. Sie ist verheiratet und hat eine Tochter in deinem Alter. Das ist sie.» Sie griff nach einem anderen Foto. «Das ist Susan. Und Sylvia» – sie kehrte zu dem Foto der Schwestern zurück – «wohnt in Greenwich und hat eine Tochter und zwei Söhne. Und Muriel ist in White Plains. Sie ist ebenfalls verheiratet und hat drei Söhne.» Sie lächelte, stand auf und zeigte auf ein weiteres Foto auf dem Kaminsims. «Diese kleinen Frechdachse sind deine Cousins.»

In diesem Moment schlurfte ein älterer Mann mit hängenden Schultern, schwarzen, buschigen Augenbrauen und einem vollen Schopf schneeweißer Haare ins Wohnzimmer. Das war er also, der Unmensch. Der allmächtige Richter.

«Wer ist da? Wer –?» Er hielt inne, und der Mund blieb ihm gute zehn Sekunden lang offen stehen, bevor er sprach. «Vivian? Was machst du hier?»

«Ich bin Alice. Ali. Vivians Tochter.»

«Morris, geh wieder ins Arbeitszimmer und setz dich doch dorthin.»

Aber er bewegte sich keinen Zentimeter von der Stelle. Ruth wandte sich zu mir und sagte leise: «Seine Erinnerung kommt und geht. Er ist verwirrt.» Sie drehte sich wieder zu ihm um. «Hast du mich gehört, Morris? Geh zurück und ruh dich aus.»

Aber stattdessen kam der Richter näher. «Vivian.» Er klang perplex. Seine Augen waren trüb von grauem Star.

«Das ist Alice», sagte Ruth erneut in lautem Tonfall, als wäre er auch noch schwerhörig. «Das ist Vivians Tochter.»

«Oh, Vivian.» Er schüttelte den Kopf, während er seine Hände nach mir ausstreckte. Sein Griff war erstaunlich stark für jemanden, der so gebrechlich aussah. «Mein Gott», sagte er, zog mich an sich und umarmte mich. «Mein Gott. Mein Gott», wiederholte er mit brechender Stimme.

Mein erster Instinkt war zurückzuweichen. Ich war so

überwältigt, dass ich keine Luft bekam. Meine Arme zappelten an meinen Seiten. Ich wusste nicht, was ich mit ihnen anstellen sollte. «Ich bin nicht Viv–»

«Lass mich dich ansehen. Oh, Vivian. Oh mein Gott. Warum hast du so lang gebraucht? Wo bist du gewesen?» Er nahm mein Gesicht in die Hände, und Hilfe suchend sah ich zu Ruth und fragte mit flehendem Blick stumm, was ich tun sollte. Es schien grausam, ihn glauben zu lassen, dass ich seine Tochter war. Aber seine Frau klärte das Missverständnis nicht auf. Er hielt immer noch mein Gesicht fest. «Ich wusste nicht, ob ich dich je wiedersehen würde. Ich wusste es wirklich nicht. Die ganze Sache ist so aus dem Ruder gelaufen. Ich weiß nicht, wie es so ...» Seine Stimme brach ab, und gerade als ich dachte, ich hätte ihn verloren, kehrte er zurück: «Verstehst du, was ich damit sagen will? Verstehst du es?»

Ich nickte, da ich verstand, dass das die Art eines sturen, stolzen Mannes war, um Entschuldigung zu bitten. In diesem Moment half ich, einen tiefen Riss zwischen einem Vater und seiner Tochter zu kitten. Er weinte jetzt, und ich ebenfalls. Als ich mich wieder gefangen hatte, war der Richter in einen Nebel zurückgeglitten, und ich war eine beliebige Fremde, die auf seiner Türschwelle aufgetaucht war.

Ruth schickte ihn zurück in sein Arbeitszimmer, und er rief mit schroffer Stimme: «Wer auch immer das ist, sag, wir haben kein Interesse.»

Zwei Tassen Kaffee später war es Zeit, sich von Ruth zu verabschieden. Als ich nach dem Weg zur Bahnstation fragte, sagte sie: «Unsinn. Du kannst um diese Uhrzeit nicht den Zug nehmen. Wir werden dir ein Taxi rufen.»

«Das ... das geht nicht», stammelte ich. «Ich, äh, ich habe nicht genug –»

«Oh, Ali, warum hast du nichts gesagt?» Sie ging zu einer Dose in der Küche und nahm zwei Zwanzig-Dollar-Scheine heraus. Sie drückte sie mir in die Hand, und als ich versuchte abzulehnen, winkte sie ab. Ich musste an meinen Vater denken, der immer gesagt hatte: *Ich glaube, das ist dir runtergefallen.*

Als das Taxi vorfuhr und die Scheinwerfer durch das große Erkerfenster leuchteten, von wo wir danach Ausschau gehalten hatten, sagte sie: «Ich hoffe, das ist kein Lebwohl.»

«Das hoffe ich auch.»

Dann zog sie mich vollkommen unerwartet in eine Umarmung.

Zuerst hatte ich Angst davor, die Umarmung zu erwidern, Angst davor, vielleicht nie wieder loszulassen.

Sie hielt mich immer noch im Arm, hüllte mich in ihr blumiges Parfüm, als sie mir ins Ohr flüsterte: «Du vergibst uns doch, oder?»

Mit einem frischen Kloß im Hals nickte ich.

Der Taxifahrer hupte, und ich sagte ein letztes Mal auf Wiedersehen.

Als mein Taxi den New York State Thruway erreichte, bezahlte der Fahrer die Mautgebür und sah mich im Rückspiegel an. «Miss? Ich kann nicht erkennen, ob Sie dahinten lachen oder weinen. Geht es Ihnen gut?»

Ich lächelte, während ich mir mit der Hand über die tränenblinden Augen fuhr. «Es geht mir gut», sagte ich. «Es geht mir sogar sehr gut.»

KAPITEL 31

Am nächsten Tag war ich erstaunt über die Menge an Arbeit, die sich in der Woche, in der ich fort gewesen war, angesammelt hatte. Vom Durchgehen der Fanpost und dem Vereinbaren eines weiteren Werbe-Lunch-Meetings im *21* bis hin zum Abholen von Helens Piaget-Armbanduhr vom Juwelier und der Reparatur ihrer Schuhe.

Eine Zeitarbeitsfirma hatte eine neue Schreibkraft namens Thelma geschickt, die an Bridgets Schreibtisch vor Bill Guys Büro saß. Das war die dritte Aushilfskraft, seit Bridget gefeuert worden war. Thelma war gedrungen, mit lockigem braunem Haar wie Wellpappe. Sie war freundlich, aber nicht besonders findig, und fragte mich, wo der Postraum und das Kopiergerät waren, wie die Kaffeemaschine funktionierte und wann sie ihre Mittagspause nehmen sollte.

Wenn ich so in meinen Job gestartet wäre, hätte ich keinen Tag als Helens Sekretärin überlebt. Und tatsächlich schlang Helen an diesem Morgen ihre Arme um mich und sagte: «Alice Weiss, was bin ich froh, Sie zu sehen.» Das waren genau dieselben Worte, die sie an dem Tag, an dem ich mich als ihre Sekretärin beworben hatte, zu mir gesagt hatte, und ich muss zugeben, es war schön, gebraucht zu werden.

Später an diesem Tag war ich in Helens Büro, um ihre Korrespondenz mit ihr durchzusehen, als Richard Berlin, Dick Deems und Frank Dupuy unerwartet auftauchten. Ich warf einen Blick in Helens Terminkalender, weil ich glaubte, etwas übersehen zu haben. Aber Helen brachte die Unterbrechung nicht aus dem Konzept.

«Jungs», sagte sie lächelnd und winkte ihnen vom Sofa aus zu. «Was verschafft mir das Vergnügen?»

«Wir müssen über den August reden, bevor er in Druck geht», sagte Berlin.

«Ach herrje, was habe ich denn diesmal getan?» Sie lachte. «Wenn es um den Verkaufspreis geht, ich bestehe darauf, dass wir ihn erhöhen. Ich finde nicht, dass fünfzig Cents pro Ausgabe zu viel sind, und bei unserem Budget sind fünfunddreißig Cents –»

«Es geht nicht nur um den Verkaufspreis», sagte Berlin. «Wir haben ein paar andere Bedenken –»

«Oh, Richard, Sie haben *immer* Bedenken. Ich glaube, ich habe Ihnen bewiesen, dass ich weiß, was ich tue.»

«Nun», sagte Berlin, «das steht zur Diskussion.»

«Wie bitte?» Sie setzte sich aufrechter hin, und ihre nackten Füße tasteten nach dem Boden. «Wovon reden Sie? Sie kennen die Verkaufszahlen.»

«Ja, aber was, wenn der Juli nur ein Glückstreffer war?», sagte Deems.

«Das ist zumindest die Rückmeldung, die wir von den Leuten kriegen», sagte Dupuy. «Dass es nur ein Glückstreffer war.»

«Natürlich waren die Leute neugierig auf die Juli-Ausgabe», fuhr Deems fort. «Sie haben das Magazin gekauft, weil sie sehen wollten, was Sie damit vorhaben.»

«Aber jetzt», sagte Dupuy, «ist die große Frage, *Wird es ein zweites Mal funktionieren, uns im August zu schocken?*»

«Moment mal.» Helen war aufgestanden und umklammerte ein Zierkissen so fest, dass die Nähte spannten. «Die Anzeigeneinnahmen sind gestiegen. Die Verkaufszahlen sind gestiegen. Was wollen Sie denn noch?»

«Wir haben von den Anzeigenkunden sehr gemischte Reaktionen bekommen. Also –»

«Also was?»

«Also haben wir entschieden, das Cover der August-Ausgabe wieder zurück zu Sean Connery zu ändern.»

«Was? Aber wir waren uns bereits einig – Sie können keinen Mann aufs Cover setzen. Das dürfen Sie einfach nicht. Besonders nicht jetzt», kreischte Helen, und ihre Finger wurden weiß.

«Es ist bereits entschieden», sagte Berlin. «Wir werden nicht noch so eine Frau wie im Juli aufs Cover setzen.»

«Aber das ist der Plan. Wir arbeiten bereits an den Titelseiten für die nächsten drei Monate. Sie müssen ein Mädchen auf das Cover setzen. Das müssen Sie einfach.»

«Es tut mir leid, aber der Juli war zu gewagt für unsere Leserinnen.»

«Es sind nicht mehr *Ihre* Leserinnen. Es sind *meine Mädchen!*» Wütend riss sie das Kissen entzwei, sodass eine Wolke aus Federn in die Luft wirbelte. «Es sind *meine Mädchen*», wiederholte sie, während sie das zerfetzte Kissen zur Seite schleuderte, «und ich weiß, was sie lesen wollen.»

«Wenn ich Sie wäre», sagte Berlin, «würde ich mich beruhigen und wieder an die Arbeit machen.»

Nachdem die Männer ihr Büro verlassen hatten, schlug

Helen die Tür zu, was den Haufen Federn auf dem Fußboden aufwirbelte. «Ich kann es nicht glauben», sagte sie und schlug eine Flaumfeder von ihrem Gesicht fort. «Ich kann einfach nicht glauben, dass das hier geschieht. Ich stehe wieder ganz am Anfang.» Sie setzte sich zurück aufs Sofa und vergrub den Kopf in den Händen. «Jetzt muss ich mich wieder von Neuem beweisen.»

Helen hatte sich kaum davon erholt, als sie schon zu einem Public-Relations-Meeting am anderen Ende der Stadt fahren musste. Ich tippte gerade ein Memo an Richard Berlin, als mir die Rezeptionistin einen Anruf von Francesco Scavullo durchstellte. Er wollte wohl das Cover-Shooting für Oktober mit Helen besprechen, das nun auf der Kippe stand.

«Hallo, Mr. Scavullo», sagte ich, während ich weitertippte. «Ich fürchte, sie ist gerade nicht im Büro, aber ich rechne damit, dass sie in etwa fünfundvierzig Minuten wieder zurück sein wird. Soll sie Sie zurückrufen?»

«Äh, ehrlich gesagt, nein», antwortete er in dem für ihn typischen schelmischen Tonfall. Francesco Scavullo klang stets, als führe er etwas im Schilde. «Ich wollte mit Ihnen sprechen. Könnten Sie im Lauf des Tages bei mir im Studio vorbeikommen?»

Er hatte vermutlich ein paar Layouts für Oktober, die ich abholen sollte. Ich wollte sein Studio ohnehin einmal sehen. Außerdem konnte ich ihn nach Empfehlungen für Fotografiekurse fragen.

«Ich bin den ganzen Tag da», sagte er. «Kommen Sie jederzeit vorbei. Sie haben die Adresse, oder?»

Es war halb vier, als ich zu Scavullos Studio ging. Er lebte und arbeitete in einem beeindruckenden dreistöckigen Kutschenhaus in der East 58th Street mit einer Backsteinfassade und einem verschnörkelten Giebelfeld über dem Eingangsportal. Er öffnete die Tür, und ich sah ihn zum ersten Mal ohne einen Hut. Seine dunkle Mähne war streng zurückgekämmt und glänzte vor Haartonikum.

«Ich zeige Ihnen später alles», sagte er, als er mich in sein Studio führte, das das gesamte Erdgeschoss einnahm. Es war weiß vom Boden bis zur Decke, mit einem runden Erkerfenster, das das Sonnenlicht von der Third Avenue hereinließ. Stative, Scheinwerfer und weiße Schirme waren wahrscheinlich noch vom Shooting dieses Tages im Raum verteilt. Er bot mir einen Espresso an und deutete auf zwei Regiestühle, die neben einem an der Wand lehnenden Ballen Musselinstoff aufgestellt waren.

«Sie fragen sich sicher, warum ich Sie sehen wollte.»

«Lassen Sie mich raten. Das Oktober-Cover?»

«Damit hat es nichts zu tun, nein. Ich suche nach einer Assistentin, Alice. Sie wären perfekt für den Job.»

«Ich?»

«Ja, Sie. Ich habe mich nach Ihnen erkundigt, und Christopher Mack sagt, Sie haben ein gutes Auge. Er sagte, Sie haben ihm bei einem Shooting im Armory ausgeholfen.»

Mein erster Gedanke war Helen. «Aber ich ... ich habe schon einen Job.»

«Ich weiß. Aber ich weiß auch, dass Sie Fotografin werden möchten. Und ich habe gesehen, wie Sie sich um Helen kümmern.»

Ich rang die Hände in meinem Schoß. Ich wusste nicht, was ich sagen sollte.

«Allerdings muss ich Ihnen sagen», fuhr er fort, «dass es eine furchtbare, undankbare Position ist, die ich Ihnen anbiete. Und ich weiß nicht, ob Sie das schon gehört haben, aber ich bin verdammt launisch.» Er lachte.

Ich dachte immer noch an Helen, war aber neugierig genug, nach Einzelheiten zu fragen. «Also, äh, was würde Ihre Assistentin alles tun müssen?»

«Alles.» Er wedelte mit den Händen und verdrehte die Augen. «Alles, außer meine Unterhosen zu waschen», sagte er erneut lachend. «Das meiste davon werden Sie hassen. Sie fegen Fußböden, holen Mittagessen, gehen ans Telefon. Und an die Tür.» Er legte den Kopf schief, als versuchte er, mich genauer abzuschätzen. «Oh, und Espresso. Sie müssen dafür sorgen, dass ich immer Espresso zur Hand habe.»

Ich versuchte, mir nicht anmerken zu lassen, wie unattraktiv das alles klang. Ich hatte ohnehin nicht die Absicht, Helen zu verlassen – besonders nicht für diese Art von Arbeit.

«Sie würden außerdem die Garderobenlieferungen koordinieren, die Termine für Visagisten und Friseure vereinbaren. Meine Besorgungen erledigen, zum Fotolabor laufen.» Wieder machte er eine kurze Pause, suchte mit den Augen meinen Blick. «Aber» – sein Tonfall veränderte sich – «Sie wären auch bei Vorproduktions-Meetings mit Kunden anwesend, würden Scheinwerfer aufstellen, Belichtungsmesser ablesen, und natürlich wären Sie meine Ersatzfotografin.»

Francesco Scavullos Ersatzfotografin? Ich?

«Ach, und bezahlen würde ich Sie auch», sagte er mit einem charmanten Lachen. «Wie klingen fünfundachtzig Dollar die Woche?»

Ich traute meinen Ohren nicht. Jetzt wirkte sein Angebot

zu schön, um wahr zu sein. *Das Geld, eine Chance, tatsächlich richtig zu fotografieren ...*

Er lächelte, da er wusste, dass er mein Interesse geweckt hatte. «Alice, das ist eine Möglichkeit, Ihre eigene Karriere ins Rollen zu bringen. Ich war jahrelang Assistent von Horst P. Horst, wissen Sie. Er war mein Mentor.»

Obwohl es sich wie mein Traumjob anhörte, wusste ich dennoch, dass ich Helen unmöglich verlassen konnte. Besonders nicht nach dem Vorfall mit Berlin und seinen Männern. Nicht, solange sie wegen des August-Covers und der kontroversen Artikel, die sie sicherlich streichen musste, verzweifelte. Was würde passieren, wenn ich ging und man mich durch jemanden wie Thelma ersetzte? Sosehr ich auch für Francesco Scavullo arbeiten wollte, ich konnte Helen nicht im Stich lassen.

Ich hätte dankend ablehnen sollen, aber stattdessen sagte ich: «Kann ich darüber nachdenken?»

◎

Den Rest der Woche verbrachte ich damit, über Francesco Scavullos Angebot nachzudenken, und dennoch hatte ich meine Entscheidung bereits getroffen. Das Timing war falsch. Wenn er doch nur in sechs Monaten oder einem Jahr auf mich zugekommen wäre, wenn Helen und die *Cosmo* endlich auf festem Boden standen, dann würde ich es vielleicht, *vielleicht* in Betracht ziehen.

Rückblickend bin ich mir nicht sicher, warum ich mich für unverzichtbar hielt. Es war ziemlich arrogant von mir, zu glauben, dass Helen ohne mich nicht klarkommen würde.

Aber so sah ich die Dinge. Außerdem hatte sie mir meinen Start ermöglicht. Ich hatte das Gefühl, ich war es ihr schuldig, zu bleiben.

Es war der erste Freitagabend, nachdem ich wieder in der Stadt war, und ich aß mit Elaine zu Abend. Sie hatte mich zu sich eingeladen, um zu sehen, wie es mir nach der Beerdigung meines Vaters ging. Angesichts der Fülle an Ereignissen fühlte es sich an, als wäre sie vor einer Ewigkeit gewesen.

Bei Cocktails in ihrem Wohnzimmer erzählte ich Elaine von meiner Unterhaltung mit Faye und meinem Treffen mit Ruth und dem Richter. Ich konnte mich immer noch nicht ganz dazu durchringen, sie meine Großeltern zu nennen.

«Ich hoffe, du verstehst, warum ich nie etwas gesagt habe.» Elaine öffnete eine silberne Dose auf dem Beistelltisch, nahm eine Zigarette heraus und zündete sie an. Ich antwortete nicht, und sie sprach weiter. «Ich fühlte mich schrecklich, als ich dir von der Schwangerschaft deiner Mutter erzählt hatte. Ich hoffe, du verstehst, warum ich nichts weiter über ihre Eltern gesagt habe. Ich wusste, Viv hatte getan, was sie konnte, um dich vor alldem zu beschützen. Ich hatte einfach das Gefühl, mir stand nicht zu, es dir zu erzählen. Ich hatte ja ohnehin schon mehr gesagt, als ich sollte.»

Ich versicherte ihr, dass ich es verstand, obwohl das nicht die ganze Wahrheit war. Wenn ich an einige unserer Unterhaltungen zurückdachte, wäre es so einfach, so natürlich für sie gewesen, mir die Wahrheit zu sagen. Aber weil ich Elaine so gernhatte und keine Lust hatte, das alles wieder aufzuwärmen, machte ich kein Aufhebens darum.

Wir wandten uns glücklicherweise anderen Themen zu, und Elaine machte frische Martinis und servierte eine Platte mit Käse, Gänseleberpastete und Scheiben knusprigen Baguettes. Sie erzählte mir, wie sie am Feiertag des vierten Juli auf dem Segelboot eines Freundes gestrandet war. «Klar zur Wende!», sagte sie mit einem Lachen. «Ich konnte es nicht erwarten, wieder festen Boden unter die Füße zu bekommen.»

Der zweite Martini machte Elaine stets geschwätzig. Jetzt gerade ermutigte sie mich, mir *Die Glasmenagerie* anzusehen. «Es läuft immer noch im Brooks Atkinson Theatre und ist einfach wunderbar.»

Wir unterhielten uns noch eine Weile, und irgendwann fragte sie mich, wie es bei der Arbeit lief. Ich zögerte und druckste ein wenig herum, bevor ich meinen Drink austrank und dann einfach mit Scavullos Angebot herausrückte.

«Das ist ja fantastisch, Ali. Das ist einfach wunderbar. Wie schön für dich. Wann fängst du an?»

«Anfangen? Oh, nein, ich kann den Job nicht annehmen. Ich kann Helen nicht verlassen. Nicht jetzt. Habe ich schon erzählt, dass sie bei Hearst wieder ganz am Anfang steht?»

«Das überrascht mich nicht.»

«Sie tun so, als wäre die Juli-Ausgabe nie passiert. Sie hat eine Viertelmillion Exemplare mehr verkauft als von ihrer Juni-Ausgabe. Man sollte meinen, Hearst würde ihr nun vertrauen. Aber sie behandeln sie wieder wie eine Anfängerin. Fechten jeden ihrer Artikel, jedes Foto, sogar die kommenden Cover an.»

Die Cover. Das ließ mich wieder an Scavullos Angebot denken.

«Nun», sagte Elaine, «das ist das Schicksal von uns Frauen. Aber mach dir um Helen keine Sorgen. Sie ist ein großes Mädchen. Sie kann für sich selbst sorgen.»

Darüber dachte ich gerade nach, als das Haustelefon klingelte. «Ja», sagte Elaine. «Schicken Sie ihn rauf.»

Mein zweiter Martini begann gerade zu wirken, als es an der Tür klingelte. «Fortsetzung folgt.» Sie sprang vom Sofa auf und ging ins Foyer, dabei sagte sie mit koketter Stimme, «Ich frage mich, wer *das* wohl sein könnte?»

Lächelnd kam sie zurück, den Arm bei Christopher untergehakt. Ich setzte mich auf. Plötzlich war ich wieder nüchtern, und mein Herz raste. Er war sonnengebräunt, seine Haare waren leicht zerzaust, und seine Augen verrieten, dass er genauso überrascht war, mich zu sehen. Und dennoch wusste ich, dass es kein Zufall war. Ich kam mir vor, als wäre ich in ein Kapitel von *Große Erwartungen* getreten, nur mit vertauschten Rollen – ich war Pip, Christopher war Estella, und Elaine war Miss Havisham, die uns zu ihrer eigenen Belustigung zusammenwarf, um die Funken knistern zu sehen. Sofort war ich erfüllt von Sehnsucht und Beklommenheit. Ich konnte es jetzt zugeben – ich wollte diesen Mann. Aber *wie*? Wie konnten wir von Freundschaft zu mehr übergehen? Und wollte er es auch, oder ging das nur mir so?

Elaine verschwand strategisch in der Küche. «Bin gleich wieder da», sagte sie. «Ich sehe nur kurz nach dem Essen.» Aber sie blieb lange fort und ließ Christopher und mich allein.

«Das mit Ihrem Vater tut mir leid», sagte er. «Ich habe versucht, Sie anzurufen, aber Sie hatten schon die Stadt verlassen. Ich wusste nicht mal, dass Sie schon wieder zurück sind. Geht es Ihnen gut?»

«Das kommt darauf an, wann Sie mich das fragen. Jetzt gerade, in diesem Moment, geht es mir gut.»

Er streckte die Hand aus und strich mir eine Haarsträhne hinters Ohr, und ich hätte ihm schluchzend in die Arme fallen können. Stattdessen trank ich einen weiteren Schluck von meinem Martini und fühlte mich verletzlich. Und ängstlich. Jetzt gab es kein Zurück mehr für mich. Selbst wenn ich bezüglich dieser Gefühle nichts unternahm, sie waren trotzdem da. Sie würden immer da sein.

Es folgte ein langes, unangenehmes Schweigen.

«Elaine?», rief ich. «Brauchen Sie Hilfe?»

«Nein. Nein, alles bestens», rief sie zurück. «Unterhaltet ihr zwei euch nur. Ich komme gleich.»

Aber sie kam nicht. Und um die anhaltende Stille zu füllen, erzählte ich ihm von dem Jobangebot.

«Frank Scavullos Assistentin, wow. Schön für Sie. Das ist eine großartige Gelegenheit. Wann fangen Sie an?»

Er klang genau wie Elaine. «Nein, nein, ich nehme es nicht an.»

«Was? Sind Sie verrückt? Warum nicht?»

Ich wusste nicht, wie ich meine Verbindung zu Helen erklären sollte, und zum Glück musste ich es nicht, denn Elaine kam zurück, eine Schürze um die Taille gebunden. Sie strich sich mit dem Handrücken das Haar aus der Stirn und nahm einen großen Schluck von ihrem Martini. «Das Dinner ist fertig.»

Sie hatte dasselbe Nudelgericht zubereitet, das sie auch beim letzten Mal für mich gekocht hatte.

«Darf ich ihm von deiner großen Neuigkeit berichten?», fragte Elaine.

«Scavullo?» Christopher griff nach der Weinflasche und schenkte alle unsere Gläser nach. «Das hat sie mir schon erzählt. Sie hat mir auch gesagt, dass sie das Angebot nicht annehmen will.»

«Ich weiß. Ich finde es töricht von ihr, den Job auszuschlagen. Vielleicht kannst du zu ihr durchdringen», sagte Elaine, als wäre ich gar nicht da. «Ich habe ihr gesagt, dass Helen es verstehen würde.»

«Aber *Sie* verstehen nicht», sagte ich mit einem leicht beschwipsten Gefühl durch die Martinis und den Wein. «Ich kann nicht einfach so bei Helen kündigen. Ich bin noch nicht mal vier Monate dort.»

Elaine warf ihre Serviette auf den Teller und öffnete eine zweite Flasche Chablis.

Wir gingen hinüber ins Wohnzimmer, und Elaine erzählte uns von einem neuen Buch, das sie neben ein paar neuen Jackie-Susann-Geschichten lektorierte. Nachdem wir den Wein vernichtet hatten, bot ich an, ihr beim Aufräumen zu helfen, doch Elaine bestand auf ihre nicht gerade subtile Weise darauf, dass ich die Teller stehen ließ, und schlug vor, Christopher solle mich stattdessen hinausbegleiten und dafür sorgen, dass ich sicher nach Hause kam.

«Wollen wir Ihnen ein Taxi besorgen?», fragte er, als wir aus dem Dakota traten.

«Eigentlich würde ich gern ein Stück laufen.»

«Elaine würde es mir nie verzeihen, wenn ich Sie nicht begleite.» Er lächelte, und sein schiefer Eckzahn machte mich fertig. «Es ist ein schöner Abend, und ich könnte den Spaziergang gebrauchen nach all dem Wein.»

Ich genoss Christophers Gesellschaft immer, aber an diesem Abend war es etwas Besonderes, mit ihm allein zu sein. Der Mond lugte immer wieder zwischen den Wolken hervor.

Unsere Hände hingen an den Seiten herab, die Finger weniger als zwei Zentimeter voneinander entfernt. Gelegentlich berührten sich unsere Arme und Schultern, wie sie es schon unzählige Male zuvor getan hatten, aber heute Abend nahmen wir den Körperkontakt deutlich wahr und zogen uns schnell zurück, als würden unsere Gliedmaßen Stromschläge abgeben.

Nach etwa zwanzig Minuten nahmen wir uns ein Taxi.

«Ich finde, Sie sollten sich das mit dem Jobangebot noch einmal überlegen», sagte er. «Gelegenheiten wie diese bekommt man nicht so oft. Ich habe auch als Assistent angefangen. Wie fast jeder Fotograf, den ich kenne. Das ist die beste Möglichkeit, einen Fuß in die Tür zu bekommen. Und wir reden hier von Frank Scavullo.»

«Ich weiß, aber ich kann nicht. Nicht jetzt. Ich kann Helen einfach nicht verlassen.» Ich blickte aus dem Fenster, als wir vor der Metzgerei anhielten. «Da wären wir.»

Es überraschte mich, als Christopher ausstieg und mich zur Tür brachte. Mein Puls beschleunigte sich, obwohl er ganz geschäftsmäßig sagte: «Versprechen Sie mir nur, dass Sie über das Jobangebot nachdenken.»

Ich nickte, und wir sahen einander einen Augenblick lang an, der eine Ewigkeit zu dauern schien. Eine Straßenlaterne über uns warf einen sanften Schein um uns herum. Mein Herz hämmerte. Das war der Moment. Wenn jemals etwas zwischen uns passieren würde, dann jetzt.

«Also dann», sagte er, um die Stille zu füllen.

Küss ihn, befahl ich mir. *Küss ihn einfach*.

«Also dann», sagte er noch einmal. «Das Taxameter läuft. Ich sollte los.» Er machte einen halben Schritt rückwärts und brach den Zauber. Als er die Hand nach der Taxitür ausstreckte, drehte er sich noch einmal um. «Ich bin froh, dass Sie wieder da sind. Falls Sie irgendetwas brauchen, rufen Sie mich an.»

Ich sah ihm zu, wie er ins Taxi stieg und davonfuhr. Mein Herz wurde schwer. Ich hatte es vermasselt.

KAPITEL 32

Am nächsten Tag wachte ich mit einem Kater auf. Mein Schädel pochte, meine Augen brannten, und mir war flau im Magen. Ich brauchte Kaffee, fettiges Spiegelei und Hash Browns. Ich wollte mit Trudy zum Candy Shop gehen, aber sie war nicht da. Meiner Vermutung nach war sie wieder über Nacht bei Milton geblieben. Also ging ich allein zum Diner und nahm meine Kamera mit.

Nach dem Frühstück war mein Kopf ein wenig klarer, und ich wanderte in der Upper East Side herum und fand mich auf der Park Avenue wieder, in der Nähe von Eriks Gebäude mit seiner blauen Markise und dem Portier in seiner makellosen Uniform mit den goldenen Epauletten. Ich stand einen Moment lang auf dem Bürgersteig, um die Blumenkästen an der Straße zu bewundern, als eine Frau, die aussah, als wäre sie zum Tee im *Waldorf* gekleidet, mit ihrem französischen Pudel vorbeispazierte. Es war alles so perfekt, so glamourös, so New York. Damals in Youngstown hatte ich hiervon geträumt. Aber inzwischen kannte ich die Stadt, und ich kannte auch mich selbst besser. Die Wahrheit war, ich gehörte nicht in die Park Avenue.

Irgendwann bog ich in die 68th Street und ging zur

U-Bahn, und zwanzig Minuten später – absichtlich oder von meinem Unterbewusstsein geleitet – fand ich mich unten im Village wieder. Es war ein schwüler, heißer Julitag. Die Schleierwolken am Himmel trugen wenig dazu bei, Schatten zu spenden. Die ganze Stadt kochte in der Hitze und roch streng nach Urin oder einen Block weiter gebratenem Knoblauch. Fenster und Türen standen offen, Ventilatoren summten auf den Fenstersimsen der Wohngebäude. Bienen und Fliegen schwebten über den Mülltonnen auf den Bürgersteigen. Die Straßencafés waren brechend voll mit Leuten unter Sonnenschirmen, junge Frauen trugen ärmelfreie Oberteile und Sandalen.

Da ich entschieden hatte, den Job bei Francesco nicht anzunehmen, hatte ich mir versprochen, dass ich mir trotz aller Forderungen, die Helen an mich stellte, jede Woche die Zeit nehmen würde, Fotos zu machen und zusätzlich einen Kurs zu belegen.

Ich war unten am St. Mark's Place, meine Kamera an ihrem Schulterriemen an meiner Seite, und dachte über Christopher nach und darüber, wie sich die Spitzen seiner Haare in seinen Wimpern verfingen. Erneut schalt ich mich dafür, ihn nicht geküsst zu haben. Ich kam immer wieder auf denselben Gedanken zurück: Diese Gefühle, die ich für ihn empfand, diese Intensität konnte nicht einseitig gewesen sein. Er musste es auch gespürt haben.

Ich ging immer schneller und fand mich auf der First Avenue wieder. Ich fühlte mich wie die Planchette auf einem Ouija-Brett, als hätte mich eine unsichtbare Macht zu einem Ort bewegt, an dem ich erst ein einziges Mal gewesen war. Ich blickte durch das Buntglasfenster der Tür und klingelte.

Ich hatte keine Ahnung, was ich sagen oder tun würde, ich wusste nur, dass ich nicht bereit war aufzugeben. Ich fühlte mich zu diesem Mann hingezogen, so sehr zu ihm hingezogen, dass ich bereit war, ein gebrochenes Herz zu riskieren.

Ich hörte das Summen der Eingangstür und trat ein. Bevor ich überhaupt geklopft hatte, schwang die Tür des Studios bereits auf. Christopher war überrascht, mich zu sehen. Natürlich war er das.

«Ali? Was machen Sie denn hier? Ist alles okay?» Er stand in der Tür, mit nacktem Oberkörper, die Jeans tief auf der Hüfte sitzend, der oberste Knopf geöffnet, und mit zerzausten Haaren, als habe ich ihn aus tiefem Schlaf geweckt.

«Ich war gerade in der Gegend und dachte, wir könnten heute vielleicht ein bisschen fotografieren? Es ist wunderschön draußen.»

Er musterte mich einen Moment lang, ohne etwas zu sagen, und als er blinzelte, bewegten seine Wimpern die Spitzen seiner Haare. Er lächelte leicht, und mehr Ermutigung brauchte ich nicht. Ich würde nicht noch eine weitere Gelegenheit verstreichen lassen. Er öffnete den Mund, um etwas zu sagen, da lehnte ich mich vor und küsste ihn.

Er machte einen halben Schritt rückwärts, und der Ausdruck auf seinem Gesicht ließ mich jäh innehalten. Ich sah einen Schatten, der sich hinter ihm in der Tür bewegte. Das Herz sank mir in die Kniekehlen, als die Gestalt ins Blickfeld kam. Es war Daphne, die dort mit endlos langen, nackten Beinen in einem seiner Hemden stand.

Ich ergriff die Flucht. Ich erinnere mich nicht, was Christopher sagte oder tat – ob überhaupt. Blindlings rannte ich den Bürgersteig entlang, um Abstand zu ihm zu gewinnen, dabei schlug meine Kamera gegen meine Seite. Ich sprintete an Ladengeschäften und Wohnhäusern vorbei, rannte auf Kreuzungen, wich Autos und Taxis aus, deren Fahrer wild hupten und mich beschimpften. Es war mir egal. Ich rannte weiter, schob jeden Widerstand in mir beiseite. Ich war so überfordert, dass ich den Schmerz noch nicht spürte, aber ich wusste, er verfolgte mich und würde mich bald einholen.

Die Sonne brannte auf mich nieder, und als die Hitze unerträglich wurde, huschte ich keuchend und schwitzend in ein Café in der Greenwich Avenue und fühlte mich, als schleppe sich mein Körper hinter mir her. Zum Glück war es drinnen dunkel, und ich stand unter dem Deckenventilator, der sich auf hoher Stufe drehte. Jemand hinter dem langen Mahagonitresen fragte mich, was ich wollte. Ich schlurfte vorwärts, dabei wedelte ich eine Fliege von meinem Gesicht. Ich bestellte ein Glas billigen Rotwein, eine ekelerregende Wahl an einem so brütend heißen Tag, aber ich wusste nicht, wodurch ich mich sonst besser fühlen würde. Während ich auf mein Getränk wartete, versuchte ich, nicht nachzudenken, sondern konzentrierte mich auf meine Umgebung: die Registrierkasse, die Regale mit Kaffeetassen, Teedosen, Weinflaschen und Gebäck, das unter Glashauben ruhte. Als ich die hölzerne Treppe sah, die in den ersten Stock führte, hatte ich ein starkes Gefühl von Déjà-vu. Und erst als ich mit meinem Wein nach oben ging und die vergilbten Landkarten an der Wand und das Sammelsurium aus alten Sesseln und Tischen sah, wurde mir bewusst, dass ich hier schon einmal gewesen war. Mit Trudy. Es war das *Caffè Dell'Artista*. Ein Pärchen saß am Fenster, dort, wo wir an jenem Tag im März gesessen hatten.

Ich nahm den einzigen freien Tisch in der Mitte des Raums und trank zwei große Schlucke Wein, wovon ich sofort Sodbrennen bekam. Jetzt, da ich innegehalten hatte, drang allmählich der Schmerz zu mir durch. *Endlich bringe ich den Mut auf, ihn wissen zu lassen, was ich empfinde, und dann das.* Es fühlte sich an, als habe mir jemand in den Bauch getreten. Meine Brust war wie zugeschnürt, und mein Kater vom Morgen war mit voller Wucht zurück. In meinem Kopf lärmte es unaufhörlich. Ich rieb mir die Schläfen, und dachte *Wasser.* Ich brauchte Wasser. Ich trank einen weiteren Schluck Wein. Angesichts der vielen Tränen, die ich in letzter Zeit vergossen hatte, war ich überrascht, dass ich nicht weinte, und vielleicht hätte ich das getan, wenn ich nicht vor aller Augen mitten in einem Café gesessen hätte.

Dann wollte Christopher mich also nicht, und das tat weh. Das tat richtig weh. Genau vor diesem Gefühl, vor der Zurückweisung hatte ich mich schützen wollen. Ich hatte vor genau *dem hier* Angst gehabt. Ich war überzeugt gewesen, es nicht ertragen zu können. Aber nun schien es, als wäre die Angst vor dem Schmerz größer gewesen als der Schmerz selbst. Denn ich atmete noch. Ich hatte schon Schlimmeres durchgestanden, und aus irgendwelchen Reserven, von denen ich nicht gewusst hatte, dass sie in mir steckten, zog ich Kraft. Ich würde zurechtkommen. Es würde mir mit der Zeit wieder gut gehen. *Auch das wird vorbeigehen.*

Das Pärchen am Fenster stand vom Tisch auf, und nachdem ein Kellner ihre Gläser abgeräumt hatte, ging ich hinüber und setzte mich auf ihren Platz. Der Sessel des Mannes war noch warm. Ich trank einen weiteren Schluck Wein, und dieser Moment in Christophers Tür, unmittelbar bevor ich mich blamiert hatte, stürzte wieder auf mich ein. Ich wollte nicht darüber nachdenken, wollte mich nicht weiter quälen.

Um mich abzulenken, öffnete ich die Schublade voller Zettel, Servietten und Karten. Ich las alle möglichen neuen Zitate und Liebesbriefe. Und irgendwo in der Mitte, zwischen all den anderen, fand ich die Erklärung, die Trudy und ich abgegeben hatten. Die Tinte auf der gefalteten Serviette war hier und da ein wenig verschmiert: *An diesem Tag, Sonntag, dem 28. März 1965, erklären Trudy Lewis und Alice Weiss, dass sie ihre Träume verfolgen werden. Egal, was passiert. Miss Lewis wird eine Karriere als Architektin anstreben, und Miss Weiss wird eine weltbekannte Fotografin werden.*

Ich betrachtete die Serviette und trank noch mehr Wein. Es schien ein ganzes Leben her zu sein, dass wir uns dieses Versprechen gegeben hatten. Trudy, die das Ganze für Unsinn gehalten hatte, arbeitete inzwischen tatsächlich in einem Architekturbüro. Sie hatte sich an der New School im Herbst für Abendkurse angemeldet. Sie verfolgte ihren Traum.

Ich legte die Serviette beiseite, griff nach meiner Kamera und strich mit den Fingern über das abgewetzte Lederetui. Worauf wartete ich noch? Wovor hatte ich solche Angst? Ja, die Konkurrenz in New York war groß, aber wo war mein Vertrauen in mich selbst? Versteckte ich mich hinter Helen und dieser absurden Vorstellung, dass sie mich brauchte, dass sie ohne mich nicht Helen Gurley Brown sein konnte? Christopher war fort. Ich hatte alles vermasselt, einschließlich unserer Freundschaft, aber ich hatte immer noch einen größeren Traum, der dort draußen auf mich wartete. Ich hatte mir hier in New York ein neues Leben aufgebaut, und vielleicht war es an der Zeit, es tatsächlich zu leben.

Erneut las ich die Erklärung, bevor ich die Serviette zusammenfaltete und wieder zurück in die Schublade legte.

Ich trank meinen Wein aus und ging nach unten, um das Münztelefon zu benutzen. Während ich die hauchdünnen Seiten des Telefonbuchs durchblätterte, hörte ich Leute in der Küche Bestellungen rufen, das Klappern von Geschirr. Ich fand die Nummer, warf ein Zehn-Cent-Stück in den Münzschlitz und wählte. Beim fünften Klingeln hob er ab.

«Mr. Scavullo? Ich bin es, Alice. Alice Weiss. Falls das Angebot noch steht – das heißt, falls Sie immer noch nach einer Fotografie-Assistentin suchen –, ich will den Job. Ich möchte für Sie arbeiten.»

⬤

Ich hätte glücklich sein sollen. Ich hätte meinen neuen Job feiern sollen. Stattdessen verbrachte ich diesen Sonntag damit, zu schlafen und mich dafür zu bestrafen, Christopher geküsst zu haben. Und wenn ich nicht darüber nachdachte, probte ich, was ich zu Helen sagen würde.

Am Montagmorgen waren meine Nerven zum Zerreißen gespannt. Als ich durch die Drehtür trat, wo alles begonnen hatte, und zu den Aufzügen ging, raste mein Puls. Ich betrat die Lobby, die inzwischen – dank Helens Einfluss – viel besser aussah als an meinem ersten Tag.

Es war noch früh. Im Büro war es still, es waren noch nicht viele Leute hier. Aber Helen war da. Sie stand neben ihrem Schreibtisch, in einem Leopardenminirock und einer eleganten Bolerojacke mit goldenen Schließen. Sie rückte ihre

Netzstrümpfe zurecht, ein Bein nach dem anderen. Ich sah erstaunlicherweise kein einziges Loch, keine Laufmasche.

Ich klopfte an die Tür, um sie auf mich aufmerksam zu machen. «Kann ich mit Ihnen sprechen?»

Als sie mich ansah, spürte ich sofort, dass sie etwas ahnte. Zwar hatte ich ihre morgendlichen Zeitungen nicht dabei, aber ich hatte ihr eine frische Tasse Kaffee gebracht.

«Das klingt ernst», sagte sie, während sie das Bein wechselte und den Netzstrumpf an ihrem schlanken Oberschenkel hocharbeitete. «Ich hoffe, es ist alles in Ordnung.»

Ich nickte und vergaß alles, was ich mir zurechtgelegt hatte.

«Alice?» Sie strich die Vorderseite ihres Rocks glatt und ging hinüber zu ihrem Sofa. «Reden Sie mit mir.»

Ihre Liebenswürdigkeit machte es nicht leichter. Ich setzte mich neben sie. «Ich möchte, dass Sie wissen, wie sehr ich alles zu schätzen weiß, was Sie für mich getan haben.» Mein Mund war trocken geworden, und ich brachte die Worte kaum heraus, als blieben sie mir im Hals kleben. «Sie haben mir eine Chance gegeben, und das werde ich nie vergessen. Dieser Job war eine einmalige Gelegenheit für mich.»

«Aber? Da kommt doch ein *Aber*, nicht wahr?», sagte sie und stellte ihren Kaffee beiseite.

Ich nickte, dabei spürte ich, wie der Druck in meinem Kopf zunahm. «Ich habe eine Stelle bei Mr. Scavullo angenommen. Ich werde als Assistentin für ihn arbeiten.»

Helen blickte mich an.

Ich fühlte mich undankbar. Wie eine Enttäuschung. Doch dann sah ich, dass sich die Winkel ihrer geschminkten Lippen hoben.

«Das wollen Sie wirklich, nicht wahr? Eine Fotografin sein?»

Wieder nickte ich, und meine Augen wurden feucht. «Ich weiß, das ist ein schrecklicher Zeitpunkt, Sie zu verlassen. Ich fühle mich, als würde ich Sie im Stich lassen, und das tut mir so leid.»

«Das sollte Ihnen nicht leidtun. Natürlich werden Sie mir fehlen, aber Sie müssen tun, was das Beste für Sie ist. Das ist einfach guter Geschäftssinn. Außerdem fotografiert Frank eine Menge Cover für mich. Wir arbeiten also trotzdem noch zusammen.»

«Ich möchte, dass Sie wissen, dass ich diesen Job nicht gesucht habe. Er ist zu mir gekommen.»

Ihr Lächeln wurde breiter. «Oh, Kittycat, das weiß ich. Wer, denken Sie denn, hat Frank gesagt, dass er Sie einstellen soll?»

EPILOG

2012

Ich lese erneut den Nachruf, dann bemerke ich die Uhrzeit. Es ist später, als ich dachte, also schlüpfe ich rasch in eine Jeans und ein T-Shirt, bevor ich mich auf den Weg zur Galerie mache. Die Ausstellung öffnet erst am Abend, also habe ich Zeit, noch mal nach Hause zurückzukommen, zu duschen und mich fertig zu machen. Aber erst einmal gibt es noch ein paar letzte Details zu überprüfen.

Es ist ein etwa dreißigminütiger Fußweg von unserem Haus Ecke Sullivan und Third. Ich hätte wahrscheinlich ein Taxi oder die U-Bahn nehmen sollen, aber ich brauche die frische Luft, um den Kopf freizukriegen. Ich komme am Washington Square Park vorbei, der voller Leute ist, die ausgestreckt im Gras liegen, andere sitzen auf den Bänken und lesen, füttern die Tauben. Da sind Skateboarder und Kinder, die Frisbee spielen. Ein Hund planscht im Springbrunnen. Die milde Brise zerzaust mein Haar und bietet einen Augenblick lang Linderung von der Sonne und Hitze.

Bei jedem Schritt versuche ich zu begreifen, dass Helen Gurley Brown fort ist. Es ist ein Verlust, der mich tief trifft, weil ich ihr so viel verdanke. Wäre Helen nicht gewesen, hätte ich nie zehn Jahre lang mit Frank Scavullo zusammengearbeitet. In dieser Zeit schossen wir Hunderte von *Cosmo*-Covern, weswegen ich mich auf Modefotografie spezialisierte, als ich mich schließlich selbstständig machte. Hauptsächlich arbeitete ich für Magazine wie *Mademoiselle* und *Glamour*. Als mir das nicht mehr reichte, fing ich mit Porträts an – vor allem von Stars und Musikern. Ich fotografierte ein paar Cover des *Rolling Stone* und auch einige Album-Cover. Aber ich fand die Berühmtheiten, vor allem die Rockstars, anstrengend, je nachdem, wie betrunken und high sie waren. Also gab ich die Studioarbeit nach ein paar Jahren völlig auf und konzentrierte mich ausschließlich auf Straßenfotografie. In dieser Zeit engagierte ich jede Menge Assistenten, und ich wollte gern glauben, dass ich für sie tat, was Helen und Frank für mich getan hatten. Dass ich ihnen ein Sprungbrett, einen Startpunkt gab.

Als ich die Galerie in der 24th Street erreiche, schlägt mir ein Schwall kalter Luft entgegen, und erst da wird mir bewusst, wie heiß es draußen wirklich ist. Der Inhaber, ein gut aussehender junger Mann mit Ziegenbärtchen, begrüßt mich in der Mitte eines kargen, weißen Raums mit Küsschen links, Küsschen rechts. Er ist sehr italienisch und erinnert mich an Scavullo. Er sagt mir, dass er einen hohen Besucherandrang erwartet und dass wir fünfundsiebzig Zusagen für den privaten Empfang vorab erhalten haben.

Zusammen gehen der Inhaber und ich durch die Galerie und bleiben vor jedem Foto stehen, um die Ausleuchtung, die Rahmen, die Reihenfolge zu begutachten. Wir bestätigen die Preise oder die Auflagenzahl der Drucke, und kurz entschuldigt er sich, um einen Anruf anzunehmen, während ich mich wieder den Fotos widme. Er hat mein umfangreiches Werk sorgfältig kuratiert, und ich freue mich, als ich sehe, dass er *Bow Bridge in voller Blüte* und mein persönliches Lieblingsbild *Nach der Party* – meine regennasse Jacke am Garderobenständer – mit aufgenommen hat.

Das ist nicht meine erste Solo-Ausstellung, aber es ist die erste Ausstellung meines Frühwerks: *Alice Weiss, Porträt einer Stadt 1965–1975.* Ich höre Schritte hinter mir und drehe mich um. Sogar jetzt, nach gemeinsamen Kindern und Enkelkindern und so vielen Jahren dazwischen, bleibt mir beim Anblick dieser Augen – die nun Falten um die Augenwinkel haben – immer noch das Herz stehen.

«Gerade habe ich das von Helen gehört», sagt Christopher, während er mir die Hände auf die Schultern legt. «Geht es dir gut?»

Ich nicke und schmiege meine Wange an seinen Handrücken.

Christopher und ich sind jetzt seit fast fünfundvierzig Jahren zusammen. Der Tag, an dem ich ihn in seiner Tür geküsst habe, markierte also nicht das Ende. Nur fast. Daphne hatte ihn immer noch in ihrem Bann, und weil seine Mutter ihn verlassen hatte, kam er lange nicht von ihr los. Er nahm Daphne zurück, wurde verlassen, und nahm sie wieder zurück. Sein ganzes Leben lang hatte sich Christopher zu Frauen hingezogen gefühlt, die ihn verlassen würden. Er hatte irgendwie das Gefühl, dass er das verdiente. Schließlich konnte er es nicht wert sein, geliebt zu werden, wenn selbst seine eigene Mutter ihn zurückgelassen hatte. Doch dann kam ich. Als wir endlich doch ein Paar wurden, saugte er meine Liebe und Zuneigung auf, aus Angst, ich könnte sie ihm ebenfalls wieder wegnehmen. Ich hatte vielleicht Angst davor gehabt, zu lieben, aber Christopher hatte Angst davor, geliebt zu *werden*. Es war so offensichtlich, und dennoch brauchten wir Monate, um uns da durchzuarbeiten.

Helen war diejenige, die mich ermutigte, ihn nicht aufzugeben. Sie stand mir die ganze Zeit zur Seite, um mir Ratschläge zu geben – von denen ich manche, wie man sich vorstellen kann, lieber nicht befolgte – und Taschentücher, wenn ich es nicht mehr ertragen konnte. Einmal kehrte ich ihm tatsächlich den Rücken. Wahre Liebe, dachte ich, sollte nicht so schwer sein. Zum Glück entschied Christopher, dass er mich nicht gehen lassen konnte. Er kämpfte, vor allem mit sich selbst, um mich zurückzubekommen. Von da an waren wir beide mit ganzem Herzen dabei. Drei Monate später heirateten wir in Stamford, im Garten meiner Großeltern.

«Wie ich sehe, habe ich es in die Auswahl geschafft.» Christopher zeigt auf das Foto von ihm, das ich an jenem Tag auf Coney Island gemacht habe.

Ich recke den Hals und lächle ihn an.

«Das mit Helen tut mir leid», sagt er, dabei hängt ihm eine grau melierte Haarsträhne in die Augen. «Das ist das Ende einer Ära, nicht wahr?»

◎

Stunden später, nach einem reizenden Empfang mit Reden und Blumen und Posieren für die Presse, füllt sich die Galerie mit einer weiteren Welle von Leuten, während Kellner im Smoking mit Tabletts voll Champagner, Wein und Hors d'œuvre umhergehen. Ich bin umgeben von Kritikerinnen und Kritikern: Jonathan Jones vom *Guardian,* Eleanor Heartney von der *Times* und Lucy Lippard von der *Village Voice*. Ich bin nicht gut darin, im Zentrum der Aufmerksamkeit zu stehen. Schon immer habe ich mich hinter der Bühne wohler gefühlt, versteckt hinter meiner Kamera.

Ich bekomme eine kurze Atempause, als ich zur anderen Seite der Galerie sehe und mein Blick auf den vertrauten Gesichtern meiner Kinder landet. Meine Tochter und meinen Sohn zu sehen, die nun erwachsen sind und selbst Kinder haben, erinnert mich an die Zeiten, in denen ich sie, Kameratasche und Windeltasche im Schlepptau, mit zu meinen Shootings nahm. Noch als Kleinkinder und im Grundschulalter kamen sie mit, wenn ich fotografierte. Und egal wohin wir vier gingen, Christopher und ich hatten stets ein, zwei Kameras umhängen, während wir ihre winzigen Händchen hielten. Ich kann nicht sagen, wie oft eine Kameratasche oder ein Teleobjektiv beinahe gegen eins ihrer Köpfchen geknallt wäre. Und wie meine Mutter es bei mir getan hatte, führte ich akribisch Fotoalben für meine Kinder – und Enkelkinder.

Ich sehe mich im Saal um und erblicke Elaine, die rechtzeitig aus den Hamptons zurückgekommen ist. Sie und Christopher stehen abseits und unterhalten sich mit Trudy und Milt, die nur für meine Ausstellung von St. Louis hergeflogen sind. Sie lächeln mich an und heben ihre Gläser, ein Toast zu meinen Ehren.

Im Geiste trete ich einen Schritt von allem zurück und betrachte die Wände der Galerie. Ich sehe, wie manche der Fotos, besonders die frühesten aus jenem Sommer 1965, diese für mich entscheidende Zeit in New York eingefangen haben. So neu in der Stadt, dass ich alles fotografieren wollte, was mir vor die Linse kam. In diesen ersten paar Monaten fing ich an, meinen Blick wirklich zu schärfen. Ich lernte die außerordentlichen Fundstücke in den alltäglichen Momenten des Lebens zu schätzen. In mancher Hinsicht war ich selbst wie eine Fotografie, die allmählich scharfe Konturen annahm. Nicht nur meine Kunst entwickelte sich, sondern auch mein Leben.

Auf der anderen Seite des Raumes sehe ich meinen Mann und die Familie, die er mir geschenkt hat, doch an den Wänden sehe ich die Karriere, die ich mir selbst geschenkt habe. Ich stehe jeden Morgen auf und mache die Arbeit, die ich liebe. Das ist ein Privileg, das ich nie für selbstverständlich gehalten habe. Und ich weiß genau, wäre Helen jetzt hier, würde sie sagen: «Oh, Kittycat, du hast es geschafft. Du hast deine Liebe gefunden, deine Glückspille.»

Ich denke an die Frauen, die mir am nächsten stehen – Trudy und Elaine, die heute Abend hier sind, meine Mutter, und natürlich Helen, die nun auf eine andere Art bei mir sind. Sie waren meine vier Eckpunkte, die mir Halt gaben und als mein Rahmen dienten, damit ich wachsen und glänzen konnte. Und nun hat das Mädchen aus Youngstown, Ohio, in dieser schicken Galerie in Chelsea ihr Herz und ihre Seele ausgestellt, und nur diese Frauen in meinem Leben können wirklich verstehen, was für ein Kampf es war.

ANMERKUNGEN UND DANKSAGUNG

Obwohl Alice Weiss ein fiktiver Charakter ist, habe ich sie benutzt, um die wahre Geschichte von Helen Gurley Browns frühen Tagen als Chefredakteurin des *Cosmopolitan*-Magazins zu erzählen. Sie besaß wirklich keinerlei Zeitschriften- oder Redaktionserfahrung, und mehrere Redakteure und andere Mitarbeiter haben tatsächlich beinahe sofort gekündigt. Auf großen Widerstand stieß sie auch bei den männlichen Führungskräften von Hearst, die als konservative Torwächter unermüdlich versuchten, Helens Botschaft an ledige Frauen zu verwässern. Aber innerhalb kürzester Zeit bewies Helen ihnen allen, dass sie falschlagen, indem sie eine Erfolgsbilanz von über einer Million verkaufter Ausgaben pro Monat aufstellte. Unter Helens Regime stiegen die Anzeigeneinnahmen um mehr als das Vierfache und halfen dabei, Hearst zu dem zu machen, was es war und heute immer noch ist. Helen Gurley Brown veränderte das Gesicht von Frauenzeitschriften und brachte unzählige Nachahmer aufs Tapet, die alle versuchten, diese *Cosmo*-Magie einzufangen.

Alle gingen davon aus, sie würde die *Cosmo* bis zu dem Tag, an dem sie starb, leiten. Mit fünfundsechzig passierte beinahe genau das, als sie von dieser «Wunderpille» eingeholt wurde.

Nachdem sie zwanzig Jahre lang Premarin in hoher Dosierung genommen hatte, um «jung und saftig» zu bleiben, wie sie sagen würde, wurde bei Helen Gurley Brown Brustkrebs diagnostiziert. Doch sie besiegte die Krankheit und kehrte krebsfrei zurück zu ihrer Arbeit.

Doch die Zeiten änderten sich, und Helens Botschaft war nicht mehr ganz so passend wie noch in den 60ern und 70ern. Als die AIDS-Epidemie zuschlug, befürchtete Helen, dass all ihre harte Arbeit, Frauen von ihren sexuellen Schuldgefühlen und Komplexen zu befreien, zunichtegemacht werden würde. Ihrer Ansicht nach war AIDS eine Homosexuellen-Krankheit, die nichts mit ihren Mädchen zu tun hatte, weil die mit heterosexuellen Männern schliefen. Die Öffentlichkeit war entsetzt.

Kurz darauf, im Jahr 1991, als die Frauenbewegung sich gegen unerwünschte sexuelle Avancen am Arbeitsplatz auflehnte, gab Helen zu Protokoll, Frauen sollten sich durch die Aufmerksamkeit ihrer männlichen Kollegen geschmeichelt fühlen. Unnötig zu erwähnen, dass dies nicht gut aufgenommen wurde.

Nach diesem Vorfall musste Hearst akzeptieren, dass ihr ursprüngliches *Cosmo*-Girl vierundsiebzig Jahre alt war und eine andere Sprache sprach. Die jungen Frauen konnten mit ihrer Botschaft nichts mehr anfangen. Helen wusste das ebenfalls. Trotzdem konnte sie sich nicht dazu durchringen, der *Cosmo* den Rücken zu kehren. Also tat Hearst das Undenkbare und feuerte Helen nach zweiunddreißig Jahren als Chefredakteurin. Als Trostpflaster übergab man ihr die Redaktion für die internationalen Ausgaben, aber sie wusste, dass ihre Reise mit der *Cosmopolitan* zu Ende war.

Ein Wort noch zu David Brown, der wahrlich ihr glühendster Fan und größter Unterstützer war. David war zufällig ebenfalls Redakteur bei der *Cosmopolitan* gewesen, bevor er Helen geheiratet hatte. Er kannte das Geschäft in- und auswendig und schrieb viele der Cover-Teaser für Helen. Aber am bekanntesten ist David Brown – abgesehen davon, Mr. Helen Gurley Brown zu sein – als erfolgreicher Filmproduzent, der Klassiker auf die Leinwand brachte. Darunter *Der Clou, Der weiße Hai, Cocoon, Miss Daisy und ihr Chauffeur, Eine Frage der Ehre, Chocolat* und viele weitere, einschließlich natürlich *Sex und ledige Mädchen*.

Da es sich bei *Cosmopolitan – Die Zeit der Frauen* um historische Fiktion handelt, möchte ich darlegen, wo ich mir um der Erzählung willen künstlerische Freiheiten herausgenommen habe. Helens berühmtes Busen-Memo wurde tatsächlich an die *Women's Wear Daily* weitergeleitet. Allerdings geschah dies später in ihrer Karriere, im Jahr 1969 statt 1965.

Es ranken sich definitiv einige urbane Legenden um das Jax-Fotoshooting, das die provokante Coveraufnahme der Juli-Ausgabe hervorbrachte. Niemand weiß mit Sicherheit, wer, wenn überhaupt, tatsächlich Renatas Oberteil umdrehte, um ihre vollen Brüste zu präsentieren. Ungeachtet dessen hatte noch nie zuvor jemand so etwas in einem Frauenmagazin gezeigt, geschweige denn auf dem Cover. Obwohl Francesco Scavullo das berühmte Renata-Cover nicht schoss, fotografierte er drei Jahrzehnte lang *Cosmo*-Cover.

Hearst hatte tatsächlich die Absicht, die *Cosmopolitan* einzustellen. Man versuchte mit allen Mitteln, Helen zu zügeln, einschließlich der Streichung von Story-Ideen, Protest gegen ihre Coverzeile über *Die kleine Wunderpille, die Frauen offe-*

ner macht und die Kürzung des Budgets (das seit dem Zweiten Weltkrieg nicht mehr erhöht worden war) auf $ 30 000. Allerdings wurden manche Szenen und Vorfälle ausgeschmückt. Helen Gurley Brown schaffte es tatsächlich immer, ihre Strümpfe und Netzstrümpfe zu zerreißen, und ja, sie aß wirklich in den besten Restaurants von ganz New York ihren Salat mit den Fingern.

Sie war eine faszinierende Frau. Eine wahre Wegbereiterin. Wenn Sie mehr über sie lesen möchten, empfehle ich wärmstens die folgenden Bücher: *Not Pretty Enough: The Unlikely Triumph of Helen Gurley Brown* von Gerri Hirshey, *Enter Helen: The Invention of Helen Gurley Brown and the Rise of the Modern Single Woman* von Brooke Hauser, *Bad Girls Go Everywhere: The Life of Helen Gurley Brown, the Woman Behind Cosmopolitan Magazine* von Jennifer Scanlon. Und natürlich kann man Helen Gurley Brown nie besser kennenlernen als durch ihre eigenen Worte in *Sex und ledige Mädchen*, veröffentlicht 1962.

Es hat großen Spaß gemacht, dieses Buch zu schreiben, aber es wäre nie zustande gekommen ohne die Hilfe und großzügige Unterstützung vieler Menschen. Angefangen bei Andy Gross, der mich Lois Cahall vorstellte, der Frau, die Helen Gurley Brown wahrscheinlich besser kannte als irgendjemand sonst. Lois war liebenswürdig genug, das Manuskript für mich testzulesen, und hat mir dabei geholfen, ein getreueres Porträt dieser ikonischen Redakteurin zu zeichnen.

Darüber hinaus gebührt viel Dankbarkeit meiner Agentin Kevan Lyon, die sich so großartig um mich und meine Karriere kümmert. Danke an Amanda Bergeron, meine Lektorin, die über einen unfehlbaren Instinkt und die Geduld einer Heiligen verfügt. Das war unser erstes gemeinsames Buch, und es war vom Anfang bis zum Ende eine wahre Freude. Meinen Dank auch an das gesamte Berkley-Team bei Penguin Random House – besonders Claire Zion, Craig Burke, Jeanne-Marie Hudson, Fareeda Bullert, Jennifer Monroe, Danielle Keir, Ryanne Probst, Emma Reh und all die Leute hinter den Kulissen, einschließlich Stefan Moorehead und natürlich meines lieben Freunds Brian Wilson.

Besonderen Dank richte ich an Andrea Peskind Katz, Lauren Blank Margolin und Colleen Oakley, die mein Manuskript in einem sehr frühen Stadium gelesen und mir dringend nötige Ermutigung und unschätzbares Feedback gegeben haben.

Danke an meine getreuen Schreib-Buddys, Freunde und Kollegen, die diese Reise mit mir geteilt haben: Karen Abbott, Tasha Alexander, Robin Allen, Julie Anderson, Stacey Ballis, Scott Goodwillie, Keir Graff, Andrew Grant, Maxwell Gregory, Sara Gruen, Stephanie Hochschild, Julia Claiborne Johnson, Brenda Klem, Pamela Klinger-Horn, Lisa Kotin, Mindy Mailman, Kelly O'Connor Mc-Nees, Jill Neilhaus Miner, Amy Sue Nathan, Marianne Nee, Stephanie Nelson, Ann-Marie Nieves, Mary O'Malley, Javier Ramirez und Suzy Takacs.

Und zu guter Letzt meine Dankbarkeit und Liebe für meine fantastische Familie: Debbie Rosen, Pam Rosen, Jerry Rosen, Andrea Rosen, Joey Perilman, Devon Rosen und natürlich mein Ein und Alles, John Dul. Am Ende des Tages seid ihr der Grund für alles!

DISKUSSIONSFRAGEN FÜR DEINEN BUCHCLUB

1. Denkst du, dass Helen Gurley Brown eine Feministin war?
2. Was hältst du von Helens Ratschlägen an Alice, wie sie mit ihrem *Don Juan* umgehen solle? Gibt es für jede Frau wirklich diesen einen Mann, zu dem sie einfach nicht «Nein» sagen kann?
3. Apropos Alice' *Don Juan*: Konntest du nachvollziehen, warum sie sich auf Erik eingelassen hat? Hattest du Verständnis für ihre Situation, oder hättest du dir gewünscht, dass sie die Beziehung früher beendet oder sie erst gar nicht beginnt?
4. Unter der Leitung von Helen Gurley Brown wurde die *Cosmopolitan* zu einem bahnbrechenden Magazin für Frauen und inspirierte etliche ähnliche Publikationen. Hast du die *Cosmo* je gelesen? Wenn ja, was sticht in deiner Erinnerung an die Zeitschrift besonders heraus? Welche anderen Zeitschriften hast du früher gelesen?
5. Wie würdest du ein *Cosmo Girl* von heute definieren? Wo liegen Gemeinsamkeiten und Unterschiede zu den Frauen früherer Generationen?
6. Helen Gurley Brown und Anna Wintour gehören zu den

Ikonen der Zeitschriftenbranche. Worin ähneln sich die beiden Frauen? Inwiefern sind sie unterschiedlich?

7. In dem Buch sieht Alice sowohl Helen Gurley Brown als auch Elaine Sloan als Vorbilder und Mentorinnen. Wie wichtig war es deiner Meinung nach damals für eine junge Frau, diese Art der Orientierungshilfe zu haben, und ist sie deiner Meinung nach auch heute noch von Bedeutung?

8. Im heutigen digitalen Zeitalter sehen wir die Druckausgaben von Zeitschriften schwinden. Was hältst du von der Verlagerung vom Kiosk ins Internet? Vermisst du es, Zeitschriften in gedruckter Form zu lesen?

9. Versetz dich doch einmal in Alice' Lage: Hättest du Helen gesagt, dass sie von Teilen des Hearst-Teams sabotiert wird? Wie wärst du mit einer solchen Situation umgegangen?

10. Was sind für dich die wichtigsten Themen dieses Buches? Glaubst du, dass einige von ihnen in der heutigen Welt noch relevant sind?

11. Wie so viele Menschen zog Alice nach New York City, um ihren Traum zu verwirklichen. Sicherlich gibt es einfachere und erschwinglichere Orte, an denen man leben kann, und dennoch scheint die Anziehungskraft Manhattans unwiderstehlich zu sein. Warum ist das wohl so?

12. Was denkst du über das Ende des Buches? Warst du überrascht zu erfahren, wo Alice gelandet ist?

Carmen Korn
Und die Welt war jung

1. Januar 1950: In Köln, Hamburg und San Remo begrüßt man das neue Jahrzehnt. Das letzte hat tiefe Wunden hinterlassen: in den Städten, in den Köpfen und in den Herzen. Gerda und Heinrich Aldenhovens Haus in Köln platzt aus allen Nähten. Heinrichs Kunstgalerie wirft kaum genug ab, um all die hungrigen Mäuler zu stopfen. In Hamburg bei Gerdas Freundin Elisabeth und deren Mann Kurt macht man sich dagegen weniger Sorgen um Geld. Als Werbeleiter einer Sparkasse kann Kurt seiner Familie eine bescheidene Existenz sichern. Nach mehr Leichtigkeit im Leben sehnt man sich aber auch hier. Schwiegersohn Joachim ist noch immer nicht aus dem Krieg zurückgekehrt. Margarethe, geborene Aldenhoven, hat es von Köln nach San Remo verschlagen. Ihr Leben scheint sorgenfrei, doch die Abhängigkeit von der Schwiegermutter quält Margarethe.

640 Seiten

So unterschiedlich man die Silvesternacht verbracht hat – auf Jöck in Köln, still daheim in Hamburg, mondän in San Remo –, die Fragen am Neujahrsmorgen sind die gleichen: Werden die Wunden endlich heilen? Was bringt die Zukunft?

Weitere Informationen finden Sie unter **rowohlt.de**